AF360390

SUPPLÉMENT

A LA SECONDE ÉDITION

DU

TRAITÉ DES DONATIONS,

DES TESTAMENS,

ET

DE TOUTES AUTRES DISPOSITIONS GRATUITES.

Se trouve,

A CLERMONT, chez Thibaud-Landriot, Libraire, Imprimeur du Roi,
A RIOM, chez Thibaud, Libraire, Imprimeur de la Cour royale ;
Et chez les principaux Libraires du Royaume.

On trouve chez les mêmes ;

Le TRAITÉ DES DONATIONS, par le même auteur, 2 volumes in-4°, troisième édition.

On y trouve aussi,

Le TRAITÉ DES HYPOTHÈQUES, par le même auteur, seconde édition, de 1824, absolument conforme à la première, de 1822 ; 2 vol. in-4°.

SUPPLÉMENT

A LA SECONDE ÉDITION

DU

TRAITÉ DES DONATIONS,

DES TESTAMENS,

ET

DE TOUTES AUTRES DISPOSITIONS GRATUITES,

SUIVANT LES PRINCIPES DU CODE CIVIL, ETC.

PAR M. LE BARON GRENIER, PREMIER PRÉSIDENT DE LA COUR ROYALE DE RIOM, CHEVALIER DE L'ORDRE ROYAL DE SAINT-MICHEL, OFFICIER DE L'ORDRE ROYAL DE LA LÉGION D'HONNEUR.

CLERMONT-FERRAND,

THIBAUD-LANDRIOT, IMPRIMEUR DU ROI ET LIBRAIRE.

M DCCC XXVII.

Cinq exemplaires ont été déposés conformément à la loi.

Tous ceux qui ne seraient pas revêtus de la signature ci-dessous seront considérés comme contrefaits.

AVIS DE L'AUTEUR

SUR LA TROISIÈME ÉDITION

DU TRAITÉ DES DONATIONS,

ET OBSERVATIONS SUR LA LOI DU 17 MAI 1826,

CONCERNANT LES SUBSTITUTIONS.

LA première édition de ce Traité a paru en 1807, et la seconde en 1812. Celle-ci ayant été entièrement épuisée en 1825, de nombreuses demandes ont donné lieu à la troisième, que nous publions aujourd'hui. Les progrès de la jurisprudence depuis 1812 ont nécessité des additions très-importantes ; nous avons tâché de ne pas les multiplier inutilement, et nous avons visé à les rendre d'une manière concise. Nous avons indiqué les arrêts qui ont confirmé les principes que nous avions exposés, et les opinions que nous avions émises. Quelques-unes de ces opinions ont été modifiées d'après la jurisprudence qui s'est formée. Nous avons aussi traité les questions nouvelles qui se sont élevées. Les peines qu'exigeait ce nouveau travail ont été adoucies par l'accueil favorable que les précédentes éditions ont reçu du public. Nous avons lieu de penser que la troisième, par les améliorations qu'elle renferme, sera encore plus utile.

Lorsque la loi nouvelle sur les substitutions a paru, l'impression de ce premier volume s'achevait. Quelques personnes pourraient penser qu'à raison de cette circonstance, les principes relatifs à cette partie n'y auraient pas le développement convenable. Mais ce serait une erreur, et nous allons le démontrer. Pour cela il suffira de faire quelques réflexions sur les différences qui existent entre la loi nouvelle et les dispositions du Code civil relatives aux substitutions.

Ces différences se réduisent à trois.

1°. Le Code civil restreignait la faculté de disposer avec charge de rendre, aux père et mère, frères et sœurs, art. 1048 et 1049 ; tandis que, d'après la loi, cette faculté est devenue générale ; elle est accordée à tous les citoyens indistinctement. Cela résulte de ce que la loi dit : « Les biens dont il est permis de disposer par les articles 913, 915 et 916 du Code civil pourront être donnés en tout ou en partie, etc. » Or, ces articles ont trait, dans leur généralité, à toutes les personnes capables de disposer, sans distinction. Cette faculté est seulement plus ou moins étendue, selon que les biens sont grevés ou sont libres de réserves à l'égard des héritiers de celui qui dispose.

2°. Le Code civil voulait que la charge de rendre fût stipulée en faveur *de tous les enfans nés et à naître du grevé,* sans exception ni préférence d'âge ou de sexe. Art. 1050.

Mais par la loi nouvelle il est permis d'appeler à la substitution *un ou plusieurs enfans du donataire, aussi nés ou à naître.*

3°. Le Code civil restreignait la faculté de disposer par substitution au premier degré, au lieu que la loi étend cette faculté *jusqu'au deuxième degré inclusivement.*

Mais ces différences purement accessoires n'attaquent nullement le fond; nous voulons dire que, abstraction faite de l'art. 896 du Code, qui ne doit plus subsister, la doctrine déjà enseignée reste la même relativement aux substitutions qui sont permises par la loi nouvelle ; et c'est la seule que nous pourrions encore exposer, quand cette loi eût précédé l'impression de ce premier volume.

Nous prions le lecteur de remarquer que nous avons traité ce qui concernait les substitutions, dans une partie qui est séparée du reste de l'ouvrage. Elle est sous le nom d'*Observations préliminaires*, et elle a pour titres : *Quelles sont les dispositions de biens qui sont conservées par le Code civil, et quelles sont celles qui sont abolies ?* Elle commence à la page 106, immédiatement à la suite du Discours historique. Elle était si bien détachée, dans notre pensée, du Traité en lui-même, que ses numéros sont écrits en chiffres romains, tandis que les numéros du reste de l'ouvrage sont écrits en chiffres arabes.

L'abolition de la substitution fidéicommissaire est d'abord présentée comme étant le résultat de l'article 896 du Code. Il y est ajouté que la substitution fidéicommissaire n'aurait pas, seule, été nulle, que la disposition principale aurait eu le même sort. Voilà ce qu'il fallait savoir alors, et il est incontestable qu'on doit le savoir encore. Tout cela se sent facilement.

Mais ce qu'il est important de saisir, c'est la remarque que nous y faisions, n° IX, qu'on devait se garder de confondre avec des dispositions qui contiendraient une substitution fidéicommissaire, des dispositions qui renfermeraient seulement des conditions qui seraient étrangères au fidéicommis, afin de ne pas frapper de nullité indistinctement toutes ces dispositions ; la prohibition devant être appliquée justement, et devant être plutôt restreinte qu'étendue.

A ce sujet nous avons exposé, de la manière la plus lumineuse qu'il nous a été possible, les principes par lesquels on pouvait discerner ce

qui n'était pas substitution et qui devait subsister, de ce qui devait avoir
ce caractère, et qui, d'après l'article 896 du Code, aurait été frappé de
nullité. La matière est importante, et tient à des règles dont l'application
est délicate et difficile. Tel est l'objet de cette partie de l'ouvrage, dont
nous venons de parler, qui a pour titre : *Observations préliminaires*, et
qui se réduit à quelques pages, puisque la discussion se termine au numéro XII.

Or, ce travail est actuellement tout aussi utile qu'il l'était alors ; il
serait également indispensable. Car quoique la nouvelle loi admette généralement la liberté des substitutions, il n'arrivera pas moins qu'on
mettra en doute si une disposition a, ou non, un caractère de substitution. Il y aura une seule différence, c'est que, d'après l'article 896 du
Code, avec une substitution, la disposition aurait été nulle, et que dans
les principes de la loi nouvelle, la disposition, quoiqu'elle ait ce caractère, aura son effet; l'objet de la loi est même de le conserver.

Mais la question s'éleverait toujours entre celui qui se prétendrait
appelé à recueillir une prétendue substitution, et celui au profit duquel
la disposition aurait été faite directement. Si la disposition n'est pas une
substitution, elle aura toujours son effet, mais elle l'aura uniquement
au profit de celui qui serait directement héritier ou donataire, et qu'on
prétendrait mal à propos être chargé de l'obligation de rendre. Donc les
principes auxquels sont subordonnés les moyens de distinguer s'il y a
substitution, ou non, ne reçoivent aucune variation. Le même développement de doctrine pour la connaissance des règles eût été nécessaire,
et quand la loi sur les substitutions eût été connue avant que l'impression du premier volume eût été commencée, nous n'aurions pu dire que
ce que nous avions dit. Tout cela est évident.

Ce qui eût pu cependant nécessiter des changemens, c'eût été si la loi
nouvelle eût organisé les moyens d'exécution des substitutions différem-
ment que ne l'avait fait le Code civil.

Mais il n'y a aucune différence à cet égard entre le Code civil et la loi
nouvelle. Il est dit dans cette loi : « Seront observés, pour l'exécution de
cette disposition (qui se réfère à tous les cas et à tous les modes de substitution), les articles 1051 et suivans du Code civil, jusques et compris l'article 1074. » Or, ce sont les mêmes articles dont nous avons développé
le sens et les effets dans la sect. Ire du chap. Ier de la 3e part. du Traité,
qui est insérée dans le premier volume. Nous devions y traiter des cas
où le Code civil permettait de substituer, et nous y avons discuté avec
soin les difficultés dont tous ces articles pouvaient être susceptibles.

Nous n'avons donc eu à nous occuper d'aucun changement sur cette
partie. On sent facilement que les moyens d'exécution sont les mêmes,
quel que soit le nombre d'enfans qui seraient appelés à la substitution ;
il est indifférent, sous ce rapport, qu'ils le soient tous, ou seulement un

ou plusieurs. Ces moyens d'exécution ne varient point encore, soit que la substitution s'arrête au premier degré, soit qu'elle s'étende au deuxième. C'est ce que le législateur a nécessairement entendu lui-même, dès qu'il appelle, sans exception et sans modification, les règles d'exécution fixées par le Code civil.

Ainsi nous avons dû nous abstenir d'un travail qui eût été absolument inutile, qui était déjà fait, et qui s'adapte parfaitement à la nouvelle loi. Cela est si vrai, que nous avouons ingénûment que, dès les premiers momens où la loi fut annoncée, la dernière partie du Traité que nous venons d'indiquer, qui contient l'explication du mode d'exécution, n'était pas encore sous presse, et que néanmoins nous autorisâmes l'imprimeur à continuer l'impression, parce que nous étions convaincus qu'en supposant que la loi fût adoptée, ce qui est arrivé, cette partie du Traité devait absolument demeurer telle qu'elle était.

Au surplus, si nous apercevions la nécessité de quelques observations particulières sur l'exécution de la nouvelle loi, ce que nous ne prévoyons pas, le désir de compléter notre Traité nous engagerait à les présenter sous la forme d'un appendice, dans le second volume dont l'impression est commencée au moment où nous écrivons (mai 1826); et la table générale des matières, qui sera à la fin du second volume, ainsi qu'elle l'a été pour les éditions précédentes, rappellerait le lecteur à ces observations. Mais nous ne saurions prévoir, au moins quant à présent, la nécessité de cet appendice.

Nous croyons à propos de faire transcrire la loi à la suite de cet avis.

___

LOI SUR LES SUBSTITUTIONS.

Au château des Tuileries, le 17 mai 1826.

CHARLES, par la grâce de Dieu, Roi de France et de Navarre, à tous présens et à venir, salut.

Nous avons proposé, les chambres ont adopté, nous avons ordonné et ordonnons ce qui suit :

ARTICLE UNIQUE. Les biens dont il est permis de disposer, aux termes des articles 913, 915 et 916 du Code civil, pourront être donnés en tout ou en partie, par acte entre-vifs ou testamentaire, avec la charge de les rendre à un ou plusieurs enfans du donataire, nés ou à naître, jusqu'au deuxième degré inclusivement.

Seront observés, pour l'exécution de cette disposition, les articles 1051 et suivans du Code civil, jusques et y compris l'article 1074.

SUPPLÉMENT

SUPPLÉMENT

A LA SECONDE ÉDITION

DU

TRAITÉ DES DONATIONS.

2ᵉ édition, t. 1. pag. 4, 1ᵉʳ alinéa.

Malgré l'opinion de Furgole et d'autres auteurs qui ont prétendu que le testament était un acte du droit des gens, ainsi que la donation, par cela seul que l'un et l'autre tiraient leur origine du droit de propriété, on ne peut s'empêcher de remarquer une circonstance sur laquelle on peut fonder une différence : c'est que, comme nous l'avons déjà dit, celui qui fait une donation entre-vifs donne ce qui est à lui; il peut le donner comme il pourrait le vendre; au lieu que celui qui teste dispose de ce qui cesse d'être à lui à sa mort, et de ce qui, dès cet instant, semble appartenir à ses héritiers. La transmission des biens en vertu d'un testament dont l'effet ne commence qu'à la mort, peut donc être regardée comme une action de la loi civile fondée sur la volonté du testateur, que cette même loi civile confirme. Aussi tout indique que Montesquieu, en faisant dépendre d'un règlement fait par la société et par conséquent par des lois politiques ou civiles, *le partage des biens, les lois sur ce partage, les successions après ce partage*, a entendu y comprendre le testament. Tout cela était de même nature et tenait aux mêmes principes. *La succession testamentaire* a pu être réglée par la société comme la succession sans testament; elle a pu confirmer ou modifier le testament, comme elle a pu régler le mode du partage des successions.

Enfin, ce qui paraît décisif en faveur de notre opinion, c'est qu'avant la législation du Code civil, les étrangers avaient en France la capacité de donner entre-vifs et de recevoir au même titre, tandis qu'ils étaient privés de la faculté de succéder, de tester et de recevoir par testament. La raison de cette différence, d'après Ricard et Pothier, était que la capacité de donner ou d'acquérir par donation entre-vifs émanait du droit des gens, et que celle de succéder, de tester et de recevoir par testament prenait son principe dans le droit civil. C'est ce qu'on verra dans ce que nous dirons dans la section IIe de ce Discours historique, § 3. La modification établie sur cette capacité relative aux étrangers, par l'introduction faite dans notre législation nouvelle du système de réciprocité, selon que les Français sont plus ou moins favorisés quant à la capacité de recevoir des dispositions gratuites par les lois des autres nations, n'efface pas les traces du droit, auquel on doit rapporter l'origine de la donation entre-vifs et celle du testament.

2e édition, t. 1, p. 113, 2e alinéa.

VII bis. *Réflexions nouvelles sur l'effet de la substitution* de eo quod supererit.

Nous croyons devoir faire encore quelques observations sur cette espèce de disposition, surtout dès que l'effet qu'elle doit avoir n'est pas encore fixé par la jurisprudence. La validité de cette disposition a été discutée par M. Toullier, *Droit civil français,* des *Donations et Testamens,* n°s 38 et 39, et par M. Rolland de Villargues, dans son *Traité des substitutions prohibées,* n°s 232 et suiv. Après avoir réfléchi sur les raisons respectivement données par ces deux auteurs, nous ne voyons pas de motifs suffisans pour ne pas donner effet à la donation faite à la charge de rendre ce qui restera des biens à la mort du donataire, *id quod supererit.*

Pourquoi voudrait-on voir dans une disposition de cette nature, une substitution telle que celles qui sont prohibées par l'art. 896 du Code civil? Cela devient impossible dès que la disposition n'emporte pas d'obligation contre l'héritier qu'on peut appeler le *fiduciaire*, ainsi que le fait M. Toullier, de rendre des biens au tiers appelé, dès que ce fiduciaire peut laisser tout, ou ne rien laisser au tiers, à sa volonté. On ne doit point perdre de vue que le vrai caractère de la substitution prohibée est la nécessité imposée de conserver et de rendre; en sorte que cette substitution n'exite pas là où l'on n'aperçoit pas ce caractère. Que renferme implicitement et en dernière analise la disposition dont il sagit? une donation faite sous une condition purement éventuelle, qui est que l'appelé recueillera ce qui aura été laissé par le fiduciaire, c'est-à-dire, ce qu'il n'aura pas aliéné. Ne laissant rien, la disposition au profit de l'appelé devient nulle ou bien résoluble, parce que la condition sous laquelle elle avait été faite vient à manquer. Or, une disposition faite sous une condition purement éventuelle n'est certainement pas une substitution, ainsi que nous l'avons déjà remarqué plusieurs fois. Les dispositions de ce genre ont toujours été admises, sans qu'on les ait assimilées, ni à la donation proprement dite, qui doit être accompagnée du dessaisissement absolu, ni à la substitution. On ne doit pas facilement se livrer à une interprétation qui emporterait la nullité d'une disposition, contre le gré du disposant, lorsqu'il se présente, comme dans l'espèce, une interprétation qui en assure l'effet. Nous disons encore qu'il suffit que la disposition soit usitée dans certaines provinces, et notamment en Bretagne, d'après ce qu'atteste M. Toullier, où elle est favorisée par les mœurs et les habitudes, pour qu'elle soit maintenue, dès qu'elle n'est nullement prohibée par la loi, soit directement, soit indirectement. On doit toujours présumer dans le législateur l'intention de se conformer aux intérêts et même au goût des peuples, pour lesquels les lois sont faites, lorsque leurs usages ne sont point contraires à ces lois, lorsqu'on ne peut pas dire qu'elles aient entendu les faire cesser.

Ce qui a pu faire illusion sur la nature et sur l'effet de cette disposition, c'est que, d'après les lois romaines que nous avons nous-mêmes indiquées, elle était considérée comme une substitution. Mais pourquoi? c'est parce que les législateurs romains lui en avaient donné le caractère et l'effet, lors même que la disposition n'eût pas contenu une vraie substitution, c'est-à-dire, un fidéicommis obligatoire. Ils avaient restreint la faculté d'aliéner accordée au fiduciaire. Ils voulaient absolument que la disposition valût comme obligation de conserver ou de rendre tout ou partie au tiers appelé. Il semble même qu'ils pensaient qu'elle ne pouvait valoir autrement. De là beaucoup de règlemens qui étaient la suite de ces idées; et ces règlemens devaient tenir nécessairement aux principes des substitutions. Cela n'est pas étonnant, d'après le goût particulier des Romains pour tout ce qui était fidéicommis ou substitution. Des usages anciens les avaient attachés à ces sortes de dispositions; elles leur étaient devenues commodes et utiles, et malgré l'abolition de ces usages, l'esprit qui s'en était formé resta.

Mais il ne peut être question de tout cela sous notre législation actuelle. Il ne s'agit pas de restreindre le pouvoir du fiduciaire, et de l'obliger à laisser nécessairement au tiers appelé, sinon tout ce qui est donné, au moins une partie; et s'il est vrai, comme on ne peut en douter, que la disposition dont il s'agit ne présente point une charge de conserver et de rendre, et que, par conséquent, elle ne soit pas une substitution prohibée par le Code, on ne peut en contester l'effet. Le droit du tiers appelé prend bien son fondement dans la disposition, mais, ainsi que nous l'avons déjà dit, cette disposition ne présente aucune irrégularité, dès qu'elle est subordonnée à une condition purement éventuelle qu'aucune loi ne repousse. Il serait encore indifférent qu'on dût considérer la disposition comme un fidéicommis, parce qu'il n'y aurait qu'un fidéicommis simple, qui devrait être exécuté, pourvu qu'il n'y eût point d'incapacité en la personne du tiers appelé. Tout fidéicommis n'est pas une substitution proprement dite.

Mais si le fiduciaire peut aliéner sans restriction, par acte entre-vifs, le peut-il par testament? M. Toullier annonce que cette question a été jugée diversement; que la Cour royale de Rennes s'est prononcée pour l'affirmative par deux arrêts, l'un de 1808, l'autre de 1818. Cet auteur qui, dit-il, avait long-temps penché pour la négative, pense définitivement, n° 39, que c'est une question abandonnée à la prudence du magistrat, parce qu'elle dépend uniquement de la volonté du testateur ou donateur, Le testateur, ajoute-t-il, pouvait, sans contredit, autoriser le fiduciaire à disposer des biens par testament : l'a-t-il voulu, ne l'a-t-il pas voulu? S'il ne s'en est pas expliqué, la réponse ne peut se trouver que dans l'interprétation de l'acte. Ainsi, continue-t-il, de quelque manière que la question soit jugée, il est difficile que le jugement donne ouverture à la cassation.

Cette disposition ne nous paraît contrarier aucun principe. La liberté donnée par la disposition au fiduciaire de ne laisser au tiers appelé que ce dont il n'aura disposé, soit par vente, soit par donation entre-vifs, soit par testament, présente toujours, à l'égard du tiers appelé, une transmission subordonnée à une condition purement éventuelle : il n'y a, dans aucun de ces cas, une nécessité de conserver et de rendre; tout est soumis à la volonté du fiduciaire, et dès lors on ne peut y voir une substitution prohibée.

VII ter. *Du cas où le fiduciaire serait autorisé à vendre* en cas de besoin.

Mais que devrait-on décider, si l'auteur de la disposition avait chargé l'héritier ou fiduciaire de remettre ses biens à un tiers après son décès, avec la stipulation que ce tiers serait autorisé à vendre et engager *en cas de besoin?* Cette question est prévue par M. Rolland de Villargues.

Nous pensons qu'on pourrait induire de cette disposition une substitution prohibée ; alors la faculté d'aliéner est restreinte, et de cette restriction naît la nécessité de laisser au tiers appelé, ce qu'il n'eût pas été nécessaire d'aliéner pour satisfaire au besoin du fiduciaire. Cette restriction emporte avec elle la nécessité de conserver et de rendre, sinon tout, au moins partie des biens donnés; et il n'y a que la liberté absolue accordée au fiduciaire de laisser ou de ne pas laisser au tiers appelé, qui exclut l'idée de la charge de conserver et de rendre, et par conséquent d'une véritable substitution. D'ailleurs, comment pouvoir fixer ce dont le fiduciaire aurait besoin d'aliéner ? ne serait-ce pas ouvrir la porte aux difficultés et aux incertitudes? Mais plus on s'arrêterait à ces incertitudes, plus on scruterait les besoins du fiduciaire, plus on sentirait qu'on agirait dans le sens qu'il serait indispensable qu'il conservât et rendît ce qui resterait après avoir satisfait à ces besoins. On tomberait donc dans l'esprit des lois romaines, qui faisaient de la disposition en question une véritable substitution, et qui, si on lui donnait ce caractère dans notre législation, serait repoussée par l'article 896 du Code civil.

Addition sur le 2ᵉ exemple.

2ᵉ édition,
t. I, p. 119,
2ᵉ alinéa.

Mais quoique nous ayons cru devoir conseiller ces mesures de prudence, nous croyons néanmoins devoir persister dans l'opinion que nous venons d'émettre sur ce *second exemple*, parce que nous la croyons bien fondée.

Cependant, M. Toullier a cru devoir embrasser une opinion contraire, *des Donations*, n° 47 ; mais après avoir examiné la question de nouveau, nous ne pouvons abandonner l'opinion que nous avons émise. Ce n'est pas tout, les raisonnemens que M. Toullier développe à l'appui de son opinion, nous démontrent encore plus le fondement de la nôtre.

La principale objection de M. Toullier, consiste à dire que la clause dont il s'agit ne renferme pas une substitution déguisée, parce qu'elle *n'imposait point aux enfans qui n'étaient pas même institués, la charge de conserver pendant leur vie et de rendre à leur mort.* Il va plus loin; *la disposition,* dit-il, *pouvait se réduire à la charge de rendre ce qui resterait à la mort des enfans,* SI QUID SUPERERIT, *disposition qui n'est pas défendue.* Il finit par la même comparaison : *Comment pourrait-on suppléer cet ordre de conserver dans une disposition où l'on ne trouve pas même la prière, et qu'on peut très-bien entendre,* DU DON CONDITIONNEL, SI LES BIENS EXISTENT, SI LES ENFANS N'EN ONT PAS DISPOSÉ?

Il s'agit de savoir si l'héritier du sang, que la loi saisit des biens, n'est pas obligé, par la volonté du défunt, de les conserver et de les rendre par suite du don fait par celui-ci à un tiers, des mêmes biens, dans le cas où ce tiers survivrait à l'héritier. Or, l'affirmative nous paraît évidente. Il y a contre l'héritier du sang charge de conserver et de rendre ; et s'il est vrai que pour qu'il y ait substitution, il faut que cette charge existe, il n'est pas moins vrai qu'il n'est pas nécessaire, pour cela, qu'elle ait été stipulée expressément; il suffit que la clause qui contient la disposition ne puisse s'exécuter autrement que comme une substitution, qu'elle en ait tous les effets, en sorte qu'il serait indifférent qu'on l'eût déguisée en apparence par une tournure dont l'unique objet serait d'éluder la loi. Mais de pareils moyens ne peuvent jamais rendre la loi illusoire et impuissante.

Aussi, pour réfuter cet argument qui nous paraît sans réplique, que fait M. Toullier? Il suppose que malgré la donation faite au tiers, l'héritier du sang peut aliéner du vivant de ce tiers, et rendre ainsi sans effet la disposition faite en faveur de ce dernier. Et de suite, l'auteur tire de cette faculté d'aliéner, qu'aurait l'héritier du sang, la conséquence que la disposition dont il s'agit, se réduit à la charge de rendre ce qui resterait à la mort des enfans. Il n'y voit de donné au tiers, que ce que les enfans voudront bien ne pas aliéner, *si quid supererit.*

Mais si cette faculté d'aliéner n'existe pas au préjudice du tiers appelé à recueillir les biens après le décès des enfans ou autres héritiers du sang, alors l'opinion de M. Toullier ne peut plus se soutenir, et il en résultera que la seule opinion fondée est celle que nous avons cru devoir adopter; que M. Toullier, pour soutenir la sienne, aura été obligé de déplacer la question. Or, nous ne nous attendions pas à voir mettre en avant cette faculté d'aliéner , de la part des enfans ou des héritiers du sang, du vivant du tiers auquel les biens devraient revenir s'il leur survivait. La propriété des biens est-elle donnée, ou non , au tiers, dans l'hypothèse qui fait le sujet de notre discussion ? L'affirmative de cette proposition ne peut souffrir le moindre doute, et cette proposition est tellement importante dans la discussion , elle influe tellement sur la décision, qu'il semble que M. Toullier aurait dû l'examiner et la discuter. Il s'est contenté de supposer que la disposition portait seulement sur ce qui resterait des biens au pouvoir de l'héritier du sang, enfant ou non enfant, à l'époque de son décès, le tiers appelé étant vivant. Mais jamais on ne pourra soutenir avec quelque fondement que le don absolu et indéfini de la propriété , soit la même chose que le don de ce qui restera, déduction faite de ce que l'héritier du sang aura aliéné. Pour réduire ainsi la disposition , il faudrait que cela résultât positivement des termes de la disposition ; il serait nécessaire qu'elle fût ainsi conçue, sans quoi on substitue une disposition à une autre ; on suppose au disposant une volonté autre que la sienne, ce qui ne se peut.

M. Toullier donne à entendre , s'il ne le dit pas positivement , que c'est sous ce rapport que fut considérée la question dont il s'agit, lors des dernières sentences des sénéchaussées de Riom et de Moulins, qui furent contraires à de plus anciennes, toujours sur la même question. Après avoir dit : « La disposition pouvait donc se réduire à la charge de rendre ce qui resterait à la mort des enfans, *si quid supererit*, il ajoute : C'est ainsi que la jurisprudence postérieure interprétait ces sortes de dispositions, sous les Coutumes d'Auvergne et de Bourbonnais, comme l'attestent Chabrol sur la Coutume d'Auvergne, page 128 et 129, et Auroux des Pomiers, sur l'article 324, n° 19, de la Coutume de Bourbonnais. »

Mais cette interprétation ne résulte nullement de ce que disent ces deux auteurs pour appuyer la résolution qu'ils paraissent avoir adoptée, au milieu des opinions diverses qui existaient de leur temps ; ils ne se doutaient même pas de la substitution *de eo quod supererit*, qui était ignorée en Auvergne et en Bourbonnois , et dont l'usage n'était connu que dans très - peu de provinces du royaume , dont celle de Bretagne paraît être du nombre. Chabrol disait simplement que le motif des sentences qui avaient décidé dans son sens, était que « le fils n'avait été ni chargé de remettre, ni même institué ; que c'était un legs conditionnel, que la Coutume ne défend pas, et que la condition étant arrivée, le legs était devenu pur et simple. » Or, on voit clairement que l'auteur rentrait toujours dans son système de la validité des dispositions simplement conditionnelles, sans penser à la substitution *de eo quod supererit ;* encore ce même auteur cite-t-il de suite, après les termes ci-dessus rapportés, une nouvelle sentence qui avait jugé le contraire. Auroux des Pomiers ne présente la décision que sous le rapport du même motif, que la disposition était purement conditionnelle , et ne renfermait point une substitution ; mais c'est toujours ce qui est à examiner, et il nous paraît impossible de soutenir cette proposition sans blesser les règles de la logique et du droit. Il y a plus ; c'est que ce même auteur, dans la suite de sa discussion, dans laquelle il invoque les avis de quelques avocats de Paris, consignés dans des consultations qu'il met en opposition avec ceux d'autres avocats du Bourbonnais et de l'Auvergne, devient encore moins concluant. On voit dans ces consultations , des motifs de décision qui sont relatifs à d'autres questions absolument étrangères à celles dont il s'agit ; on y voit dire , par exemple , que la disposition en question était valable, parce qu'on ne devait pas la considérer comme une substitution, mais bien comme un legs fait à temps, ce qui ne pouvait avoir lieu que par testament, *tanquam simplex legatum in diem ;* et l'on ajoutait que le droit civil (ce qui doit être entendu du droit romain) autorisait une pareille disposition ; *quæ dies adjecta videtur conformiter juri civili.* Mais pourrait-on sérieusement soutenir la justesse d'un pareil raisonnement, et admettre une telle comparaison ?

Aussi, M. Rolland de Villargues , dans son traité *des substitutions prohibées,* n° 87, page 131 et suiv., a cru devoir partager notre opinion, et il la soutient par plusieurs réflexions également décisives. Remarquez, dit-il, que dans l'espèce qui nous occupe, la propriété des biens doit rester sur la tête des enfans pendant toute la durée de leur vie, quelque longue qu'elle soit ; d'où résulte, ajoute-t-il, cette incertitude de la propriété pendant un long temps, et dans la réalité l'ordre successif ; ce qui forme les caractères auxquels on reconnaît l'existence d'une substitution prohibée. L'auteur prouve que M. Toullier, pour soutenir son opinion, est obligé de déplacer l'état de la question, et que l'on ne peut

soutenir

soutenir avec lui que la disposition qui fait le sujet de la discussion, doive se réduire à la charge de rendre ce qui restait à la mort des enfans, *si quid supererit*. Pour abréger, je renvoie au passage de l'auteur (1).

M. Rolland de Villargues, n° 88, en vient à une différence remarquable : « Ne devrait-on pas néanmoins, dit-il, s'écarter de l'opinion que nous venons d'émettre (qui est aussi la nôtre), si la condition qui fait dépendre le legs de la *survie* du légataire, aux enfans ou héritiers légitimes du testateur, se trouvait modifiée relativement à l'âge auquel ces héritiers viendraient à décéder ; comme s'il était dit : Je lègue à Paul, si mes enfans décèdent *en minorité*. » L'auteur s'explique ainsi sur cette différence : « Quoique Paul ne soit appelé que dans le cas où il survivrait aux enfans du testateur, nous ne croyons pas pourtant que les raisons qui, dans l'espèce précédente, nous ont porté à décider que la disposition renfermait une substitution déguisée, reçoivent ici une application entière. En effet, l'on ne trouve pas dans la clause cette longue incertitude de la propriété, qui forme l'un des caractères essentiels d'une substitution prohibée. Cette clause ne présente plus que les effets ordinaires d'un legs conditionnel : point de nécessité, dès lors, d'y voir une substitution ; mais elle devra valoir, au contraire, comme legs conditionnel. »

Nous ne pouvons qu'approuver cette modification ; il en résulte même la confirmation, ainsi que l'observe l'auteur, en renvoyant au n° 96 de son ouvrage, de l'opinion que nous avons émise dans l'exemple précédent, différente de celle que nous avons adoptée dans la question actuelle : la diversité des espèces devait produire celle des opinions.

On peut voir encore ce que dit M. Rolland de Villargues aux n°ˢ suivans, sur quelques autres questions susceptibles à peu près des mêmes difficultés, et il les décide d'une manière aussi sûre et aussi lucide ; les principes desquels il part pour la décision de la plupart de ces questions, sont expliqués avec clarté aux n°ˢ 24, 25, 26, 27, 28 et 38.

---

(1) On ne peut donner que des éloges à un ouvrage aussi bien fait et aussi utile que celui de M. Rolland de Villargues. Il a discuté avec soin et avec une rare sagacité, les questions épineuses qu'a fait naître, dans notre législation, l'art. 896 du Code civil, qui en est un des plus importans. On ne doit pas être étonné de l'empressement avec lequel cet ouvrage a été recherché dès l'instant où il a été connu.

Enfin, un arrêt de la Cour de cassation, du 3 novembre 1824, section des requêtes, qui a rejeté le pourvoi contre un arrêt de la Cour royale de Metz, a décidé dans le sens de notre opinion ; et il s'en tire même l'induction, d'après les motifs de l'arrêt de la Cour royale de Metz, confirmé dans toutes ses parties, que la modification présentée par M. Rolland de Villargues est très-juste.

Dans l'espèce de cet arrêt rapporté par M. Dalloz, volume de 1824, page 399, le sieur de Schlainenort, qui n'avait pas de descendans, après avoir disposé, par son testament du 29 mars 1815, des douze vingtièmes de ses biens, disposait des huit autres vingtièmes en ces termes : « Je donne à ma sœur Apolline Georges huit vingtièmes ; et si ma sœur Apolline Georges *était morte avant moi, ou si* elle meurt sans enfans, les huit vingtièmes que je lui donne appartiendront, savoir : quatre vingtièmes à ma nièce Jeanne Bertaux ; en cas de mort, à ses enfans, et quatre vingtièmes à mon frère Antoine Georges ; et en cas de mort à ses enfans.

Cette disposition faite en faveur d'Apolline Georges, fut attaquée comme contenant une substitution prohibée, et, en effet, le testament fut annulé pour ce motif, par jugement du 19 mars 1822. Sur l'appel, la Cour de Metz rendit son arrêt le 20 août 1822, qui prononça la nullité. Il est important d'en rappeler les motifs, puisque la décision qui en est le résultat, a été simplement confirmée par la Cour de cassation.

« Attendu que la clause dont il s'agit est claire est précise, et n'a nul besoin d'être interprétée. Le testateur donne à la dame Apolline Georges, huit vingtièmes de la succession ; il prévoit ensuite deux cas, celui où elle serait morte avant lui, et celui où elle mourrait sans enfans ; et dans l'un comme dans l'autre cas, il veut que ces huit vingtièmes appartiennent par moitié à sa nièce Jeanne Bertaux et à son frère Antoine Georges, ou à leurs enfans. — Attendu que le deuxième cas est établi en termes généraux et indéfinis, *sans aucune distinction quant à l'époque du décès de la légataire ;* le testateur a donc voulu que si elle mourait sans enfans, *et ce, de quelque manière, et en quelque temps que ce fût,* les huit vingtièmes à elle légués appartinssent à ceux qu'il lui a substitués. Il est dès lors évident qu'il a donné, le cas échéant, *des héritiers à la légataire ;* que celle-ci est nécessairement *chargée de conserver et de rendre,* et conséquemment, que la disposition est contraire à la loi. — Attendu, au surplus, que s'il était nécessaire, pour l'intelligence de cette clause, de rechercher quelle a été l'intention du testateur, l'ensemble du testament le révélerait assez. Il suffit, en effet, de le lire, pour demeurer convaincu qu'il ne s'est pas moins proposé d'exclure sans retour une partie de ses parens, que de gratifier les autres. »

Sur le pourvoi en cassation, on disait que pour qu'un legs puisse être déclaré nul, comme contenant un fidéicommis, il faut qu'il soit vicié de la charge de *rendre et de conserver*, qu'on ne trouvait pas dans l'espèce. On prétendait qu'il fallait entendre ces termes, *en cas qu'Apolline Georges mourût sans enfans*, dans le sens qu'elle mourrait *sans enfans avant lui* (testateur), (ce qui était donner une telle extension à la disposition, ou au moins à la condition, qu'on la dénaturait), et on en induisait que le testament ne pouvait contenir qu'une substitution directe. Mais tous ces moyens, qui étaient autant de subtilités, ont été rejetés par l'arrêt de la Cour de cassation. « Attendu qu'en annulant la disposition du testament olographe du sieur de Schlainenort, du 29 mars 1815, qui faisait l'objet du litige, comme contenant une substitution fidéicommissaire prohibée par l'article 896 du Code civil, en en ordonnant, en conséquence, le partage des huit vingtièmes de la succession du testateur entre les héritiers *ab intestat*, qui y avaient droit, l'arrêt attaqué a fait une juste interprétation de la disposition dudit testament, concernant le legs desdits huit vingtièmes au profit de la dame Marconnay, et, par suite, une non moins juste application dudit article 896. — Re-jette. »

XIII bis. *Idées nouvelles sur la donation à cause de mort.*

Il nous semble que la question de savoir si la donation à cause de mort, dont nous venons de parler dans le n° précédent, est prohibée ou non par le Code civil, et si, à cet égard, il y a une différence entre les dispositions de ce Code et celles de l'ordonnance de 1731, ne mérite pas un examen sérieux, au moins quant au résultat qu'elle peut avoir en pratique, qui est ce qu'il faut principalement considérer.

M. Toullier, qui s'est expliqué sur cette question, *Droit civil français*, tom. 5, n° 10, dit : « La solution de cette question de théorie peut entraîner la solution d'une question de pratique qui s'est déjà présentée,

2e édition,
t. 1, p. 132,
6e alinéa.

2 *

savoir si un testament est valide, lorsqu'il contient une convention entre le testateur et le légataire , c'est-à-dire, lorsque le légataire intervient pour accepter le legs. C'est alors une véritable donation à cause de mort, revêtue des formes d'un testament , valide sans contredit, suivant l'ordonnance de 1731. Est-elle également valide, suivant le Code civil ? La raison de douter est que le Code semble prohiber absolument les donations à cause de mort ; la raison de décider est que le Code ne prononce point la nullité d'un testament dans lequel le donataire est intervenu pour accepter le legs. »

Lorsque nous avons cru nécessaire de développer les anciens principes sur la donation à cause de mort, surtout d'après les notions du droit romain, ce que nous avons fait, *Disc. hist.*, sect. III, nous y avons établi que, dans le droit romain, c'est une disposition différente de la donation entre-vifs et du testament, mais qu'elle était comme flottante entre l'une et l'autre de ces deux dernières dispositions. Nous y avons fait remarquer que dans la suite, et dans le droit romain même, la donation à cause de mort avait perdu son ancien caractère , et qu'elle se rapprochait beaucoup du testament quant aux formes , et que quant aux effets, il n'y avait point de différence. Nous y avons démontré que, dans les Coutumes qui l'avaient admise, il n'y avait point de différence entre cette disposition et le testament, surtout dès qu'on fait attention que l'une et l'autre n'avaient leur effet qu'à la mort, et que jusque-là ils étaient révocables. Si l'ordonnance de 1731, art. 3, laissa subsister la donation à cause de mort, pourvu qu'elle fût revêtue des formes du testament ou du codicille , ce fut uniquement pour entrer en composition avec un usage local qui favorisait les fils de famille, ainsi que nous nous en sommes expliqué au lieu ci-dessus indiqué. Aussi le maintien de cette forme de disposer, qui n'avait point un objet général et même réel , qui tendait à éluder la sage réduction faite par la loi des modes de disposition gratuite, à ceux de la donation entre-vifs et du testament, donna lieu dans le temps à une foule de difficultés , où l'on voyait beaucoup de métaphysique et de subtilités, qui ne pouvaient tendre qu'à embarrasser la législation et la jurisprudence.

Mais sous notre législation actuelle, toutes ces difficultés disparaissent. En combinant l'article 893 du Code, qui n'admet d'autres disposition à titre gratuit que la donation entre-vifs et le testament, avec l'article 967, qui dit que toute personne pourra disposer par testament, soit sous le titre d'institution d'héritier, soit sous le titre de legs, *soit sous toute autre dénomination propre à manifester sa volonté*, on doit conclure qu'il n'existe plus actuellement de disposition particulière à titre gratuit, sous le titre de donation à cause de mort; que cependant, si on donnait cette dénomination à une disposition de dernière volonté, qui, au fond, ne serait qu'un testament et qui en aurait les formes, alors, malgré cette dénomination, cette disposition ne serait qu'un testament et serait sujette aux règles relatives à ce dernier mode de disposition. Tel est le résultat de tout ce que nous avons dit sur la donation à cause de mort, et telle est, selon nous, la seule manière d'apprécier une disposition à laquelle on donnerait cette qualification.

En partant de là, il ne peut s'élever une difficulté sérieuse sur l'hypothèse proposée par M. Toullier, c'est-à-dire, sur le cas où le testament contiendrait une convention entre le testateur ou le légataire, comme, par exemple, si le légataire y intervenait pour accepter le legs. On ne voit pas de raison pour annuler la disposition dans ce cas, dès que, d'après notre législation, on ne pourrait y voir qu'un testament, et qu'aucune disposition législative n'indique ni ne suppose une semblable intervention comme une cause de nullité de la disposition testamentaire.

Il faut cependant convenir qu'il faudrait avoir une étrange manie d'innovation pour passer ainsi un testament, ce qui ne pourrait, bien entendu, être toléré que pour un testament qui serait fait par acte public. Ce serait appeler les difficultés sans aucun objet. On ne peut métamorphoser un testament en une espèce de contrat. La disposition serait toujours également révocable, comme l'est tout testament. Notre droit n'admet d'autre donation à cause de mort, qui puisse assurer irrévocablement la succession, que l'institution contractuelle; mais elle tient cette irrévocabilité de la seule faveur attachée au mariage. En sorte qu'on peut dire que l'hypothèse proposée tombe dans la classe des abstractions, ainsi que semble en convenir M. Toullier lui-même.

7 bis. *Nouveaux développemens sur cette question, et arrêts.*

2e édition, t. I, p. 144, 1er alinéa.

Le principe qui doit diriger sur cette question n'est point douteux. Mais il peut se présenter des difficultés qui en rendent l'application plus ou moins incertaine ; et ces difficultés dérivent des termes dans lesquels la donation est conçue, au moins relativement au mode et au terme du payement de la somme donnée. On peut parler, dans la donation, du payement de la somme après la mort, énoncer les effets de la succession avec lesquels l'acquittement en sera fait, et néanmoins la donation peut conserver également tout son effet. Le point essentiel est qu'elle soit stable dès le moment qu'elle est faite, que les biens présens du donateur soient affectés à son exécution, et qu'il n'y ait de renvoyé après le décès que cette exécution. Il sera très-utile de se fixer les idées à ce sujet par quelques exemples sur lesquels sont intervenus des arrêts.

Dans l'espèce d'un arrêt de la Cour de cassation, du 15 juin 1808, rapporté par Sirey, vol. 8, pag. 416, 1re partie, on voit qu'un père et une mère avaient fait, sous l'empire du Code civil, donation à leur fille, dans son contrat de mariage, d'une somme de 10,900 fr. *exigible seulement après leur décès*, et payable, *soit en argent comptant, soit en effets de leur hoirie*, à dire d'experts. Aucune des parties intéressées ne songea à élever du doute sur la nature de cette disposition, comme donation entre-vifs proprement dite ; mais le directeur de la régie d'enregistrement prétendit que les droits devaient être perçus sur cet acte, en le considérant comme une donation d'immeubles ; il fonda cette prétention sur ce qu'il suffisait que le payement pût être effectué en immeubles, pour donner ouverture sur-le-champ au payement du droit de mutation immobilière.

Cette prétention fut rejetée par un jugement du tribunal civil de Castellanne, qui, sur le pourvoi à la Cour de cassation, fut confirmé par la section des requêtes. Le motif de l'arrêt fut « que la donation portée au contrat de mariage du 4 février 1806, de la somme de 10,900 f., aux termes de l'article 529 du Code civil, n'est qu'une donation mobilière ; qu'encore que cette somme soit payable, aux termes de la donation, *après le décès des père et mère, soit en argent comptant, soit en effets de leur hoirie*, ce mode de payement éventuel et alternatif ne change point la nature de la donation, etc. »

Nous n'entendons pas présenter cet arrêt comme ayant jugé en thèse la question que nous traitons ; mais on y voit l'exécution non contestée d'une disposition, comme donation entre-vifs, par laquelle des donateurs avaient disposé d'une somme mobilière, dont le payement était renvoyé *après leur décès,* et qui était payable, *soit en argent comptant, soit en effets de* LEUR HOIRIE.

Nous pouvons tirer un exemple plus décisif d'un arrêt de la même Cour, du 8 juillet 1822, rapporté dans le même Recueil, page 434, rendu encore à l'occasion d'un droit contesté à la régie de l'enregistrement. Il était dit, dans un contrat de mariage, que des père et mère constituaient en dot à leur fils qui l'acceptait, et qu'ils lui faisaient, par ces présentes, donation entre-vifs d'une somme de 300,000 francs, dont ils se dessaisissaient dès ce moment, sur les plus clairs et apparens biens qu'ils possédaient, et qui toutefois ne serait *exigible qu'après le décès du survivant.* Il était dit que, sur cette somme, celle de 150,000 francs seulement serait productive d'intérêts, à raison de quatre pour cent sans retenue. Le receveur avait perçu le droit d'enregistrement à raison de cette somme de 300,000 fr., dans le sens qu'elle était donnée à titre de donation entre-vifs. On prétendit que le droit n'était dû que sous le rapport d'une donation à cause de mort, au moins pour la partie pour laquelle il avait été stipulé que, jusqu'au décès du disposant, il ne serait point dû d'intérêt. Cette prétention fut même accueillie par un jugement du tribunal civil de la Seine ; mais le jugement fut cassé par la section civile. Il est important d'en rapporter les motifs : « Attendu que les termes de la clause litigieuse sont précis et formels ; qu'*ils énoncent une donation entre-vifs* avec dessaisissement, dès ce moment, de la part des père et mère, sur les plus clairs et apparens biens qu'ils possèdent, et avec acceptation de la part du donataire ; qu'il résulte de ces expressions, que l'acte présente tous les caractères *d'une donation entre-vifs* et non *d'une donation à cause de mort ;* qu'il forme une transmission actuelle de la propriété , et *un droit effectif acquis au donataire,* lequel droit ne saurait être détruit par la circonstance que l'exigibilité est suspendue jusqu'au décès du survivant, ou par le défaut de payement d'intérêts, ou de la stipulation d'aucune sûreté ou garantie ; que ce sont des considérations distinctes et indépendantes de l'existence du droit ; que l'avis du Conseil d'état, du 22 décembre 1809, relatif à des donations de biens présens et à venir, et aux articles 1084, 1085, 1086, 1089 et 1090 du Code civil, est entièrement étranger à l'espèce, où il s'agit d'une véritable donation entre-vifs, et de l'article 1081 du même Code ; — Qu'il y avait donc lieu ici à l'application des articles 4 et 69, § 4, n° 1ᵉʳ de la loi du 22 frimaire an 7, et qu'en se refusant à la prononcer, et en ordonnant la restitution de la somme perçue en vertu desdits articles, le jugement attaqué a contrevenu aux dispositions ci-dessus rappelées : CASSE, etc. »

Il existe cependant un arrêt de la même Cour de cassation, section civile, du 29 décembre 1823, rapporté par Sirey, vol. de 1824, p. 106, qui semblerait, au premier abord, avoir jugé le contraire, dans une espèce à peu près semblable. Le 12 janvier 1815, le sieur Lallier, vieillard septuagénaire, pour récompenser la fille Michel, sa domestique, des peines et soins qu'elle n'avait cessé de prendre de lui depuis qu'elle était à son service, lui avait fait donation entre-vifs, pure, simple et irrévocable, en la meilleure forme que donation puisse valoir, de la somme de 4,000 fr., à prendre, *après le décès du donateur, sur les plus clairs deniers de sa succession*, et, en cas d'insuffisance, sur les immeubles qui lui appartenaient ou pourraient lui appartenir, avec droit de s'inscrire, dès à présent, hypothécairement sur ses biens.

L'acte de donation contenait plusieurs clauses que nous croyons inutile de rapporter, d'après lesquelles on prétendit qu'il ne contenait pas dessaisissement, et qu'il n'y avait pas une véritable donation entre-vifs. En examinant ces clauses sous leur vrai point de vue, on pouvait très-raisonnablement douter de la solidité de cette prétention. Quoi qu'il en soit, la donation fut annulée par un arrêt de la Cour royale de Paris, confirmatif d'un jugement du tribunal de Meaux. Mais on voit que la question se réduisit à fixer le sens des clauses de la donation ; et ce qu'il est essentiel de remarquer, c'est que la Cour de cassation ne vit dans l'arrêt qu'une interprétation de ces clauses, en sorte qu'il ne pouvait y avoir prise à la cassation : on ne peut en douter d'après les motifs de son arrêt : « Considérant que le véritable caractère de la donation entre-vifs est le dessaisissement du donateur ; considérant qu'il fut stipulé dans le contrat du 12 janvier 1815, que dans le cas de prédécès de la donataire, la donation serait sans effet, et que le donateur serait uniquement tenu de payer aux héritiers de la donataire la somme de 90 fr. par an, eu égard au temps de service ; — Qu'en décidant, dans ces circonstances, qu'il n'y avait pas eu dessaisissement de la part du donateur, la Cour royale de Paris n'a fait qu'*interpréter ledit contrat, et n'a violé aucune loi*, etc. »

Ainsi,

Ainsi, nous sommes fondés à penser que cet arrêt n'a point jugé en thèse la question de droit, qui consiste à savoir si la donation d'une somme ne doit pas être considérée comme donation entre-vifs, lorsqu'elle porte sur les biens présens, quoique son exécution soit renvoyée après le décès du donateur, avec indication de la nature des biens de la succession, qui seront employés à l'acquittement de la somme donnée, ce qui est proprement la question que nous examinons.

On peut considérer sous le même rapport un arrêt de la même Cour, du 18 mai 1812, rapporté par Sirey, vol. de 1813, page 12, et un autre du 1er mars 1821, rapporté dans le même Recueil, vol. de la même année, page 234, ainsi qu'un troisième, du 7 avril 1823, recueilli par le même arrêtiste, vol. de la même année, page 301. Ces arrêts, qu'il est toujours bon de connaître, offrent peu de lumières sur la question. Nous devons remarquer que Denevers, vol. de 1817, page 468, en rapporte un, du 22 avril de la même année, qui, par l'espèce, et par ce qui a été décidé, se rapproche beaucoup plus du cas où l'on doit penser que la donation pouvait valoir comme donation entre-vifs.

Mais nous allons rapporter un exemple plus décisif; nous le tirons d'un arrêt de la Cour royale de Riom, 1re chambre, du 28 février 1825. Une disposition fut maintenue comme donation entre-vifs, quoiqu'elle contînt des expressions particulières que l'on prétendait devoir résister à la nature de la donation entre-vifs.

Voici l'espèce de l'arrêt : « Par acte du 28 mars 1806, Anne, Catherine, Marguerite et Marie Dagiral, sœurs germaines, firent à François et à Anne Mourguy, leurs petit-neveu et petite-nièce, une donation qui renfermait les clauses suivantes :

» Les donatrices toutes ensemble, et chacune d'elles par égalité, ont donné et donnent, par donation entre-vifs, pure, perpétuelle et irrévocable, dans la meilleure forme que donation entre-vifs peut et doit valoir, à François et Anne Mourguy, leurs petit-neveu et petite-nièce, la somme de 20,000 fr., à prendre *sur les plus clairs et liquides biens de leur succession,* ou se faire payer par *leur héritier,* si elles en ont fait, *après le décès* de la dernière desdites donatrices arrivé.

» Lesdites donatrices se réservent, leur vie durant, et de l'une à l'autre, *jusqu'au jour du décès de la dernière,* l'usufruit ou intérêt de ladite somme

3

de 20,000 fr., époque seulement où elle *sera exigible*, et l'intérêt commencera à prendre cours au profit des donataires.

» La donation est encore faite, 1°. sous la réserve du retour et réversion des 20,000 fr., dans le cas que lesdits François et Anne Mourguy vinssent à prédécéder la dernière qui décédera desdites donatrices ; 2°. à la charge et condition que dans le cas où ledit François ou Anne Mourguy, donataires, viendraient à décéder avant que toutes les donatrices fussent décédées, le survivant desdits enfans donataires profitera en totalité de ladite donation.

» Sous les charges et conditions ci-dessus, est-il ajouté, lesdites donatrices ont toutes ensemble obligé, affecté et hypothéqué tous et un chacun de *leurs biens présens, et spécialement leurs immeubles situés au bourg de Fontanges*, composés de, etc. » On conçoit facilement que l'acte contenait acceptation de la donation.

Après le décès des donatrices, Antoine Mauret, qu'elles avaient institué pour leur héritier, par leur testament, attaqua de nullité la donation, sur le fondement que, d'après les termes dans lesquels elle était conçue, elle n'était pas une véritable donation entre-vifs, et qu'elle n'avait point opéré le dessaisissement de la somme donnée. Cette prétention avait été accueillie par un jugement du tribunal civil de Mauriac, du 23 décembre 1823 ; mais sur l'appel, ce jugement fut infirmé par les motifs suivans :

« En ce qui touche le moyen opposé par Antoine Mauret, qui consiste à soutenir que la donation dont il s'agit, du 28 mars 1806, est nulle, parce qu'elle ne contient pas un dessaisissement qui est le principal caractère que doit avoir la donation entre-vifs pour être valable ;

» Attendu que l'exécution de la donation a bien été suspendue jusqu'au décès des donatrices, mais que, d'après tous les principes reçus sur cette matière, cette suspension n'empêche pas que la donation n'ait tous les caractères de la donation entre-vifs, s'il résulte des expressions et des clauses qu'elle contient, qu'elle a dû nécessairement avoir ces caractères ; que son effet a été un dessaisissement actuel de la somme donnée, pour en investir les donataires, en sorte qu'il n'ait plus été au pouvoir des donatrices de révoquer la donation au préjudice de ces donataires ;

» Considérant que tous ces caractères résultent de la donation et d'une manière non équivoque ; qu'en effet, il n'est pas dit seulement que la donation est faite à titre de *donation entre-vifs, pure, simple, perpétuelle et irrévocable* ; qu'il est ajouté que les donatrices se réservent, leur vie durant, et de l'une à l'autre, jusqu'au jour du décès de la dernière, l'usufruit ou intérêt de la somme de 20,000 fr., qui faisait l'objet de la donation, époque seulement à laquelle ladite somme de 20,000 francs sera exigible ; que la réserve de cet usufruit présente une tradition feinte, laquelle a toujours suffi pour opérer un dessaisissement, même en donation entre-vifs, parce qu'on ne peut pas constituer sur sa propre chose un usufruit qui est assimilé par les lois, au moins pour ce cas, à une servitude ;

» Attendu qu'il est de plus dit dans la donation, qu'elle était faite sous la réserve de la part des donatrices du retour et réversion de ladite somme de 20,000 fr., dans le cas où les donataires viendraient à prédécéder la dernière qui décéderait ; que rien ne peut attribuer avec plus d'énergie à la disposition le caractère d'une véritable donation entre-vifs, que la stipulation d'une pareille clause ; qu'en effet, elle suppose nécessairement l'intention et la volonté de saisir de fait les donataires de la propriété ; que le retour de cette propriété aux donatrices ne pouvait être que la suite d'une résolution casuelle de cette même propriété qui était transmise dans le moment aux donataires, laquelle résolution casuelle n'a jamais vicié la donation même entre-vifs avec laquelle elle a toujours été compatible ;

» Attendu que le caractère de donation entre-vifs se renforce encore par la clause de la donation dont il s'agit, où il est dit qu'à l'exécution de cette donation, et au payement de la somme donnée de 20,000 fr., les donatrices ont toutes ensemble obligé, affecté et hypothéqué tous et chacun leurs biens présens, et spécialement leurs immeubles situés au bourg de Fontanges, dont elles ont désigné la nature, et leur domaine appelé de Chastrade, susdite commune, avec indication de la nature des héritages qui le composaient ; que la stipulation de cette clause autorisait l'inscription hypothécaire qui aussi a été prise de la part des donataires ;

» Que de toutes les expressions de cette clause, il résulte la preuve évidente que les donatrices entendaient limiter l'affectation et l'effet de la donation sur les biens présens qui devenaient un gage réel et assuré dans le moment, sauf le renvoi de l'exécution seulement après leur décès ; que ces expressions prouvent que les donatrices étaient loin de la pensée que cette donation dût seulement être prise sur les biens qu'elles laisseraient à leur décès, de telle manière que si elles eussent aliéné tous leurs biens présens, les donataires ne pourraient s'en prendre aux acquéreurs de ces biens, et qu'en cas d'insuffisance de ceux qui auraient composé la succession des donatrices, la donation serait devenue sans effet en tout ou en partie ; qu'il est aisé de sentir toute la force soit de cette affectation de biens présens, surtout n'y ayant pas l'addition des biens à venir, soit de la spécialité d'hypothèque de ces mêmes biens présens ; que ces clauses n'ont pu être écrites sans supposer combien les parties étaient préoccupées de l'idée du dessaisissement actuel, et de la perfection et consommation de la disposition comme donation entre-vifs ; qu'à la vérité il est dit dans la disposition dont il s'agit, que les sœurs Dagiral ont donné la somme de 20,000 fr., à prendre *sur les plus clairs et liquides biens de leurs successions, ou pour s'en faire payer par leurs héritiers, si elles en ont fait, après le décès de la dernière des donatrices ;* mais que ce serait tomber dans une erreur grave que d'inférer de cette clause que la donation n'a dû affecter et frapper que les biens que les donatrices laisseraient à leur décès, et qui composeraient leurs successions.

» Il faut se garder de confondre la disposition avec son exécution. La disposition porte sur les biens présens ; c'est ce qui vient d'être établi, et cela suffit pour lui donner le caractère de donation entre-vifs irrévocable. Quant à l'exécution, qui a pu être suspendue et renvoyée au décès des donatrices, sans que la disposition ait perdu son caractère de donation entre-vifs, il était dans la nature des choses, dès que la donation était d'une somme fixe, que cette somme pût être payée par les héritiers, en argent ou en effets. En sorte que les donatrices ont pu penser à la manière dont la somme donnée serait payée à leur décès, sans pour cela cesser d'être dans l'intention et la volonté de faire une donation entre-vifs.

» Mais en disant que la somme donnée serait prise *sur les plus clairs et liquides biens de leurs successions,* elles ont entendu mieux assurer l'effet de la donation. Ces termes n'ont pu avoir d'autre but, puisque, quand ils n'auraient pas été écrits dans la disposition, elle n'aurait pas moins conservé le caractère de donation entre-vifs qu'elle avait déjà. Toutes ces idées se fortifient par la circonstance que les donatrices ne donnaient pas tous leurs biens ; qu'elles avaient l'intention d'instituer dans la suite un héritier testamentaire universel, et qu'en considérant d'avance les donataires comme étant en présence de l'héritier testamentaire, elles ont entendu, par une prévoyance qui était uniquement dans l'intérêt des donataires, que tout ce qu'il y aurait de biens sujets à des discussions, à des difficultés, restât dans la succession, et que ce qu'il y aurait de plus clair et de plus liquide fût employé, et de suite, à acquitter la somme donnée ; en sorte qu'Antoine Mauret, héritier institué, se fait un moyen, dans la vue d'énerver la disposition comme donation entre-vifs, d'une clause qui ne pouvait qu'avoir l'effet de la corroborer comme telle. »

Nous devons faire remarquer qu'Antoine Mauret fondait encore la nullité de la donation sur une substitution qu'il disait être contenue dans la donation, et qui, selon lui, l'annulait, aux termes de l'art. 896 du Code civil. Il faisait résulter cette substitution de deux clauses rapportées dans le récit de l'espèce de l'arrêt. Dans l'une il était dit que les donatrices se réservaient le retour et réversion de la somme de 20,000 fr. qui était donnée dans le cas où les donataires viendraient à prédécéder la dernière de ces donatrices. L'autre clause portait que dans le cas où l'un des donataires viendrait à mourir avant que toutes les donatrices fussent décédées, le survivant des donataires profiterait en totalité de la donation. Sans donner aucun autre développement sur cette prétention, il suffit de dire qu'elle fut rejetée, la Cour n'ayant vu dans aucune de ces clauses une véritable substitution.

Mais cette question était purement secondaire. S'il y eût eu substitution, la disposition principale aurait croulé ; mais n'y ayant pas de substitution, il restait nécessairement la question principale de savoir si la donation était valide ou non. La Cour s'étant décidée pour la validité de la donation, on sent facilement qu'il en résulte que la question que nous agitons a été jugée en thèse.

34 bis. *Observations nouvelles sur cette question.*

En nous expliquant dans le numéro précédent, nous le faisions hypo-2e édition, t. I, p. 160, 6e alinéa.

thétiquement, sans avoir dans la pensée des espèces positives et déterminées, parce qu'il n'en était pas alors parvenu à notre connaissance ; et
l'on sait que des espèces ne s'étant pas encore présentées, on ne peut se
flatter d'une pénétration assez forte pour en supposer qui soient telles
qu'on puisse donner une décision bien positive.

Il s'est présenté depuis des cas qui ressemblent à ceux que nous avions
eus en idée. Ils ont donné lieu à des décisions de la part des tribunaux ;
ces décisions fournissent matière à de nouveaux développemens , et la
question se présente sous un nouvel aspect.

La Cour de cassation, section civile , a rendu , le 3 juin 1823, un
arrêt important. Il est d'autant plus essentiel de le connaître , qu'en le
méditant, on est forcé de convenir qu'il présente de sérieuses difficultés.
Il est rapporté par M. Dalloz, volume de 1823 , page 235 , et par Sirey,
volume 23, page 308.

Dans l'espèce de cet arrêt, le sieur Symphorien Saint-Arromand , fils
aîné, s'était marié le 7 janvier 1806 : son père lui fit la donation de la
nue propriété du quart de ses biens, sous la réserve du droit de retour,
tant en sa faveur, qu'en celle du sieur Paul Saint-Arromand , son autre
fils (puîné), au cas que le futur n'eût point d'enfans, ou que ceux-ci
décédassent en minorité.

Le sieur Saint-Arromand père étant décédé en 1817 , le sieur Symphorien Saint-Arromand demanda à prélever le quart de la succession,
aux termes de la donation portée dans son contrat de mariage ; mais ses
frères et sœurs , au nombre de cinq, demandèrent la nullité de la donation, sur le fondement qu'elle renfermait une substitution prohibée qui
en entraînait la nullité.

Le tribunal de Saint-Gaudens , par son jugement du 31 août 1819 ,
maintint la donation , et considéra seulement comme non écrite la clause
qui appelle l'enfant puîné à profiter du retour. Mais sur l'appel, la Cour
royale de Toulouse, par son arrêt du 10 août 1820, infirma ce jugement,
et décida que la clause dont il s'agit renfermait une substitution prohibée.

Le sieur Symphorien Saint-Arromand se pourvut en cassation , pour
fausse application de l'article 896 du Code civil, et pour violation de
l'article 951 du même Code. Sur ce pourvoi intervint l'arrêt de cette
Cour, dont les motifs doivent être pesés.

« Vu les articles 896 , 900 et 951 du Code civil

» Considérant que par le contrat de mariage du demandeur en cassation, son père lui fit donation, par préciput et hors part, de tous ses biens présens et à venir (1) ; que le donateur réserva le droit de retour, tant pour lui que pour son fils puîné, si le donataire n'avait pas d'enfans, ou si ses enfans décédaient en minorité ; que la Cour royale de Toulouse a annulé cette donation, sur le fondement de l'article 896, qui, dans le cas d'une substitution faite avec la charge de conserver et de rendre à un tiers, prononce la nullité, tant de la substitution que de la donation ;

» Considérant que le sort et les effets de la donation et du droit de retour dont il s'agit, ont dû, au contraire, être réglés par l'article 951, qui contient des dispositions précises et spéciales sur cette question ;

» Que, par cet article, le législateur, malgré le plus ou moins de ressemblance ou d'analogie qu'il peut avoir reconnu entre le droit de retour conventionnel et la substitution fidéicommissaire, a fait cesser les incertitudes auxquelles cette espèce d'analogie aurait pu, dans quelques circonstances, donner lieu ;

» Qu'il a laissé au donateur la faculté de stipuler pour lui le droit de retour, soit pour le cas du prédécès du donataire seul, soit pour le cas du prédécès du donataire et de ses descendans ; qu'il a défendu, au contraire, la stipulation de ce droit au profit de tout autre que le donateur, *sans prononcer cependant, dans le cas de cette extension, la nullité de la donation ;* que, par conséquent, au lieu d'annuler arbitrairement la donation faite au demandeur en cassation, par son père, dans ledit contrat de mariage, la Cour royale de Toulouse aurait uniquement dû considérer comme non écrite la stipulation du droit de retour au profit du fils puîné ;

---

(1) Tout indique qu'il s'est glissé ici une erreur. On doit croire qu'il y avait eu donation *du quart en préciput.* Le récit des deux arrêtistes, qui est le même que celui que nous avons rapporté, le fait supposer. Cependant l'arrêt est transcrit et imprimé dans les mêmes termes ci-dessus rapportés ; mais l'erreur ou plutôt la faute typographique est évidente, parce qu'on ne peut pas concevoir *un don en préciput et hors part de tous les biens.* Le préciput ne peut porter que sur une partie. Mais, quoi qu'il en soit, l'arrêt tel qu'il est rapporté, et la discussion, suffisent pour faire entendre parfaitement la question.

» Qu'en effet, d'après l'article 900 du Code civil, conforme au droit commun, dans les dispositions entre-vifs ou testamentaires, les conditions contraires aux lois sont seulement réputées non écrites ; que si, d'après l'article 896, la nullité de la substitution fidéicommissaire entraîne avec elle la nullité de la donation ou de l'institution, ce n'est évidemment que parce que la disposition de cet article prononce *formellement cette double nullité ;*

» Considérant enfin que les nullités sont de droit étroit, et ne peuvent être ni suppléées, ni étendues d'une espèce à l'autre, surtout lorsque, dans les diverses espèces, malgré leur plus ou moins d'analogie, le législateur a tracé des règles et des principes différens ; qu'en décidant le contraire, et en annulant le donation dont il s'agit, la Cour royale de Toulouse a fait une fausse application de l'article 896 du Code civil, et violé les articles 900 et 951 du même Code ; Casse, etc. »

D'après les distinctions que nous avions faites en conséquence des hypothèses que nous avions présentées, et en y appliquant les principes, nous avions pensé que la clause dont il s'agit, dans l'espèce de l'arrêt, aurait été nulle pour le tout, c'est-à-dire, que la disposition principale eût dû être nulle comme la clause de retour, de la manière dont le retour a été stipulé, parce que l'ensemble de la clause présente nécessairement une substitution fidéicommissaire, qui doit être réglée par la disposition de l'article 896 du Code civil. Aussi une note faite par M. Dalloz sur l'arrêt, nous apprend qu'il a parfaitement saisi le sens dans lequel nous nous sommes expliqués.

Le résultat de notre opinion était que si la clause du retour n'était au fond qu'une substitution fidéicommissaire, toute la disposition serait nulle, conformément à l'article 896 du Code civil, et que si elle se bornait à un simple retour en faveur de tout autre que le donateur, sans qu'il y eût substitution, alors la clause de retour serait seule nulle, mais que la disposition principale subsisterait.

Cependant la Cour de cassation a jugé le contraire ; elle s'est décidée pour la nullité de la clause de stipulation du retour seulement, même quoiqu'il en résultât une substitution fidéicommissaire, et pour le maintien de la disposition principale ; car il serait superflu de démontrer que, dans l'espèce de l'arrêt, la clause de retour devenait une véritable substitution fidéicommissaire, tant cela est évident. L'arrêt est fondé sur la
combinaison

combinaison des articles 900, 951 et 896 du Code. L'article 900, dit-on, répute seulement comme non écrites, dans toute disposition entre-vifs ou testamentaire, les conditions impossibles, celles qui seront contraires *aux lois* ou aux mœurs. L'article 951 porte que *le droit du retour ne pourra être stipulé qu'au profit du donateur seul.* Donc la clause par laquelle le retour est stipulé au profit d'un tiers, est nulle ; mais il n'y a de nullité que dans cette clause ; c'est à cette nullité qu'on doit se borner, par appli-cation de l'article 900, qui déclare non écrite (ou, ce qui est de même, nulle) toute condition contraire aux lois. Mais ce serait se permettre une extension arbitraire, que de prononcer la nullité de la disposition principale par application de l'article 896 du Code. Que si, d'après cet article, *la nullité de la substitution fidéicommissaire entraîne avec elle la nullité de la donation ou de l'institution, ce n'est évidemment que parce que la disposition de cet article prononce formellement cette double nullité.*

Pour soutenir ce raisonnement, il faudrait nécessairement admettre qu'il n'y a de vraie substitution fidéicommissaire, qu'autant que la dis-position contiendrait expressément et littéralement la charge de con-server et de rendre à un tiers. Mais cela est-il bien vrai ? Nous avons cru devoir dire plusieurs fois que l'on était dans l'esprit de l'article 896 du Code, toutes les fois qu'une disposition ne pouvait s'exécuter que par la nécessité de conserver et de rendre, toutes les fois que la disposition ren-fermait dans sa substance la nature et le caractère de la charge de con-server et de rendre, et qu'elle en emportait tous les effets ; nous voyons journellement cette doctrine enseignée par les auteurs, et admise en jurisprudence. Les expressions employées dans l'article 896 ont pu être indicatives et démonstratives de ce qui constituait en résultat une subs-titution fidéicommissaire ; mais vouloir qu'il ait entendu réduire impé-rieusement les cas où il y aurait une substitution fidéicommissaire, à l'emploi technique d'une simple formule, c'est ce qu'il est difficile de supposer. Il faut voir le résultat de la disposition, et non ses termes. On doit voir la chose et non les mots ; c'est la chose seule qui a été l'objet de l'attention du législateur. S'il en était autrement, on pourrait faire une disposition évidemment telle que celle que le législateur a voulu prohi-ber ; mais on la rendrait valable, ce qui serait presque toujours facile, en la couvrant de termes dont les sons seuls seraient différens de ceux em-

4

ployés dans la loi, par forme de démonstration ou d'exemple; en sorte qu'il arriverait que la loi deviendrait impuissante et illusoire , ce qui , de tous les inconvéniens en législation , serait sans contredit le plus grave.

Il faut donc faire la part de l'article 951 et celle de l'article 896 ; l'un n'exclut pas l'autre, et, au contraire , ils se concilient parfaitement. Si la disposition contient une clause de retour en faveur du donateur et d'un tiers , mais pour le cas seulement où le donateur survivrait au donataire et à sa postérité, alors il n'y a qu'un simple retour. Il est valable en ce qui concerne le donateur, mais il est nul en ce qui regarde le tiers. Sous ce dernier rapport, la stipulation du retour est défendue par l'article 951 , et dès lors elle est nulle. Telle doit être l'application de cet article. La disposition principale ne doit pas être nulle parce qu'elle renferme un simple accessoire qui est frappé de nullité. Ce serait alors, et alors seulement, qu'il y aurait une extension arbitraire pour faire porter la nullité sur ce qui n'est pas nul en soi.

Mais si la clause de retour est stipulée en faveur du tiers, même pour le cas où le donateur viendrait à mourir avant le donataire, pour le cas où la postérité de ce dernier ne viendrait à défaillir qu'après le décès du donataire, soit que la clause soit expresse, soit que par sa rédaction plus ou moins déterminée, elle doive présenter le même effet, ce qui se rencontre très-certainement dans l'espèce de l'arrêt de la Cour de cassation, alors la clause renfermant substantiellement et nécessairement une substitution fidéicommissaire, il devient impossible, sans méconnaître la volonté du législateur, de ne pas faire l'application de l'article 896. Le législateur, après avoir posé dans cet article le principe de la nullité et de la clause qui contiendrait une substitution fidéicommissaire, et de la disposition principale, n'a pas dû répéter ce même principe dans l'article 951. Le principe une fois déclaré par le législateur, est censé répété dans toute la législation ; il en laisse l'application aux magistrats.

D'ailleurs, dans l'article 951 , le législateur est occupé d'un simple droit de retour ; ce droit ne ressemble nullement à la substitution fidéicommissaire. Il détermine positivement ce droit de retour en disant: « Le donateur pourra stipuler le droit de retour des objets donnés, *soit* » *pour le cas du prédécès du donataire seul, soit pour le cas du prédécès du* » *donataire et de ses descendans.* » On ne pouvait indiquer plus positivement les cas dans lesquels on a de tout temps entendu l'exercice du droit de retour proprement dit. Lorsqu'il est ajouté dans le même article : *ce droit ne pourra être stipulé qu'au profit du donateur seul*, il est de toute évidence qu'il ne s'agit là que du même droit de retour, et pour les mêmes cas ; et s'il n'y a de nullité de la stipulation du retour. qu'à l'égard du tiers, soit d'après la disposition même de l'article 951, soit en invoquant celle de l'article 900, il est évident que cette nullité est bornée à cette stipulation ; il est encore évident que la restriction de la nullité à cette stipulation n'est prononcée à l'égard du tiers, que pour les cas déjà déterminés par la loi.

Mais s'il s'agit de tous autres cas, si de ce qui a été stipulé, soit à l'égard des héritiers du donataire, soit à l'égard des tiers appelés à recueillir les effets du retour, ou de leurs héritiers, il résulte une véritable substitution fidéicommissaire, alors il faut abandonner la disposition de l'article 951, dont l'application cesse, et en venir à l'article 896, qui s'y rapporte particulièrement.

On sent donc qu'on peut excuser la répugnance qu'on éprouve à trouver la décision bien conforme à la loi, malgré tout le respect que nous professons pour les décisions de la Cour de cassation. Aussi, nous avons remarqué dans Sirey, à la suite de l'arrêt, des observations que nous avons méditées, et qui nous ont paru aussi solides que savantes. Elles sont écrites dans un sens opposé à l'arrêt. Ce n'est point là une licence blâmable ; l'esprit en fait l'excuse. On ne peut voir qu'avec intérêt tout ce qui est fait dans une intention louable d'éclairer et de ramener la jurisprudence à l'esprit et à la lettre de la loi. Dans tous les temps, dans toutes les sciences, on voit une foule de vérités qui ne se sont bien établies qu'après avoir traversé plus ou moins de contradictions et même d'erreurs. Telle est la condition de l'esprit humain.

Au surplus, on sent facilement combien on doit s'abstenir de stipuler dans les donations un droit de retour en faveur de tout autre que le donateur, puisque quand la clause de retour ne contiendrait pas une substitution fidéicommissaire, le retour serait nul à l'égard des tiers, et que, si elle renfermait une substitution fidéicommissaire, la nullité du retour par rapport au tiers, donnerait lieu à la nullité de la disposition principale respectivement au premier appelé.

2e édition,
t. 1, p. 173,
3e alinéa.

57 bis. *La formule ordinaire mise au bas des actes :* Les parties l'ont ainsi voulu et consenti, *ne formerait pas l'acceptation expresse voulue par la loi.*

M. Toullier, *Cours de droit civil, des Donations*, tome 5, pages 204 et 205, n°ˢ 188, 189 et 190, élève sur ce qui vient d'être dit, et en général, sur les suites du défaut de formalités, soit de la donation, soit de l'acceptation, et sur la confirmation ou l'exécution de la donation, malgré l'inobservation des formes, des difficultés trop importantes pour n'être pas discutées.

Cet auteur, n° 188, dit d'abord et avec raison, que l'omission du seul mot, *acceptant,* sur la minute de l'acte, rendrait la donation nulle. Mais dans une note relative à ce passage, il apporte à cette décision une modification remarquable ; il dit dans cette note : « Oui, si l'acceptation n'était pas exprimée en des termes équivalens ; car ce n'est pas un terme sacramentel. Par exemple, s'il était dit à la fin de l'acte, que les parties l'ont ainsi *voulu et consenti*, ce serait une acceptation suffisante, car elle est expresse. L'acceptation expresse est ici opposée à l'acceptation tacite, qui résulte de la présence du donataire, et de ce qu'il a souscrit l'acte. C'est cette acceptation tacite qui ne suffit pas. »

Mais il nous paraît impossible d'adopter cette opinion, surtout quand on la rapproche de la disposition de l'art. 932 du Code civil, où il est dit que « la donation entre-vifs n'engagera le donateur, et ne produira » aucun effet, que du jour qu'elle aura été acceptée en *termes exprès.* » Ces dernières expressions sont tellement énergiques qu'elles ne sont susceptibles d'aucune interprétation. Qu'importe qu'on aperçoive dans les Coutumes une aversion marquée pour les donations, et que ce soit cette aversion qui, dans la suite des temps, soit devenue la raison de l'exception faite pour les formalités des donations aux règles communes aux autres actes. Depuis des siècles l'on a senti la nécessité d'entourer les donations de formalités extraordinaires. Tel a été l'esprit notamment de l'ordonnance de 1731, qui, on ne peut le dissimuler, a servi de guide sur cette matière aux derniers législateurs. La loi, dont la sagesse se présume toujours, et qui d'ailleurs pourrait être aisément justifiée, étant aussi précise qu'impérative, on doit la suivre, et ce serait la méconnaître au point de la violer, que de la livrer à des interprétations arbitraires.

D'ailleurs, comment pourrait-on voir une acceptation suffisante et telle que la loi l'a prescrite, dans ces termes qui seraient mis à la fin de la donation, *les parties l'ont ainsi voulu et consenti*. Ces termes sont uniquement du style du notaire : ils sont employés, et même surabondamment, dans les actes qui contiennent des conventions ordinaires. Mais serait-il possible qu'une stipulation aussi bannale, tînt lieu de l'acceptation de la donation qui est si particulièrement, si expressément prescrite par la loi. L'article 931 a bien dit que tous actes portant donation entre-vifs seront passés devant notaires, *dans la forme ordinaire des contrats*, et qu'il en restera minute, sous peine de nullité. Or, les termes rappelés par M. Toullier rentrent dans *la forme ordinaire des contrats :* on pourrait même dire que, dans l'usage, ils sont devenus de style, n'étant précisément prescrits par aucune loi ; car le consentement des parties résulterait suffisamment de la teneur de l'acte qui est l'expression de leurs volontés. Mais le législateur ne s'est pas borné à vouloir, pour la donation, *la forme ordinaire des contrats ;* dans les articles suivans il exige, par exception aux conventions et contrats ordinaires, des conditions d'un ordre spécial et particulier, et qui sont rigoureusement prescrites. Il veut impérativement que la donation n'ait d'effet que par l'acceptation du donataire. Cette condition de l'acceptation tient à l'essence de la donation qui ne peut subsister sans cette acceptation. Le législateur cessant ensuite de porter ses vues sur la nécessité de l'acceptation, en vient aux formalités de cette acceptation même ; et il commence par dire, art. 932, qu'elle sera faite *en termes exprès*. Cette manière dont le législateur s'explique comporte-t-elle une équipollence, et surtout une équipollence telle que celle qui est présentée par M. Toullier ? C'est, selon nous, ce qu'il est impossible de penser ; ce serait refaire la loi, et la faire plier au gré de tous les intérêts et de toutes les opinions qu'on voudrait hasarder. Il n'y a rien de plus vrai que ce que disait M. Toullier lui-même, n° 87, en se tenant à notre législation actuelle, et faisant abstraction de la différence d'esprit, quant à la forme des donations, entre le droit romain et le droit coutumier : « La solennité de » l'acceptation est la mention *expresse* qui doit en être faite en *termes* » *positifs, et sous peine de nullité*, soit dans l'acte même de donation, soit

» dans un acte séparé, mais authentique, passé devant notaire. » Aussi
Rousseau de Lacombe, dont on a des notes aussi instructives que courtes
sur l'ordonnance de 1731, disait sur l'article 6 : « Ainsi ces termes,
» agréer la donation, l'approuver, l'avoir pour agréable, ne suffiraient
» pas pour en induire l'acceptation, non plus que la présence du dona-
» taire, ni sa signature, ni sa prise de possession; il faut que l'accepta-
» tion soit expresse. »

57 ter. *L'entrée du donataire en possession de l'objet donné, ne peut tenir
lieu d'acceptation.*

M. Toullier, n° 189, est d'avis que la circonstance que le donataire
serait entré en possession de l'objet donné, suppléerait au défaut de l'acceptation, ou qu'au moins elle empêcherait le donateur de s'en prévaloir. Mais malgré la déférence que méritent les opinions de M. Toullier,
nous ne saurions regarder sa décision comme fondée.

L'article 6 de l'ordonnance de 1731, s'élève contre cette proposition
avec la plus grande force. « L'acceptation de la donation, y est-il dit,
» sera expresse, sans que les juges puissent avoir aucun égard aux cir-
» constances dont on prétendrait induire *une acceptation tacite ou présu-*
» *mée*, et ce, quand même le donataire aurait été présent à l'acte de do-
» nation, et qu'il l'aurait signé, *ou quand il serait entré en possession des*
» *choses données.* »

Que dit M. Toullier pour détruire l'induction qui se tire naturellement de cet article? que le Code n'a pas répété la nullité prononcée par
cet article, dans la circonstance dont il s'agit, et qu'*en ne la répétant pas,
il l'a rejetée.* Mais c'est raisonner par un argument *à contrario*, et l'on
sait assez que ces argumens ne sont pas, à beaucoup près, toujours sûrs.
D'ailleurs, nous répétons que cette ordonnance a été le guide des législateurs modernes sur la matière; qu'ils en ont adopté en général les principes, et que lorsqu'ils ont voulu y déroger, ils ont fait connaître cette
volonté. On croit entrer bien plus sûrement dans l'esprit de la loi, en
disant que ses auteurs n'ont pas cru devoir répéter les expressions de
l'article 6 de l'ordonnance de 1731, parce qu'en moins de mots ils ont
rendu absolument la même idée. Tel est en effet le résultat de ces termes
si énergiques de l'article 932 du Code civil : « La donation *n'engagera*

» *le donateur,* et ne produira aucun effet, que du jour où elle aura été acceptée *en termes exprès.* »

57 quater. *Les principes relatifs au mode d'approbation des actes ordinaires, ne doivent pas servir de guide pour la donation.*

M. Toullier ajoute que le Code, en ne répétant pas la nullité prononcée par l'ordonnance, pour le cas même où le donataire *serait entré en possession des choses données,* l'a rejetée, et avec beaucoup de raison. Il justifie ce silence sur le principe que l'exécution volontaire d'un acte nul en couvre la nullité, et rend non recevable à l'attaquer, lorsque la nullité n'est pas fondée sur l'intérêt public ou sur le respect dû aux bonnes mœurs ; que si la nullité est établie pour l'intérêt des particuliers , ils peuvent y renoncer quand le droit de la proposer leur est acquis.

Nous pensons que l'on s'expose à des erreurs graves sur cette question , si on veut la décider par des principes uniquement relatifs aux approbations et ratifications des contrats ordinaires. Ces principes sont absolument étrangers à ce qui concerne les approbations et ratifications des donations, qui sont des actes soumis par la loi à des règles particulières dont l'observation est de rigueur. Tel a été l'esprit du législateur. En effet, après avoir réglé, dans l'article 1338, ce qui a trait au mode d'approuver et ratifier les *obligations* contre lesquelles il y aurait une action *en nullité ou en rescision,* il en vient, dans l'article 1339, à ce qui a trait à la donation , et ici naît un nouvel ordre d'idées et de principes. Cet article porte que « le donateur ne peut réparer par aucun acte confir- » matif les vices d'une donation entre-vifs , nulle en la forme; *il faut* » *qu'elle soit refaite en la forme légale.* » Une disposition aussi précise ne laisse aucune ouverture aux interprétations. En dernière analise, la loi a regardé comme non avenue, comme non existante, une donation entre-vifs qui est dénuée des conditions et des formes qu'elle prescrit. On ne peut donc confirmer ce qui n'existe pas ; et c'est le cas d'appliquer la règle *qui confirmat, nihil dat.*

M. Toullier, qui a bien senti la force de cet article 1339, dit dans une note au bas de la page 207 : « On peut opposer l'art. 1339, mais il nous » paraît qu'il ne s'applique qu'aux actes confirmatifs, et non à l'exécu-

» tion volontaire d'une donation. » Mais croira-t-on facilement que la
loi ait entendu établir une différence entre un acte confirmatif proprement dit, et une exécution volontaire? qu'en refusant à la confirmation
expresse l'effet de réhabiliter la donation entachée de vices, elle ait voulu
l'accorder à l'exécution volontaire, qui n'a pu être regardée que comme
une confirmation tacite, et qui peut être sujette à beaucoup d'incertitudes et d'équivoques? D'ailleurs, on voit dans l'article 1340, dont nous
allons parler dans le moment, que la loi fait marcher, d'un pas égal, la
confirmation, la ratification et l'exécution volontaire; elle n'établit aucune différence entre ces modes d'approbation; donc, si l'un est impuis-
sant, l'autre l'est aussi. Il est vrai que cet art. 1339 veut que le donateur
ne puisse réparer par aucun acte confirmatif les vices de la donation,
qu'il n'ait d'autre parti à prendre que de la refaire en la forme légale,
et que cependant l'art. 1340 a une disposition bien différente à l'égard
de ses héritiers. Il y est dit : « La confirmation, ou ratification, ou exé-
» cution volontaire d'une donation par les héritiers ou ayans cause du
» donateur, après son décès, emporte leur renonciation à opposer soit les
» vices de forme, soit toute autre exception. »

Mais il est sensible que chacun de ces articles dispose sur un cas particulier et bien différent; et il est hors de doute que chacun, dans son
cas, doit être exécuté. Le dernier article concernant seulement les héritiers du donateur, devient étranger à ce qui regarde le donateur lui-
même, dès que, dans ce cas, il y a une disposition particulière et différente dans l'article 1339, et que dans cet article le législateur s'est attaché à prescrire une forme avec une précision qui ne souffre aucune
interprétation.

Au surplus, on peut expliquer le motif de la différence établie par
les articles 1339 et 1340, entre ce que doit faire un donateur pour faire
cesser les vices de la donation, et ce qui peut être fait par ses héritiers
pour les empêcher de les opposer. Le donateur a sans doute le droit de
renoncer à la nullité qui résulte des vices dont la donation est entachée,
parce que chacun peut renoncer au droit introduit en sa faveur par les
lois. Mais ici la loi a voulu qu'il n'eût qu'un seul moyen d'y renoncer,
et ce moyen consiste à refaire la donation en la forme légale, ce qu'il a
toujours la puissance de faire. Il n'en est pas de même des héritiers : ceux-
ci peuvent également renoncer à la faculté qu'ils ont de faire valoir

la

la nullité de la donation qui, à raison des vices qu'elle renferme,
n'ayant pu dessaisir le donateur, ne peut les dessaisir eux-mêmes. Cependant ils peuvent renoncer à ce droit, mais le législateur ne les a pas
astreints à faire eux-mêmes une nouvelle donation, ce qui aurait souvent
éprouvé beaucoup de difficulté, et aurait pu devenir impossible. On
sent en effet que c'eût été transporter dans le domaine propre des héritiers, des immeubles au lieu d'une action en nullité de la donation,
ce qui, sous plusieurs rapports qu'on conçoit facilement, est bien différent, quant aux suites et au résultat. Alors le législateur a admis, respectivement aux héritiers, la faculté de renoncer au droit d'attaquer la
donation, par le moyen de la confirmation, ou ratification, ou exécution volontaire. Il est donc bien constant qu'il reste dans notre législation
cette différence que, par rapport au donateur personnellement, sa confirmation même expresse, et on peut dire, à plus forte raison, sa confirmation tacite, ne suffit pas pour donner vie à une donation qui n'aurait
pu exister que par l'observation des formes, et qu'en ce qui concerne les
héritiers du donateur, la confirmation, ou ratification, ou exécution
volontaire, les exclut du droit d'opposer les vices de forme.

C'est aussi dans ce sens que s'en est expliquée la Cour de cassation,
dans son arrêt du 6 juin 1821, époque postérieure à celle où écrivait
M. Toullier. Cet arrêt est rapporté par Sirey, tome 25, partie 1re,
page 41, et par M. Dalloz, volume de 1823, page 104. Il est utile de
rapporter, au moins en précis, les faits et l'espèce de l'arrêt.

Entre autres difficultés qui se présentaient dans la cause, s'élevait celle
de savoir si le sieur Champigny, qui avait fait, le 25 février 1816, une
donation entre-vifs de la nue propriété de tous ses immeubles à la demoiselle Cheneveau, avait couvert, par des *actes d'exécution volontaire*,
la nullité de cette donation demandée par les héritiers du sieur Champigny, sur le fondement que le notaire n'avait pas fait mention des signatures des parties et des témoins, aux termes des articles 14 et 68 de la loi
du 25 ventôse an 11.

Le tribunal civil de Chinon décida la question en faveur des héritiers
Champigny, par des motifs qui méritent d'être connus :

« Considérant qu'il est de forme absolue pour une donation entre-
vifs d'être notariée, et que l'acte du 25 février 1816, en perdant, par la

5

contravention du notaire aux articles 14 et 68 de la loi précitée, le caractère d'acte notarié, se trouve frappé d'une nullité radicale ;

» Qu'à la vérité on invoque, pour couvrir cette nullité, une fin de non-recevoir résultante de l'exécution volontaire de la donation, exécution qu'on prétend induire des actes des 10 et 20 octobre 1816 ;

» Mais considérant, *dans le droit*, que l'article 1339 porte que le donateur ne peut réparer, par aucun acte confirmatif, les vices d'une donation nulle dans la forme ; qu'elle doit être refaite dans une forme légale ; que la loi prohibe au donateur ce moyen principal de couvrir les nullités ; qu'elle lui défend à plus forte raison l'exécution volontaire, souvent susceptible de discussion, toujours moins claire et moins positive que l'acte confirmatif ;

» Que vainement voudrait-on induire du silence de l'article 1339 sur l'exécution volontaire, que le législateur n'a entendu défendre au donateur que l'acte confirmatif et non l'exécution volontaire ; qu'il résulte clairement des expressions même de l'article 1338, que le législateur n'a regardé l'exécution volontaire que comme un moyen subsidiaire et supplétif, applicable seulement aux contrats ordinaires ;

» Que quant aux donations, que les lois ont toujours entourées de plus de formes et de difficultés que les obligations ordinaires, le législateur ayant prohibé, par l'article 1339, le moyen principal (l'acte confirmatif), a jugé inutile de défendre en termes exprès le moyen subsidiaire qui se trouve aussi compris tacitement dans la prohibition, surtout d'après l'expression énergique et absolue : *il faut que la donation soit refaite en la forme légale ;*

» Considérant, en outre, que l'article 1340, qui permet, *expressis verbis*, l'exécution volontaire aux héritiers du donateur, pour couvrir les nullités, prouve encore d'une manière évidente que le principe de l'article 1338 n'est pas généralement applicable aux donations ; qu'autrement, et s'il fût entré dans la pensée du législateur de rendre ce principe général pour tous les contrats, il eût été inutile de le répéter dans l'article 1340, après l'avoir sous-entendu dans l'article précédent, ce qui ne peut-être : d'où il suit nécessairement que le silence de l'article 1339, sur l'exécution volontaire, interdit ce moyen au donateur ; que l'ordonnance de 1731, qui a servi de base à la loi nouvelle, était conforme à ces principes; que si le législateur moderne eût voulu innover à cet égard, il eût exprimé l'abolition d'une disposition aussi importante, d'une manière claire, positive, et non par le silence; que prouvant sa répugnance pour les donations, par la prohibition portée en l'article 1339, il n'est pas supposable qu'il eût voulu permettre l'exécution volontaire, qui est un moyen toujours facile, et qui rendrait inutiles et illusoires toutes les précautions et formalités dont il a environné les donations. »

La Cour royale d'Orléans confirma ce jugement par son arrêt du 12 août 1819. La demoiselle Cheneveau se pourvut en cassation , et voici les motifs de l'arrêt qui rejeta le pourvoi :

« Attendu que l'article 1538, concernant la confirmation, ratification ou exécution volontaire des obligations, lesquelles, aux termes dudit article, emportent la renonciation aux moyens et exceptions que l'on pourrait opposer contre ces actes, est *inapplicable* aux donations entre-vifs, dont l'article 1339 ne permet au donateur de réparer les vices par aucun acte confirmatif, et exige absolument qu'elles soient refaites en la forme légale ;

» Attendu que la confirmation ou ratification dont est question en cet art. 1339, *s'entend aussi, et à bien plus forte raison,* de l'exécution qui n'est qu'une confirmation tacite, bien moins formelle, par conséquent, que l'acte même de ratification ou confirmation, avec les énonciations prescrites par la loi; et que c'est ce qu'explique clairement l'art. 1340, qui admet la confirmation, ratification ou exécution volontaire de la part des héritiers ou ayans-cause du donateur, après son décès, *lorsqu'elle provient de leur fait,* après avoir exigé par l'article précédent, *à l'égard du donateur,* que la donation soit refaite en la forme légale, etc.— Rejette. »

Quoique cet arrêt émane seulement de la section des requêtes, il doit toujours faire la plus forte impression, la question y ayant été profondément discutée, et la décission en étant fondée sur des raisons aussi solides.

Tout ce qui vient d'être dit ne reçoit aucune atteinte de la distinction que M. Toullier a cru devoir faire, n° 190, les cas où la nullité d'une donation où l'action en révocation de cette donation est introduite pour l'intérêt du donateur, de ceux où les mêmes voies sont introduites pour l'intérêt de ses héritiers. Il est , par exemple, hors de doute que certaines actions en nullité de la donation appartiennent au donateur et à ses héritiers, et le droit de faire valoir les vices de forme est de ce nombre, ainsi qu'il le remarque. Mais la différence de ce qui est permis aux uns et de ce qui ne l'est pas à l'autre, pour faire reprendre à la donation son effet, ne subsiste pas moins, ainsi qu'on l'a déjà établi. La circonstance du défaut d'acte notarié de la donation étant un vice de forme, doit rentrer dans la règle qui prive de tout effet la confirmation que ferait seulement le donateur de la donation, ou toute autre approbation, sans en venir à une nouvelle donation, en quoi nous ne pourrions pas plus adopter l'opinion contraire de M. Toullier.

Ainsi nous conviendrons de la vérité de ce que dit ce savant auteur, que le droit de demander la révocation de la donation, pour cause de survenance d'enfant, appartient aux héritiers du donateur comme à lui-même. Et pourquoi? parce que, d'après les art. 962 et 964 du Code civil, la donation est alors révoquée de plein droit; que toutes les traces en sont effacées; qu'elle est censée, aux yeux de la loi, n'avoir jamais existé, et que dès lors il faut absolument un nouvel acte de donation.

Nous conviendrons aussi que si le donateur a pardonné à l'ingrat, ses héritiers ne sont pas recevables à attaquer la donation pour cause d'ingratitude. Mais quelle en est la raison? c'est parce que la révocation, dans ce cas, n'a pas lieu de plein droit. Elle doit être demandée en justice. Cette action étant introduite uniquement dans l'intérêt du donateur, il est maître d'y renoncer, soit formellement, soit en exécutant volontairement, soit en laissant expirer le délai prescrit par la loi. M. Toullier aurait pu ajouter le cas de la révocation pour cause d'inexécution de la donation.

On ne doit point assimiler à tous ces cas celui de la nullité de la donation, qui résulterait de ce qu'elle serait faite à un incapable, et celui, non de la nullité, mais de la réduction de la donation, si elle excédait la quotité disponible. Au premier cas, il s'agit d'une nullité de droit et radicale, évidemment commune au donateur et à ses héritiers. Au second cas, il n'est pas même question de nullité. Il y a eu excès de pouvoir dans ce qu'a fait le donateur; le droit de le faire modérer ne peut appartenir qu'aux héritiers, et il ne s'ouvre à leur égard qu'au décès du donateur.

Tout cela est étranger aux questions que nous avons agitées. Les différens cas dans lesquels on peut demander la nullité de la révocation, la réduction de la donation, tiennent à des principes divers et à des règles particulières. On voit aisément le danger qu'il y a de confondre tous ces moyens avec celui de la nullité pour simples vices de forme, et d'appliquer à ceux-ci les dispositions des articles 1338 et 1339 du Code civil, qui sont uniquement applicables aux conventions et actes ordinaires.

61 bis. *Réponse à des objections qui ont été faites contre le contenu en ce n° 61.*

2e édition, t. I, p. 182, 4e alinéa.

M. Toullier, *Dr. civ. franç.*, pages 208 et suiv., n°s 193, 194 et 195, combat ce que nous avons dit dans le n° 61, sur les formes nécessaires pour la stabilité des donations entre-vifs, faites aux femmes mariées et aux mineurs. D'après l'examen que nous avons fait de ses opinions, nous avons acquis la conviction que la nôtre, sur les formes nécessaires dans ces deux cas, est fondée sur les vrais principes de notre législation, et que la violation ou l'inobservation de ces formes compromettrait le sort des actes.

Nous distinguerons ce qui concerne les donations faites aux femmes mariées, de ce qui regarde celles qui seraient faites à des mineurs.

Par rapport aux premières, nous croyons pouvoir donner comme constant que, pour qu'une donation entre-vifs, faite à une femme mariée, ait son effet, il est absolument indispensable qu'elle l'accepte avec le consentement de son mari, ou qu'en cas de refus de celui-ci, elle y soit autorisée par la justice. Telle est la disposition expresse de l'article 954 du Code civil. Sans ce consentement ou cette autorisation, il n'y aurait pas d'acceptation valable, et le donateur ne serait point lié. Suivant une jurisprudence qui était suivie avant l'émission du Code civil, il fallait une autorisation expresse du mari, sa présence seule n'y aurait pas suppléé. Mais aujourd'hui, et d'après la combinaison des articles 954 et 217, la présence seule du mari tiendrait lieu d'autorisation. Il résulte de là que lorsqu'il s'agit d'une donation faite par le mari à sa femme, il ne faut pas d'autre autorisation que celle du mari lui-même. Le vœu de l'art. 217 du Code est alors rempli. Il n'en est pas de ce cas comme de celui dont nous parlerons bientôt, où la donation serait faite par un tuteur à son pupille, le tuteur fût-il même le père du donataire.

M. Toullier prétend que le donateur ni ses héritiers ne pourraient aujourd'hui opposer le défaut du consentement du mari, ou, à son refus, le défaut de l'autorisation. Il se fonde sur ce que l'incapacité de la femme n'est pas absolue et radicale, qu'elle n'est plus que relative, d'après l'article 1125 du Code. Mais on sera toujours dans l'erreur tant qu'on appliquera les principes qui sont seulement relatifs aux contrats et aux conventions, à la donation entre-vifs qui, dans l'ancienne comme dans la nouvelle législation, a toujours été soumise à des règles particulières dont on ne peut s'écarter, ainsi que nous l'avons remarqué au n° 57 — 4, en nous expliquant sur les confirmations ou approbations qui pourraient avoir été faites par le donateur, et auxquelles on prétendrait attribuer l'effet de réparer les vices de la donation. Il y aurait plusieurs observations à faire sur la distinction en elle-même que fait M. Toullier, dans quelques autres de ses ouvrages, des nullités absolues et nullités relatives, ou au moins sur les cas où il voit ou les unes ou les autres, et sur leurs effets. Mais il n'est point question de tout cela. On doit se renfermer dans les formes relatives aux donations, et la disposition de l'article 934 n'est susceptible d'aucune distinction ni interprétation. Tout cela, encore une fois, ne concerne que les actes ordinaires. C'est à ces seuls actes que s'appliquent les articles 225 et 1125 du Code; et cela est si vrai, que l'article 225 n'est qu'une suite et une modification de l'article 224. Que voit-on dans cet article? « Si » le mari est mineur, l'autorisation du juge est nécessaire à la femme, » soit pour ester en jugement, soit pour contracter. » Tels sont donc les seuls cas auxquels se rapporte l'article 225. Aussi doit-on remarquer que l'article 934 du Code, bien loin de se rattacher aux articles 225 et 1125 du même Code, et même de les rappeler, se réfère seulement aux articles 217 et 219. Après avoir exigé, pour l'acceptation, le consentement du mari, ou, à son refus, l'autorisation de la justice, il est dit, *conformément à ce qui est prescrit par les articles* 217 *et* 219, *au titre du mariage*. Or, l'article 217 porte que la femme non commune ou séparée de biens, ne peut donner, aliéner, hypothéquer, acquérir, *à titre gratuit* ou onéreux, sans le concours du mari dans l'acte, ou son consentement par écrit. Et il est dit dans l'article 219, que si le mari refuse d'autoriser sa femme à passer un acte, la femme peut faire citer son mari directement devant le tribunal de première instance de l'arrondissement du domicile commun, qui peut donner ou refuser son autosation, après que le mari aura été entendu ou dûment appelé en la chambre du conseil. La conséquence du rapprochement des articles 934, 217 et 219 est aisée à tirer. Il n'y a d'acceptation valable de la part de la femme mariée, et qui puisse lier le donateur, que celle qui est faite avec le consentement du mari ou l'autorisation de la justice.

Mais ce qui nous dispense de pousser nos raisonnemens plus loin, c'est ce que dit sur la question M. Merlin, dans le tome seizième de son Répertoire *approprié par des notes à la 5ᵉ édition*, au mot *Donation*, page 204. Il y combat l'opinion de M. Toullier, et en résultat notre opinion y est confirmée. Entre autres passages de M. Merlin, il est important de remarquer celui-ci. Il y démontre quelle est la véritable induction qu'on doit tirer de ce que l'article 934 n'accole pas l'article 225 aux articles 217 et 219. « Il ne le fait pas, dit M. Merlin ; et pourquoi, » en renvoyant aux articles 217 et 219, ne renvoie-t-il pas également » à l'article 225 ? C'est qu'il renvoie aux articles 217 et 219, pour *déter-* » *miner le mode de l'autorisation* dont la femme a besoin pour accepter » une donation entre-vifs ; c'est qu'il n'y renvoie que pour cela ; c'est » par conséquent qu'il s'abstient de renvoyer à l'article 225, pour faire » bien entendre que l'effet du défaut d'autorisation n'est pas le *même à* » *l'égard de l'acceptation d'une donation entre-vifs, qu'à l'égard de tout* « *autre acte.* »

M. Merlin, à l'appui de son opinion, se fonde sur une autorité qu'il qualifie avec raison d'irrévocable. Il invoque les observations faites par le Tribunat, sur le projet du titre du Code, *des Donations,* qui lui était présenté. Pour abréger, nous ne le rapporterons point ici. En les consultant, on verra que, comme le dit M. Merlin, les observations furent conçues dans cette idée, qu'il s'agissait de *faire un classement particulier des capacités relatives à la matière des donations qui fait l'objet du titre actuel.* Nous ne pouvions pas ignorer ces observations du Tribunat, puisqu'elles ont été rédigées sur chaque titre du Code civil, alternativement par M. Faure, actuellement conseiller d'État, et par nous, en qualité de secrétaire de la section de législation (1). Mais nous avouons que nous pensions en avoir assez dit. La question nous paraissait ne pas souffrir de difficulté, et nous ne pouvions prévoir les objections faites à ce sujet, par M. Toullier qui a écrit après nous sur la matière.

Venons à ce qui concerne les formes de l'acceptation du mineur. M. Toullier combat ce que nous avons dit, par des raisonnemens du même genre. Il se fonde toujours sur la distinction des nullités absolues et radicales, de celles qui sont simplement relatives. Mais il n'y a toujours là que la même confusion des principes concernant les contrats ordinaires, avec ceux qui ont seulement trait aux formes des donations, et cette confusion sera toujours une source d'erreurs. Nous croyons devoir persister dans tout ce que nous avons dit sur la question. Nous rappellerons seulement que Ricard exigeait, pour la validité de la donation faite au mineur, qu'elle fût acceptée par le tuteur autorisé d'un avis de parens, homologué par le décret du juge; que l'article 7 de l'ordonnance de 1751 fut moins sévère, qu'il exigea seulement l'autorisation de la part du tuteur, sans qu'il fût besoin d'aucun avis des parens. Rousseau de Lacombe, sur cet article, dit que l'acceptation faite par le mineur de vingt-cinq ans aurait été nulle, *quoiqu'en autre cas, il puisse faire sa condition meilleure*. M. le chancelier d'Aguesseau, auteur de l'ordonnance, en justifiant, dans sa lettre du 25 juin 1731, tome 9 de ses OEuvres, page 560, la sagesse de la disposition de cet article 7, s'explique de manière à ne pas laisser douter que le défaut de la formalité de l'autorisation, telle qu'elle est prescrite par cet article, ne dût entraîner la nullité de la donation. Nous nous contentons, pour abréger, de renvoyer à cette lumineuse lettre. Pothier avait embrassé une opinion contraire; mais elle n'avait pu l'emporter sur la disposition précise de l'ordonnance, au moins dans la plus grande partie du royaume. L'étendue de ses lumières et sa juste célébrité lui avaient cependant fait des prosélytes, et son opinion paraît même avoir été adoptée par quelques tribunaux. Mais le Code civil a ajouté une nouvelle forme à celle qui

---

(1) Voyez la note que nous avons mise au bas de la page vj de l'avertissement qui est en tête de la seconde édition, et qui est également imprimée en tête de celle-ci.

était

était établie par l'ordonnance ; l'article 934 dit impéıativement que la
donation faite au mineur non émancipé, *devra* être acceptée par son
tuteur, conformément à l'article 463. On sent la force du mot *devra*,
et l'article 463 porte que la donation faite au mineur ne pourra être
acceptée par le tuteur qu'avec *l'autorisation du conseil de famille.* Comment
pourrait-on, dans cet état de choses, mettre en opposition la doctrine de
Pothier, quelque respectable que soit son auteur, avec la disposition
précise de la loi ? On conçoit qu'avant le Code civil, ceux qui tenaient
à cette doctrine auraient pu la proposer comme objet de correction ou
de modification à l'article 7 de l'ordonnance. Mais la loi ayant parlé, il
ne reste qu'à lui obéir. C'est ici le cas de rappeler ce qu'a dit le célèbre
Dumoulin sur la Coutume de Paris, *Nemo censeri debet sapientior quàm
legislator.*

Aussi M. Merlin, qui paraît avoir été, sous l'ancienne législation, de
l'avis de Pothier, manifeste l'opinion qu'on doit y renoncer depuis le
Code civil ; c'est ce qu'on voit dans une addition insérée dans la 5ᵉ édition de son Répertoire, au mot *Mineur*, § 7. On sent en effet, dit-il,
combien sont décisifs et ce mot *devra* (de l'article 935), et l'identité
que la loi établit à cet égard, entre le mineur non émancipé, et l'interdit.
Ce que le même article ajoute, continue M. Merlin, n'est pas moins
péremptoire : « Le mineur émancipé pourra accepter avec l'assistance de
son curateur. » Accorder une telle faculté au mineur émancipé, c'est
évidemment la refuser au mineur non émancipé ; et la subordonner, pour
le premier, *à l'assistance de son curateur,* c'est bien dire que, sans l'assistance de son curateur, le mineur même émancipé, ne pourrait pas
accepter une donation. L'auteur se fonde avec raison sur ce qui est dit
à ce sujet dans la discussion du Code civil. On s'y exprimait dans le sens
de Ricard, de Furgole, et de ce qui est dit dans la lettre de M. le
chancelier d'Aguesseau, ci-dessus citée, que les suites de l'acceptation
d'une donation doivent être pesées, en ce qu'elles pourraient devenir
onéreuses pour le mineur, même quoiqu'il ne puisse *contracter,* ainsi
que s'explique M. d'Aguesseau, *que sous le bénéfice de la restitution* en
entier (1).

____

(1) Sur ce droit de restitution, on peut voir ce que nous disons au n° 83 ci-après, et
que nous avons annoncé à la fin du n° 61.

6

Enfin, l'opinion pour laquelle nous nous étions décidés, ne peut plus éprouver de difficulté, d'après un arrêt de la Cour de cassation, section civile, du 11 juin 1816, rapporté par Sirey, vol. de 1817, page 114. Dans l'espèce de l'arrêt, Lazare Bouhier, par un acte du 12 juin 1791, et par conséquent sous l'empire de l'ordonnance de 1731, fit une donation entre-vifs, de plusieurs immeubles, à son fils mineur, âgé de vingt-trois ans, *ci présent, acceptant, en tant que de besoin, de l'autorité dudit Bouhier, son père et son tuteur*. Après la mort du donateur, arrivée en 1812, ses deux filles demandèrent la nullité de la donation, en ce qu'elle n'était pas revêtue d'une acceptation valable, l'acceptation n'ayant été autorisée que par le père donateur, au lieu de l'être par *un tuteur ad hoc*. Le frère répondit que l'acceptation autorisée par son père, son tuteur, était suffisante ; qu'au surplus, si la donation était nulle pour défaut d'autorisation d'un tuteur *ad hoc*, ce serait la faute de son père, son tuteur ; que cette faute emporterait une responsabilité, aux termes de l'art. 14 de l'ordonnance de 1731. Ainsi le fils proposait qu'on lui laissât à titre de *recours et garantie*, ce qu'on lui refuserait à titre de *donation valable*. Le tribunal civil de Beaune rejeta la demande ; il déclara la donation valable, en sorte qu'il n'eut pas à statuer sur le recours en garantie. Sur l'appel, la Cour royale de Dijon déclara la donation nulle, et cependant rejeta le recours en garantie. Sur le pourvoi, la Cour de cassation, après en avoir délibéré en la chambre du conseil, déclara la donation nulle, et se décida pour la demande en garantie, en se fondant sur la disposition de l'art. 14 de l'ordonnance de 1731. Voici les motifs de l'arrêt :

« Vu l'article 14 de l'ordonnance de 1731, ainsi conçu : « Les mineurs, » les interdits, l'église, les hôpitaux, communautés, ou autres qui » jouissent des priviléges des mineurs, ne pourront être restitués contre » le défaut d'acceptation de donations entre-vifs ; le tout sans préjudice » du recours, tel que de droit, desdits mineurs ou interdits, contre leurs » tuteurs ou curateurs, et lesdites églises, hôpitaux, communautés ou » autres jouissant des priviléges des mineurs, contre leurs administra- » teurs, sans qu'en aucun cas, la donation puisse être confirmée sous » prétexte de l'insolvabilité de ceux contre lesquels ledit recours pourra » être exercé ; »

» Attendu que Lazare Bouhier n'ayant pas fait nommer à son fils, dont il était tuteur, un curateur *ad hoc*, pour accepter la donation qu'il lui consentait, le défaut d'acceptation valable de cette donation donnait lieu contre lui, en sa qualité de tuteur, et conséquemment contre les héritiers, au recours tel que de droit, accordé aux mineurs par l'article 14 de l'ordonnance de 1731 ; que cependant l'arrêt dénoncé a refusé ce recours d'une manière absolue, en se fondant sur le motif que l'acceptation étant nulle ou n'existant pas, ce qui est la même chose, la donation tombe ; qu'il n'y a plus d'engagement de la part de celui qui a donné, et conséquemment, plus de fondement pour une action en garantie ; mais que c'est précisément parce que la donation était nulle, à défaut d'acceptation, qu'il avait été admis par l'ordonnance de 1731, que le défaut d'acceptation provenant du fait du tuteur, ouvrirait contre lui une action en recours de la part du mineur, au préjudice duquel la donation se trouvait nulle et de nul effet, pour n'avoir pas été acceptée ; que d'ailleurs, à cet égard, la disposition de l'ordonnance étant générale et sans exception, elle est applicable à tous les tuteurs sans distinction, et même à ceux qui sont eux-mêmes donateurs, puisqu'en donnant ils ne perdent pas la qualité de tuteur, et qu'ils n'en sont pas moins tenus de remplir les devoirs que leur impose cette qualité. — CASSE, etc. »

Il est facile de voir que la question relative à la nullité de la donation, sous le rapport sous lequel nous la traitons, a été jugée en thèse. Outre cette question, il s'en présentait une autre qui était relative à la garantie ; mais la seconde était absolument subordonnée à la première ; car, si la donation eût été déclarée valable, la question sur la garantie disparaissait ; et si cette garantie a été prononcée, ce n'a pu être que parce que la nullité de la donation l'avait été, par la raison qu'il n'y avait pas eu l'autorisation d'un tuteur *ad hoc*, le tuteur n'ayant pu, étant lui-même donateur, fournir une autorisation légale.

Il est vrai que l'arrêt a été rendu à l'occasion d'une donation faite sous l'empire de l'ordonnance de 1731 ; mais les principes sont les mêmes, et il y a même raison de se décider, avec cette seule différence, qu'au lieu de la simple autorisation du tuteur, étranger ou père du donataire, il faut encore l'autorisation du conseil de famille, d'après l'art. 463 du Code. En sorte que cet arrêt s'élève contre l'opinion de M. Toullier, sous le rapport des donations faites, soit sous l'empire de l'ordonnance de 1731, soit sous celui du Code civil. On remarque que l'arrêt fut rendu après une forte discussion, dans laquelle on voit invoquer, mais en vain, toutes les autorités, tous les raisonnemens qui sont reproduits par M. Toullier.

2ᵉ édition, t. I, p. 184, 4ᵉ alinéa.

66 bis. *Observations nouvelles sur les décisions contenues dans le nᵒ 66, et notamment sur la question de savoir si le tuteur donateur serait garant de la nullité de l'acceptation.*

Mais l'arrêt de la Cour de cassation, sect. civ., du 11 juin 1816, que nous avons cité au nᵒ 61 *bis*, peut apporter un grand changement à ce que nous venons de dire sur cette garantie. Cet arrêt a prononcé la nullité d'une donation faite par le père tuteur à son enfant, sur le fondement qu'il n'avait pu seul autoriser le donataire à accepter, qu'il aurait fallu une acceptation faite par un tuteur *ad hoc;* et en conséquence de cette nullité, il a été jugé par l'arrêt que le père ou sa succession en était responsable.

Nous avouons que cette décision nous étonne. Ricard ne traite pas cette question de garantie avec sa lucidité ordinaire : il paraît se fonder principalement sur des arrêts qui même ne sont pas uniformes, et qu'il s'efforce de concilier. Nous avons peine à croire que, soit l'article 14 de l'ordonnance de 1731, soit l'article 942 du Code civil qui y correspond, doivent s'appliquer, quant à la garantie, au défaut d'acceptation valable de la donation faite par le tuteur lui-même à son pupille, quoiqu'il soit dit dans l'arrêt de la Cour de cassation « qu'à cet égard, la disposition de l'article de l'ordonnance étant générale et sans exception, elle est applicable à tous les tuteurs, sans distinction, et même à ceux qui sont eux-mêmes donateurs, puisqu'en donnant ils ne perdent pas la qualité de tuteurs, et qu'ils n'en sont pas moins tenus de remplir les devoirs que leur impose cette qualité. » Il ne nous paraîtrait pas déraisonnable de penser que le recours prononcé par ces articles de loi s'applique seulement, dans leur généralité, aux tuteurs autres que le donateur lui-même, soit père, soit étranger. On peut croire que le législateur n'a pas entendu les placer tous dans la même catégorie.

Il paraîtra toujours extraordinaire qu'un père ou même tout autre tuteur, se rende garant, ou qu'il impose à sa succession la garantie d'un défaut de formalité dans un acte dont l'objet est l'exercice d'un bienfait, lorsque ce bienfait ne peut exister aux yeux de la loi par un événement qu'il est dans l'ordre des choses qu'on regarde comme indépendant de sa volonté, ou au moins, dans ce cas, la garantie paraîtrait devoir se borner à l'indemnité des frais et du coût de la donation. Aussi M. Toullier, page 217, après avoir rapporté ce que nous disons contre l'idée de la garantie, s'exprime ainsi : «On peut ajouter qu'il est à présumer que le tuteur qui, comme tout autre donateur, pouvait retirer ses offres, jusqu'à l'acceptation, n'a pas voulu prévenir le subrogé tuteur d'accepter, ou en faire nommer un, s'il n'y en avait pas, précisément parce qu'avant cette acceptation, il avait changé d'avis. Or, qui pourrait dire qu'un tuteur qui donne aujourd'hui à son pupille, et qui demain, ou après demain, rétracte sa donation, au moment où le subrogé tuteur ou un ascendant se préparait à accepter, est responsable de son changement de volonté? »

Mais l'arrêt existe, et l'on sent quelle autorité il doit avoir, étant rendu par la section civile, et après une très-forte discussion. On ne peut en contester l'application sous le prétexte qu'il est rendu au sujet d'une donation faite sous l'empire de l'ordonnance de 1731. En effet, il est fondé sur la disposition de l'article 14 de cette ordonnance, et cette disposition rentre dans celle de l'article 942 du Code.

Ainsi, dans le cas même de la donation faite par un père tuteur à son enfant, on doit se tenir à l'exécution stricte des articles 925 et 463, relatifs aux donations faites à tout mineur par des étrangers. Nous avions pensé que le subrogé tuteur pouvait accepter pour le mineur la donation qui lui serait faite par son père tuteur, et M. Toullier paraît être de cet avis. Cependant, d'après la rigueur des règles sur cette matière, cette forme d'acceptation pourrait être jugée insuffisante. On pourrait dire que lors même qu'un mineur est pourvu d'un tuteur, celui-ci ne peut seul accepter pour le mineur ; qu'il ne peut le faire qu'avec l'autorisation du conseil de famille ; et de là on pourrait conclure que le subrogé tuteur ne peut accepter pour le mineur, sans la même autorisation du conseil de famille, parce qu'un subrogé tuteur ne peut avoir plus d'autorité, et ne peut faire pour le mineur plus que le tuteur ; son autorité est même plus bornée. Ainsi, en résumé, lorsque la donation est faite par un père tuteur à son fils, l'acceptation, lorsqu'il n'existe pas de personnes qui peuvent accepter pour le mineur, aux termes de l'article 935 , devra être précédée d'une délibération du conseil de famille qui autorise , pour l'acceptation, le subrogé tuteur, ou qui, en cas d'empêchement ou d'absence de celui-ci, nomme un tuteur ou curateur *ad hoc* pour l'acceptation. C'est ce que nous conseillons de pratiquer pour agir avec sûreté, afin que le donateur soit lié , même quand l'enfant donataire ne le serait pas lui-même, par l'effet d'un bénéfice de restitution qui , selon les circonstances, pourrait s'ouvrir en sa faveur.

2ᵉ édition, t. 1, p. 237, 2ᵉ alinéa.

Indépendamment de l'arrêt de la Cour royale d'Aix , nous avons remarqué que notre opinion a été confirmée par plusieurs autres arrêts. Elle l'a été notamment par un arrêt de la Cour royale d'Orléans., du 12 août 1819 , confirmatif d'un jugement du tribunal de Château-Chinon. Cet arrêt est rapporté dans le Recueil de M. Dalloz , vol. de 1823 , p. 105. On y voit des observations faites dans le même sens par l'auteur du Recueil , et ce point de droit nous paraît tellement sans difficultés , que nous regarderions comme superflue toute dissertation nouvelle à ce sujet.

2ᵉ édition, t. 1, p. 247, 1ᵉʳ alinéa.

Cette matière est entièrement changée par la loi du 14 juillet 1819 , qui rétablit la législation relative aux étrangers , sur le pied réglé par les lois de 1790 et 1791 , dont nous avons expliqué le but et les dispositions dans le Discours historique, sect. III , § 3 , sauf une modification importante, établie par l'art. 2 de cette loi. Il nous suffit de renvoyer à la loi même , et à un discours très-important, prononcé à ce sujet par M. le comte Boissy d'Anglas , à la Chambre des pairs , qui avait fait la proposition de la loi ; ainsi qu'à un autre discours prononcé à la Chambre des députés , par M. le comte de Serre , garde des sceaux. Le tout est rapporté avec le texte de la loi même , dans le 16ᵉ volume du Répertoire de M. Merlin , au mot *Héritier*, page 379. On pourra aussi consulter utilement les observations faites sur les changemens opérés par cette loi, par M. le baron Favard , Répertoire, au mot *Aubaine*, section 1ʳᵉ , n° 4. Ce que nous avons dit sera toujours utile pour le temps qui se sera écoulé d'une législation à l'autre.

2ᵉ édition, t. 1, p. 252, 3ᵉ alinéa.

Cependant un pharmacien ne devrait pas être compris dans la prohibition, s'il s'était borné à livrer de son magasin les remèdes ordonnés par ceux qui traiteraient le malade. Tel est le résultat des motifs d'un arrêt de la Cour de cassation, du 12 octobre 1812, rapporté dans le Répertoire de M. Favard, au mot *Donation entre-vifs*, sect. 1re, § 3. On voit néanmoins dans les mêmes que, hors ce cas particulier, et selon les circonstances, le pharmacien pourrait être assimilé au médecin. Il s'est encore élevé, lors de cet arrêt, la question de savoir si, à l'égard des médecins et autres officiers de santé qui auraient traité le malade, la qualité d'allié doit produire le même effet que celle de parent.

Sur la question de savoir quel doit être le sort d'une donation contractuelle faite par une femme qui épouse son médecin, et dans quel délai l'action en nullité qui aurait lieu, devrait être exercée, on peut consulter un arrêt de la Cour de cassation, du 22 août 1822, rapporté dans le Répertoire de M. Favard, au mot *Donation entre-vifs*, sect. 1re, § 3.

2e édition, t. 1, p. 253. 3e alinéa.

130 bis. *De l'effet que doit avoir un don fait par un acte dans lequel le disposant aurait reconnu le légataire ou donataire pour son enfant adultérin, ou lors même que cette reconnaissance aurait été faite dans un acte antérieur à la disposition.*

2e édition, t. 1, p. 260. 4e alinéa.

Depuis que la seconde édition de ce Traité a paru, il s'est élevé une question infiniment importante et très-délicate. Il s'agissait de savoir si, lorsqu'il y avait donation ou legs fait par un individu à des enfans qui étaient le fruit d'un adultère ou d'un inceste, et qu'il avait reconnus comme tels, ou par la disposition même, ou par des actes antérieurs à cette disposition; si, disons-nous, dans l'un ou l'autre de ces cas, la disposition devait, ou non, être déclarée nulle en faveur des héritiers collatéraux, sur le fondement que la paternité adultérine étant prouvée d'une manière sûre et authentique, il en résultait contre le donataire ou légataire une incapacité de recueillir la disposition.

La jurisprudence des Cours du royaume et de la Cour de cassation, s'est fixée pour le maintien de la disposition, et pour qu'on n'eût aucun égard à la reconnaissance de la paternité adultérine ou incestueuse, laquelle reconnaissance devait être considérée comme effacée de tout acte qui la contiendrait, étant aussi expressément prohibée par l'art. 335 du Code civil; en sorte que, malgré une pareille reconnaissance, le légataire ou le donataire doit être réputé étranger à l'auteur de la disposition.

Les principes de cette jurisprudence sont exposés avec précision dans l'excellent ouvrage de M. Locré, de *l'Esprit du Code civil*. Il dit, en rappelant les observations faites par les Cours d'appel sur le projet de ce Code, que l'opinion émise par la Cour royale de Lyon prévalut au Conseil d'état. L'article 335 fut inséré dans le Code, pour empêcher la confession d'une turpitude, l'aveu d'un commerce honteux, et pour rendre absolument sans effet quelconque, toute reconnaissance semblable qui pourrait être faite. A l'aide de cette mesure, le fait de la paternité ne peut jamais, aux yeux de la loi, être constant d'après des reconnaissances ou confessions volontaires, pas plus pour autoriser les enfans à une réclamation d'alimens, que pour fournir à des tiers le moyen de faire annuler des dispositions faites au profit de ces enfans, dont la filiation doit, nonobstant toute reconnaissance volontaire, demeurer incertaine.

Les seuls cas dans lesquels la filiation peut être opposée, ou au profit, ou au préjudice de l'enfant, sont, 1°. celui où il s'agit d'un mariage contracté entre parens au degré prohibé, et déclaré nul ensuite pour cause de parenté ; 2°. lorsque l'enfant est né d'un second mariage contracté avant la dissolution du premier ; 3°. lorsque, conformément à l'article 312, il y a désaveu de paternité d'un enfant né pendant le mariage ; 4°. dans le cas d'enlèvement suivi de grossesse, article 340 du Code civil. (Ce sont les cas que j'avais rappelés dans le numéro précédent.)

Dans ces diverses hypothèses, la preuve de la filiation adultérine ou incestueuse de l'enfant, se trouve acquise par la seule force des choses, sans recherche et sans reconnaissance volontaire. C'est à ces hypothèses seulement que s'appliquent les articles 762 et 763 ; ils sont évidemment inapplicables à des reconnaissances volontaires que la loi prescrit formellement. Cette interprétation est la seule raisonnable, la seule à l'aide de laquelle on puisse empêcher les débats scandaleux, provenant des reconnaissances honteuses d'adultère. L'esprit de la loi est sur ce point conforme à la lettre.

La question s'est élevée pour la première fois au sujet d'une donation faite par Jean Lanchère à trois individus qu'il qualifiait simplement *ses enfans naturels*. Il disait même qu'il faisait cette donation pour *donner à ses enfans un témoignage de sa tendre affection, et que telle était sa volonté*. Il était établi que le donateur était dans les liens du mariage, soit à l'époque

de

de la naissance des donataires, soit à l'époque de la libéralité ; en sorte
que ceux-ci, s'ils étaient ses enfans naturels, ne pouvaient être considérés
que comme le fruit de l'adultère.

La donation ayant été contestée par les héritiers légitimes de Jean
Lanchère, elle fut maintenue par un arrêt de la Cour royale de Paris,
du 15 août 1812, infirmatif du jugement du tribunal de première instance. Le pourvoi contre cet arrêt fut rejeté par la section civile de la
Cour de cassation, par son arrêt du 28 juin 1815, qui fut rendu après
deux délibérés. Cet arrêt est rapporté par Sirey, vol. 15, 1re partie,
page 352.

Pour abréger, je ne parlerai point de la discussion qui fut très-forte :
on peut la voir, au surplus, dans l'arrêtiste. Je rapporterai seulement les
principaux motifs de l'arrêt ; j'en élaguerai quelques-uns qui ont trait
seulement à des moyens accessoires que les héritiers Lanchère opposaient,
et qui ne touchent point le fond de la question.

« Attendu que, conformément à l'art. 10 de la loi du 12 brumaire an 2,
l'état des enfans qui ont été reconnus, sous l'empire de cette loi, par
Jean Lanchère et Marie Batard, doit être réglé par les dispositions du
Code civil, Jean Lanchère et Marie Batard ayant survécu à la promulgation de ce Code ;

» Qu'ainsi, puisque l'état des enfans naturels ne peut dépendre que
des reconnaissances qui ont été faites par leurs père ou mère, les reconnaissances souscrites par Jean Lanchère doivent être réglées par les dispositions du Code civil, et qu'elles doivent l'être par la disposition de
l'art. 335, puisqu'il s'agit de reconnaissance d'enfans adultérins ;

» Que l'objet de cet article, proclamé par les orateurs du Gouvernement et par les orateurs du Tribunat, a été d'empêcher, par respect pour
les bonnes mœurs et la pudeur sociale, toutes les reconnaissances, toutes
les confessions volontaires des crimes d'inceste et d'adultère, et de prévenir les débats scandaleux auxquels pourraient donner lieu ces révélations honteuses ;

» Et qu'ainsi, lorsque ces reconnaissances, ces confessions volontaires
ont été faites malgré la prohibition de la loi, elles ne peuvent produire
aucun effet ;

» Que les confessions volontaires d'une *filiation* incestueuse ou adultérine, se trouvent proscrites par les mêmes motifs que les reconnais-

7

sances volontaires d'une paternité adultérine ou incestueuse ; qu'elles offenseraient également les bonnes mœurs ; qu'elles porteraient également atteinte à la pudeur sociale ; qu'elles donneraient également lieu à des débats scandaleux , et qu'en conséquence, elles sont également illicites ;

» Que d'ailleurs rechercher, dans des faits et des actes, la preuve de l'aveu d'une filiation adultérine , ce serait indirectement rechercher la paternité ; mais que toute recherche de paternité est formellement interdite, surtout en matière d'adultère , par les articles 340 et 342 du Code civil ; et que, d'après la disposition générale de ces deux articles , la recherche ne peut pas plus avoir lieu contre des enfans , qu'à leur profit, pour établir leur filiation ;

» Qu'enfin, dans l'espèce , les faits et les actes qui contiendraient l'aveu, de la part de la veuve Blanié et de ses deux frères, qu'ils sont enfans adultérins de Jean Lanchère, n'ont été ni constatés ni interprétés par l'arrêt dénoncé ; que la preuve qui peut en résulter n'a pas été appréciée par ledit arrêt, et qu'il n'entre pas dans les attributions de la Cour de cassation de vérifier des faits, d'interpréter des actes , ni d'apprécier la preuve qui en peut résulter ;

» Que des motifs qui précèdent, il suit nécessairement que l'arrêt dénoncé a fait une juste application de l'art. 10 de la loi du 12 brumaire an 2 , et des articles 100, 335, 340 et 342 du Code civil, et en a tiré de justes conséquences , en décidant que, malgré tous les actes et les jugemens de rectification intervenus, l'état de la veuve Blanié et de ses deux frères demeure incertain ; qu'ils sont, aux yeux de la loi, étrangers à Jean Lanchère ; et que l'incapacité résultante des art. 762 et 908 du Code civil ne leur est pas applicable ;

» Qu'en jugeant ainsi, il n'a commis aucun excès de pouvoir, et qu'il n'a pas violé les dispositions des art. 1350, 1351 et 1352 du Code civil, qui ne sont pas applicables à l'espèce. »

La question s'étant présentée de nouveau, elle fut jugée de même par la Cour de cassation, par un arrêt de la section des requêtes, du 11 novembre 1819, qui rejeta le pourvoi contre un arrêt de la Cour royale de Dijon. Voy. Sirey, vol. 20 , 1re partie, page 226. On peut dire qu'auparavant, et par un arrêt du 1er avril 1818, la Cour de cassation avait confirmé cette jurisprudence , sur le pourvoi dirigé par des colla-

téraux qui prétendaient fonder sur différens actes une filiation adultérine. Nous nous contentons de renvoyer à l'arrêt qui a été recueilli par
Sirey, vol. 18.

Malgré une jurisprudence aussi bien établie, la question fut portée
en la Cour royale de Riom, en audience solennelle. Le nommé Jacques
Terrasse, pendant la durée d'un mariage stérile, avait eu sept enfans
de la nommée Jeanne Thuaire. Deux n'avaient pas été positivement
reconnus par Jacques Terrasse, pour être ses enfans ; mais il y en avait
cinq dont les actes de naissance furent rédigés sur sa propre déclaration.
Il se présenta devant l'officier de l'état civil ; il se déclara le père de ces
enfans, et indiqua comme leur mère Jeanne Thuaire.

Après plusieurs dispositions successivement faites, soit en faveur de
Jeanne Thuaire, soit en faveur des enfans, Jacques Terrasse disposa,
par son testament du 16 novembre 1816, de l'universalité de ses biens
en faveur non-seulement des cinq enfans qu'il avait positivement reconnus, le premier étant décédé peu de temps après sa naissance, mais
encore en faveur du sixième qui avait seulement été présenté à l'officier
de l'état civil sous le nom d'enfant naturel de Jeanne Thuaire ; et, dans
ce testament, il les qualifia tous six de *ses enfans ;* il y laissa subsister
quelques libéralités particulières en faveur de Jeanne Thuaire.

Le testament fut attaqué par les héritiers collatéraux, qui soutinrent
qu'à raison de la qualité d'enfans naturels adultérins, les légataires
étaient incapables de recueillir les dispositions. Le tribunal civil d'Am-
bert ayant été saisi de la contestation, rendit un jugement qui débouta
les héritiers Terrasse de leur demande. Les motifs du jugement sont
puisés dans les principes établis par la Cour de cassation. Ce jugement
fut confirmé par l'arrêt de la Cour royale de Riom, du 6 août 1821.
Il est rapporté dans le Recueil des arrêts de cette Cour, de l'année 1821,
page 526.

Mais pour saisir toutes les difficultés auxquelles la question peut donner
lieu, il est bon de remarquer que, sur l'appel, les héritiers collatéraux
avaient subsidiairement opposé de nouveaux moyens. En ce qui concernait les légataires, ils disaient que, puisqu'on supposait qu'ils ne pouvaient être considérés comme les enfans du testateur, les dispositions
faites à leur profit devaient être annulées par défaut de cause, puisqu'elles ne leur avaient été faites qu'en considération de leur qualité

d'enfans du disposant : et en ce qui regardait les avantages qui avaient été faits par la disposition du défunt à Jeanne Thuaire personnellement, ils en demandaient la nullité, attendu que Jeanne Thuaire avait été sa concubine. (On ne pouvait révoquer en doute le concubinage, y ayant eu des enfans naturels et en si grand nombre.) Ces deux moyens, qui pouvaient paraître spécieux, furent rejetés par l'arrêt, et toujours par une conséquence inévitable du principe établi par l'art. 335 du Code civil, qui, voulant qu'on ne s'arrêtât point à la déclaration d'enfans naturels adultérins, effaçait cette tache, ou la faisait disparaître, non-seulement des légataires au testateur, mais encore sous tous les autres rapports possibles. L'adultérinité était indivisible ; elle ne pouvait exister nulle part dès qu'elle ne devait pas exister sur le point important.

Voici l'arrêt avec ses motifs :

« En ce qui concerne toutes les demandes formées devant les premiers juges par les héritiers collatéraux, contre les légataires ou héritiers institués, par les motifs énoncés dans le jugement dont est appel, lesquels sont adoptés par la Cour ;

» En ce qui touche le nouveau moyen proposé subsidiairement par les mêmes héritiers collatéraux dans leurs conclusions écrites, et développé dans la plaidoirie ; lequel moyen ils font résulter de ce que les dispositions testamentaires, faites par défunt Jacques Terrasse, seraient viciées comme étant l'effet de l'erreur et d'une fausse cause ;

» Considérant qu'on ne peut imputer à une erreur de personnes les dispositions faites par Jacques Terrasse, puisque ceux qui sont les objets de ces dispositions y sont exactement dénommés et désignés, et que leur identité avec les légataires ou héritiers institués, ne peut faire la matière d'un doute, et n'est pas même contestée ;

» Que quant à l'erreur qu'on voudrait faire porter sur les qualités relatives à la naissance, il est impossible d'assurer que la qualité d'enfans du disposant, que celui-ci a donnée à ceux au profit desquels il a disposé, ait été l'unique cause, la cause impulsive et finale des dispositions ;

» Que cette qualité d'enfans, donnée par Jacques Terrasse, à raison de sa position, étant engagé dans les liens du mariage, doit être regardée comme n'ayant point été écrite, comme non avenue, ainsi que la reconnaissance dont cette qualité était une suite, et que les dispositions ne doivent pas moins subsister ; en sorte que ce moyen subsidiaire rentre dans les moyens opposés par les héritiers collatéraux , lesquels ont été rejetés avec fondement par les premiers juges.

» En ce qui regarde les conclusions prises encore et développées à l'audience par les mêmes héritiers collatéraux , contre Jeanne Thuaire , sur le fondement qu'elle devrait être considérée comme ayant été la concubine de Jacques Terrasse, et que cette qualité vicierait les dispositions qui lui ont été particulièrement faites ;

» Considérant que ce concubinage ne pourrait exister et être déclaré sans remonter à sa corrélation avec une paternité adultérine que la loi défend de rappeler , et qu'elle couvre d'un voile qu'elle ne permet point de soulever ;

» Qu'il ne peut rester entre Jeanne Thuaire et les légataires ou institués héritiers, d'autre corrélation que celle de mère naturelle et d'enfans naturels, abstraction faite de tout commerce adultérin et de toute paternité adultérine ; en sorte que ces moyens et conclusions rentrent encore dans les moyens opposés par les héritiers collatéraux devant les premiers juges, que ceux-ci ont dû rejeter en se fondant sur la disposition impérative de la loi ;

» Considérant , d'ailleurs, qu'en supposant que ce moyen , tiré du concubinage, pût vicier les dispositions particulières faites par Jacques Terrasse à Jeanne Thuaire , le résultat de la nullité ne pourrait tourner qu'au profit des légataires , puisque leur qualité de légataires ou héritiers universels de défunt Jacques Terrasse a déjà été maintenue , et que le même Jacques Terrasse, dans quelques-uns de ses testamens, et notamment dans le dernier, du 16 novembre 1816 , a exprimé la volonté qu'à tout événement les légataires fussent préférés à ses héritiers du sang ;

» Par tous ces motifs, et sans s'arrêter ni avoir égard aux nouveaux moyens et à toutes conclusions subsidiaires des héritiers collatéraux , sur l'appel, la Cour dit qu'il a été bien jugé, etc. »

Enfin , la question s'est encore élevée, et elle a été jugée de même par un arrêt de la section civile de la Cour de cassation, du 9 mars 1814, rendu après délibéré. Voyez Sirey , vol. 24, partie 1re , page 118 ; et le bulletin des arrêts de cette Cour, de 1824, n° 5, page 85. Je me détermine à rapporter textuellement cet arrêt, parce qu'il est motivé avec brièveté et avec énergie, et qu'il est le résumé exact et précis des principes par lesquels j'ai commencé la discussion de la question.

« La Cour, vu l'article 10 de la loi du 12 brumaire an 2 ; vu aussi l'article 335 du Code civil ; vu enfin les articles 762, 908 et 911 du même Code ;

» Considérant que Cristophe Bataille a survécu à la publication du Code civil, puisqu'il n'est décédé que dans le mois de février 1820 ; que par conséquent, l'état et les droits de Gengout doivent être réglés par les dispositions du Code ;

» Considérant que l'article 335 dudit Code prohibe en termes généraux et absolus la reconnaissance des enfans adultérins et incestueux ; que d'après cette prohibition absolue, qui a eu pour objet de prévenir les révélations scandaleuses d'inceste et d'adultère, la nullité de ces reconnaissances n'en laisse subsister aucun effet ; que toute recherche de paternité est formellement interdite, surtout en matière d'adultère, par les articles 340 et 342 ; que d'après la disposition générale de ces articles, la recherche ne peut pas plus avoir lieu contre les enfans qu'à leur profit, pour établir leur filiation, surtout dans les cas où, suivant l'article 335, la reconnaissance est prohibée ;

» Considérant que l'article 762 s'applique aux espèces où, par la force des choses et des jugemens, la preuve de la filiation adultérine ou incestueuse est acquise en justice ; que cet article est évidemment sans application dans le cas d'une simple reconnaissance, que la loi proscrit d'une manière absolue, et dont, comme dans la cause, l'enfant repousse de toutes ses forces les effets ; que par conséquent, dans l'espèce, nonobstant la reconnaissance de Bataille, l'état de Gengout est demeuré incertain ; que dès lors, Gengout a été, d'après la loi, étranger audit Bataille, et a dû, sous ce rapport, être considéré comme ayant capacité pour recevoir les dons et avantages direts ou indirects qui lui ont été faits ; qu'en décidant le contraire, la Cour royale de Nancy a faussement appliqué les articles 762, 908 et 911 du Code civil, et violé l'article 10 de la loi du 12 brumaire an 2, et l'article 335 du même Code ; Casse, etc. »

Après un si grand nombre d'arrêts uniformément rendus, et aussi fortement motivés, on doit présumer que la question ne s'élevera plus.

Lorsqu'on s'occupait du Code civil, on aurait pu raisonnablement douter s'il était à propos d'ériger en loi les dispositions établies par l'article 335. Sans doute l'homme qui se rend coupable d'adultère, commet une faute infiniment grave, et qui le rend très-blâmable ; mais devait-on étouffer les sentimens qui s'élèvent en faveur de l'individu qui devait la naissance à un commerce illicite, à un commerce même adultérin ? pourquoi le priver de l'avantage d'un aveu arraché par le cri de la conscience, à celui qui, en s'accusant même d'une grande faute, croit pouvoir la réparer autant qu'il est possible, en apprenant à un enfant, pour adoucir le malheur de sa naissance, quel est l'auteur de ses jours, ce qui devrait alors lui assurer au moins des alimens? On ne peut empêcher, dans plusieurs cas, quelque parti qu'ait pu prendre le législateur, des révélations de ce genre. Les exemples en ont déjà été exposés. D'ailleurs on sent le grand inconvénient qui résulte de la disposition de l'article 335, puisque malgré l'ingénuité d'un aveu qui échappe à un père, quels que soient les reproches qu'il peut se faire, et par une fiction à l'aide de laquelle on regarde cet aveu comme non avenu, comme n'ayant dû souiller aucun acte quelconque, des enfans naturels adultérins ou incestueux deviennent capables de recevoir des dispositions, même les plus considérables, de la même manière que s'ils étaient légitimes.

Mais les dispositions de l'article 335 ayant été adoptées, et leurs conséquences devenant aussi inévitables que ces dispositions même sont précises, la Cour de cassation a dû nécessairement admettre ces conséquences ; et comme il est dans l'esprit de l'institution de cette Cour d'uniformiser, par ses décisions, la manière d'interpréter et d'appliquer les lois, lorsque ces décisions ont acquis par leur nombre un caractère de stabilité, les magistrats doivent se rendre à sa jurisprudence, comme à la loi même dont elle est le complément. Tels étaient les sentimens qui animaient les membres de la Cour royale de Riom, lors de la délibération qui a produit leur arrêt du 6 août 1821.

Mais ce que nous venons de dire sur l'étranger, reçoit de fortes modifications, d'après la loi du 14 juillet 1819, dont nous avons parlé au n° 117.

2ᵉ édition, t. I, p. 264, 1ᵉʳ alinéa.

A l'égard de la première hypothèse, il ne peut y avoir aucune difficulté sur la nullité de la disposition. A la vérité, ainsi que nous avons eu occasion de le dire plusieurs fois, le simple fidéicommis n'est pas prohibé, il n'y a que la substitution fidéicommissaire proprement dite, qui le soit ; et cette substitution n'existe qu'autant qu'il y a les deux condi-

2ᵉ édition, t. I. p. 267, en remplacement du dernier alinéa et des deux premiers de la page 268.

tions cumulées de conserver et de rendre. Tel est le résultat de l'art. 896 du Code civil. Mais on sent facilement que dans le cas dont il s'agit, le fidéicommis, quoique simple, serait nul, puisque la disposition faite sous la forme du fidéicommis, n'aurait d'autre objet que de gratifier celui qui serait incapable de recevoir, et d'éluder ouvertement la loi. L'article 896 est même étranger à la disposition faite par fidéicommis simple, dans le cas particulier. La nullité dérive uniquement de l'incapacité de celui qu'on voudrait en faire profiter.

2ᵉ édition, t. 1, p. 270, 6ᵉ alinéa.

158 bis. Questions nouvelles à ce sujet.

Nous devons reconnaître que, dans le n° précédent, nous nous sommes expliqués avec trop de brièveté ; il peut se présenter à ce sujet quelques questions qui sont assez intéressantes pour être prévues et discutées.

Il est hors de doute que le donateur doit avoir la capacité requise, à l'époque de la donation ; cela est de toute évidence, et n'a pas besoin d'être prouvé. Il est également certain qu'il doit avoir la même capacité, à l'époque de l'acceptation, parce que, comme le dit M. Toullier, des Donations, n° 96, si le donateur capable au moment de la donation devenait incapable avant l'acceptation, la donation ne pourrait plus être acceptée, parce qu'elle ne reçoit sa perfection qu'au moment de l'acceptation, moment auquel les deux volontés ne pourraient plus concourir. Par les mêmes motifs, si le donataire était capable au moment de la donation, et incapable au moment de l'acceptation, il est encore évident que l'acceptation serait nulle et sans effet.

Mais la question essentielle est de savoir si le donataire qui a la capacité au moment de l'acceptation, a dû l'avoir nécessairement au moment de la donation. M. Toullier paraît être d'avis que la capacité du donataire à l'époque de la donation n'est pas nécessaire, et qu'il suffit qu'elle existe lors de l'acceptation. Le donateur, dit-il, ayant persévéré dans la même volonté sans révoquer, il semble que la donation serait valide, parce qu'il y a concours des deux volontés au moment de l'acceptation.

Mais M. Demantes, professeur en droit de la faculté de Paris, dans une dissertation qu'on trouve dans le Recueil qui a pour titre, Thémis, ou bibliothèque du jurisconsulte, tome 7, 7ᵉ livraison de 1825, page 371, décide

décide la question plus affirmativement, et il la traite avec plus d'étendue et très-solidement : il part de cette idée, que jusqu'à l'acceptation la donation n'est qu'un projet. Nous remarquerons, en effet, que Furgole, dans nombre de passages, donne cette qualification, de *simple projet*, à la donation, tant qu'elle n'est point acceptée, et notamment dans sa question 5°, sur les Donations, n° 6. Il dit, au n° 9, que la donation *ne prend sa force que de l'acceptation du donataire;* et, au n° 7, que la simple promesse non suivie de l'acceptation ne produit aucune action, même selon le droit naturel. En partant de là, M. Demantes arrive facilement et avec sûreté à cette conséquence, que l'acceptation seule forme le contrat, en ce qui concerne le donataire; que cette acceptation seule lui applique les effets de la donation, qui, jusque-là, était pour lui un acte étranger.

Ainsi nous n'hésitons pas à rectifier ce qu'il peut y avoir d'équivoque dans le passage du n° précédent, où nous disions « que celui qui donne et celui qui reçoit doivent avoir cette capacité respective au moment de la donation, *ou même de l'acccceptation*, si cette acceptation est faite par un acte postérieur à la donation. » Il doit y avoir capacité en la personne du donateur, aux deux époques de la donation et de l'acceptation. Qnant au donataire, elle est seulement nécessaire à l'époque de l'acceptation.

La décision de cette première question conduit à l'examen d'une seconde qui paraît être plus délicate. Elle consiste à savoir s'il faut que le donataire soit conçu au moment de la donation, et s'il suffit qu'il le soit au moment de l'acceptation, lorsque cette acceptation est séparée de l'acte de donation. M. Demantes pense qu'il suffit que la conception existe à l'époque de l'acceptation. Nous croyons devoir adopter cette opinion : nous la regardons comme une conséquence juste de la décision prise sur la question précédente. On pourrait croire d'abord, d'après l'article 906 du Code, que le donataire doit être conçu lors de la donation. En effet, il est dit dans cet article : « Pour être capable de » recevoir entre-vifs, il suffit d'être conçu au moment de la donation. » Mais il faut remarquer que le législateur a supposé, dans cet article, que l'acceptation serait faite par l'acte de donation. Or, dans ce cas, le fait de la conception devait évidement exister alors. Sans ce fait, il eût été impossible de voir un contrat entre le donateur et le donataire :

il n'y aurait pas eu de donataire. Mais l'acceptation survenant avant la révocation de la donation, et le donateur étant présumé vouloir persévérer dans sa volonté de donner jusqu'à l'acceptation, les choses étant entières, cette acceptation forme le contrat; elle lie également le donateur et le donataire; il y a concours de volontés; et, comme le dit très-bien M. Demantes, on ne pourra jamais dire que la volonté d'où le droit tirera son principe, ait reposé quelque temps sur le néant,

M. Demantes examine la question de savoir si la double capacité requise au temps de l'acceptation, doit exister encore au moment de la notification de cette acceptation; laquelle notification est exigée par l'art. 932 du Code. Il se décide pour la négative.

On ne peut qu'approuver cette résolution. L'acceptation est le complément de la donation, sous le rapport de la formation du contrat. Dès l'instant de cette acceptation, il y a concours de volontés. Il suffit donc, pour la validité du contrat, qu'il y ait eu capacité en la personne du donateur, aux deux époques de la donation et de l'acceptation, et capacité en la personne du donataire au moment de l'acceptation. La notification, qui est une formalité exigée pour la première fois, par le Code civil, n'a qu'un objet, qui est de faire connaître au donateur l'existence légale du contrat, et de lui apprendre qu'il est lié. Cette existence légale est indépendante de la notification.

De cela même il se tire deux conséquences, conformément même à l'avis de M. Demantes: la première est que la notification de l'acceptation pourrait être faite par les héritiers de celui qui serait mort après avoir accepté; mais il faut toujours qu'elle soit faite du vivant du donateur; parce qu'ainsi que le dit Furgole, quest. 5ᵉ, n° 21 et suiv., par rapport à l'acceptation, ce qu'on peut dire aussi relativement à la notification introduite par le Code, la volonté du donateur est éteinte par sa mort, qui produit une révocation tacite du projet de donner.

La seconde conséquence est que, dans le cas où, depuis l'acceptation, il serait survenu une incapacité en la personne du donateur (nous entendons toute incapacité de fait, autre qu'un état de mort civile, ou de privation des droits civils par suite de condamnation judiciaire), la notification pourrait être faite utilement à ceux qui seraient chargés, par la loi, de représenter ou d'assister l'incapable, soit qu'il s'agisse d'un interdit, d'un prodigue ou d'une femme mariée. L'objet de la notification serait d'arrêter tous les modes sous lesquels les biens donnés pourraient être aliénés d'après le changement d'état du donateur.

147 bis. *Suite de la même matière.*

2e édition, t. I, p. 293, 3e alinéa.

Nous devons remarquer que l'arrêt de la Cour de Turin, du 23 avril 1808, que nous venons de rapporter, fut suivi d'un serment de la part des sieur et dame Formica, et que, d'après ce serment, cette Cour rendit, le 30 mars 1809, un arrêt qui adjugea à la veuve Buscaglione des dommages-intérêts, à raison de la privation des legs que le testateur avait l'intention de faire, et dont il avait été détourné par les sieur et dame Formica. Ce second arrêt a été cassé, dans l'intérêt de la loi, sur le réquisitoire de M. le procureur général, par un arrêt du 18 janvier 1813, qui est rapporté dans le recueil de Denevers, vol. 13, page 190.

Pour bien saisir l'état de la question qui nous occupe, il est à propos de se fixer d'une manière positive sur ce qui a été jugé par l'arrêt de la Cour de cassation.

Quels étaient les faits sur lesquels portait le serment décisoire qui avait été référé aux héritiers du sieur Buscaglione par sa veuve, laquelle croyait que, d'après ce serment, toute preuve testimoniale pouvait devenir inutile? Ces faits étaient que « le sieur Buscaglione, quelques jours avant sa mort, témoigna à sa femme, aux sieur et dame Formica qui étaient son gendre et sa fille, et à deux autres personnes qui étaient présentes, *son intention bien précise et constante de tester,* et de léguer à sa femme une pension viagère de 400 francs, outre un capital disponible de 1,000 fr., et une somme de 1,500 fr. au profit de chacune de ses filles d'un premier lit ; que les mariés Formica avaient dissuadé le sieur Buscaglione de faire un testament, lui faisant observer que ç'aurait été une dépense inutile, puisqu'ils l'assuraient d'accomplir fidèlement sa volonté, tout comme si elle eût été exprimée par testament, lui protestant en outre qu'ils satisferaient d'autant plus religieusement à ses vœux, qu'ils s'y croyaient plus fortement obligés par leurs promesses ; qu'enfin, après le décès du sieur Buscaglione, les époux Formica avaient dit à plusieurs personnes qu'ils étaient obligés à ces legs, et qu'ils y satisferaient. »

Mais le serment qui fut fait en exécution de l'arrêt du 23 avril 1818, était bien différent de celui qui avait été déféré et dont on vient de rapporter les termes. Les époux Formica n'étaient pas d'accord sur les faits qui étaient l'objet du serment ; d'ailleurs la femme Formica, qui était l'héritière du défunt, y apporta des restrictions notables ; elle ne dénia pas que son père eût manifesté la volonté de laisser quelques legs à sa femme et à ses deux filles ; elle avoua même qu'elle avait promis de les acquitter, quoiqu'ils ne fussent pas faits dans les formes légales ; mais elle soutint que son père n'avait eu l'intention de faire ces legs, et qu'elle n'avait promis de les acquitter que *dans le cas où les fonds nécessaires se trouveraient dans la succession à l'époque du décès du testateur ; que ces fonds ne s'étant pas trouvés dans la succession, les legs devaient être considérés comme non avenus.*

D'après la différence entre ce serment et celui qui avait été déféré, l'affaire, quant à la décision qu'elle devait avoir, n'était plus la même. Une question qui tenait à une appréciation de faits, prit la place d'une question de droit. Malgré ce nouvel état de choses, la Cour de Turin, par son second arrêt du 30 mars 1809, ne laissa pas de prononcer la condamnation en dommages-intérêts, à raison de la privation des legs, et on doit convenir que cette condamnation était susceptible d'être fortement contestée, les faits affirmés n'étant plus les mêmes que ceux qui devaient faire l'objet du serment qui avait été déféré comme décisoire. Ce qu'on remarque encore d'irrégulier dans ce second arrêt, c'est qu'il paraît avoir préjugé que la déclaration faite sur la foi du serment par les sieur et dame Formica, aurait pu être divisée, ce qui est contraire aux art. 1356 et 1363 du Code civil.

Mais quoique la Cour de cassation, par son arrêt du 18 janvier 1813, n'ait cassé directement que le second arrêt de la Cour du Turin, du 30 mars 1809, on voit néanmoins que cette Cour a entendu également censurer le premier arrêt du 25 avril 1808. Elle donne pour motif de cette censure, en se référant à ce qui est dit dans le réquisitoire : « Attendu que l'arrêt du 25 avril 1808, en déférant le serment décisoire aux mariés Formica, sur les faits articulés par la veuve Buscaglione, a jugé que la promesse faite par des héritiers présomptifs, d'acquitter des legs que leur auteur aurait déclaré vouloir consigner par écrit dans son testament, doit donner lieu contre ces héritiers à des dommages-intérêts de même valeur que les legs présumés, s'ils refusent d'acquitter ceux-ci ; — Et attendu que cette décision, qui donne à de simples discours la puissance de constituer des legs, introduit un moyen indirect de faire produire des effets à des testamens verbaux, destitués de toutes les formes prescrites par le Code civil..... »

Mais l'arrêt du 23 avril 1808, était-il susceptible de ces reproches? Il n'était pas question de donner effet à un testament verbal; il était reconnu qu'il n'y avait pas eu de testament. Mais la question consistait à savoir s'il n'y aurait pas eu un testament de la part du sieur Buscaglione, qui eût contenu les dispositions énoncées dans l'arrêt, sans la promesse positive que firent les sieur et dame Formica, d'exécuter les dispositions que le sieur Buscaglione voulait faire; si cette promesse n'avait pas, seule, empêché l'existence du testament; si étant faite avec toutes les protestations de bonne foi, avec toutes les apparences de la vertu propres à séduire un père rempli de confiance, et qui était disposé à respecter la pureté des sentimens qu'on lui manifestait, on ne devait pas y voir un *artifice*, à l'aide duquel on avait empêché un testament.

On conçoit que c'est avec raison que l'arrêt du 30 mars 1809, a été cassé, en ce qu'il avait préjugé que les sermens décisoires déférés par la veuve Buscaglione, *pourraient être divisés*. Mais était-il nécessaire de remonter à l'arrêt du 23 avril 1808, et devait-on toucher à ses dispositions? Ce qui peut présenter les doutes les plus sérieux, à cet égard, c'est la supposition qu'on peut faire que la veuve Buscaglione eût prouvé par témoins, les faits qu'elle avait articulés, et qu'on a déjà rappelés, ou que les époux Formica eussent eux-mêmes avoué, par suite du serment qui leur était déféré, tous ces faits exactement et sans aucune restriction. Or, dans cette hypothèse, aurait-on pu critiquer avec fondement l'arrêt du 23 avril 1808? aurait-on pu en détruire les effets? c'est ce qu'il serait difficile de soutenir. Cet arrêt pouvait donc être apprécié en lui-même, sans y rattacher celui du 30 mars 1809.

En résumé, et en faisant abstraction de toutes circonstances qui peuvent présenter des nuances desquelles il résulterait des différences dans les décisions, l'arrêt du 23 avril 1808 a posé en principe, que, pour qu'il soit prononcé une condamnation en dommages-intérêts proportionnée aux legs que le testament dont on a détourné le défunt aurait contenus, il n'est pas nécessaire que l'obstacle à ce que le testament fût fait, ait été le résultat de violences physiques ou de voies de fait; qu'il suffirait que le défunt n'eût pu tester selon sa volonté , par suite de *toute violence morale, de tout moyen astucieux, de tout artifice malicieux et trompeur.* Or , ce principe nous paraît incontestable : on sera toujours touché de la sagesse des motifs qui ont dicté l'arrêt, et de la saine érudition qui en a été la base.

148 bis. *Nouveaux arrêts et observations.*

2ᵉ édition, t. 1, p. 197, dernier alinéa.

M. Merlin , dans le tome 16ᵉ de son Répertoire *approprié à la 3ᵉ édition*, au mot *Concubinage,* n° 3, s'est livré à une forte discussion sur la matière dont il s'agit. Aux arrêts que nous venons de citer, il en réunit quelques autres , rendus depuis l'impression de notre Traité ; et de tout ce qui y est dit , il résulte cette conséquence que, d'après les principes du Code civil , on ne peut attaquer une disposition par l'imputation de concubinage.

Cependant nous devons faire quelques réflexions pour bien entendre cette proposition , et pour en faire une juste application. N'y a-t-il aucune preuve d'un commerce illicite qui eût existé entre le disposant et la personne à laquelle la disposition est faite ? Veut-on seulement établir ce commerce illicite ou concubinage, par des preuves testimoniales, afin de parvenir à la nullité de la disposition ? Ces preuves ne peuvent être admises ; la loi les repousse ; elle n'a point voulu permettre des inquisitions alarmantes pour des individus et pour leurs familles. Voilà principalement le sens dans lequel nous nous sommes expliqués , en nous élevant contre l'imputation du concubinage, qui serait faite dans la vue d'anéantir une disposition.

Mais si l'on rapportait des preuves écrites et non équivoques d'un commerce illicite qui eût existé entre l'auteur de la disposition et la personne qui en serait l'objet, sans même que ces relations criminelles eussent été suivies de la naissance d'enfans naturels , alors la question pourrait se présenter sous un nouveau point de vue.

Il ne s'agirait pas d'inquisitions à craindre, et toujours dangereuses ; il existerait des preuves acquises qui pourraient par elles-mêmes faire des impressions propres à influer sur la confirmation ou l'anéantissement de la disposition. En effet, nous avons dit que l'action en suggestion ou captation n'est point abolie par le Code civil , qu'elle reste sous notre législation comme sous l'ancienne , et c'est un point de jurisprudence qui ne fait aujourd'hui aucune difficulté. Or, la preuve du commerce illicite pourrait conduire à la conviction que la disposition aurait été le fruit de la suggestion et de la fraude , et dès lors la conscience des juges pourrait les porter à la proscrire.

Mais, dans ce cas même, nous voulons dire s'il existait des preuves acquises qu'il y eût eu des liaisons du genre de celles dont nous venons de parler , il n'en résulterait pas une nécessité absolue d'en conclure qu'il y eût eu suggestion ou captation pratiquée lors de la disposition. Il peut y avoir des mesures dans la manière dont la conviction des magistrats doit se former, Ainsi, le commerce illicite peut avoir cessé depuis long-temps ; les passions peuvent être éteintes, il peut n'être resté que le droit de réparer un tort fait à la réputation d'une personne séduite , ou de lui assurer des moyens de subsister en un temps où une conduite édifiante pourrait effacer des torts passés. Dans ces circonstances ou dans d'autres qui pourraient produire le même effet , et qu'il est difficile de prévoir , la disposition pourrait être maintenue.

Ainsi, le concubinage ne peut pas être, par lui-même, et d'une manière absolue, la cause de la nullité de la disposition ; car, sous notre législation, une disposition ne pourrait être annulée par une telle cause. Mais le concubinage peut devenir un moyen de conviction qu'il y aurait eu une suggestion qui vicierait la disposition ; il peut entrer dans les élémens de cette conviction. Tel est l'esprit dans lequel sont rendus la plupart des arrêts indiqués par M. Merlin. Leurs décisions diffèrent selon la variété des espèces ; mais on y voit toujours dominer cette idée, que tout se réduit à savoir s'il y a eu, ou non, une suggestion qui ait substitué une volonté étrangère à celle du disposant.

Dans l'espèce de l'arrêt même de la Cour royale de Paris, du 31 janvier 1814 , qui , à notre avis, est très-bien motivé relativement au cas pour lequel il est rendu, il y avait un concubinage parfaitement prouvé ; il avait duré jusqu'au testament qui fut attaqué. Mais ce commerce illicite n'est pas présenté comme étant le germe de la nullité de la disposition, on le voyait concourir avec d'autres circonstances comme élément de la conviction qu'il y avait eu captation et suggestion.

Mais en considérant la question sous ce rapport, on sent combien les décisions doivent être abandonnées à la conscience des tribunaux. On

ne peut présenter que des exemples, des hypothèses, et on est réduit à
l'impossibilité de donner des principes positifs et absolus. Ainsi, en dernière analise, les décisions des tribunaux tiendront toujours à une appréciation de faits et de circonstances, dans lesquels on pourrait voir des
suggestions ou captations plus ou moins caractérisées. Or, on sait qu'en
matière de faits, de circonstances, d'interprétations, les tribunaux ont
une assez grande latitude ; en sorte qu'il est difficile que leurs décisions
donnent prise à la cassation.

Mais M. Merlin confirme l'opinion que nous avons émise à la fin du
n° précédent et au n° 152, relativement à la nullité ou au moins à la réduction des dispositions entre personnes qui ont eu des enfans naturels
d'une union illicite. Il donne à cet égard une décision tellement précise,
que nous croyons devoir rapporter ses expressions, afin de mieux fixer
les idées sur le sort des libéralités faites dans cette position.

« Cette doctrine, dit-il, admet cependant une exception qui résulte
de la combinaison des art. 908 et 911.

» L'art. 908 porte que les enfans naturels ne pourront, par donation
entre-vifs ou par testament, rien recevoir au delà de ce qui leur est assigné
au titre *des successions ;* et l'article 911, après avoir dit que toute disposition au profit d'un incapable sera nulle, quoiqu'on la fasse sous le nom
de personnes interposées, déclare que seront réputées personnes interposées, les père et mère.... de la personne incapable. »

Ainsi, le père et la mère d'un enfant naturel qu'ils ont reconnu légalement, ne peuvent pas se faire de donation au delà de ce qu'il leur est
permis de retrancher sur les quotités de leurs biens respectifs, qui sont
assignés à cet enfant par l'art. 757, et par la même raison, celui qui, dans
les cas rares où la paternité peut être déclarée par un jugement, a été
jugé père d'un enfant adultérin ou incestueux, auquel l'art. 762 n'assigne
que des alimens, ne peut faire à la mère de cet enfant aucune espèce de
donation.

157 bis. Observations nouvelles sur le sort des conditions du genre de celles
dont il s'agit.

2ᵉ édition,
t. I, p. 308,
dernier ali-
néa.

M. Toullier, qui a traité cette matière après nous, s'explique sur les
conditions dont il s'agit, *des Donations,* n° 241 et suiv. Il le fait avec un
peu plus d'étendue ; on pourra le consulter avec fruit.

Quant

Quant aux conditions qui tendraient à gêner la liberté de se marier,
il n'y a aucune différence remarquable entre ce qu'il enseigne et ce
que nous avions dit, surtout d'après les rectifications contenues dans
la 2ᵉ édition de notre Traité. Lorsque nous avons écrit sur cette matière pour la première fois, les lois de 1791, celles des 5 brumaire et
17 nivôse an 2, avaient encore laissé quelques traces dans les esprits;
et nous avons saisi avec empressement les moyens de rectifier les idées
à ce sujet, en profitant de ce qui avait été dit postérieurement par
MM. Merlin et Chabot, dont nous avons rapporté les passages qui sont
aussi indiqués par M. Toullier.

Relativement à ce que nous avons dit sur les conditions qui tendraient
à faire embrasser l'état de prêtrise ou à en détourner, nous nous sommes
décidés par des principes qui, rentrant dans des idées de morale et de
religion, sont de tous les temps. Nous convenons néanmoins que c'est
avec beaucoup de raison que M. Toullier dit, nᵒ 265 : « Il est difficile
de dire comment une pareille question (celle qui est relative à la condition touchant l'état de prêtrise) serait jugée sous l'empire du Code.
Comme il n'existe point de loi assez précise pour tirer une conséquence
rigoureuse, la décision reste abandonnée à la prudence des magistrats.
Les temps, les circonstances, les opinions régnantes influent toujours
sur de pareilles décisions. Telle condition eût été jugée valide sous l'ancienne législation, qui eût été rejetée dans les temps critiques de la révolution ; et telle autre eût été rejetée à cette dernière époque, qui serait
maintenue aujourd'hui. »

Le même auteur, nᵒ 266, dit encore, d'après M. Merlin, nouveau
Répertoire, vᵒ *Conditions*, page 737 : « Ce qu'on peut dire en général, est
que depuis l'abrogation des lois des 5 septembre 1791 et 17 nivôse an 2,
qui proscrivaient les conditions d'embrasser ou de ne pas embrasser tel
état, emploi ou profession ; ces conditions n'ont rien qui blesse les lois ou
les mœurs, et qu'elles ne pourraient être considérées comme non écrites,
que dans le cas où il paraîtrait évident qu'elles ont été imposées à dessein
de gêner la liberté religieuse du donataire, ou de le détourner, soit de remplir
certains devoirs de citoyen, soit d'exercer certaines fonctions auxquelles il
pourrait être appelé. »

Tout cela rentre dans ce que nous avions déjà dit. Nous nous sommes
expliqués dans le sens de conditions précises et impératives qui auraient

été apposées à la donation, et on doit reconnaître l'influence même qu'apporterait sur les décisions, la rédaction des clauses. Il y en a telle qui présenterait une défense absolue de faire ou de ne pas faire ; de telle autre, on ne pourrait qu'en induire une modification purement éventuelle qui ne porterait point de gêne ou d'atteinte à la liberté ; et selon les conséquences qui s'en tireraient, les décisions devraient être différentes.

Mais il est une question que nous croyons être d'un autre genre, que nous avons traitée, n° 13, et sur laquelle M. Toullier combat notre opinion, n°ˢ 272 et 273. Cette question est celle de savoir si la condition de la révocation de la donation, dans le cas où le donateur se marierait, annulerait, ou non, la donation en elle-même, abstraction faite du cas où l'événement prévu arriverait ou n'arriverait pas. Nous avons cru devoir soutenir l'affirmative, et M. Toullier se décide pour la négative. On sent facilement que cette question porte sur une hypothèse qui a trait à l'application de l'article 944 du Code, parce que nous avons considéré cette condition comme potestative, et qu'une condition de cette nature n'est pas seulement nulle, mais qu'encore elle annulle la donation entre-vifs, d'après cet article 944, au lieu que si cette condition devait être rangée dans la classe de celles qui font l'objet de l'art. 900 du même Code, elle serait seule nulle, et la donation devrait subsister.

En revenant donc à la clause insérée dans une donation entre-vifs qui renfermerait la condition de la révocation de la donation, si le donateur se mariait, et à la question de savoir si l'insertion de cette clause annulerait la donation en elle-même, parce qu'il en résulterait une condition potestative, M. Toullier soutient que cette clause ne vicierait point la donation. Il se fonde sur ce que la condition qu'elle renferme n'est pas purement potestative, qu'elle ne dépend pas de la seule volonté du donateur, qu'elle dépend, *et de sa volonté, et de la volonté d'une autre personne ;* que, par conséquent, la condition est *mixte ;* en sorte que, selon lui, il faut appliquer à cette condition non pas l'article 1170, mais l'article 1171, qui parle de la condition *mixte.*

Il nous paraît d'abord que c'est déplacer la question, en ce qu'on assimile une clause qui contient une réserve que stipule celui qui fait une donation, et qui le concerne personnellement, à une condition qui serait imposée au donataire, ou à toute autre condition que des parties contractantes s'imposeraient dans une convention ordinaire. La question se déplace encore en ce qu'on ne distingue pas ce qui devrait être observé dans le cas d'une donation entre-vifs, et ce qui devrait l'être dans le cas d'une disposition testamentaire; les principes varient selon ces divers cas. Ecoutons ce que dit Pothier, *des Obligations*, n° 201, où il définit les différentes conditions. « La condition mixte est celle qui dépend du concours de la volonté du créancier (il ne peut être question ici que des contrats ordinaires) et de celle d'un tiers, comme celle-ci, *si vous épousez ma cousine*. » Il dit au n° 214, en parlant toujours de la règle qui concerne les conditions mixtes : « Si quelqu'un m'a promis une certaine somme, si j'épousais une telle, sa cousine, je ne pense pas que la somme me fût due si j'étais près de l'épouser, et qu'elle le refusât; quoique si l'on m'eût fait un legs sous une telle condition, la condition passât pour accomplie. Loi 31, ff. *de cond. et dem.* » Lacombe s'explique dans le même sens et à peu près dans les mêmes termes, au mot *Condition*, sect. 6, n° 3, et l'on sent que ce que disent ces auteurs est une suite de la définition de la condition mixte adoptée de leur temps, et consignée ensuite dans l'art. 1171 du Code civil, où il est dit : « La condition mixte est » celle qui dépend tout à la fois de la volonté d'une des parties contrac- » tantes et de la volonté d'un tiers. » On ne révoquera pas en doute, d'après la rubrique même sous laquelle cet article et l'article 1170 sont placés, qu'ils ne se rapportent principalement aux conventions et contrats.

Ainsi, dans les cas supposés par Lacombe et par Pothier, et par suite de la définition portée dans l'article 1171 du Code civil, la condition est mixte, parce qu'elle ne peut s'accomplir que par le concours de la volonté d'une des parties contractantes et de celle d'un tiers. Supposons donc que la donation contînt la condition imposée au donataire d'épouser, soit *la cousine* du donateur, soit toute autre personne qui serait indiquée, il y aurait condition *mixte*, puisque l'accomplissement de la condition dépendrait non-seulement de la volonté du donataire, mais encore de celle de la personne désignée.

Mais est-il possible de comparer ce cas à celui d'une simple réserve de révocation de la donation faite par le donateur lui-même, dans son seul intérêt, dans le cas où il se marierait? Peut-on voir dans une clause aussi vague, aussi indéfinie, une condition mixte? Sans doute, dans le cas où le donateur se marierait, il faudrait le consentement de la per-

9*

sonne avec laquelle le mariage devrait avoir lieu ; mais on ne saurait comparer la nécessité de ce consentement, quant à la cause et quant aux effets, à la nécessité du consentement d'une personne limitativement désignée avec laquelle le mariage pourrait ou devrait se faire. L'étendue de la liberté stipulée par le donateur, de se marier avec toute personne quelconque, fait disparaître toute idée de condition mixte. Il ne resterait dans le mariage qui se ferait que le résultat de sa propre volonté, parce que cette volonté se réaliserait toujours, quelques refus qu'il pût éprouver d'abord. Il aurait à son gré la faculté de détruire la donation ou de la laisser subsister. Le mariage est alors un événement qu'il serait en son pouvoir de faire arriver ou d'empêcher, ce qui, aux termes de l'article 1170 du Code civil, constitue une condition potestative ; en sorte que nous croyons devoir persister dans notre opinion.

Au surplus, la condition dont il s'agit est d'une nature tellement douteuse, qu'on doit croire que personne n'aurait l'imprudence de compter sur une donation qui en serait grevée. Cependant il est dans l'ordre d'agiter la question ; on peut le faire dans le seul intérêt de la science, et on y est d'autant plus porté qu'elle s'est présentée dans les tribunaux, ainsi qu'on le voit au n° 13, où nous l'avons annoncée.

2ᵉ édition, t. 1, p. 340, dernier alinéa.

168 bis. *Motifs de l'étendue des dissertations contenues dans les nᵒˢ 167 et 168. Résumé de l'état actuel de la jurisprudence sur cette matière.*

On pourra penser aujourd'hui que les dissertations contenues dans les nᵒˢ 167 et 168 ont trop d'étendue. Mais nous prions le lecteur de remarquer que lorsqu'elles ont été faites, la question était une des plus ardues et des plus embarrassantes. Les opinions étaient fortement divisées. La nôtre, telle qu'elle était consignée dans la première édition de notre Traité, n'était pas, à beaucoup près, isolée ; et les jurisconsultes qui ne l'adoptaient pas, notamment M. Merlin, la rappelaient et la réfutaient de manière à faire entendre que nos dissertations n'étaient pas superflues. Les idées fixes et positives n'ont pu sortir que de fortes discussions. Elles seront toujours bonnes à connaître ; aussi nous a-t-on conseillé de laisser subsister tout ce que nous avons dit. Une vérité n'est jamais mieux comprise, que lorsqu'on connaît toutes les routes par lesquelles il a fallu passer, toutes les contradictions qu'il a fallu traverser pour l'établir.

Le résumé de tout ce que nous avons dit dans la seconde édition, en mettant à profit les progrès de la jurisprudence, est que le droit d'opposer le défaut de transcription de la donation, appartient seulement aux tiers créanciers et aux acquéreurs, c'est-à-dire, à ceux qui auraient traité à titre onéreux avec le donateur, postérieurement à la donation, mais avant la transcription ; que ce droit n'appartient ni au donateur, ni à ses cessionnaires, ni à ses héritiers, ni à ses légataires, ni même à ses donataires postérieurs.

Quant au donateur, à ses cessionnaires, à ses héritiers ou légataires, la décision est fondée sur la jurisprudence constante de la Cour de cassation ; et relativement aux donataires postérieurs, la décision est une suite de celle qui concerne les autres personnes ci-dessus désignées ; elle émane de ce qui a été dit par les organes officiels de la loi, lors de la confection du Code civil. On peut la fonder aussi sur les motifs précis d'un arrêt de la Cour de cassation. Et telle est l'opinion générale.

Mais rien ne prouve plus la nécessité où nous étions de discuter amplement la question comme nous l'avons fait, que l'opinion que M. Toullier a émise, *Droit civil français*, 2ᵉ édition, liv. 5ᵉ, titre 2, page 239 et suiv. Il n'a pas cru devoir se rendre même au résumé de notre opinion, tel que nous venons de le présenter. Il rappelle nos dissertations, il en combat les résultats, au moins en plusieurs parties. Ses opinions nous ont paru inadmissibles, les motifs sur lesquels il se décide mal fondés Nous les avons réfutées dans notre Traité des hypothèques, tome IIᵉ, page 140, n° 167. Nous croyons y avoir établi qu'on doit s'en tenir au point où nous avons réduit les difficultés. Pour ne pas nous répéter, nous nous contentons d'y renvoyer.

179 bis. *Nouveau développement de principes sur les dons manuels, sur les dépôts dont il est question dans les n°ˢ 176, 177 et 178, et sur les dons manuels d'objets incorporels.*

2ᵉ édition, t. I, p. 551. 1ᵉʳ alinea.

Le principe que nous venons d'exposer dans le n° précédent a été depuis quelque-temps contesté devant les tribunaux. Plus d'une fois on a soutenu que la remise des titres d'une créance devait être considérée du même œil et opérer le même effet que la tradition d'un objet corporel, tel qu'une montre, un bijou, etc. ; mais le principe a constamment triomphé des attaques qui lui ont été portées.

Avant d'analiser les différens arrêts qui ont été rendus à ce sujet, nous croyons utile de faire quelques réflexions.

Nous avons vu *supra*, n° 176, que la tradition seule et sans aucun écrit, assurait suffisamment la validité du don d'un meuble corporel. Cette règle admise sous l'ancienne législation, et fondée sur la rapidité avec laquelle les meubles de cette nature circulent dans le commerce, et changent de maître dans un court espace de temps, reçoit sous notre législation un nouveau degré d'énergie, par la disposition de l'art. 1141 du Code civil, qui, entre deux acquéreurs du même meuble, accorde la préférence à celui qui a été mis en possession réelle et de bonne foi, sans examiner l'antériorité des titres, et par la disposition de l'art. 2279, qui porte qu'en fait de meubles, la possession vaut titre.

D'après une législation si précise et si bien en harmonie avec elle-même, on doit reconnaître qu'en fait de meubles corporels, la propriété se confond avec la possession et n'en est point séparée. L'article 2279 n'indique que deux exceptions à ce principe ; mais ces exceptions qui doivent être restreintes aux cas prévus, confirment encore la règle établie. Ce que nous venons de dire ne doit néanmoins avoir lieu que sauf les cas où le don manuel prendrait un caractère de fraude et de contravention à la loi, d'après ce que nous avons dit au même n° 176. Nous pensons qu'un arrêt de la Cour de cassation, du 12 décembre 1815, rapporté par M. Favard de Langlade, dans son Répertoire de la nouvelle législation, au mot *Don manuel*, n° 1er, confirme nos principes posés dans notre n° 176, plutôt qu'il ne les contredit. Nous tirons cette conséquence des circonstances dans lesquelles cet arrêt a été rendu, des restrictions qui ont été apportées aux motifs qui ont décidé, et des observations judicieuses faites par l'auteur même à la suite de l'arrêt. Nous tirons surtout cette même conséquence de ce que dit M. Favard de Langlade, n° 5. « Lorsque les donations manuelles sont faites pour éluder la loi, soit en fraude de la réserve, soit pour avantager un incapable, elles sont réductibles dans le premier cas, et nulles dans le second ; la preuve par témoins est alors admissible, comme dans tous les cas de fraude, et l'on sent que la décision est subordonnée aux circonstances. »

En ce qui concerne les dépôts dont il est parlé dans les n°s 177 et 178, nous pouvons dire également que les principes que nous y avons posés sont confirmés par un arrêt de la Cour de cassation, du 22 novembre 1819 ;

et nous pourrions dire encore par un autre de la Cour royale de Paris,
du 4 mai 1816. Ce dernier arrêt a été rendu à l'occasion d'un don fait
par M. Chénier, membre de l'Institut, de ses manuscrits à la dame
Lesparda. Ces deux arrêts sont aussi rapportés par M. Favard, au même
mot *Don manuel*, n°ˢ 3 et 4. Les espèces qui se présentent après qu'un
auteur a écrit sur une matière, à une époque rapprochée de la loi, ré-
pandent presque toujours quelques nuances sur l'application des principes. Mais au fond ces principes restent. On voit dans l'arrêt de la Cour
de cassation, comme nous l'avions dit, au moins en termes équivalens,
que *celui qui a confié le dépôt conserve toujours principalement le droit de
le réclamer, tant que la destination n'est pas accomplie;* que par une conséquence de l'art. 1937 du Code civil, qui veut qu'en cas de mort naturelle ou civile du déposant, la chose déposée ne puisse être rendue qu'à
ses héritiers, l'héritière de celui qui avait fait le dépôt, qui était sa fille,
*avait eu le droit de réclamer la somme qui restait encore de ce dépôt entre
les mains du dépositaire.* Dans l'espèce de l'arrêt de la Cour royale de Paris,
du 4 mai 1816, où il s'agissait d'un don de manuscrits, la décision était
principalement subordonnée à des faits; et nous ne le citons que pour
annoncer qu'il n'a rien jugé de contraire aux principes que nous avons
cru pouvoir établir. Afin d'abréger, nous n'entrerons pas dans d'autres
détails, pour faire connaître les arrêts. Nous renvoyons à l'ouvrage même,
et aux observations intéressantes de l'auteur sur ces mêmes arrêts.

Si nous fixons maintenant notre attention sur les effets mobiliers incorporels, nous serons convaincus que la maxime écrite dans le premier §
de l'art. 2279, ne reçoit plus d'application. En effet, un droit incorporel, tel qu'une créance, n'est pas susceptible d'une véritable possession, mais seulement d'une *quasi* possession. *Jura non possidentur, sed
quasi possidentur.* (Pothier, *Traité de la possession,* chap. 3.) Le titre
d'une créance est bien un objet corporel susceptible d'une tradition
réelle, mais le titre n'est pas la créance, il n'en est que la preuve, la
créance existant, et même pouvant être prouvée sans titre, au moins
dans certains cas. On ne peut donc, en matière de droits incorporels,
établir cette maxime, que la remise du titre vaut titre. Tout ce qu'on
peut déduire des articles 1607 et 1689 du Code civil, c'est que la remise
du titre vaut délivrance; mais la délivrance n'est que l'exécution d'une

vente ou d'un transport déjà préexistant et constaté par écrit : l'art. 1690 ne laisse aucun doute à cet égard.

C'est en vain qu'on objecte que le possesseur du titre d'une créance pourrait procurer la libération du débiteur, en lui remettant l'original ou la grosse du titre, conformément aux art. 1282 et 1283 du Code civil; et que, pouvant ainsi libérer le débiteur, c'est une conséquence nécessaire qu'il soit considéré comme vrai propriétaire de la créance. Nous répondons qu'on abuse de ces articles; que la remise du titre, dans le cas proposé, n'opérerait pas la libération d'une manière absolue, parce que le véritable créancier aurait toujours le droit de prouver que cette remise n'est émanée ni de son fait ni de sa volonté; et ce n'est qu'à cette condition que ces articles 1282 et 1283 attachent la présomption de la libération.

On sent d'ailleurs la différence qui existe entre le cas où le débiteur est possesseur du titre de créance, et le cas où c'est un tiers. Au premier cas, l'intention de la remise en signe de l'acquittement de la créance, se présume de droit, tant que le contraire n'est pas prouvé : on sait combien tout se présume en faveur de la libération. Mais il ne s'agit plus de tout cela au second cas : alors les principes ci-dessus posés sur la nécessité de la preuve du transport reprennent toute leur force.

Ainsi, concluons avec certitude qu'un droit incorporel ne saurait faire la matière d'un don manuel, lors même que ce don serait accompagné de la remise du titre.

Cependant il faut convenir qu'il existe des créances tellement liées au titre qui sert à les constater, qu'elles se confondent avec lui, et forment un tout indivisible : tels sont les bons au porteur. Dans ce cas, la créance n'est point séparée du titre; elle le suit dans la main du dernier possesseur, et dès lors il est vrai de dire que la seule remise du titre établit suffisamment le don de la créance elle-même.

C'est dans le sens de cette distinction judicieuse, que s'est prononcée la Cour de cassation dans deux arrêts qu'il est à propos de combiner en les rapprochant l'un de l'autre. Nous allons en retracer les espèces avec brièveté, en les dégageant de toutes difficultés accessoires et étrangères à la question qui nous occupe.

Quelques instans avant sa mort, le sieur Romanet remit au sieur Lorrain

Lorrain son portefeuille, en lui disant : *Voilà mon portefeuille, je te le donne en ami.* D'après la déclaration du sieur Lorrain, ce portefeuille consistait en cinq obligations notariées et neuf obligations sous seing privé.

Les héritiers Romanet assignent le sieur Lorrain en restitution du portefeuille, attendu que la tradition ou remise des titres de créances ne pouvait en transférer la propriété, et établir un don manuel. Le sieur Lorrain répond que de tout temps il a été de principe que la simple tradition suffisait pour la validité du don d'effets mobiliers.

La cause portée devant le tribunal de Villefranche, il intervint, le 8 juin 1820, un jugement qui condamna Lorrain à restituer aux héritiers Romanet le portefeuille, ainsi que les effets et titres de créances qu'il renfermait. Il n'est pas inutile de faire connaître les motifs de ce jugement.

« Considérant qu'il n'est permis de disposer de ses biens à titre gratuit, que par donation entre-vifs ou par testament, dans les formes prescrites par la loi ; — Qu'en fait, on ne rapporte aucun acte écrit constatant le don que le sieur Romanet aurait voulu faire à Lorrain de son portefeuille et des effets qui renfermait ; — Considérant que si la jurisprudence a admis une autre espèce de transmission de propriété, celle du don manuel, cette jurisprudence doit être restreinte au cas spécial qui lui est applicable ; qu'elle ne peut s'entendre que des dons mobiliers *qui ne laissent aucune trace après eux,* telle que la remise d'un meuble, d'une somme d'argent et autres objets *corporels,* et dont la possession suffit pour acquérir la propriété ; — Considérant qu'à l'égard des titres de créances, la remise ne peut suffire pour se présenter auprès des débiteurs, et les forcer au payement ; qu'il faut encore que la qualité de propriétaire des titres soit reconnue ; qu'en fait de titres de créances, soit effets incorporels, la propriété ne peut s'en acquérir que par un titre valable ou un endossement régulier. »

La Cour royale de Lyon, qui eut à statuer sur l'appel de ce jugement, en adopta les motifs par son arrêt du 14 avril 1821. (Voy. Sirey, tom. 23, 2ᵉ part., pag. 211.)

Le sieur Lorrain se pourvut en cassation contre cet arrêt ; mais le pourvoi fut rejeté par arrêt du 24 juillet 1822, ainsi motivé : « Attendu que le Code civil distingue les objets dont la propriété se transmet par don manuel, d'avec ceux qui ne sont transmissibles que par la voie de cession ou transport ; attendu que le refus fait par le demandeur, de communiquer les actes et papiers renfermés dans le portefeuille qu'il prétendait lui avoir été donné manuellement, a mis la Cour dans l'impossibilité de connaître si tous ou quelques-uns de ces actes étaient de nature à être transmis par don manuel ; et que, dans cette incertitude, elle a pu, sans violer aucune loi, le condamner au payement de la somme de 20,145 fr.; à laquelle, suivant sa déclaration, montait la valeur des objets contenus au portefeuille, REJETTE, etc. » (Voy. Sirey, tome 24, 1re partie, pag. 25.)

Cet arrêt, comme on le voit, juge d'une manière positive, que des obligations notariées ou sous signatures privées, ne sauraient être transmissibles par la voie du don manuel ; qu'une cession ou un transport peuvent seuls en transférer la propriété ; et quoique cet arrêt reconnaisse qu'il existe des objets qui peuvent être transmis par don manuel, cependant il laisse intacte la question de savoir si les bons au porteur doivent être compris dans cette dernière classe. Mais voici un arrêt émané de la même Cour, qui, dans ce dernier cas, prononce pour l'affirmative.

Le marquis de la Puente avait donné de la main à la main, au nommé Jacquet, son domestique, des bons représentatifs de vingt actions sur la ville de Paris.

Après la tradition manuelle, et le 18 juin 1817, le marquis de la Puente et son domestique souscrivirent un acte fait double, par lequel le sieur de la Puente déclarait céder, donner et léguer à la famille de Jacquet, la propriété de ses vingt actions sur la ville de Paris, en se réservant toutefois la jouisssance de ces mêmes actions durant sa vie.

Les héritiers institués du marquis de la Puente ont attaqué de nullité ce don manuel ; ils ont soutenu que l'acte du 18 juin 1817 était la cause de la possession de Jacquet, et que cette possession était vicieuse, se référant à un titre nul, puisqu'il ne réunissait pas les formalités exigées par les art. 893 et 931 pour les donations.

Mais le tribunal de Versailles et la Cour royale de Paris, ont successivement repoussé cette prétention ; et, sur leur pourvoi qui a été rejeté, la Cour de cassation a pensé que le don avait été parfait par la seule tradition, et que l'irrégularité du titre ne pouvait altérer un droit irrévocablement acquis et consommé. Voici les motifs : «Attendu qu'il est constant, en fait, que les vingt actions de la ville de Paris, étaient en la possession des mariés Jacquet, par suite d'un don manuel que leur en avait fait le marquis de la Puente, et, en droit, qu'en fait de meubles la possession vaut titre ; — Attendu que l'acte du 18 juin 1817, loin d'être le titre par lequel le don manuel avait été opéré, n'est qu'un acte énonciatif et déclaratif de ce don préexistant et consommé ; que dès lors, en maintenant les mariés Jacquet dans la possession des objets en question, l'arrêt n'a violé ni l'art. 2240 du Code civil, ni les articles 893 et 931 du même Code, REJETTE, etc. »

Cet arrêt, qui est à la date du 23 mai 1822, est rapporté par Sirey, tom. 23, 1ʳᵉ part., pag. 92.

184 bis. *Observations sur une réfutation faite par un auteur, des nᵒˢ 183 et 184.*

2ᵉ édition,
t. I, p. 368.
2ᵉ alinéa.

M. Toullier, tom. 5, page 291, nᵒˢ 299 et 300, ne peut adopter cette opinion ni celle que nous avons émise dans le numéro précédent ; il se fonde sur ce que l'art. 960 exige impérieusement que le donateur n'ait *pas d'enfans actuellement vivans*, et que cette condition ne se trouve pas accomplie dans les deux cas sur lesquels nous venons de nous expliquer. Cette interprétation, si elle prévalait, serait excessivement rigoureuse et contraire aux principes. Il nous paraît qu'ici la lettre de la loi doit être interprétée par son esprit ; et, en conséquence, nous persistons dans l'une et l'autre opinion que nous avons émise.

Nous ne saurions adopter les idées de défaveur insinuées par ce savant professeur contre la révocation des donations par survenance d'enfans, et nous ne saurions admettre que cette révocation *s'écarte du droit commun*. Nous pensons, au contraire, qu'en se pénétrant de notre législation tant ancienne que moderne sur cette matière, quelle que soit l'origine de la faculté de donner ; que, soit qu'elle se puise dans le droit naturel, soit qu'on doive la rapporter au droit des gens, cette révocation, qui est fondée sur un vœu de la nature, est de droit commun.

Elle a été jugée tellement favorable, qu'elle était reçue généralement tant en droit écrit que dans les pays de Coutume, même quoique la donation eût été faite par contrat de mariage en faveur d'étrangers qui se

10*

mariaient. On peut voir, pour les pays de droit écrit, ce que disait Maynard, liv. 4, chap. 12, n° 4. On sait aussi que cette restriction apportée à la révocation de la donation par survenance d'enfans, fut rejetée par l'article 59 de l'ordonnance de 1731. Aussi Prohet, sur l'art. 33 du titre 14 de la coutume d'Auvergne, qui était une de celles qui avaient affranchi de la révocation, pour cause de survenance d'enfans, la donation faite en contrat de mariage, disait que, suivant *le droit commun et ordinaire*, la survenance d'enfans révoque ou donne lieu à la révocation de la donation. L'opinion de ce commentateur n'est que l'expression de celle d'un grand nombre d'auteurs qui ont traité la matière *ex professo*. Aussi M. Toullier, n° 522, dit très-judicieusement : « La loi présume que toutes les donations contiennent la condition tacite de révocation, s'il survient des enfans au donateur. Cette présomption *est fondée sur les plus doux sentimens de la nature et sur les devoirs du donateur*. »

De tout cela il résulte que la révocation de la donation pour le cas de survenance d'enfans, est de droit commun; que tout ce qui pourrait y déroger ne serait qu'une exception à ce droit; et l'on sait que dans le doute, toute exception doit être rappelée à la règle générale. Ici, la loi a voulu prémunir un donateur contre toute inattention sur le sort de ses enfans à naître; et il est difficile de ne pas s'arrêter à l'opinion que devait avoir un donateur, lors de la donation, qu'il était sans enfans, ou que ceux qu'il avait pu avoir, étant frappés de mort civile, devaient être considérés à ses yeux comme n'existant pas.

Au surplus, la clause conditionnelle indiquée par M. Toullier, dans les deux cas dont il s'agit ici, est un acte de prudence qu'on ne peut qu'admettre; mais abstraction faite de cette clause, et en considérant la question en elle-même, nous croyons que notre opinion est fondée en principes.

<table><tr><td>2e édition, t. I, p. 370, 1er alinéa.</td><td>187 bis. *Réflexions nouvelles sur la question.*</td></tr></table>

Lorsque nous avons embrassé l'opinion émise dans le n° précédent, que la révocation de la donation faite par celui des donateurs à qui il survenait des enfans, n'empêchait pas que la donation faite par celui des donateurs qui ne se trouvait pas dans ce cas, ne conservât son effet, nous nous étions décidés sur ce que, d'après les principes relatifs aux donations entre-vifs, la véritable cause de la donation de cette nature, était le désir d'exercer un bienfait; que l'irrévocabilité de la donation était fondée sur cette cause seule. Nous étions encore frappés du silence qu'avait gardé le législateur, soit à l'époque de l'ordonnance de 1731, soit lors de la confection du Code civil. Nous pensions que s'il eût entendu que l'une des donations ne pouvant conserver son effet à raison de la survenance d'enfans, l'autre serait révoquée, il s'en serait expliqué dans des articles où cette idée venait si naturellement.

Cependant, en examinant de nouveau cette question qui est délicate, nous croyons devoir revenir de notre premier avis, et adopter l'opinion que la révocation de l'une des donations pour cause de survenance d'enfans, donne lieu à la révocation de l'autre, opinion qui est celle de Pothier, *des Donations entre-vifs*, pag. 137, édit. in-12 de 1778. En nous pénétrant de ce qui a été dit sur la nature de la donation entre-vifs réciproque, par les anciens auteurs qui, tels que Ricard, Papon et autres, étaient d'avis que la donation mutuelle n'était pas révoquée par la survenance d'enfans à l'un des donateurs, parce qu'ainsi que le dit Furgole, qui rapporte et analise l'opinion de ces auteurs, dans ses Observations sur les articles 20, 39 et 46 de l'ordonnance de 1731, nous nous sommes convaincus que les donations mutuelles devaient être considérées comme un contrat onéreux et une convention réciproque. A la vérité, l'avis de ces auteurs ne fut pas suivi, quant au résultat, lors de la rédaction de l'ordonnance de 1731 ; mais la nature de la réciprocité de la donation mutuelle ne reste pas moins ; et de cela seul il nous paraît résulter, toutes réflexions faites, qu'une des donations étant révoquée, l'autre ne peut subsister. C'est cette réciprocité, cette condition tacite, que l'une des donations ne peut conserver son effet sans que l'autre ne conserve le sien, qui fait le fondement de l'opinion de Pothier.

« La donation mutuelle, dit cet auteur, faite par celui à qui il est survenu des enfans, étant révoquée, celle qui lui est faite par l'autre, à qui il n'en est pas survenu, l'est-elle aussi? je le pense; car celui-ci ayant donné en considération de la donation qui lui était faite, cette donation qui lui a été faite étant révoquée, *la cause pour laquelle il avait donné cesse.* Il y a donc, par conséquent, lieu à la répétition dont il est parlé au titre du Digeste, *de conditione sine causâ.* » On ne pourrait être d'un avis différent, que dans le cas de la stipulation d'une clause contraire.

de laquelle on pût induire que l'intention des donateurs a été que la survenance d'enfans à l'un d'eux, ne porterait point atteinte à la donation faite par l'autre. On pourrait encore tirer la même conséquence de fortes circonstances qui pourraient se présenter.

Nous avons remarqué, après nous être décidés pour l'opinion de Pothier, qu'elle est adoptée par M. Toullier, *des Donations*, n° 308. Ce dernier auteur se fonde de plus sur des inductions qu'il tire de l'article 300 du Code civil, qui voulait que le conjoint qui aurait obtenu le divorce conservât les avantages à lui faits par l'autre époux, encore qu'ils eussent été stipulés réciproques, et que la réciprocité n'eût pas lieu. L'application de cet article à la question qui nous occupe, pourrait être le sujet d'un examen sérieux ; mais cette discussion devient inutile.

2ᵉ édition, t. I, p. 394, dernier alinéa.

On sent que, d'après l'abolition du divorce, quelques-uns des motifs donnés par la Cour royale de Toulouse pourraient devenir inutiles pour l'avenir. Mais les autres motifs de l'arrêt, et ceux que nous avions déjà développés, nous portent à persister dans notre opinion.

2ᵉ édition, t. I, p. 400, 3ᵉ alinéa.

224 bis. *Observations nouvelles et arrêts sur les termes qui peuvent ou non constituer un testament.*

La jurisprudence relative aux cas où l'on peut douter si les termes dont on s'est servi dans un acte, suffisent, ou non, pour constituer un testament, objet dont nous nous sommes occupés dans la première partie du numéro précédent, vient de recevoir une extension qu'il est indispensable de connaître.

Les principes posés par l'arrêt de la Cour de cassation, du 6 thermidor an 13, cité dans le numéro précédent, se retrouvent dans un autre arrêt de la même Cour, du 5 février 1823, qui est rapporté par Sirey, vol. 23, 1ʳᵉ partie, page 227.

Dans l'espèce de cet arrêt, le sieur Hébert avait fait un acte écrit en entier, daté et signé de sa main, et conçu en ces termes : « Je donne » à Marie-Catherine le François tout ce que je possède au Faulq. Ce » 31 août 1818. » Cet acte fut considéré par le juge de paix comme un testament olographe ; il fut présenté au président du tribunal de pre-

mière instance, qui, reconnaissant aussi dans cet acte tous les caractères
d'un testament, en ordonna le dépôt chez un notaire. Les héritiers du
sang en demandèrent la nullité, soit comme donation entre-vifs, en
ce qu'il n'était pas revêtu des formes requises, soit comme testament
olographe, en ce qu'il ne contenait aucune expression qui manifestât
de la part du sieur Hébert, l'intention de disposer pour le temps où il
n'existerait plus, d'après l'idée donnée du testament, par l'article 895
du Code civil.

Un jugement du tribunal de Pont-l'Evêque déclara ce testament nul.
Ce jugement fut confirmé par un arrêt de la Cour royale de Caen, qui doit
être connu, parce qu'il renferme les vrais principes qui doivent diriger
pour la décision de la question.

« Considérant que le Code civil ne reconnaît que deux moyens de
disposer de ses biens à titre gratuit, savoir, la donation entre-vifs et le
testament ; que la donation entre-vifs est définie par l'art. 894, un acte
par lequel le donateur se dépouille actuellement et irrévocablement de
la chose donnée, en faveur du donataire qui l'accepte ; que l'article 895
définit le testament, un acte par lequel le testateur dispose pour le temps
où il n'existera plus, de tout ou partie de ses biens, et qu'il peut révoquer ; que de là il suit que pour qu'un acte de libéralité puisse être considéré comme testament, il est indispensable que l'auteur de cette libéralité dispose pour le temps où il ne sera plus ; que l'acte de libéralité
dont Marie-Catherine le François réclame le bénéfice, comme acte testamentaire, est conçu en termes qui sont tous au présent ; que l'auteur
de l'acte ne donne pas ce qu'il laissera ou ce qu'il possédera lors de son
décès ; qu'il donne ce qu'il possède actuellement ; qu'il ne dispose donc
pas pour le temps où il n'existera plus ; qu'ainsi cet acte n'est pas un testament..... »

Il y eut pourvoi contre cet arrêt. Nous croyons inutile de rapporter
les moyens qu'on fit valoir à la Cour de cassation ; il suffit de faire connaître l'arrêt de cette Cour.

« La Cour, attendu que la Cour royale de Caen n'a vu, dans l'acte du
31 août 1818, dont il s'agit, rien qui caractérise un testament olographe,
et qu'en jugeant que cet acte n'est pas valable comme testament, quoiqu'il ait été écrit, daté et signé de la main de son auteur ; cette Cour n'a
violé ni l'article 970 du Code civil, ni la disposition d'aucune autre loi ;
— REJETTE, etc. »

Il résulte de cet arrêt deux conséquences très-remarquables ; la première, que pour qu'une disposition puisse être admise comme disposition testamentaire, il faut que, sous quelque rapport qu'on la considère, on ne puisse y reconnaître autre chose qu'un testament, *id quod est, et non aliud*, ainsi que le disent les docteurs ; la seconde, que la question de savoir si l'on doit voir, ou non, dans l'acte une disposition testamentaire, étant nécessairement subordonnée à une interprétation, il est difficile que la décision, quelle qu'elle soit, puisse donner prise à la cassation, pourvu toutefois que les formalités extrinsèques prescrites par la loi, concourent avec le contenu en l'acte pour constituer un testament.

2ᵉ édition, t. I, p. 402, 7ᵉ alinéa.

226 bis. *Nouveaux développemens nécessaires sur les dispositions additionnelles.*

Nous avons senti la nécessité de quelques développemens nouveaux, pour se former une véritable idée de l'état auquel peut être réduite la question qui est traitée dans le numéro précédent. La Cour royale de Metz, par son arrêt du 12 mars 1806, dont nous n'avions pas cru devoir rapporter les termes, qu'on peut voir d'ailleurs dans l'arrêtiste, s'était décidée pour la validité des dispositions additionnelles au testament, par voie de raisonnement ou d'interprétation sur la valeur que devaient avoir les dates apposées aux deux dernières dispositions, en les rapprochant des sept premières qui étaient seulement signées comme ces deux dernières, mais non particulièrement datées, et on doit convenir que les raisonnemens sur lesquels cette Cour s'était fondée, ▊ent de la plus grande force.

Cependant la Cour de cassation avait décidé la question dans un tout autre esprit.

« Considérant, dans l'espèce, porte l'arrêt de cette Cour, que la date du 11 avril 1795, apposée aux premières dispositions testamentaires du défunt Majainville, ne peut s'appliquer aux articles qui sont écrits à la suite de la même date ; que parmi les dispositions de ces articles, il ne s'en trouve que deux (celles relatives aux legs des billets de la caisse Lafarge), auxquelles le testateur ait appliqué expressément la date postérieure du 1ᵉʳ jour complémentaire de l'an 9 ; qu'ainsi, toutes les autres dispositions

dispositions du testateur, intermédiaires entre la date du 11 avril 1795,
et celle du 1er complémentaire an 9, se trouvent *sans date*, et sont, par
conséquent, nulles ; que la date du testament étant une formalité *extrinsèque* de cet acte, dont la loi exige l'observation sous peine de nullité,
on ne peut, comme l'a fait la Cour royale de Metz, suppléer à une
omission, par des considérations prises de l'intention plus ou moins apparente du testateur ; d'où il suit qu'en validant indistinctement et sans
exception toutes les dispositions testamentaires du défunt Majainville,
la Cour royale a violé les articles 970 et 1001 du Code civil ; Casse. »

Décider ainsi, c'était rejeter les raisonnemens, c'était exclure *toutes
considérations prises de l'intention plus ou moins apparente du testateur*,
pour s'en tenir à la disposition stricte et littérale de la loi, qui exige
que tout testament olographe soit daté, à peine de nullité.

C'est sous le rapport de cette sévérité même que nous entendions présenter l'état de la jurisprudence sur la question ; car nous avouons qu'il
nous paraissait être dans les principes, qu'on ne se relâchât pas facilement
de la disposition textuelle de la loi sur une pareille matière.

Mais nous avons remarqué une note très-importante à ce sujet, mise
par M. Toullier sur la 2e édition du Droit civil français, tom. 5, page 345.
à la suite du n° 371. Cet auteur qui, comme nous, paraissait s'en être
tenu à la citation de l'arrêt de la Cour de cassation, du 12 mars 1806, en
observant néanmoins que cet arrêt pouvait être cité comme un exemple
de la sévérité qu'on porte dans le jugement des testamens, apprend que
cette Cour a elle-même abandonné cet esprit de sévérité. L'arrêt qui avait
cassé celui de la Cour royale de Metz, avait renvoyé l'affaire à la Cour
royale de Nancy. Cette dernière Cour avait jugé comme celle de Metz,
par un arrêt du 11 juin 1807 ; et le pourvoi contre cet arrêt fut rejeté
par la section des requêtes, sur le rapport de M. Bazire, le 7 mars 1808.
Le motif du rejet fut que le droit d'interpréter l'intention des parties,
appartenait aux Cours royales, et que l'usage de ce droit ne pouvait
être un moyen de cassation, puisqu'aucune loi n'est violée. M. Toullier
rapporte les considérans de l'arrêt, qui, dit-il, ont été vérifiés par
M. Ruperon, conseiller à la Cour de cassation.

« Attendu que si la phrase qui, dans le testament dont il s'agit, précède immédiatement la date du 5 complémentaire an 9, contient des
expressions qui paraissent restreindre cette date à quelques dispositions

11

dudit testament, elle contient d'autres expressions, et notamment celle-ci, *de mon présent testament*, qui paraissent étendre la même date à toutes les dispositions qui la précèdent ; d'où il suit que la Cour royale de Nancy a pu, dans l'espèce, donner au sens que présentent les dernières expressions, la préférence sur le sens que paraissent présenter les autres, sans contrevenir aux art. 970 et 1001 du Code civil : par ces motifs, la Cour rejette, etc. »

Nous n'avons vu nulle autre part que dans la note de M. Toullier, ces détails qui sont précieux, sur les suites qu'avait eues l'arrêt de la Cour royale de Metz, du 12 mars 1806. Mais il est bon de connaître un autre arrêt de la même Cour, du 12 juillet 1816, rendu sur une question du même genre : il est rapporté par Sirey, vol. de 1819, 2ᵉ partie, page 69.

Le sieur Blandin fit son testament olographe, le 27 septembre 1811. Après la date et la signature du testament, il ajouta diverses dispositions qu'il est inutile de rapporter ici, et pour lesquelles il suffit de renvoyer au Recueil où est l'arrêt. Le testateur signa bien ces dernières dispositions, *mais il ne les data pas*. Les héritiers du sang demandèrent la nullité des dispositions additionnelles, sur le fondement qu'il ne suffisait pas que le testateur les eût signées, qu'il aurait dû les dater. Cette nullité fut prononcée par le tribunal de Thionville; mais sur l'appel de ce jugement, il fut infirmé. En voici les motifs :

« Attendu que cet acte est entièrement écrit, daté et signé de la main du testateur, qui paraît avoir ajouté, au même instant, les clauses postérieures à la date, signées de sa main, et dont l'une n'est relative qu'à l'exécution de son testament, et les autres n'ont pour objet que des dispositions simples, naturelles, d'une modique valeur, toutes tendantes à un règlement équitable de la part du père de famille, clauses, de leur nature, irréfragables, et qui, lorsqu'elles ne se lieraient pas avec celles qui forment le corps du testament (dont elles ne peuvent être séparées, tant qu'on ne découvrira pas qu'elles y ont été ajoutées après un intervalle quelconque), ne commanderaient pas moins le respect des enfans du testateur. »

On aperçoit ici une interprétation plus large que dans le premier arrêt, du 12 mars 1806. En effet, il fallait encore plus faire plier la disposition littérale de la loi sous les raisonnemens, pour appliquer la date du testament aux dispositions additionnelles, qui par elles - mêmes n'en avaient aucune.

Quoi qu'il en soit , on s'est vu ramené , et peut-être par la force même des choses, à la nécessité d'user de voies interprétatives , des moyens de raisonnemens, dans les cas dont il s'agit. Cette marche n'était pas nouvelle en jurisprudence : on voit en effet, dans le Répertoire de M. Merlin, 4ᵉ édition, au mot *Testament,* sect. 2ᵉ, § 1ᵉʳ, art. 6, n° 5, des exemples de manières d'interpréter , dans la vue de prouver que des dispositions additionnelles à un testament devaient être considérées comme devant avoir une date, quoiqu'il n'y en eût pas, dans un sens absolu. On voit surtout un de ces exemples qui se rapproche des cas dont il s'agit, dans l'espèce d'un arrêt de l'ancien parlement de Paris, du 19 juillet 1782. Cet arrêt valida des dispositions additionnelles non datées, mais par suite d'une connexité qui se trouvait entre ces dispositions et une autre qui avait une date. Un arrêt précédent, du 16 février 1760 , avait décidé le contraire, parce qu'il y avait moins de connexité et moins de dépendance d'une disposition non datée, relativement à celle qui l'était. Pour abréger , nous ne rapportons point les espèces, sur lesquelles on peut consulter le Répertoire.

On est forcé de convenir qu'il serait dur d'annuler une disposition additionnelle au testament, sur le fondement qu'une date ne suivrait pas immédiatement la signature qui y serait apposée , si des circonstances combinées conduisaient nécessairement à la preuve qu'une date dût être appliquée à cette disposition additionnelle.

Mais nous devons dire aussi qu'on doit être infiniment circonspect sur l'admission d'une pareille conclusion, et qu'on ne doit se décider qu'autant qu'une sage interprétation conduit à la démonstration certaine d'une date; sans cela on courrait le risque de violer une loi dont l'objet est de donner une existence certaine à des dispositions testamentaires.

Lorsqu'un testateur veut ajouter des dispositions à la suite de son testament, il doit dater et signer chacune de ces dispositions ; si elles sont écrites en même temps, quoiqu'à la suite l'une de l'autre, il est indispensable qu'il assure leur existence collectivement, par une date et par une signature qui évidemment puissent se rapporter à l'ensemble de ces dispositions : ce sont les seuls moyens de ne pas compromettre le sort des dispositions additionnelles.

2e édition, t. 1, p. 403, 3e alinéa.

228 bis. *Principes sur ce qui concerne la date du testament olographe. Elle doit être certaine. Des erreurs qui peuvent s'y glisser.*

Il est dit dans l'article 970 du Code civil :

« Le testament olographe ne sera point valable, s'il n'est écrit en » entier, *daté* et signé de la main du testateur. Il n'est assujetti à aucune » autre forme. »

La date est évidemment une des conditions essentielles de la validité du testament. On ne voit pas sans étonnement que des testamens olographes, dans des temps à la vérité très-reculés, aient été confirmés quoiqu'ils fussent sans date : on peut présumer que cette confirmation n'avait lieu que lorsqu'il ne paraissait qu'un seul testament; car, si on en eût rapporté plusieurs, on n'aurait pas su quel était le dernier qui seul devait a voir la préférence.

Ricard, *des Donations*, chapitre 5, sect. 7, fait connaître la jurisprudence et ses progrès, soit sur l'insertion de la date, soit sur la mention du lieu où le testament aurait été fait. Cette dernière mention pouvait être nécessaire autrefois, au moins dans certains cas, dès que la faculté de tester, d'une manière ou d'une autre, dépendait de coutumes diverses. Cette cause n'existe plus; aussi n'en avons-nous fait aux numéros précédens, que le sujet d'un conseil de prudence, et nous en avons pris le motif dans le cas où le testament serait attaqué pour cause de captation ou de suggestion.

Quant à la date, Ricard, n° 1559, établit par des arrêts, et notamment par un du 4 juin 1660, qu'elle devint enfin nécessaire, à peine de nullité du testament, et l'art. 20 de l'ordonnance de 1735 érigea cette jurisprudence en loi, ainsi que l'a fait depuis le Code civil.

Mais, de ce que la loi prescrit la date, il s'en tire deux conséquences très-importantes sur lesquelles on doit fixer son attention. L'une est que la date doit être certaine; l'autre, qu'elle doit être vraie. Dans l'un et l'autre cas, il n'y aurait pas, à proprement parler, de date, et dès lors il y aurait contravention à la loi.

Nous nous expliquerons d'abord sur ce qui regarde la certitude de la date, et nous en viendrons ensuite à sa fausseté. On sent facilement la différence qui existe entre une date *incertaine* et une date *fausse*.

Or, sur la certitude ou incertitude de la date , il peut s'élever des difficultés , d'après la négligence ou l'inattention du testateur, en apposant la date à son testament ; et à cet égard , il est aisé de sentir l'influence que doivent avoir les circonstances. Elles deviennent en général une matière à appréciation de la part des tribunaux, et l'on sait que, lorsque ce cas arrive, il ne peut guère y avoir prise à la cassation. Le point essentiel qui doit servir de boussole , consiste à savoir s'il est possible, ou non, de trouver dans le testament la preuve d'une date qui, raisonnablement, doive être regardée comme certaine. Au premier cas , il ne peut y avoir de difficulté sur la confirmation du testament; mais au second cas, le testament devrait être déclaré nul, parce qu'alors on ne pourrait pas dire qu'il y eût une date , et cette date est impérieusement exigée par la loi.

Cependant nous pouvons indiquer quelques arrêts qui ont été rendus dans des espèces qui présentaient des difficultés de ce genre. Une incertitude de date peut résulter d'une surcharge de la date même. On sent d'abord que nous ne devons pas parler de cette circonstance à l'égard d'un testament qui serait fait par acte public, parce que la loi du 25 ventôse an 11, relative au notariat, qui impose des règles particulières pour les actes reçus par les notaires, est inapplicable au testament olographe. On sent que cela est dans la nature des choses. Ainsi , il pourrait résulter des dispositions de cette loi que, quoiqu'on pût lire une date surchargée dans un testament fait par acte public , le testament, par le seul fait de la surcharge, dût être déclaré nul , ce qu'on ne pourrait pas dire pour le testament olographe, lorsque la date , quoique surchargée, est lisible. Tout cela a été jugé ainsi par un arrêt de la Cour de cassation, du 11 juin 1810, rapporté par Sirey, tome 10, partie 1re, page 289. On le voit encore dans le Recueil de questions de droit de M. Merlin, au mot *Testament , § 16.

Mais on ne pourrait regarder comme nul un testament olographe, par la raison qu'il contiendrait deux dates, soit qu'il y eût écrit à la fin du testament , *fait le 1er et le 2 avril,* etc. , soit même qu'il y eût deux dates, dont l'une aurait été mise au commencement du testament et l'autre à la fin ; celle du commencement étant, par exemple, du 22 mars 1820, et celle de la fin , du 24 du même mois. Nous connaissons un arrêt de la Cour de cassation, du 8 juillet 1824 , rendu dans cette dernière espèce, et l'on sent qu'à raison de l'analogie, il peut être appliqué à l'espèce précédente. Nous croyons qu'il serait inutile de rapporter les moyens par lesquels on attaquait le testament; on n'y voit que des subtilités. Nous passons de suite au dispositif de l'arrêt.

« Attendu que l'arrêt attaqué n'a pu violer l'article 970 du Code civil, qui exige que les testamens soient datés, en déclarant valable un testament daté, au commencement, du 22, et à la fin, du 24, *parce que le testateur avait droit d'employer plusieurs jours à faire son testament olographe, et qu'aucune loi ne s'y oppose.* » Ce premier dispositif est suivi d'un autre qui prouve ce que nous avons déjà dit, que les questions de ce genre rentrent ordinairement dans des faits et des circonstances qui sont de nature à être appréciés par les tribunaux.

« Attendu que l'article 253 du Code de procédure civile, laisse les juges maîtres de déclarer si, ou non, des faits articulés sont admissibles ; que l'usage de cette faculté, de quelque manière qu'il ait lieu, ne peut fournir d'ouverture de cassation, et que l'arrêt déclare formellement que les faits articulés par les demandeurs ne sont pertinens ni admissibles : REJETTE, etc. » Cet arrêt est rapporté par M. Dalloz, tome 24, pag. 597.

Mais nous sommes bien loin d'avoir donné jusqu'à ce moment, une idée de toutes les difficultés auxquelles ont donné lieu des erreurs échappées aux testateurs dans les dates de leurs testamens. On s'ouvrirait un champ très-vaste, si on voulait les recueillir toutes, soit d'après les anciens recueils de jurisprudence, soit d'après les nouveaux ; et quand on se serait livré à ce travail, il y en aurait un autre à faire dans quelques années, tant les formes sous lesquelles les difficultés peuvent se présenter, sont susceptibles de variétés. L'objet essentiel est de se pénétrer des principes auxquels ces difficultés se rattachent plus ou moins directement. On peut d'ailleurs remarquer les arrêts sur ces cas particuliers, dans les recueils de jurisprudence qui paraissent périodiquement, et qui sont si utiles.

Cependant M. Toullier, *des Donations*, n° 362 et suiv., jusques et compris le n° 373, quoiqu'il soit entré dans quelques détails sur cette matière, s'en est expliqué avec précision. Il a invoqué des arrêts rapportés par des arrêtistes qui ont écrit avant le Code civil. Il s'est aidé de plusieurs autres qui n'ont été rendus que depuis la 2e édition de notre Traité. Après avoir lu ces passages avec attention, nous avons cru devoir nous borner à y renvoyer.

Mais nous devons faire remarquer un principe fondamental très-bien posé par M. Toullier, page 332, qui s'applique à toutes les erreurs ou omissions qui pourraient être échappées dans un testament, et même à la fausseté qui serait articulée contre sa date. « Le premier principe, dit-il, en cette matière, est que la preuve, non-seulement des dispositions de dernière volonté, mais encore de l'observation des formalités requises pour leur validité, doit se tirer de l'acte même qui le renferme : *ex ipso-met testamento, non aliundè,* dit Dumoulin, sur l'art. 67 de la Coutume de Sens. — Il semble donc qu'on ne peut pas, sur des conjectures ou par des inductions, rectifier les erreurs, suppléer les omissions commises dans un testament. C'est une question sur laquelle étaient partagés les anciens docteurs. Les uns soutenaient l'affirmative, les autres la négative. D'autres enfin, dont l'opinion a prévalu, ont établi une distinction ; ils ont pensé qu'on peut suppléer aux omissions, corriger les erreurs commises dans un testament, sur des conjectures ou des inductions, pourvu qu'elles soient tirées de l'acte même et non d'ailleurs ; *ex propriis verbis testamenti, ex verbis scriptis in testamento, non extrinsecùs. Vid.* Menoch., liv. 4, *Præsumpt.* 19, n° 7, Barry, *de successionibus,* liv. 2, tit. 1er, n° 19. »

Ceci rentre dans ce que disait Ricard, *des Donations,* n°s 1549 et 1550, après avoir fait sentir l'importance de la date. « Car il n'est pas révoqué en doute qu'il fallait que les testamens par écrit, dont nous parlons, *continssent en eux tout ce qui était nécessaire pour les rendre valables.* » Ainsi le testament doit prouver par lui-même que les formalités ont été remplies. On doit y puiser les conjectures, les inductions à l'aide desquelles cette preuve pourrait être suppléée, et non dans aucuns documens étrangers aux testamens.

228 ter. Quid juris, *si la fausseté de la date était démontrée ?*

Venons au cas où on prétendrait que le testateur a écrit ou qu'on lui a fait écrire une fausse date ; ce qui est différent, ainsi que nous l'avons déjà dit, d'une date incertaine. Or, écoutons ce que dit Ricard dans un passage important, où, après avoir établi la nécessité de la date, il s'explique avec autant de raison que d'énergie, pour prouver qu'il ne suffit pas que le testament porte une date, mais qu'il faut encore que cette date soit certaine, et que de plus elle soit vraie. « Aussi n'y a-t-il point de raison de vouloir distinguer à ce sujet les testamens olographes avec les autres, puisqu'ils ne requièrent pas moins la capacité du testateur dans le temps qu'ils sont faits, que ceux qui sont passés par-devant des personnes publiques; de sorte qu'il y a aussi nécessité de savoir le temps auquel le testament olographe a été fait, pour reconnaître si le testateur était alors en âge de pouvoir tester, ou s'il n'y avait pas quelqu'autre empêchement en sa personne; comme aussi la date et le lieu où le testateur a fait son testament, doivent faire juger de sa validité, et si les lois qui s'observent dans le lieu où il a testé permettent de faire un testament olographe; et il ne faut pas qu'on objecte que le testateur étant le maître absolu d'un testament de cette qualité, puisqu'il dépend uniquement de sa plume, il ne tient qu'à lui d'y donner telle date que bon lui semble, parce qu'outre que les lois et le public ne doivent jamais supposer une fausseté dans les établissemens qu'ils font, d'ailleurs il importe même, pour prévenir les faussetés et les suggestions, qui est le sujet pour lequel les formalités ont été introduites dans les testamens, que la date y soit maintenue, etc. »

On ne peut donc révoquer en doute qu'il ne dépend nullement d'un testateur d'apposer à son testament olographe la date que bon lui semble. Le testament fait par lui-même foi de sa date, ainsi que l'entendait Ricard. Telle est la jurisprudence constante que nous développons plus particulièrement au n° 228-5. Ministre de son testament, fonctionnaire public en cette partie, le testateur doit en remplir les devoirs; et la fausseté de la date pourrait, au besoin, être prouvée de la part des parties intéressées, par tous les moyens que la loi indique à l'égard des actes faits avec les formes publiques, et par conséquent par l'inscription en faux. Il y a plusieurs exemples d'une pareille procédure contre les testamens olographes. On en voit un dans Ricard, n° 1559, et dans un arrêt de la Cour de cassation, du 29 avril 1824, que nous devons invoquer dans les n°s 228-5 et 228-6.

Nous nous expliquerons, au surplus, sur les cas où l'inscription de faux peut avoir lieu, au n° 290 et suivans.

228 quat. *Suite de la discussion de ces deux questions.*

Nous étant ainsi expliqués, et lorsque cette troisième édition de notre Traité

Traité était à l'impression (1) , nous avons reçu le 17ᵉ tome du Répertoire de M. Merlin ; nous y avons vu confirmer, au mot *Testament*, section 2ᵉ, § 1ᵉʳ, art. 6, nᵒˢ 9 et 10, les principes que nous venons d'exposer dans les deux numéros précédens.

En ce qui concerne la certitude de la date, M. Merlin dit, nᵒ 9 : « L'incertitude de la date d'un testament le vicie-t-elle ? Oui sans doute. L'objet de la loi, en prescrivant la date dans un testament, est de constater l'époque précise de sa confection. Or, cet objet n'est ni ne peut être rempli par une date incertaine : il n'y a donc pas de différence entre une date incertaine et une date omise. » Il se fonde sur les mêmes arrêts que nous avons indiqués.

L'auteur venant ensuite, nᵒ 10, à la fausseté de la date, après avoir fait la différence à laquelle il fallait s'attendre entre l'acte notarié et le testament olographe, s'explique ainsi , quant à ce dernier testament : « A l'égard du testament olographe, dès que par la date qu'elle y exige, à peine de nullité, la loi entend, comme je l'ai dit plus haut, l'indication précise du temps où il a été fait, il est impossible qu'elle considère comme *daté*, un testament olographe dont la date est fausse ; car une date fausse n'est pas plus une date qu'un contrat faux n'est un contrat, que du faux or n'est de l'or, que le mensonge n'est la vérité. Or, l'article 970 du Code civil déclare expressément que le *testament olographe n'est pas valable, s'il n'est pas daté*. C'est donc comme s'il déclarait nul le testament olographe qui porte une fausse date. »

Si donc le testament olographe portait en lui-même une preuve évidente et irrésistible de sa fausseté, il devrait par cela même être déclaré nul. Cela arriverait, par exemple, si le testament était écrit sur du papier timbré dont l'émission eût été postérieure à la date qui aurait été apposée au testament. M. Merlin rapporte un arrêt rendu par la Cour supérieure de justice de Bruxelles, le 20 novembre 1822, qui l'a ainsi jugé. Il y a eu pourvoi contre cet arrêt par-devant les deux autres chambres civiles de la même Cour, qui faisaient fonction de Cour de cassation ; mais ce pourvoi fut rejeté par un arrêt du 4 décembre 1824. Cet arrêt

----

(1) Nous écrivons ceci au mois d'octobre 1825. ·

est si bien motivé, que nous croyons devoir en rapporter les motifs.

« Attendu que l'article 970 du Code civil exige que le testament olographe soit écrit et signé de la main du testateur, et qu'il contienne la date ou mention du jour de la signature du testament, le tout à peine de nullité, en vertu de l'article 1001 du même Code ; — Que si, selon l'opinion des auteurs et la jurisprudence des arrêts, l'erreur de la date d'un testament olographe ne le rend pas toujours nul, cette exception néanmoins ne doit avoir lieu que lorsqu'on peut apercevoir cette erreur, par le contenu et par les circonstances du testament même, et lorsqu'on peut en même temps, par ce contenu et par ces circonstances, fixer le véritable jour auquel le testateur a signé son testament ; — Attendu que, dans l'espèce, le testament olographe sur lequel la demanderesse fonde son action, est écrit sur un timbre belgique, et que ce timbre n'a été introduit que le 1er avril 1814 ; — Attendu que le même testament porte néanmoins une date antérieure à cette époque d'environ vingt mois, c'est-à-dire, celle du 10 août 1812 ; que conséquemment cette date n'est pas véritable ; — Attendu que le testament en litige ne présente pas la moindre circonstance qui soit de nature à pouvoir fixer, entre le 1er avril 1814, jour de l'émission des timbres belgiques, et le 4 novembre 1819, jour du décès du testateur, le jour certain, le mois ni même l'année où le testateur aurait signé ledit testament ; qu'ainsi, et puisque la date du 10 août 1812, doit être considérée comme non existante, le même testament n'est point daté, dans le sens de l'article 970 du Code civil ; — Que, par une conséquence ultérieure, l'arrêt attaqué, loin d'avoir violé ou faussement appliqué ledit article 970, en a fait au contraire une juste application ; — Par ces motifs, la Cour rejette le pourvoi. »

M. Merlin ne manque pas de faire observer ce que nous avons déjà dit, d'après Ricard, que pour se décider sur ce qui est fausseté ou non, dans le testament, on doit prendre tous les élémens de conviction et de décision dans le testament même : on ne peut recourir à des conjectures prises dans des faits ou dans des documens qui lui seraient étrangers. Le *testament*, disait Ricard, *doit contenir en lui-même tout ce qui est nécessaire pour le rendre valable.*

M. Merlin donne encore à ce sujet de nouveaux développemens, mais il nous suffit d'y renvoyer.

228 quinq. *Principes sur la nature du testament olographe. Quoiqu'il soit un acte sous seing privé, il a les prérogatives de l'authenticité.*

Il est important de déterminer la nature et les caractères du testament olographe; des idées qu'on doit se former à cet égard, dépend la solution de plusieurs questions.

Ce testament est substantiellement un acte sous seing privé, puisque ce qui le constitue est un simple acte écrit et signé du testateur ; mais comme testament, il sort absolument de la classe des simples actes sous signature privée; la loi lui assigne des caractères d'une toute autre importance. Dès qu'elle accordait à un individu le droit de faire son testament, elle devait lui donner, pour que ce testament fît foi de tout son contenu, et qu'il reçût son exécution, la même autorité qu'à tout fonctionnaire public compétent qui en deviendrait le ministre. C'est en ce sens qu'il était dit dans l'article 289 de la Coutume de Paris : « Pour » réputer un testament solennel, est requis qu'il soit écrit et signé du » testateur, ou qu'il soit passé par-devant deux notaires, etc. » Ce qui faisait un testament solennel proprement dit, c'était l'emploi des formes dont il était revêtu par un officier public compétent. On disait alors que, par ces formes, le testament était solennisé. On ne pouvait donc aller jusqu'à dire que le testament olographe était un testament solennel, il ne l'était pas; mais on dit qu'il était *réputé solennel,* et, en le considérant ainsi, il était élevé au niveau du vrai testament solennel, il en avait absolument les effets, parce qu'il attestait avec la même efficacité la volonté du testateur, qu'il portait avec lui la même autorité pour qu'il fût exécuté, quant à la disposition des biens. Telle est l'idée que l'on prend de ce testament, dans les anciens commentateurs de la Coutume de Paris, et dans les auteurs qui ont écrit dans la suite pour tous les autres pays indistinctement.

Ainsi le testament ayant son essence dans un acte sous seing privé, dans le cas où la véracité de ce testament serait contestée, c'est-à-dire, dans le cas où l'on désavouerait l'écriture et la signature du testateur, il serait soumis à une vérification, de la même manière que tous les actes sous seing privé, lorsqu'ils sont désavoués : c'est ce que disait Ferrières sur l'art. 289 de la Coutume de Paris, n° 11 : « La preuve s'en fait par l'écriture et la signature du testateur, par comparaison d'autres écritures et signatures faites par lui. » Il invoque à ce sujet le sentiment de Chopin. Au n° 16, il s'explique suivant les usages de son temps, relativement aux formes de la vérification ; mais son opinion reste, quant au fond , sur la nécessité de cette vérification. « Il faut observer , dit-il , que celui qui a entre ses mains un testament olographe, fait à son profit, doit le mettre au greffe après le décès du testateur, et ensuite demander permission de faire assigner les héritiers du testateur, *pour voir vérifier que c'est son testament ;* que s'il est contesté, le juge doit ordonner que la vérification en sera faite par comparaison d'écriture ; et si c'est par défaut, il en doit ordonner la vérification , *et non pas le déclarer reconnu par défaut.* » Telle était l'opinion de Furgole, *des Testamens,* chapitre 10 , n° 16 : « Toutefois, dit-il, si l'écriture était contestée, il faudrait faire procéder à la reconnaissance en la forme ordinaire, avant de pouvoir en ordonner l'exécution , parce que l'écriture privée ne faisant aucune foi avant la reconnaissance , est par conséquent incapable de constater d'une manière légale la volonté du testateur. » Aussi il a été décidé par une foule d'arrêts, que, comme tout acte ordinaire sous seing privé, le testament olographe est soumis à la simple vérification d'écriture. (Voyez Sirey, tome 11, 2ᵉ partie, pages 49 et 149; tome 13, 2ᵉ partie , page 337; tome 19, 2ᵉ partie, page 78.)

Mais c'est le seul point de ressemblance qu'on puisse remarquer entre le testament olographe et les actes ordinaires sous seing privé. Aussi Furgole , *loc. cit.* , après avoir dit que les héritiers *ab intestat,* qui conviendraient de l'écriture et du seing du testateur, ne seraient pas fondés à contester la possession provisionnelle à l'héritier institué , sous prétexte que le testament ne serait pas un acte public, ajoute : « Il n'y a donc d'autre différence à faire entre le testament d'écriture privée et celui qui est revêtu d'une forme authentique, si ce n'est que le premier *a besoin d'être reconnu et vérifié quand il est contesté ;* mais l'un ne doit pas moins être exécuté que l'autre en faveur de l'héritier institué, quand l'écriture est reconnue, ou n'est pas contestée par les parties intéressées.»

Ainsi, en considérant le testament olographe sous les rapports, autres que le besoin qu'il a d'être vérifié quand il est contesté, comme tous actes ordinaires sous seing privé, il a toutes les prérogatives du testament fait par acte public ; comme celui-ci, il fait foi de sa date.

La loi revêtant le testateur du pouvoir de faire un pareil testament , elle devait lui en procurer les moyens. Or, comment aurait-il pu tester avec efficacité sous cette forme, s'il n'avait pas eu le pouvoir d'assurer par lui-même la date du testament , puisqu'en cas de concours de plusieurs testamens, c'est la date qui assure l'exécution de l'un deux, c'est-à-dire, de celui qui est postérieur aux autres? C'est ce qui avait fait admettre par la jurisprudence ancienne la nécessité que le testament olographe fût daté, ainsi que nous l'avons dit au n° précédent. La loi de la date du testament par le testament même était donc une émanation forcée de la loi , une suite de l'autorité qu'elle conférait au testateur. Aussi la Cour de cassation a formellement décidé que le testament olographe faisait foi de sa date, notamment par deux arrêts, l'un du 11 juin 1810, rapporté dans le Recueil de Sirey , tome 10, partie 1re , page 289 ; l'autre du 29 avril 1824 , inséré dans le même Recueil, tome 24, 1re partie, page 276.

C'est aussi par une émanation de la loi que le testament olographe emporte par lui-même hypothèque sur les biens du testateur en faveur des légataires, comme nous le disons au n° 312. Cette hypothèque ne peut dériver de la forme du testament, puisque cette forme ne peut conférer l'authenticité ; disons plus encore , l'hypothèque ne peut dériver d'aucune forme quelconque du testament ; c'est la loi qui l'établit , indépendamment de toute forme sous laquelle on a pu tester , *afin que la volonté du testateur soit exécutée* avec plus d'assurance, ainsi que le dit Furgole, *loco citato* , n° 39.

228 sex. *Conséquences qui en résultent.*

Venons aux conséquences qui résultent des principes que nous avons établis. Le testament olographe étant substantiellement un acte sous signature privée, il devient indispensable, s'il est contesté, que la vérité de son existence soit constatée par une vérification, afin de savoir s'il est véritablement écrit et signé du testateur ; il est alors susceptible des règles relatives aux simples actes sous signature privée. Nous avons déjà indiqué les procédés particuliers pour la vérification, et il en sera parlé plus au long au n° 290 et suivans ; mais le testament étant reconnu, soit par suite d'une vérification, soit parce qu'il ne serait pas contesté par l'héritier, il reprend, pour tous les cas, pour toutes les circonstances qui pourraient se présenter, les caractères et les prérogatives du testament fait par acte public. On ne peut pas dire, comme on pourrait le faire pour des actes sous seing privé, qui contiendraient des contrats ou des conventions ordinaires, que le testament olographe ne doit pas faire foi à l'égard des tiers. L'art. 1328.du Code civil, qui établit ce principe, concerne uniquement les actes sous seing privé qui renferment les conventions. Il est même évident, par le contenu en cet article, par ce qu'il exige, qu'il ne peut s'appliquer au testament olographe. Etant une fois certain que le testament olographe reconnu ou non contesté, fait, comme tout testament qui serait passé par acte public, foi de sa date et de ses dispositions, il a ces effets contre toutes parties intéressées, ainsi que l'aurait tout acte quelconque revêtu de la forme qui lui conférerait l'authenticité : la foi due à l'acte devient une et indivisible.

Tout ceci va s'éclaircir par quelques exemples. Nous avons dit, au n° 105, d'après Domat et Furgole, que la démence et les autres infirmités qui surviennent au testateur après son testament, et le rendent incapable d'en faire un nouveau, fixent sa volonté à l'état où elle s'est trouvée au dernier moment de l'usage qu'il a pu en faire; et que, par conséquent, quoiqu'à l'époque de son décès, il fût dans un état d'interdiction qui le rendait incapable de tester, le testament qu'il aurait fait avant le commencement de l'incapacité serait valable. Or, voudrait-on faire une différence entre le testament fait par acte public, et le testament simplement olographe ? Voudrait-on admettre la validité du testament au premier cas, et la lui refuser au second ? Mais on n'y serait pas fondé. La réponse serait toujours pour le testament olographe, comme pour l'autre, qu'il fait foi de sa date envers toutes personnes quelconques.

Outre que la résolution que nous venons de prendre est une conséquence certaine du principe, nous trouvons une doctrine propre à l'appuyer, dans le récit d'un arrêt du 6 février 1673, rapporté au Journal du palais. Il y était question de savoir si le testament olographe d'une religieuse, pouvait avoir son effet quoiqu'il eût une date antérieure à la profession en religion, époque après laquelle elle devenait incapable de tester. L'héritier institué par le testament, après le développement des faits à l'aide desquels il prétendait soutenir l'antériorité de sa date à la profession en religion , en venait à une exposition de moyens pour établir qu'en point de droit, le testament faisait foi de sa date dans tous les cas, et notamment dans celui dont il s'agissait ; et, pour y parvenir, il puisait des exemples dans les Coutumes de Normandie et de Bretagne. « La Coutume de Normandie, disait-il, après avoir admis le testament olographe dans l'art. 415, s'explique en ces termes en l'art. 422 : *Homme n'ayant enfans peut disposer, par testament ou donation à cause de mort, du tiers de ses acquêts et conquêts immeubles, à qui bon lui semble, autres toutefois qu'à sa femme et parens d'icelle*, POURVU QUE LE TESTAMENT OU DONATION SOIT FAIT TROIS MOIS AVANT LE DÉCÈS. Or , disait toujours celui qui soutenait la validité du testament, selon le raisonnement qu'on lui opposait, le testament olographe fait dans cette Coutume , ne serait jamais valable, parce que l'on dirait qu'il aurait été fait dans la maladie, et antidaté par le malade, trois mois avant la date véritable. Toutefois, jusqu'ici, nous n'avons point d'exemple qu'on ait donné atteinte aux testamens olographes, dans la Coutume de Normandie, sous ce prétexte d'antidate. »

Cet héritier testamentaire, venant ensuite à la Coutume de Bretagne, disait : « L'article 750 de cette Coutume porte : *Si le testament est fait* DURANT LA SANTÉ *du testateur, et* AUPARAVANT LA MALADIE DONT IL DÉCÈDE, IL SUFFIRA ET FERA FOI , *s'il est écrit et signé de lui; et s'il est fait durant la maladie , ou par personne qui ne sache signer, sera requis qu'il soit signé du recteur de la paroisse et d'un notaire.* » Or, disait-on, si le raisonnement de celui qui conteste le .testament devait avoir lieu , jamais un testament olographe ne pourrait subsister dans cette Coutume, et sa disposition serait inutile ; car, pour détruire un testament fait en pleine santé, selon les formes prescrites par cet article , on dirait qu'il aurait été fait dans la maladie, et antidaté par le testateur, et cela serait d'autant plus vraisemblable qu'il est en la liberté d'un homme de donner telle date qu'il veut à son testament. » L'héritier testamentaire ne s'en tenait pas là; il invoquait les termes remarquables de d'Argentré, qui dit sur le mot *suffira*, inséré dans cet article, *cùm lex dicit sufficit, nihil præterea ab homine requiri debet ex alieno jure , sive canonico , sive civili, aut ullo extraneo et peregrino; nam consuetudo id totum dixit, quod voluit, ne quis sit curiosior lege.*

Enfin , le même héritier testamentaire, en continuant ses hypothèses,

en venait à la question qui nous occupe ; il citait les exemples de l'interdit, et de celui qui était fait prisonnier par les ennemis ; et il disait
« qu'à l'égard de l'interdit, il ne pouvait pas faire de testament depuis
son interdiction, non plus que celui qui était en captivité ; néanmoins,
si ces malheureux avaient fait un testament, avant leur disgrâce, dira-
t-on qu'il est nul, faute de l'avoir fait paraître et de s'en être dessaisi
auparavant? *C'est, ajoutait-il, ce qui n'a jamais été dit,* ni même proposé. » Voudrait-on opposer que ce ne sont là que de simples raisonnemens? Cela est vrai. Mais on ne peut disconvenir qu'ils ne portent
sur des principes qui étaient incontestablement fondés ; aussi ces raisonnemens ne furent pas réfutés.

L'arrêt annula le testament, mais ce fut par des raisons qu'on prenait dans d'autres principes. On sentait le danger de livrer à toutes les
séductions, les personnes qui faisaient profession en religion dans un
âge peu avancé, bien avant leur majorité. Cette jurisprudence fut
érigée en loi par l'art. 21 de l'ordonnance de 1735 ; mais ce fut uniquement pour ce cas, et l'on pourrait dire ici, *qui de uno dicit, de altero
negat ;* en sorte que les principes avancés lors de l'arrêt de 1673, et
que nous venons de rapporter, ne demeurent pas moins dans toute leur
force.

Mais ce qui prouve que les raisonnemens que nous avons recueillis
dans le récit de l'arrêt du 6 février 1673, ne doivent pas être réduits à
de simples objections avancées par une partie intéressée, et qu'ils renfermaient une véritable doctrine, c'est que la question s'est présentée et
a été jugée conformément aux principes qui faisaient la base de ces
objections. Il y en a deux arrêts.

L'un est de la Cour supérieure de justice de Bruxelles, du 21 juin 1822,
l'autre de la Cour royale de Riom, du 20 janvier 1824 : ils sont rapportés l'un et l'autre dans le tome 17ᵉ du Répertoire de M. Merlin, au
mot *Testament,* sect. 2ᵉ, § 4, article 7. Le second l'avait été par Sirey,
tome 24, partie 2ᵉ, page 277. Ces deux arrêts ayant décidé une question
de cette importance, et devant fixer un principe que nous regardons
comme fondamental et des plus féconds en conséquences, nous croyons
devoir en rapporter, au moins, les dispositifs. Pour abréger, nous éla-
guerons les espèces ; nous dirons seulement que, dans l'une et dans
l'autre, il y avait eu une interdiction prononcée contre le testateur,

pour

pour cause de démence ou d'imbécillité, et qu'après le décès jusqu'auquel l'interdiction avait duré, on rapportait un testament olographe en règle, qui était antérieur à l'interdiction ; c'est d'ailleurs ce que les dispositifs des arrêts feront suffisamment connaître.

Voici l'arrêt de la Cour de justice supérieure de Bruxelles.

« Attendu que d'après l'art. 970 du Code civil, le testament olographe est valable lorsqu'il est écrit en entier, daté et signé de la main du testateur ; — Que la loi, en prescrivant des formalités particulières pour les testamens olographes, a pris en considération l'objet de l'acte, qui consiste à établir d'une manière incontestable, la volonté du testateur ; d'où suit que l'observation de ces formalités assure cet effet à l'acte ; qu'ainsi il fait foi de son contenu, y compris la date qui en fait une partie essentielle ; que c'est sur ces principes que sont fondés les articles 1007 et 1008 dudit Code ; que, d'après ces articles, le testament olographe étant déposé chez un notaire, quoique les héritiers du sang puissent le combattre, le légataire universel est envoyé en possession ; et ainsi le testament, qui peut néanmoins être attaqué, reçoit cependant son exécution, parce qu'il fait foi de son contenu ; — Qu'on ne peut opposer au testament olographe les dispositions de l'art. 1328 du Code civil, qui portent que les actes sous seing privé n'ont de date contre les tiers, que du jour de leur enregistrement, du jour de la mort d'un des signataires, ou du jour que leur substance a été constatée par un acte authentique, parce que cet article, qui se trouve dans le titre *des contrats ou des obligations conventionnelles,* ne peut être étendu au testament olographe, dont la matière est distincte de celle des obligations conventionnelles, et que le législateur a traité l'une et l'autre dans des titres séparés, en traçant, pour chacune d'elles, des règles et des formes qui leur sont propres ; — Que d'ailleurs l'application de cet article au testament olographe ne lui donnerait pas une date fixe, ainsi que le prescrit ledit art. 970, mais seulement que lors des circonstances mentionnées dans cet article, le testament existait déjà ; — Que de ce qui précède, il résulte que le législateur a tiré les testamens olographes hors de la classe des actes sous seing privé ordinaires, et qu'il l'a fait pour tous les cas, puisque la loi ne renferme aucune distinction ; — D'où il suit ultérieurement, que si le testateur a été mis en interdiction, et que, pendant le temps de son interdiction, il ait été privé de la capacité de tester, cette circonstance seule ne suffit pas pour que le testament olographe cesse de faire foi de tout son contenu et de sa date, de manière à obliger le légataire ou héritier institué, à prouver autrement que par le testament la sincérité de sa date, sauf à l'héritier du sang à prouver que le testament n'a pas été fait à la date qu'il porte, mais qu'il a été fait pendant le temps que le testateur était dans l'incapacité de tester, et obtenir ainsi les effets des art. 502 et 505 du Code civil. — Par ces motifs, la Cour met l'appel au néant. »

L'arrêt de la Cour royale de Riom est ainsi conçu :

« Attendu, en ce qui touche le défaut de capacité du testateur, qu'on fait résulter de l'interdiction du sieur de Rouzat père, et de l'incertitude prétendue de la date du testament olographe dont il s'agit, que le testament porte la date du 5 juin 1819 ; que l'interdiction n'a été prononcée que le 12 avril 1820 ; que, suivant la délibération du conseil de famille, le dérangement mental qui a conduit à l'interdiction n'aurait eu lieu que sept mois avant ladite interdiction ; que dès lors, au temps du testament (posé que sa date soit hors d'attaque), le sieur de Rouzat avait la faculté de disposer ; — Attendu qu'un testateur, investi du droit d'être seul ministre de l'acte solennel contenant ses dispositions testamentaires, lorsqu'il prend la voie du testament olographe, en atteste légalement la date, comme l'attestent un notaire et ses témoins, si le testament est nuncupatif ou écrit ; tellement que le testament olographe qui porte une date postérieure à celle d'un testament par-devant notaire, révoque celui-ci, si les dispositions qu'il renferme sont incompatibles avec celles du testament olographe ; et si, du reste, l'écriture et la signature sont reconnues être celles du testateur, comme elles sont au cas présent. »

M. Merlin remarque que le pourvoi en cassation contre l'arrêt de la Cour de Bruxelles fut rejeté. Il est de notre connaissance que le pourvoi qui avait eu lieu contre celui de la Cour royale de Riom a eu le même sort.

Dans le cas du testament fait par un interdit, qui serait daté d'une époque antérieure à l'interdiction, on n'aurait d'autre ressource que de prouver, par tous les moyens possibles, que, lors du testament, le testateur n'avait pas l'esprit sain, ressource qui existe toujours, soit qu'il y ait eu une interdiction prononcée, soit qu'il n'y en eût pas. Ce serait uniquement le cas de l'application de l'art. 901 du Code civil, et des principes que nous avons exposés aux n°s 101 et 102, à moins qu'on ne prétendît que la date du testament fût fausse, et qu'à l'aide de manœuvres qui auraient été pratiquées, les parties intéressées auraient fait frauduleusement porter la date du testament à une époque reculée à laquelle il n'y aurait eu ni démence ni incapacité; car, dans ce cas, on devrait recourir à l'inscription en faux, parce que le testament faisant foi de sa date, ne peut alors être attaqué que comme pourrait l'être tout testament fait par acte public; on serait astreint à prouver qu'il a été fait un faux, en écrivant une fausse date; on ne pourrait se dispenser d'en venir à cette procédure, que dans le cas où le testament porterait en lui-même la preuve évidente et matérielle du faux. On reconnaît même ces idées dans des réserves ou restrictions que contiennent les arrêts de Bruxelles et de Riom.

C'est aussi en ce sens qu'a été rendu l'arrêt de la Cour de cassation, du 29 avril 1824, que nous avons déjà cité. Dans l'espèce de cet arrêt, il n'y avait point eu d'interdiction. Le testament olographe était attaqué sur le fondement de la prétendue démence du testateur, sur ce que la date en était incertaine, et qu'on ne pouvait pas la rapporter avec sûreté à un des momens lucides que le testateur avait pu avoir. Il y avait eu une inscription en faux contre le testament, mais elle ne fut point instruite; il paraît qu'elle fut abandonnée. Les faits et les circonstances relatifs à l'état de démence, étaient vagues et incertains; ils devenaient matière à appréciation de la part des tribunaux : aussi lit-on dans l'arrêt de la Cour royale de Paris, contre lequel on s'était pourvu : «Quant aux faits de démence, que la date certaine du testament est du 1er avril 1809; qu'il ne contient aucune disposition qui puisse faire supposer la démence du testateur; que les élémens de la cause, et notamment les précédens testamens du sieur Courbeton, et ses écrits sur la gestion de ses affaires, établissent suffisamment qu'à ladite époque du 1er avril 1809, il était capable de tester, et que les faits articulés par l'appelante ne sont pas de nature à détruire la preuve déjà existante. » Il ne resta que la question principale de savoir si le testament olographe fait, ou non, par lui-même, foi de sa date; et la Cour de cassation se décida avec raison pour l'affirmative.

Mais indépendamment du cas dont nous venons de nous occuper, qui est celui de l'interdiction survenue après le testament, il peut s'en présenter deux autres sur lesquels il y aurait la même question à décider, et il faut même convenir que ces deux cas sont de nature à arriver plus fréquemment. Supposons qu'un médecin ou tout autre officier de santé rapportât un testament simplement olographe, fait par la personne qu'il aurait traitée dans la dernière maladie dont elle serait décédée : faisons la même supposition à l'égard du ministre du culte, qui aurait exercé son ministère, et dirigé la conscience du testateur pendant la maladie à laquelle ce dernier aurait succombé : dans l'un et l'autre cas, le testament devrait-il avoir son effet, la date étant antérieure au commencement de la maladie? L'affirmative serait sans difficulté. Telle est la conséquence des principes que nous avons exposés dans ce n° et dans le n° précédent. Ces deux derniers cas sont même plus particulièrement susceptibles des raisonnemens qui étaient faits lors de l'arrêt du 6 février 1673, en conséquence de l'article 750 de la Coutume de Bretagne. Cet article exigeait, pour la validité du testament, qu'il fût fait *durant la santé du testateur et avant la maladie dont il était décédé;* et on soutenait lors de l'arrêt, qu'en Bretagne on n'avait jamais attaqué le testament olographe fait en santé, sous le prétexte qu'il aurait pu être antidaté, et qu'il aurait dû avoir une date certaine. Enfin, une nouvelle conséquence du principe est que le testament olographe régulier, révoque un testament antérieur, quoiqu'il fût fait par acte public.

Les points sur lesquels nous venons de discourir présentaient des questions délicates. Nous devons avouer que, relativement à la première hypothèse concernant l'interdiction, nous avions dit au n° 105, quoique transitoirement, que le testament, pour être valable, devrait avoir une date certaine, antérieure à l'incapacité, ou parce qu'il aurait été fait devant notaire, ou parce qu'il y aurait eu un dépôt authentiquement constaté; et par rapport aux deux autres hypothèses, l'une relative à l'officier de santé, l'autre concernant le ministre du culte, nous avons simplement touché la question, au n° 141 : nous nous y sommes bornés à présenter la difficulté. Mais après avoir réfléchi, nous avons senti que toutes ces questions doivent être approfondies. Le désir de découvrir la vérité nous a conduits aux opinions que nous venons d'émettre, et que nous regardons comme fondées sur les vrais principes.

228 sept. *Observations sur les ratures, surcharges, interlignes, renvois et apostilles.*

Il s'est élevéde fréquentes questions sur la validité ou l'invalidité des testamens, à raison des ratures, des surcharges, des interlignes et des renvois ou apostilles qu'on y remarquait. On sent qu'à cet égard les testamens olographes ne sont pas susceptibles des mêmes principes que les testamens faits par acte public devant notaires. Ces derniers sont soumis à toutes les règles établies par la loi du 25 ventôse an 11, qui concernent principalement le notaire, et dont la violation pourrait entraîner la nullité du testament. Nous en avons déjà fait l'observation, et cette distinction est parfaitement établie par l'arrêt de la Cour de cassation, du 11 juin 1810, rapporté par Sircy, tome 10, page 289. « Que d'autre part, y est-il dit, la loi du 25 ventôse an 11, ne s'est occupée que des actes notariés, et qu'un testament olographe, quoique solennel et faisant foi par lui-même de sa date, n'est pas un acte notarié. » On sent en effet que le testament olographe est uniquement l'ouvrage du testateur, qu'il y consigne ses plus importantes pensées, qu'il n'a voulu découvrir à personne ; qu'il suffit donc que sa volonté s'y manifeste, de quelque manière qu'il soit fait, pour qu'elle soit exécutée.

Nous ferons encore une autre observation générale. Les difficultés de cette nature présentent des variétés infinies. L'expérience que donne la connaissance de la multitude d'arrêts rendus sur cette matière apprend que l'omission d'un seul mot, disons plus, d'une seule lettre, ou même l'interversion des lettres qui auront servi à écrire un mot ou une syllabe, ont donné lieu à des difficultés qu'on voit souvent traiter très-sérieusement, quoiqu'elles ne fussent pas sérieuses. Ces omissions ou négligences ouvraient un champ vaste aux raisonnemens, aux interprétations dans lesquelles on voit des subtilités qui, quoiqu'ingénieuses quelquefois, ne perdaient pas ce caractère, et qui, sans l'intérêt qui les suggérait, n'auraient jamais paru. Or, en pareil cas, on est forcé de juger par voie d'interprétation. Les jugemens qu'on porte s'adaptent toujours à la loi, dans les idées de ceux qui jugent, en sorte qu'il est impossible de dire qu'une loi soit violée, et dès lors il ne peut y avoir ouverture à la cassation. On peut dire que ce principe est proclamé notamment dans l'arrêt de la

Cour de cassation, du 29 avril 1824, que nous avons déjà cité, rendu au sujet du testament du sieur Courbeton, parce qu'outre les moyens de droit qui se présentaient, et sur lesquels nous nous sommes déjà expliqués, il y avait encore à statuer sur des moyens relatifs à des ratures et interlignes; et voici ce qu'on lit dans l'arrêt à ce sujet: « Sur le troisième moyen, relatif aux ratures, interlignes et surcharges qui se trouvent dans les testamens; attendu que des ratures, des interlignes et des surcharges *ne sont autre chose que des circonstances de fait, que l'appréciation des faits est dans le domaine exclusif des Cours royales, et que, quelle que soit leur manière de voir, leur décision échappe à la censure de la Cour.* »

Cependant on pensera bien que nous n'entendons pas, par cette dernière obervation, approuver un arbitraire absolu. Il y a toujours sur cette matière des principes généraux qui doivent servir de guide, afin que dans les décisions, on se rapproche de la loi, et qu'on en suive l'esprit et la lettre autant qu'il est possible. Il faut éviter, comme deux écueils, une trop grande sévérité qui, voulant plus que la loi, deviendrait une injustice, et un relâchement qui ressemblerait à un abandon de la loi. Or, nous allons exposer ces principes avec brièveté.

On est peu aidé en cette matière par le droit romain. Ce n'est pas qn'on n'y trouve des règles prescrites sur les ratures et interlignes qui seraient faites dans un testament. On les voit notamment dans la loi 1re, ff. *de his quæ in testam. delent.*; et dans la loi 2e *de lege Corneliâ, de falsis.* Mais il est difficile d'en faire l'application aux testamens olographes, tels qu'ils sont en usage parmi nous. La raison en est que cette sorte de testament n'était point usitée à Rome; elle fut seulement admise par l'empereur Valentinien, pour tous les cas; mais l'empereur Justinien, par sa Novelle 107, n'en conserva l'usage qu'en faveur des enfans de la part des descendans. Les testateurs eurent cependant la faculté d'écrire ou de faire écrire par d'autres leurs testamens, mais alors ils n'avaient force de testament, qu'autant qu'ils étaient solennisés par la forme mystique (1), et c'est le seul cas où il pût être question de ratures, interlignes ou même d'additions, soit qu'elles vinssent du testateur lui-même, soit qu'elles fussent écrites d'une main étrangère, c'est-à-dire du copiste ou rédac-

---

(1) Voyez sur tout cela le Discours historique, sect. II, § Ier.

teur du testament. Aussi une loi voulut que si le testament contenait un legs en faveur de ce dernier, le legs fût nul, à moins que le testateur ne l'eût approuvé par cette formule, *quod illi dictavi et recognovi*. Cette précaution devenait cependant inutile, lorsque le rédacteur ou copiste du testament était le fils ou l'esclave du testateur (1).

Il faut donc se fixer sur les principes de notre législation et sur les conséquences qui en découlent. Ces principes sont renfermés dans l'article 970 du Code civil. Tout testament est valable *s'il est écrit en entier, daté et signé da la main du testateur; il n'est assujetti à aucune autre forme*. Ainsi, supposons qu'un testament soit presqu'entièrement raturé et interligné, qu'on voie même que les interlignes et les ratures qui se correspondraient, et qui seraient de l'écriture et du fait du testateur, aient eu pour objet un changement total de disposition, comparativement à celles qui étaient déjà faites et qu'on pourrait découvrir sous les ratures; un testament qui, en cet état, présenterait des dispositions intelligibles et claires, et qui serait revêtu de la signature du testateur, devrait avoir son effet. La raison en est simple. Le testateur a pu rédiger son testament comme il a voulu; il a pu y faire tels changemens que bon lui a semblé; il en était seul le ministre; la loi ne lui imposoit aucune forme particulière. On voit là un testament écrit en entier, daté et signé du testateur; le vœu de la loi est rempli. Les ratures et interlignes qui pourraient nuire à la perfection d'un testament solennel ou fait par acte public, ne sauraient détruire la créance du testament olographe. Autre chose est la solennité de l'acte, autre chose est la foi qui lui est due, et cette foi est seule à considérer pour le testament olographe, qui n'a besoin d'aucunes formes autres que celles du fait du testateur, et qui lui sont imposées par la loi. Le testateur peut avoir voulu abréger la confection de son testament, en suivant sa nouvelle volonté, au lieu de le transcrire de nouveau avec les changemens qu'il voulait y faire. Mais aucune loi ne l'obligeait à cette transcription, à peine de nullité.

Tout ce qui est raturé doit être considéré comme non écrit, même quand on lirait ce qui est au-dessous de la rature, à moins qu'on ne vît qu'une rature fût l'effet seulement de la précipitation ou de la né-

------

(1) Voyez Heinneccius, *Elem. sec. ord. pand.*, liv. 48, titre 10, § 217, à la note.

gligence du testateur, en écrivant ; car, dans ce cas, ce qui paraîtrait raturé, pourrait faire corps avec le reste du testament. Il n'y a que ce qui paraîtrait avoir été raturé à dessein, qui devrait être comme non avenu, soit qu'on pût lire sous la rature, soit qu'on ne pût pas y lire. C'est ce que dit le jurisconsulte Ulpien, dans la loi 1re, ff. *de his quæ in testam. delent. Quod igitur incautè factum est, pro non facto est, si legi potuit....; sed consulto quidem deletâ exceptione, petentes repelluntur, inconsulto verò non repelluntur , sive legi possunt, sive non possunt.* La raison qu'en donne Ulpien est que quand, d'après les ratures, on pourrait dire que le testament ne serait pas en son entier, le reste n'en devrait pas moins avoir son effet. *Quoniam si totum testamentum non extet, constat valere omnia quæ in eo scripta sunt.*

C'est en ce sens qu'écrivait Ricard, *des Donations*, partie 1re, n° 1572, où, à l'occasion des ratures qu'il croyait devoir demeurer sans effet, il apportait cette modification : « Ce que je voudrais toutefois limiter, au cas qu'il se reconnût que ce qui paraît effacé n'eût pas tant été fait à dessein de rien changer, que par une certaine activité ou négligence de celui qui a écrit le testament : comme ceux qui ont l'art d'écrire éprouvent souvent que, leur main ne se réglant pas suffisamment à leur pensée, il leur échappe souvent un mot au lieu d'un autre, qu'ils raturent incontinent, et mettent en sa place celui qui y devait être d'abord, suivant la conception du testateur. »

Ferrières, sur l'article 289 de la Coutume de Paris, n° 9, fait des réflexions infiniment raisonnables relativement à ce qui concerne les ratures. Entre autres décisions très-justes, il donne celle-ci, qu'il n'est pas nécessaire *que le testateur déclare qu'il approuve les ratures.* La Coutume, dit-il, ne l'ordonne point. On peut donner la même raison pour le Code civil, qui ne l'exige pas plus. Aussi M. Toullier, *des Donations*, n° 559, dit que si les interlignes sont de la main du testateur, il n'est pas nécessaire qu'elles soient approuvées ; qu'il en est de même des ratures ; qu'elles n'annulent que les dipositions raturées, les autres ne laissant pas de subsister.

De tout cela nous concluons que les renvois qui seraient portés en marge de la main du testateur n'ont point besoin d'être approuvés par lui.

Il résulte de tout ce qui vient d'être dit, que si le testament, dans cet
état

état de ratures et d'interlignes que nous supposons, ou même sans cet
état, présentait quelques mots qui seraient insignifians, qui ne pourraient se lier avec le reste du testament, mais qui ne nuiraient point au
sens et à l'intelligence des dispositions, le testament ne devrait pas moins
avoir son effet. Ce serait toujours une suite de la loi romaine que nous
venons de citer, et encore de la loi 2, au même titre.

Mais il est essentiel de remarquer qu'ainsi que le dit M. Toullier,
n° 357, d'après plusieurs auteurs qu'il cite, et auxquels on pourrait en
ajouter beaucoup d'autres, un seul mot écrit d'une main étrangère dans
le corps du testament, quand même ce mot serait superflu, rendrait le
testament nul ; car on ne pourrait pas dire qu'il est entièrement écrit de
la main du testateur.

L'auteur ajoute au n° suivant : « Mais pour qu'un mot écrit en interligne, d'une main étrangère, viciât le testament, il faudrait qu'il fût
constant que ce mot en fait partie : par exemple, par l'approbation de
l'interligne que le testateur aurait faite en marge ou à la fin de l'acte ;
autrement il serait au pouvoir d'un tiers, entre les mains de qui le testament serait tombé, de l'annuler, en y inscrivant quelqu'interligne. »

Quelque judicieuse que soit cette restriction, on ne peut s'empêcher
de remarquer que la question de savoir si l'interligne aurait été apposée
par un tiers, dans la vue d'annuler le testament, et à l'insçu du testateur, pourrait être soumise à l'empire des circonstances. Tout consiste
à savoir s'il y a eu, ou non, une participation de la part d'un étranger à
la faction du testament.

Enfin, les difficultés auxquelles les ratures et les interlignes donneraient lieu, pourraient se présenter sous tant d'apparences, qu'il serait
possible qu'on pensât que le testament n'a pas été achevé, et que dès lors
il serait imparfait. Ce que dit Ricard, *des Donations*, partie 1re, n° 1571.
prête à cette idée, quoiqu'il y soit occupé du testament fait par acte public. Il y suppose des ratures ou additions non approuvées, et il conçoit
que les héritiers pourraient être fondés à prétendre que le testateur
n'avait pas définitivement arrêté ses volontés. « J'estime pourtant, dit-il,
qu'ils auraient raison de dire que le testateur a laissé son testament imparfait, et dans le dessein d'y ajouter ou diminuer davantage, puisqu'il
n'avait pas encore arrêté sa dernière pensée, et consulté les changemens
qu'il avait commencé de faire, et ainsi, que ce testament étant imparfait,

14

il doit demeurer sans effet. C'est sans doute en ce sens que M. Toullier, en parlant du testament olographe, dit au n° 560 : « Cependant, s'il se trouvait plusieurs dispositions rayées et d'autres qui ne le fussent pas, le testament pourrait, suivant les circonstances, être considéré comme imparfait, ou comme un simple projet que le testateur n'avait pas mis au net, et comme tel annulé. »

On sent donc qu'un testateur doit s'attacher à ce que le testament soit écrit nettement. Il ne faut pas de solennité, mais la volonté de celui qui dispose doit y être assurée d'une manière positive, et y prendre un caractère de détermination et d'irrévocabilité.

Nous devons faire observer combien il est à propos, dans le cas où un testateur aurait fait son testament en doubles, ce qu'il a la liberté de faire, que les doubles soient parfaitement conformes les uns aux autres et de la même date, de manière à ne voir dans tous qu'un seul et même testament. Si l'un contenait des changemens faits par des ratures ou interlignes, qui ne se trouvassent pas dans l'autre, on ne saurait auquel donner la préférence. Et s'il se trouvait dans les papiers du défunt, outre un testament olographe en règle, un autre testament aussi olographe, d'une date postérieure, mais qui, à raison d'interlignes, de ratures, de renvois, desquels il résulterait des irrégularités, serait déclaré nul, il pourrait encore s'élever la question de savoir si le dernier testament, quoique nul, emporterait, ou non, la révocation du premier. On verra un exemple de toutes ces difficultés dans un arrêt de la Cour de cassation, du 5 mai 1824, rendu au sujet du testament de M. Armand, conseiller en la Cour royale de Riom. Il est rapporté par M. Dalloz, vol. 24, page 285; nous en parlerons dans la suite, en traitant une question de révocation de testament.

Nous venons au cas où le testament présenterait des apostilles écrites en marge par une main étrangère. Dès qu'il est constant que le testament doit être l'ouvrage du testateur seul, qu'il doit renfermer l'expression de sa volonté émise par lui seul; que son testament doit être à l'abri du reproche de toute participation de la part d'un étranger à la rédaction de ses dispositions de dernière volonté, on sent que ces apostilles suffiraient pour en faire prononcer la nullité.

C'est ce qui a été jugé par un arrêt du parlement de Paris, du 4 septembre 1677, rapporté au Journal du Palais. Le testament contenait uni-

quement des legs pieux , ce qui pouvait le rendre favorable, ainsi qu'on
en voit plusieurs exemples dans nombre d'arrêts anciens. « Le testament,
dit l'arrêtiste, est raturé dans plusieurs endroits, sans que les autres ratures
soient approuvées (il a déjà été dit que cette circonstance ne doit point
porter atteinte au testament olographe), il est même apostillé à la marge
par une main étrangère. Mais ces apostilles n'ajoutent seulement que
quelques mots oubliés par la testatrice , et ne font que corriger l'expression. » Il ne fut pas moins déclaré nul. Il est vrai qu'il y avait un
motif particulier, d'après le récit de l'arrêtiste, qui put influer sur la
décision. Ce motif était que la testatrice avait mis son testament ainsi
apostillé à la marge et raturé en quelques endroits de son contexte , entre
les mains d'un notaire, pour en faire un testament solennel ; mais que
ce notaire ayant été prévenu par le décès de la testatrice, l'acte demeura
imparfait. L'autre motif, continue l'arrêtiste, se tire de ce principe de
droit , que nous ne reconnaissons que deux sortes de testamens, le
solennel et l'olographe ; que celui dont il s'agit, n'est ni l'un ni l'autre,
et que, par conséquent, il n'est pas valable.

A-t-on voulu dire que le testament n'était pas valable comme testament olographe , ou parce que, par la circonstance qui vient d'être
indiquée, le testament n'avait dû être regardé que comme un simple
projet, ou parce que les apostilles le rendaient nul ? Il faut convenir que
c'est ce qui n'est pas clairement expliqué, et on ne peut bien se pénétrer des raisons qui déterminèrent l'arrêt, surtout dès qu'alors les arrêts
n'étaient pas motivés. Mais il est toujours vrai que l'on opposait la nullité, en se fondant sur la circonstance d'apostilles écrites de main étrangère, et qu'on était imbu de l'idée que cette circonstance devait donner
lieu à la nullité du testament ; et selon nous cette nullité existerait.

Ce qui vient à l'appui de notre opinion, c'est que Ferrières, sur l'article 289 de la Coutume de Paris, n° 9, après avoir fait des observations
impuissantes, à notre avis, sur cet arrêt de 1677, au moins en ce qui
concerne les apostilles , cite, d'après Auzanet, un arrêt du mois de
mars 1640, qui déclare nul, pour le tout, un testament dans lequel il
se trouvait *des mots ou des lignes écrites par une main étrangère*. Il est vrai
que l'auteur, d'après le même Auzanet, en rapporte un contraire, du
8 mars 1622. Mais il dit de suite : « L'arrêt est fondé sur ce que les
héritiers contestaient un legs fait *ad pias causas*. » Il ajoute bien aussi
14*

que l'arrêt était fondé sur ce que les additions étaient peu considérables, faites pour rendre plus claire l'intention du testateur, dans ce qui était contenu dans son testament, et non pour faire des dispositions nouvelles ou contraires à celles qui y étaient contenues. Mais la validité du testament a-t-elle été prononcée plutôt à raison de cette dernière circonstance, qu'à raison de la première? C'est ce qu'on ne peut décider. Il est préférable de s'en tenir aux règles que nous avons déjà établies.

Pour qu'on pût éviter la nullité du testament, il faudrait qu'il y eût des circonstances desquelles il résultât que le testateur a absolument ignoré les apostilles; qu'il est décédé dans la croyance qu'il avait fait un testament régulier qui fût purement son ouvrage, et que les apostilles auraient pu être mises par affectation par un tiers, afin de compromettre le sort du testament. Ce serait le cas d'appliquer ce que nous avons déjà dit relativement à quelques interlignes qui auraient été écrites de main étrangère dans le testament.

En ce qui concerne la signature, on sent qu'elle doit être nette, telle que le testateur a toujours en coutume de signer. Une rature, une macule qui paraîtrait sur la signature pourrait faire douter si le testateur n'a pas eu l'intention de révoquer son testament, en annulant sa signature, puisque c'est cette signature qui met le sceau à tout le contenu au testament, et qui lui donne toute sa force.

C'est parce que tel est le but et l'effet de la signature, qu'elle doit être apposée au bas du testament revêtu de sa date. La date est partie intégrante du testament; son existence et sa sincérité doivent être attestées par la signature comme tout ce qui y est contenu. L'article 970 du Code trace l'ordre à suivre dans la confection du testament; l'écriture, *la date et la signature*; et, comme le dit M. Toullier, n° 375, *tout ce qui est après la signature, n'est pas censé être dans l'acte.*

On a cependant vu des négligences et des inattentions qui ont fourni matière à contestations; et alors il a été question de savoir si le but de la loi était, ou non, rempli par des équivalens. Mais nous ne croyons pas devoir nous appesantir sur ces cas particuliers. Le point essentiel est de fixer les principes dont l'observation doit les prévenir. Cependant nous indiquerons une espèce importante dans laquelle il s'agissait de savoir si la signature était, on non, détachée de l'acte, ce qui doit avoir lieu dans la règle, et si l'on devait voir, ou non, une signature dans l'énonciation par écriture du nom d'une testatrice. Un testament olographe était ainsi terminé : « Fait par moi, Pauline d'Espinose, veuve Guyot, qui ai signé après la lecture et méditation. Au Croisié, ce 3o janvier 1806; deux mots rayés nuls. » Mais la date se trouvait aussi au commencement de l'acte. Le testament fut attaqué par défaut de signature. Cependant il fut validé par un arrêt de la Cour de cassation, rapporté dans la 4ᵉ édition du Répertoire de M. Merlin, Vᵒ. *Signature*, § 3, art. 5. On peut voir là-dessus M. Toullier, n° 376. Pratiquer de cette manière, ou même de tant d'autres qui tiennent à des combinaisons infinies et qu'il est impossible de prévoir, au lieu de suivre les règles que nous avons exposées, qui sont cependant très-simples, c'est appeler des difficultés qui peuvent souvent compromettre le sort des testamens.

Ce qui prouve la justesse de cette dernière réflexion, c'est un arrêt du 22 décembre 1812, rendu par la Cour d'appel de Liége, qui, en confirmant le jugement attaqué, annula le testament qui se terminait ainsi : « Fait et signé par moi Michel-François Falla, de la commune de Loncin, canton de Hollogne, ce 20 décembre 1809. » Le principal motif de l'arrêt fut qu'on ne peut, dans le cas présent, prendre pour signature les mots *Michel-François Falla,* 1°. parce qu'ils se trouvent au milieu d'une phrase qu'ils rendent complète, et qui, sans eux, n'aurait plus aucune signification ; qu'ainsi, ils ne se présentent pas comme signature, mais comme complément de la proposition ; 2". parce que cette phrase ne contient qu'une déclaration énonciative de l'intention dans laquelle se trouvait Michel-François Falla de signer son testament, ce qui ne peut suppléer à une signature effective, requise à peine de nullité ; 3ᵒ. parce que le testament rédigé par Michel-François Falla ne peut être considéré que comme un simple projet de testament olographe, non revêtu de la signature du testateur. » Cet arrêt est rapporté par M. Merlin, 17ᵉ volume de son Répertoire, au mot *Signature*, § 3, art. 5.

Nous devons cependant faire remarquer que M. Merlin dit, à la fin de l'article, qu'à ce motif l'arrêt en ajoute un autre plus puissant encore, et que si ce dernier motif eût été isolé, et que le légataire universel se fût pourvu en cassation, il est permis de croire que son recours n'eût pas été inutile. L'auteur, par là, semble indiquer l'arrêt de la Cour de cassation, que nous venons de citer, et vouloir conclure que s'il n'y avait pas eu dans l'arrêt du 22 décembre 1812, un autre motif plus déterminant pour qu'il ne pût se soutenir, le testament aurait pu être confirmé, comme l'avait été celui de Pauline d'Espinose, veuve Guyot. Ce motif de la nullité du testament était que la date n'en était placée qu'après les mots que le légataire universel prétendait faire passer pour une signature proprement dite, et qu'ainsi elle se trouvait *sans attestation*. C'est ce qu'on voit dans le même volume du Répertoire, au mot *Testament*, sect. 2, § 4, art. 3, page 767. Mais on ne doit pas moins sentir combien est préférable la stricte observation de la règle, à la ressource, si souvent équivoque, de recourir aux tribunaux pour en sauver la violation, ou au moins l'inexacte observation.

Au surplus, il est essentiel de remarquer que l'arrêt de la Cour d'appel de Liége, du 22 décembre 1812, que M. Merlin rapporte plus au long dans le dernier passage du Répertoire que nous venons d'indiquer, a formellement jugé qu'il faut que la date se trouve dans le corps de l'acte, *et qu'elle soit attestée, comme le reste de la disposition, par la signature qui doit compléter le testament*, et lui donner la sanction nécessaire pour le rendre parfait ; ce qui confirme l'opinion de M. Toullier et la nôtre.

228 oct. *Pourrait-on tester par une lettre missive, ou par un écrit qui en aurait les caractères ?*

La question de savoir si un testament contenu dans une lettre missive, est actuellement valable, n'est pas sans difficultés. Les doutes dérivent de ce que l'article 3 de l'ordonnance de 1735, avait aboli cette forme de tester, « voulons aussi, y est-il dit, que les dispositions qui seraient faites par lettres missives, soient regardées comme nulles et de nul effet », et de ce que le Code civil garde un silence absolu à ce sujet.

Cette question s'était élevée anciennement, mais enfin la jurisprudence s'était fixée dans les derniers temps pour la validité du testament fait sous cette forme. Cela fut jugé ainsi par un arrêt du parlement de Paris, du 28 juin 1678, qui est rapporté à sa date, au Journal du Palais. Il s'agissait du testament de la demoiselle de Pavent de Thési, qui était en date *du 30 de l'an 1676*. Cette date ne fit aucun obstacle à l'exécution du testament, parce qu'il était indispensable d'y voir la date du 30 janvier 1676. Nous rappelons cette circonstance, par la raison que nous avons vu encore s'élever la même difficulté sous l'empire du Code civil, et que nous avons remarqué que le testament ainsi daté était confirmé. Trente jours du mois de janvier sont les trente premiers jours de l'année. Cela tenait à un ancien usage qu'il est cependant bon d'abandonner. Il est prudent de dater par jour, mois et année ; c'est ce qui constitue la véritable date. Le testament de la demoiselle de Thési est rapporté tout au long dans le Journal du Palais ; on le voit encore de même dans Ferrières, sur l'article 289 de la Coutume de Paris, n° 6 : nous faisons observer que dans la lettre on ne lisait pas précisément le mot *testament ;* mais cela ne tirait point à conséquence, parce qu'il contenait des dispositions de dernière volonté, claires et précises. Nous avons déjà dit au n° 224, qu'un acte pouvait renfermer tous les élémens qui constituent un testament, quoique le mot *testament* n'y soit pas employé.

La discussion des moyens respectifs qui furent déduits lors de l'arrêt du 28 juin 1678, et que présente le récit de l'arrêtiste, apprend que M. Blondeau, célèbre avocat de son temps, qui s'était chargé de soutenir la validité du testament, établit, avec autant de lucidité que de profondeur, que les testamens, même par lettre missive, devaient avoir lieu, et qu'ils étaient réellement en usage en France. Il réfuta les arrêts contraires qu'on lui opposait, en prouvant que les décisions qu'ils portaient avaient été déterminées par des circonstances particulières, et notamment l'un du 9 mars 1619, rapporté par Tronçon, l'autre du 10 mars 1620, recueilli dans la Bibliothèque du droit français de Bouchel.

Aussi est-il certain que depuis l'arrêt du 28 juin 1678, on voit que l'usage des testamens par lettre missive était admis. Sans examiner si cet usage était général, s'il était restreint aux pays de Coutume où le testament olographe était pratiqué, à la différence de la plupart des pays de droit écrit, où l'on ne reconnaissait que le testament solennel, d'après les anciens usages des Romains, il suffit de dire que le testament par lettre missive était reçu, sauf les cas particuliers dont l'examen devient aujourd'hui inutile. Et comment pourrait-on révoquer ce fait en doute, puisque l'article 3 de l'ordonnance de 1735, l'atteste authentiquement, si nous pouvons parler ainsi, par cela seul qu'il déclare nulles, les dispositions de dernière volonté qui seraient faites par lettre missive ? Suivant les commentateurs, cette disposition législative est une abolition, et on n'abolit que ce qui existe déjà.

Examinons actuellement si, parce que la prohibition des testamens par lettre missive a été prononcée par cette loi, il en résulte que le testament sous cette forme ne doit pas avoir lieu sous le Code civil. Or, nous ne balançons pas à nous décider contre cette conséquence.

Le législateur, lors du Code civil, connaissait sans doute la disposition de l'article 3 de l'ordonnance. Or, s'il eût eu l'intention d'abolir l'usage de cette forme de tester, on ne peut douter qu'il ne s'en fût expliqué. Son silence prouve donc qu'en admettant le testament olographe, il a entendu admettre le testament par lettre missive. Telle est la conséquence de ce qu'il n'a voulu aucune forme particulière pour le testament olographe, qu'il a seulement exigé l'écriture, la date et la signature, qui peuvent également se trouver dans une disposition de dernière volonté, par lettre missive, et qui doivent s'y trouver en effet. Il a livré le testament qui serait fait sous la forme d'une lettre missive à la législation générale, et aux principes qui devaient émaner de la disposition de l'article 970, concernant le testament olographe.

Nous avons vu opposer contre notre opinion ce que disait M. Bigot-Préameneu à la tribune du Corps législatif, en présentant le projet de la loi. « Toutes les autres formes de testament, et à plus forte raison les dispositions qui seraient faites verbalement, ou par signes, *ou par lettres missives*, ne seront point admises ». Mais nous ne voyons rien là de déterminant.

Sans doute on doit une grande déférence à ce qui a été dit sur un projet par un organe officiel de la loi. Mais en quel sens et comment cette déférence est-elle due? C'est lorsque l'orateur s'explique sur une des dispositions que contient un projet de loi, lorsqu'il fait entendre dans quel sens elle doit être interprétée et suivie. Mais lorsque la clarté de la loi résulte, ou d'une disposition précise qui écarterait l'interprétation proposée, ou de l'absence totale d'une disposition législative que l'orateur voudrait faire sous-entendre, absence qu'on peut d'ailleurs expliquer par les lumières de la raison, ou par les principes généraux du droit, alors une simple opinion de l'orateur ne peut subjuguer celle des magistrats qui ont droit d'examiner comment la loi doit être exécutée. On peut dire à l'orateur : Vous avancez que la loi veut un changement, une suppression; mais il eût été si aisé d'y écrire cette volonté, et elle n'y est nullement. Alors on a le droit de recourir à la loi, et elle doit l'emporter sur une opinion qui n'est pas la loi.

D'ailleurs,

D'ailleurs, l'orateur du gouvernement a pu entendre ces mots, *lettre missive*, dans une acception particulière, relative à sa manière de voir. Il a pu avoir dans la pensée une lettre d'honnêteté, de compliment, d'assurance de bienveillance : mais ce n'est pas ainsi que nous entendons un testament fait par lettre missive. Nous supposons qu'elle contient non une intention, non une promesse, mais une disposition testamentaire nette et précise. Et remarquons aussi que telle était la pensée de M. Blondeau, dans son plaidoyer, lors de l'arrêt de 1678. La manière dont il la développait, donnait une nouvelle force à ses moyens. « Mais, disait-il, il ne suffirait pas d'un simple compliment, il faut s'expliquer en des termes précis et affirmatifs ; il faut donner et non pas promettre. » C'est sur ce principe que sont rendus les arrêts (qu'on lui opposait), et qui n'ont pas considéré comme testament, les lettres qui promettaient seulement une succession. « Au fait particulier, disait-il ailleurs, la testatrice n'a pas écrit une lettre au sieur Bigeois par compliment, et pour lui témoigner sa bienveillance. » Il prouvait que la forme de la lettre missive, quoique simple, ne viciait nullement le testament ; voici ses expressions : « Les testamens olographes découvrent ingénument la volonté du testateur. Leur solennité est fort simple, ou plutôt, *c'est leur simplicité qui fait toute leur solennité.* »

Aussi M. Toullier, nᵒˢ 378 et 379, émet la même opinion. « Mais, dit-il, cette disposition (de l'article 3 de l'ordonnance) n'ayant point été renouvelée par le Code, qui déclare au contraire que le testament olographe écrit, daté et signé de la main du testateur, n'est assujetti à aucune forme, il en résulte que les testamens par lettres missives sont valides comme dans l'ancien droit. Mais il faut, ajoute-t-il avec raison, quelle qu'en soit la forme, que le testateur ait expliqué clairement et sans équivoque, que son intention a été de faire une disposition de dernière volonté. Car il faut observer que l'acte qui constate une libéralité, ne peut être qu'une donation entre-vifs ou un testament ; si les clauses qu'il renferme, et la manière dont il est rédigé, ne caractérisaient précisément ni l'un ni l'autre de ces actes, alors l'acte serait nul. » C'est ce que nous avions dit au nᵒ 224. M. Favard, dans son Répertoire, au mot *Testament*, sect. 1ʳᵉ, § 2, nᵒ 15, se décide aussi pour l'opinion que la forme du testament par lettre missive peut encore être usitée.

Mais nous pouvons invoquer un arrêt de la Cour royale de Colmar, par lequel cette Cour s'est déclarée pour la même opinion. L'arrêt est du 5 avril 1824; il est rapporté par M. Dalloz, vol. 25, 2ᵉ partie, p. 62. Cet arrêt pourrait n'être pas exempt de critique, en ce qu'après avoir déclaré en principe que le testament dont il était question était valable quoique fait sous la forme d'une lettre missive, il l'a cependant annulé, ainsi que l'avait fait le jugement dont était appel, et cela sur le fondement d'un écrit de la testatrice, non daté, qui portait révocation de cette même lettre, laquelle avait été déjà considérée comme ayant force de testament. Or, on pourrait très-raisonnablement douter qu'un testament avoué pour tel, ait pu être révoqué par un acte qui ne pouvait être regardé comme un testament. Aussi M. Dalloz en fait judicieusement l'observation dans une note au bas de l'arrêt.

Mais ce n'est pas ce dont il s'agit dans le moment. Il n'est pas moins vrai que la Cour de Colmar a décidé la question en principe. Elle a eu soin de s'en expliquer, pour improuver, en cette partie, les motifs du jugement attaqué, d'après lesquels les premiers juges avaient adopté l'opinion, qu'un testament fait par une lettre missive était nul.

« Considérant, porte l'arrêt, qu'aucune forme spéciale n'est assignée par la loi aux testamens olographes; que l'acte du 9 mars 1813 est signé et écrit en entier par la dame de Burckenvald; que, bien qu'il soit adressé à Joseph Klein, *en forme de lettre*, il est qualifié acte de déclaration, et écrit sur papier timbré; qu'ainsi cet acte doit conserver son caractère essentiel, et ne peut être envisagé comme un traité, ni comme une donation entre-vifs, et qu'il n'a pas été nécessaire qu'il fût fait double. »

Nous avions traité la question ainsi qu'on vient de le voir, lorsque nous avons reçu le 17ᵉ volume du Répertoire de M. Merlin. On y voit, au mot *Testament*, sect. 2, § 1ᵉʳ, art. 5, une forte discussion à l'appui de l'opinion pour laquelle nous venons de nous décider.

Nous observons encore que, par suite de la simplicité des formes admises par le testament olographe, ce testament peut être écrit sur toute espèce de papier; qu'il n'est pas nécessaire, pour sa validité, qu'il soit écrit sur du papier timbré. Un arrêt de la Cour de Nîmes, du 20 janvier 1810, rapporté par Sirey, vol. 10, 2ᵉ partie, page 23, a jugé valable un testament écrit sur le livre de compte du testateur. Cet arrêt semble bien rendu, dit M. Toullier, n° 561. Nous partageons cette opinion. Cependant il y aurait, dans ces deux cas, une amende encourue pour la contravention à la loi sur le timbre. On peut voir encore le Répertoire de M. Favard, au passage que nous avons ci-dessus indiqué.

232 bis. *Observations et nouveaux arrêts à ce sujet.*

2ᵉ édition, t. 1, p. 412, 1ᵉʳ alinéa.

Depuis la seconde édition de ce Traité, il a été rendu une foule d'arrêts sur cette question, qui l'ont décidée diversement, suivant les circonstances. Nous pensons qu'il serait aussi fastidieux qu'inutile pour la science du droit, de les analiser. Nous ferons seulement remarquer un arrêt de la Cour de cassation, section des requêtes, du 14 mai 1822, rapporté par Sirey, vol. 23, pag. 185. On voit au bas de cet arrêt une note très-intéressante, dans laquelle l'auteur du Recueil présente l'état de la jurisprudence à ce sujet. Il fait connaître les arrêts rendus jusqu'alors sur cette question, avec les espèces sur lesquelles ils ont prononcé. Nous avons vu les mêmes arrêts rapportés en détail dans d'autres ouvrages ; mais la note que nous venons d'indiquer suffit pour justifier le parti que nous prenons de nous dispenser d'un soin qui serait superflu. On voit encore, dans la discussion qui a préparé cet arrêt du 14 mai 1822, les moyens et les autorités, soit anciennes, soit nouvelles, qu'on pourrait invoquer pour et contre.

Venons à cet arrêt. La Cour royale de Nanci avait condamné un notaire à garantir la dame Hennemann de la nullité d'un testament qui l'instituait légataire. Cette nullité était motivée sur ce que le testament ne contenait pas la mention que le testateur avait déclaré ne savoir ou ne pouvoir signer, formalité établie, à peine de nullité, par les art. 975 et 1001 du Code civil, et par l'article 14 de la loi du 25 ventôse an 11, relative au notariat. Le notaire se pourvut en cassation ; mais le pourvoi fut rejeté ; et il est important de connaître les motifs de l'arrêt : « Attendu que les art. 68 et 14 de la loi du 25 ventôse an 11, n'ont pas attaché au seul cas de fraude ou de dol, les dommages-intérêts dont les notaires peuvent être tenus vis-à-vis des parties pour lesquelles ils rédigent des actes ; mais qu'ils les ont fait dépendre de l'omission de certaines formalités préjudiciables à leurs cliens ; et que ces mots *s'il y a lieu,* laissent aux tribunaux *le pouvoir discrétionnaire* de déclarer si ces dommages-intérêts doivent être prononcés ou refusés ; REJETTE. »

Quoique cet arrêt accorde un *pouvoir discrétionnaire* aux tribunaux, d'après l'appréciation des faits et des circonstances, il ne laisse pas de consacrer un principe infiniment remarquable sur la question. Ce principe est que la fraude et le dol ne sont pas seuls nécessaires pour assujettir le notaire aux dommages-intérêts, qu'il peut encore les encourir par *l'omission de certaines formalités préjudiciables* aux parties. Il faut remarquer que de la doctrine des anciens auteurs, dont quelques-uns ont été cités par nous dans le n° précédent, et dont quelques autres le sont dans la discussion qui a préparé l'arrêt de la Cour de cassation, du 14 mai 1822, il paraissait résulter que, pour que le notaire encourût la peine des dommages-intérêts, une omission des formalités prescrites par la loi, un défaut d'attention, une impéritie même, ne suffisait pas ; qu'il fallait qu'on pût lui imputer un dol, une fraude. Or, c'est contre cette idée que s'élève l'arrêt de la Cour de cassation.

De cet arrêt et de l'ensemble de tous les autres qui sont intervenus sur cette matière, et que nous avons examinés, il nous paraît qu'on peut tirer une règle générale, qui peut servir de guide pour la décision de la question, selon les divers cas qui peuvent se présenter ; et nous réduisons ces cas à deux principaux.

Un notaire se trouve-t-il en défaut sur un point qui aurait exigé des connaissances particulières, dans lequel la loi n'eût pas été précise, et où il aurait fallu, pour se bien pénétrer de la disposition de la loi, user de raisonnemens plus ou moins profonds, de conséquences, d'inductions où il eût fallu recourir à des interprétations, surtout si la loi par elle-même n'était pas claire ? alors les tribunaux peuvent user d'indulgence : c'est le cas d'appliquer la maxime, *Errare humanum est.* Les parties doivent s'imputer de n'avoir pas employé le ministère d'un notaire plus instruit, ou de ne pas l'avoir guidé par les conseils d'un jurisconsulte éclairé. On pourrait encore considérer la question sous le même rapport, s'il s'agissait de l'application d'une loi récemment rendue, qu'on n'aurait encore pas eu le temps d'étudier, et dont on n'aurait pu se pénétrer parfaitement.

Ou un notaire a à s'imputer l'omission d'une forme essentielle pour la validité de l'acte, laquelle serait prescrite, avec précision, par la loi, de manière à ne présenter aucune équivoque, aucune difficulté, ou bien même le notaire aurait-il fait une chose expressément défendue par la loi, et qui donnerait lieu à la nullité de l'acte ; alors il devrait être responsable envers les parties qui auraient à se plaindre, et encourir des dommages-intérêts. Il y aurait alors une impéritie, une ignorance qui deviendrait inexcusable, et qui serait bien différente d'une erreur ordinaire ; il y aurait une faute lourde, *lata culpa*, que les lois assimilent au dol. Tout officier public qui exerce des fonctions aussi importantes que celles de notaire, doit nécessairement connaître les premières règles, les élémens, les principes fondamentaux de son état. Il ne peut s'excuser d'avoir ignoré les formes établies par les dispositions précises de la loi pour la validité des actes, ou même de les avoir omises. On a droit d'exiger de lui la connaissance de ces formes, et l'attention la plus scrupuleuse à les suivre ; *imperitia culpœ adnumeratur*, dit la loi 132, ff. *reg. jur.*

Nous citerons pour exemple, relativement au premier cas, un arrêt de la Cour royale de Riom, première chambre, rendu le 28 mai 1824, dans l'espèce que voici : Un notaire avait reçu un contrat de mariage, le 2 ventôse an 13 ; quelques parens des parties avaient seuls assisté à ce contrat, mais aucun d'eux, à raison de leur parenté même, ou parce qu'ils n'étaient pas signataires, n'avait les qualités requises pour assister comme témoins aux actes pour lesquels la présence de témoins est prescrite par les lois. La question de savoir si la présence de témoins *idoines* était nécessaire pour les contrats de mariage comme pour les autres actes, était un sujet de controverse à l'époque du contrat de mariage dont il s'agissait. Mais, enfin, il avait été reconnu qu'il ne devait être fait aucune distinction à cet égard, entre les contrats de mariage et les actes ordinaires. (On peut voir une dissertation sur cette question, dans notre *Traité des hypothèques*, tome 1er, page 10, n° 8. Elle est étendue, parce qu'il s'agissait d'établir un point de jurisprudence, sur lequel les opinions des jurisconsultes, et même les décisions des tribunaux étaient divisées.) La nullité des dispositions portées au contrat de mariage fut demandée, et il y eut une réclamation en dommages-intérêts contre le notaire. Les premiers juges prononcèrent la nullité des dispositions portées au contrat, et ils condamnèrent le notaire en des dommages-intérêts. Sur l'appel, la Cour royale confirma le jugement relativement à la nullité ; mais elle l'infirma quant à la condamnation en dommages-intérêts. Voici les motifs de son arrêt :

« En ce qui touche le chef du même jugement qui condamne le notaire aux dommages-intérêts résultant de la nullité opposée contre le contrat de mariage ; — Attendu qu'à l'époque dudit contrat de mariage, il s'était élevé, d'après la combinaison de différens articles du Code civil, et de la loi sur le notariat, du 25 ventôse an 11, la question de savoir si, pour les contrats de mariage, la présence de deux témoins *idoines*, était, ou non, nécessaire comme pour tous autres actes notariés, et qu'il y a eu, à cet égard, diversité d'opinions et d'arrêts; — Attendu que, dans cette circonstance, l'erreur dans laquelle est tombé le notaire, est excusable; — La Cour, *portée à l'indulgence uniquement à raison de cette circonstance;* — Dit qu'il a été mal jugé sur ce second chef, par le jugement dont est appel; émendant, sur la demande en garantie et en dommages-intérêts, formée par le notaire, met les parties hors de Cour, etc. »

Il est vrai que l'arrêt est relatif à un contrat de mariage, qui est un acte différent d'un testament; mais lorsqu'il s'agit seulement de la responsabilité que les notaires peuvent encourir, les principes sont les mêmes pour tous les actes quelconques. Nous ferons seulement remarquer l'analogie qui existe, quant aux motifs, entre cet arrêt et celui de la Cour royale de Douai, que nous avons rapporté dans le n° précédent.

En ce qui concerne le second cas que nous avons ci-dessus posé, nous indiquerons un autre arrêt de la même Cour royale de Riom, seconde chambre, du 18 juillet 1820, qui pourra aussi servir d'exemple.

Dans l'espèce de cet arrêt, Magdeleine Veysset, veuve Mailhot, fit un testament, reçu C***, notaire, en date du 18 mai 1814, par lequel elle institua Jeanne Souchal, son héritière générale et universelle dans tous les biens qu'elle laisserait à son décès, à la charge d'acquitter différens legs, qui s'élevaient à la somme de 1,100 fr., qu'elle fit en faveur de ses héritiers de droit. Le 13 juin suivant, la même Magdeleine Veysset fit un second testament devant le même notaire, par lequel elle confirma l'institution qu'elle avait faite en faveur de Jeanne Souchal; mais elle supprima les legs particuliers contenus en son premier testament, en sorte que l'institution devenait pure et simple; elle déclara casser et révoquer tous autres testamens par elle ci-devant faits. On sent que si le second testament devait être déclaré nul, il en résultait que le premier reprenait son entier effet, et que dès lors Jeanne Souchal, instituée héritière, devenait chargée du payement des legs, montant à 1,100 f., duquel payement elle était dégagée par le second testament. Or, la nullité de ce second testament fut prononcée; mais Jeanne Souchal traduisit en justice le notaire qui l'avait reçu, pour qu'il fût garant de cette nullité, et, comme tel, condamné aux dommages-intérêts résultant de l'obligation d'acquitter les legs, laquelle était une suite de la nullité. Cette nullité était fondée sur ce qu'il n'avait pas été fait, dans le second testament, une mention régulière que la testatrice avait été interpellée de signer, et qu'elle avait déclaré ne savoir le faire : cette mention n'ayant été qu'ajoutée dans la minute à la fin du contexte, par forme de renvoi non approuvé, ce qui rendait l'acte nul dans son entier.

Les premiers juges pensèrent qu'il n'y avait pas lieu à appliquer les dispositions de l'art. 15 de la loi du 25 ventôse an 11, et rejetèrent la demande en garantie contre le notaire; mais, sur l'appel, le jugement fut infirmé, et le notaire fut condamné aux dommages-intérêts évalués à 1,105 fr. Nous rapportons les principaux motifs de l'arrêt :

« La Cour, vu les articles 14, 15 et 68 de la loi du 25 ventôse an 11, sur le notariat, et après avoir pris connaissance de la minute du testament dont il s'agit; — Attendu, dans le fait, qu'à l'inspection de cette minute, on demeure convaincu, 1°. qu'il y existe des marges beaucoup plus que suffisantes sur lesquelles le notaire pouvait et devait placer le renvoi qui a été mis à la fin de cet acte, et après la clôture; 2°. que ce renvoi qui se trouve posé au-dessus de la signature du notaire et des témoins, est écrit en lettres plus serrées que le corps de l'acte; 3°. qu'il n'a été approuvé, ni par les témoins, ni par le notaire, en conformité de l'art. 15 de la loi précitée; — Attendu que ce renvoi, important par lui-même, en ce qu'il tendait à valider le testament, nul dans sa rédaction, eut pour objet de réparer une omission qui en a fait prononcer la nullité par le jugement dont est appel, qui, en ce point, n'a pas été attaqué par les héritiers naturels de la testatrice; — Attendu que cette omission démontrée, constitue contre le notaire une faute grave, qui le rend passible des dommages-intérêts réclamés par la partie de Vissac; — Attendu, toutefois, que ces dommages-intérêts ne doivent pas excéder la perte qu'a éprouvée la partie de Vissac, par l'oubli du notaire, ou la faute grave qu'il a commise, en n'exécutant pas la disposition de la loi que son devoir et ses fonctions ne lui permettaient pas d'ignorer; et que s'il n'y a pas dol, il y a au moins, comme on l'a dit ci-dessus, faute grave et impéritie, de laquelle la partie intéressée ne doit pas être la victime. »

On peut voir cet arrêt dans le Journal des audiences de la Cour royale de Riom, année 1820, page 335. Nous pourrions en citer d'autres rendus dans le même sens; mais la connaissance en devient inutile, dès que la distinction que nous avons déjà proposée, est établie par celui que nous venons de rapporter. D'autres arrêts conformes ne lui donneraient pas une nouvelle force.

Nous devons avouer que dans ce qui vient d'être dit, on apercevra plus de sévérité que nous n'en avions montré dans le précédent numéro, au moins, en ce qui concerne les cas d'omission et d'impéritie; mais nous avons été conduits à cette sévérité par le résultat des arrêts des Cours royales, et surtout par celui de la Cour de cassation, du 14 mai 1822. · Nous ne nous expliquons pas sur les cas de dol ou de fraude qu'on pourrait reprocher au notaire, parce qu'il est trop évident qu'alors la responsabilité et la condamnation en des dommages-intérêts, ne peuvent éprouver aucune difficulté: il pourrait même, selon les circonstances, y avoir lieu à une inscription en faux, procédure qui, comme on le sent, est d'une tout autre importance.

2ᵉ édition, t. I, p. 416, 2ᵉ alinéa.
Les espèces dans lesquelles s'est présentée la question de savoir s'il résultait, ou non, de la manière dont le notaire s'était expliqué, que la loi eût été observée relativement à la *dictée* du testament par le testateur, se sont multipliées presque à l'infini. Nous croyons, sur des difficultés de cette nature, devoir renvoyer aux Recueils d'arrêts où l'on trouve toutes ces espèces retracées avec les arrêts qui ont été rendus. Mais nous indiquerons surtout le 17ᵉ volume du Répertoire de M. Merlin, au mot *Testament*, sect. 2, § 3, art. 2, pages 699 et suivantes. L'auteur y traite successivement dix questions qui se sont élevées à ce sujet. Il rapporte exactement les espèces, et les arrêts qui y sont intervenus. On y voit les trois arrêts que nous venons de rapporter dans ce n° et dans le n° 234. On sent bien que ces arrêts ne portent aucun changement aux principes que nous avons posés. Ils dérivent seulement des questions que le défaut d'observation de la loi faisait naître, et l'on sent aussi combien de nuances peuvent être produites par les suites de l'inattention ou de la négligence des notaires. Mais enfin, la loi étant mieux connue et étant alors pratiquée avec exactitude, ces nuances disparaîtront, et les principes qui auront été posés resteront, en même temps qu'ils seront suffisans.

2ᵉ édition, t. I, p. 417, 3ᵉ alinéa.
On peut voir dans le 17ᵉ vol. du Répertoire de M. Merlin, au mot *Testament,*

Testament, § 5, article 1er, n° 10, page 697, un arrêt de la Cour de cassation, du 11 novembre 1825, qui est conforme à tout ce qui vient d'être dit.

240 bis. *Observations nouvelles sur ces formes.* — *Arrêt important.*

2e édition,
t. 1, p. 432,
4e alinéa.

Cependant nous devons faire remarquer que la Cour de cassation a abandonné, et avec raison, ce système de rigueur dont nous avons présenté le tableau dans le n° 239, qui prêtait un si puissant appui à la chicane, ainsi que nous le faisons remarquer sur quelques points. Aujourd'hui, cette Cour juge constamment que la mention expresse de la lecture du testament au testateur en présence des témoins, peut résulter de l'ensemble des dispositions du testament. Telle est l'idée que nous donne, à ce sujet, M. Favard, dans son Répertoire, au mot *Testament*, sect. 1re, § 5, n° 25. Il serait inutile de faire ici la nomenclature des nombreux arrêts qui consacrent cette jurisprudence ; on les voit rapportés par M. Favard. Nous nous contenterons de citer le plus récent, qui est à la date du 6 avril 1824.

Le 25 avril 1806, testament public par lequel la demoiselle Crabos de Vidon institue le sieur Ducousseau de Baure son légataire universel. Ce testament contenait l'énonciation suivante : « Et lecture ayant été faite en présence des témoins ci-après, mot à mot, du présent testament à ladite demoiselle testatrice, a déclaré qu'il contient sa véritable volonté, et telle qu'elle nous l'a dictée ; écrit de moi, fait et passé et relu, le tout en présence, etc. »

Il est à remarquer, 1°. que la lettre *à* qui sépare le mot *testament* de ceux-ci, *ladite demoiselle testatrice*, se trouve surchargée ; 2°. qu'après les mots *écrit de moi*, il existe un renvoi du mot *notaire*, à la fin de l'acte, sans approbation expresse.

Ces deux circonstances ont été relevées par la demoiselle de Portets, héritière de la demoiselle de Vidon, ou plutôt par le sieur de Portets, légataire de la demoiselle de Portets. Il en a fait la base de trois moyens de nullité contre le testament ; il a prétendu que la surcharge de la lettre *à*, et la non approbation du mot *notaire*, rendaient cette lettre et le mot nuls, aux termes des articles 15 et 16 de la loi du 25 ventôse an 11 ; que dès lors la clause ci-dessus, par ces deux retranchemens, ne présentait

16

plus la mention de la lecture à la testatrice en présence des témoins, ni de la dictée par cette dernière au notaire rédacteur, ni enfin de l'écriture par ce dernier.

Ce système a été accucilli par le tribunal de St-Sever, qui a prononcé la nullité du testament par jugement du 26 août 1821. Mais sur l'appel interjeté par le sieur Ducousseau, la Cour royale de Pau, tout en admettant que la lettre *à* et le mot *notaire* dussent être retranchés de la clause ci-dessus transcrite, n'en a pas moins infirmé la décision des premiers juges, et ordonné l'exécution du testament, par arrêt du 21 août 1823.

Pourvoi en cassation par le sieur de Portets, fondé sur une triple violation de l'art. 972 du Code civil, savoir : Défaut absolu de mention de la lecture du testament à la testatrice ; — défaut de mention de la lecture à la testatrice, en présence des témoins ; — défaut de mention que l'écriture du testament fût celle du notaire. Mais la Cour de cassation a rejeté le pourvoi, par les motifs suivans : « La Cour, sur les premier et second moyens, considérant que si l'art. 972 du Code civil veut que le notaire rédacteur d'un testament insère, sous peine de nullité, la mention expresse que le testament a été lu au testateur en présence des témoins, il est vrai aussi que cet article n'a pas prescrit de termes sacramentels pour exprimer cette mention ; que dès lors le notaire ne se trouve pas assujetti à telle ou telle forme de rédaction, et qu'il suffit, pour que le vœu de la loi soit rempli, que cette mention résulte évidemment de l'ensemble des dispositions du testament ; — Considérant que, dans l'espèce, la clause du testament dont il s'agit doit, d'après l'arrêt, être réduite à ces termes : Et lecture ayant été faite en présence des témoins ci-après, mot à mot, du présent testament, ladite testatrice a déclaré qu'il contenait sa véritable volonté, et telle qu'elle nous l'a dictée ; *écrit de moi*, fait et passé et relu en présence des témoins, etc. ; — Considérant que de ces termes qui ne forment qu'une même contexture de phrase, qui sont corrélatifs et inséparables, comme aussi des autres énonciations du testament, la Cour royale de Pau a pu et dû conclure, comme elle l'a fait, qu'ils renfermaient la mention de la lecture du testament à la testatrice en présence des témoins, conformément à la loi, et qu'en interprétant ainsi la clause du testament, cette Cour n'a violé aucune loi.

» Sur le troisième moyen, considérant que les mots, *écrit de moi*, qui se trouvent à la fin du testament, ne peuvent se rapporter qu'au

notaire qui l'a reçu, et qu'en jugeant suffisante cette manière d'énoncer
que le testament a été écrit par ledit notaire, la Cour royale en a fait une
juste application. Rejette. » L'arrêt est rapporté par Sirey, tome 25,
1re partie, page 32. Nous remarquons qu'il l'est encore par M. Favard,
loco citato.

Cet auteur rappelle plusieurs questions d'équipollence qui se sont
élevées sur l'accomplissement ou sur le défaut des formes prescrites par
la loi, soit pour constater que le testament avait été lu au testateur, soit
pour constater que cette lecture avait été faite en présence des témoins.
M. Merlin traite encore plusieurs questions relatives à ces deux objets,
dans le 17e vol. du Répertoire, au mot *Testament*, sect. 2, § 3, art. 2,
n° 3, pages 705 et suivantes. Il y rappelle les arrêts que nous avons cités,
et on peut s'y former des idées sur ces difficultés, que nous regardons
au surplus comme transitoires ou passagères, parce qu'elles disparaîtront,
ou qu'elles ne pourraient que faire place à de nouvelles hypothèses, dont
la différence donnerait lieu à d'autres décisions.

242 bis. *Observations nouvelles à ce sujet. — Arrêt. — Cas particulier sur*
l'impossibilité de signer après l'avoir essayé.   2e édition, t. I, p. 439, 4e alinéa.

Le principe de la mention de la cause qui a empêché de signer a été
justement appliqué par un arrêt de la Cour royale de Toulouse, en date
du 5 *avril* 1818, rapporté dans Sirey, tome 23, 2e partie, page 68, dans
une espèce particulière.

Le testament qui faisait naître la difficulté se terminait ainsi : « Et
» ladite testatrice qui avait été requise par nous notaire, de signer le
» présent, et qui avait cru pouvoir le faire, ayant essayé de signer, n'a
» pu compléter sa signature, ainsi qu'il résulte de l'essai ci-à-côté, de
» quoi elle nous a requis de lui concéder acte, comme aussi nous lui
» avons fait lecture de la présente déclaration. »

La Cour a considéré qu'il ne suffisait pas de dire dans un testament où
manque la signature de son auteur, que celui-ci n'a pu signer, ou même
a déclaré ne pouvoir signer ; qu'il faut en outre y exprimer la cause pour
laquelle le testateur a déclaré être empêché de le signer : l'on doit du
moins y ajouter pourquoi il ne l'a pas pu ; que si le commencement de
sa signature laisse entrevoir que la testatrice eut d'abord la volonté et le

pouvoir de signer, l'on peut aussi, de ce qu'elle n'acheva pas sa signature, conclure que cette volonté et ce pouvoir ne tardèrent pas à prendre fin, sans néanmoins qu'on sache le motif et la cause qui les firent cesser.

Ces motifs sont calqués sur la loi elle-même, et ils deviennent plus sensibles encore, si l'on fait attention au changement de législation qui a été introduit sur ce point par l'art. 973 du Code civil : en effet, l'ordonnance de 1735 (art. 5) exigeait seulement la mention de la déclaration par le testateur, qu'il ne savait ou ne pouvait signer ; au lieu que l'article 973 du Code civil, exige de plus la mention de la cause qui l'a empêché de signer.

Cette législation est spéciale aux testamens ; car, pour les actes notariés ordinaires, l'article 14 de la loi du 25 ventôse an 11 exige seulement que les parties déclarent ne savoir *ou ne pouvoir signer,* sans indication de la cause de cette impossibilité.

Ces nouvelles observations confirment de plus en plus l'opinion que nous avons émise, que la mention de la cause qui empêche le testateur de signer doit être faite de manière à ne laisser aucun louche.

Mais tout ce qui a été dit dans le n° 242 sur la mention de la déclaration de ne savoir ou de ne pouvoir pas signer, concerne le testateur. Les règles ne sont pas les mêmes par rapport aux témoins, dans le très-petit nombre de cas où le Code civil n'exige pas que le testament soit revêtu de leur signature. On saisit facilement les différences des dispositions du Code civil pour le testateur et pour les témoins. On peut voir au surplus ce que dit à ce sujet M. Merlin, 17ᵉ vol. de son Répertoire, au mot *Signature,* § 3, art. 2, n° 1ᵉʳ, page 559, et art. 3, page 581.

2ᵉ édition, t. I, p. 440, 1ᵉʳ alinéa. Ce que nous venons de donner en principe, est plutôt conforme que contraire à ce que dit M. Merlin, 17ᵉ vol. du Répertoire, au mot *Signature,* § 3, art. 2, n° 11, page 571, et encore, art. 3, n° 1ᵉʳ, page 576 et suiv. Sa discussion, sans détruire le principe, prouve seulement combien les difficultés peuvent se multiplier par l'inobservation de tout ce qui est plus régulier.

2ᵉ édition, t. I, p. 444, 1ᵉʳ alinéa. 243 bis. *Du cas où le testateur, quoiqu'il sût signer, déclarerait qu'il ne le sait pas. — Du cas où il en aurait perdu l'habitude.*

La déclaration de ne savoir signer équivaut à la signature ; elle est la

seule ressource de celui qui ne sait pas signer, pour constater que le
testament est l'ouvrage de sa volonté toute entière. Mais si, sachant
signer, le testateur déclare faussement qu'il ne le sait pas, le testament
sera-t-il nul? il n'en faut point douter. L'ancienne jurisprudence nous
offre jusqu'à sept arrêts de différens parlemens qui l'ont ainsi décidé, et
qui se trouvent rapportés par M. Merlin (Questions de droit, 5ᵉ édition.
vᵒ *Signature*, § 5).

Voici comment Raviot sur Périer, justifie cette jurisprudence, en
citant un arrêt du parlement de Dijon. « Celui qui sait signer et dit qu'il
» ne le sait pas, fait un acte faux et nul. Il est à présumer qu'il a dis-
» posé contre son gré, ou plutôt qu'il n'a pas voulu disposer, puisqu'il
» ne donne pas à son acte cette preuve et ce témoignage de sa volonté
» qu'il pouvait lui donner. Il ne lui a point imprimé ce sceau de vérité
» et de liberté qui était entre ses mains, et qui consiste principalement
» dans la signature de celui qui sait signer. »

Ces motifs évidemment fondés en raison, appartiennent à toute bonne
législation ; aussi nous voyons qu'ils ont été adoptés sous l'empire du
Code civil par les Cours royales. La Cour de Grenoble et celle de Trèves
ont, par trois arrêts successifs, annulé des testamens faits dans de pareilles
circonstances ; et depuis même que la Cour de Bruxelles est séparée de
la France, la question s'étant présentée devant elle, y a reçu la même
décision. (Pour les arrêts de Grenoble et de Trèves, voyez Sirey, tome 11,
2ᵉ partie, page 577 et 460, et pour l'arrêt de Bruxelles, voyez M. Merlin,
loco citato, à la note.)

Si le testateur qui a déclaré ne savoir signer, en avait effectivement
perdu l'habitude, s'il ne signait plus, le testament qu'il aurait fait serait
valable, parce qu'alors il n'y a point de fausse déclaration et par conséquent point d'équivoque sur sa volonté ; on ne peut dire qu'il a testé
contre son gré, ou qu'il n'a pas voulu tester. M. Merlin *(ibid.)* énumère
plusieurs arrêts confirmatifs de ce principe ; et au mot *Testament*, § 10
du même ouvrage, il cite un arrêt semblable de la Cour de cassation,
rendu le 8 messidor an 11, au sujet du testament de Léonard Fellonneau,
fait le 30 août 1783. Le motif de l'arrêt qui concerne notre question est
ainsi conçu : « Attendu, sur le premier moyen, qu'étant constaté en fait
» par le jugement attaqué que Léonard Fellonneau avait, depuis 1751,
» perdu l'habitude de signer, et qu'il ne le savait plus, ce qui est dé-

» montré par l'inspection de trente-huit actes dans lesquels il avait dé-
» claré ne savoir signer, la déclaration semblable faite dans son testa-
» ment ne s'écarte en rien du vœu de l'art. 5 de l'ordonnance de 1735. »

Quoique cet arrêt ait été rendu sous l'ancienne législation, il nous paraît hors de doute qu'il doit être suivi sous la nouvelle.

Au surplus, les questions de savoir si les formalités de la nature de celles dont nous nous occupons, d'après les vrais principes fondés sur les dispositions de la loi, sont devenues tellement nombreuses qu'il est difficile de les suivre ; nous pensons d'ailleurs que cela est inutile. Ce sont des nuances particulières sur lesquelles les tribunaux n'auraient point à prononcer si les notaires se conformaient exactement au Code civil. Il s'agit alors d'examiner la question telle qu'elle résulte de la teneur des actes. Il s'ouvre une vaste carrière aux interprétations. Il nous suffit, en pareil cas, d'indiquer les sources où l'on pourra trouver les arrêts qui ont jugé dans toutes les circonstances particulières qui présentent plus ou moins d'inexactitude à se conformer à la loi.

Or, M. Dalloz, dans son Journal des audiences, tome 22, page 173 et suivantes, rapporte une foule d'arrêts qui font connaître ces circonstances. Ils sont rendus, soit par les Cours royales, soit par la Cour de cassation ; ils ont ensuite été rapportés avec quelques autres dans plusieurs ouvrages de jurisprudence, et notamment dans le 17ᵉ vol. du Répertoire de M. Merlin, aux mots *Signature* et *Testament*. Nous avons rapporté ceux qui nous ont paru les plus utiles, et qui pouvaient donner un nouveau poids aux principes que nous exposions.

Avant de terminer ce numéro, nous croyons utile de faire remarquer que, si la fausse déclaration de ne savoir signer était faite dans un acte emportant des obligations réciproques, elle ne saurait faire annuler cet acte ; le motif de cette décision se sent aisément. Il ne peut en effet dépendre d'une des parties de se ménager, par ce moyen frauduleux, la faculté de se soustraire envers l'autre partie à des engagemens contractés de bonne foi : *Fraus sua nemini patrocinari debet.* C'est ainsi que l'a décidé la Cour de cassation, par son arrêt du 30 messidor an 11, sur des motifs qui font bien sentir la différence que l'on doit faire, au sujet de notre question, entre un testament qui est un acte unilatéral, et les actes synallagmatiques. Il s'agissait, dans l'espèce, d'une donation mutuelle faite entre les époux Château-Challon. La dame Château-Challon avait déclaré ne

savoir signer, quoiqu'il fût constant qu'elle savait le faire. Après le décès de son mari, elle réclama l'exécution de la donation. Mais la veuve Maillard et les autres héritiers du mari demandèrent la nullité de cette donation, se fondant, entre autres moyens, sur la fausse déclaration faite par la dame Château-Challon. La nullité fut prononcée par le tribunal civil de Loches ; mais son jugement fut réformé par la Cour d'Orléans, et le pourvoi contre l'arrêt de cette Cour, malgré les conclusions de M. Merlin, qui rappelait les arrêts de l'ancienne jurisprudence relatifs aux testamens, fut rejeté, notamment par le motif, « qu'il n'y a rien à conclure des ju-
» gemens et arrêts cités, qui ont été rendus dans des circonstances par-
» ticulières et *sur des actes testamentaires* dans lesquels un seul stipule,
» et où l'obsession peut facilement se présumer ;
» Que dans un acte synallagmatique, la partie qui aurait fait une dé-
» claration inexacte de ne savoir signer, ne pourrait évidemment s'en
» prévaloir, et se jouer de la bonne foi de l'autre partie, en refusant
» d'exécuter les obligations authentiquement consenties ; qu'elle doit,
» par parité de raison, profiter de celles souscrites à son profit. » (Voyez M. Merlin, Quest. de droit, 3ᵉ édition, vᵒ *Signature*, § 3.)

244 bis. *Arrêts rendus sur la première question traitée au numéro précédent.* 2ᵉ édition, t. I, p. 448, 2ᵉ alinéa.

Lorsque nous traitions, dans le numéro précédent, la question que faisait naître la manière dont l'illustre Massillon, évêque de Clermont, avait signé son testament, nous écrivions à une époque très-rapprochée de l'émission du Code civil ; nous n'étions aidés d'aucun élément de jurisprudence : aucun arrêt n'était alors connu sur la difficulté. Il n'est donc pas étonnant que nous n'ayons pu nous expliquer d'un ton affirmatif. Cependant c'était émettre de notre part une opinion pour la validité du testament, que de dire : *Il semblerait bien qu'en général le testament devrait avoir son effet, quand le testateur signe comme il a signé toute sa vie dans les actes.* Or, cette opinion a été pleinement confirmée par des arrêts rendus depuis la seconde édition de notre Traité.

Le Recueil qui, le premier, a fait connaître la jurisprudence formée sur cette importante question, est celui de Sirey. Il s'agissait du testament de M. l'évêque de Bayonne, dont le nom était *Jean-Jacques Loison*. Il avait apposé sur son testament olographe sa signature, qui se composait uniquement d'une croix, de deux J et de l'énonciation de sa qualité. Le testament qui fut attaqué par les motifs par lesquels on contestait celui de M. Massillon, fut validé par un arrêt de la Cour royale de Pau, du 13 juillet 1822, que l'auteur du Recueil rapporte, tom. 22, 2ᵉ part., page 337 ; et le pourvoi contre cet arrêt fut rejeté par arrêt de la section des requêtes, du 23 mars 1824, que l'auteur rapporte, tome 24, pag. 245. C'est dans cette dernière partie du Recueil, que l'on voit le plaidoyer de M. Teste-le-Beau, avocat de l'héritière qui demandait la nullité du testament. Ce plaidoyer présente un tableau exact et intéressant des lois anciennes et modernes, qui prescrivaient la signature des actes du nom de famille, c'est-à-dire, du nom propre, ou de tout autre nom, pourvu qu'on eût été autorisé à le porter par une loi. Mais il n'y a pas de règle, quelque générale qu'elle soit, qui n'ait des exceptions, parce qu'il y a des équivalens tellement précis qu'ils suppléent à la chose même, qui deviennent un véritable nom, sur lequel il est impossible de se méprendre.

Ainsi la Cour royale de Pau valida le testament par des motifs concluans : ils sont rapportés avec l'arrêt, par Sirey ; ils le sont encore par M. Merlin, 17ᵉ volume de son Répertoire, au mot *Signature*, § 3, article 4, n° 2. Il nous suffit de renvoyer à l'un et à l'autre. Nous nous bornons à rapporter l'arrêt de la Cour de cassation : « Attendu que l'arrêt déclare, sur le vu des différentes pièces souscrites par le testateur, que la signature étant au bas du testament litigieux, est celle qu'il employait habituellement dans tous les actes qu'il souscrivait, et qu'ainsi, en déclarant ce testament valable, la Cour royale de Pau ne s'est mise en opposition avec aucune des lois invoquées. »

Nous pensons que ce qui a été jugé relativement au mode de signer des évêques, doit également avoir lieu, ainsi que nous l'avions dit, pour les signatures de tous autres particuliers quelconques, quels que soient les actes qu'ils signent. Il y a les mêmes motifs de décision, lorsqu'ils ont signé un testament de la manière dont ils ont signé toute leur vie. Cela résulte de deux des motifs de l'arrêt de la Cour royale de Pau :

« Attendu que le but unique du législateur, en prescrivant la signature, a été que *la personne* et les dispositions du testateur fussent certaines ; — que c'était par cette signature qu'il (le testateur) était reconnu, et qu'il certifiait habituellement des actes civils et ceux de son ministère, ainsi que cela résulte de plusieurs actes authentiques remis au procès. »

Nous

Nous tirons les mêmes inductions de ce que disait *Bannelier*, cité par M. Merlin, *loc. cit.*, n° 1ᵉʳ, qu'il devait se faire une exception à la règle prescrite par l'ordonnance de 1629. C'est, disait-il, lorsque le testament se trouve signé en la même forme et sous la même désignation que le contrat de mariage, et que tous les actes les plus importans qu'aurait passés le testateur toute sa vie : *sic agebat, sic contrahebat*. Aussi le même auteur cite d'anciens arrêts qui confirmaient l'exception, et qui avaient été rendus par le parlement de Dijon.

Mais nous pouvons invoquer, à l'appui de notre opinion, un arrêt important rendu sur la question même, par la Cour royale de Bourges, le 19 août 1824. Il ne s'agissait pas, dans l'espèce, de la signature d'un prélat, mais bien de celle d'un simple particulier, apposée au testament qui fut confirmé. L'arrêt est rapporté dans le Journal des audiences de M. Dalloz, tom. 25, 2ᵉ partie, pag. 62. On connaîtra tout ce qu'il est nécessaire de savoir sur la question, en rapportant les motifs de l'arrêt :

«Considérant, 1°. que le nom de famille du testateur était *Marie ;* que l'on trouve, dans un grand nombre d'actes publics, le nom de *Marie d'Avigneau* ; mais que l'habitude de prononcer ce dernier nom, faisait regarder celui de *Marie* comme seulement patronimique ; et qu'en effet, le testateur, et l'appelant lui-même, qui est son frère, n'est connu partout que sous le nom *d'Avigneau ;* que c'est sous ce dernier nom seulement, que le brevet d'une pension a été accordé par le Roi au testateur, pour ses services, et que le titre de chevalier de St-Louis lui a été conféré ; qu'il en est de même de l'inscription de sa pension aux registres, de l'inventaire par lui fait, les 28 et 29 mars 1821, et d'un grand nombre d'actes dans lesquels le nom seul *d'Avigneau* est porté, et non celui de *Marie ;* que si l'on examine les quittances par lui données de sa pension, les actes signés par lui comme maire de sa commune, les baux qu'il passait, etc., on n'y trouve que le nom *d'Avigneau ;* en sorte que l'opinion publique ne s'était arrêtée qu'à ce seul nom ; que le but du législateur, en prescrivant la signature, a été que la personne du testateur fût connue ; et que la foi publique serait trompée, si le nom qu'il s'était donné et qu'il portait toujours dans sa vie publique et privée, ne suffisait pas pour le faire reconnaître. »

On peut encore s'aider, pour appuyer notre opinion, d'un arrêt de la Cour de cassation, du 30 janvier 1824, rapporté par M. Favard, dans son Répertoire, au mot *Signature*, § 1ᵉʳ, n° 8. Quoique cet arrêt ait été rendu à l'occasion de la signature d'un employé de la régie des contributions indirectes, apposée au bas d'un procès verbal tendant à constater une contravention, il ne laisse pas d'y avoir une analogie entre cette espèce et celle dont il s'agit. Aussi cette analogie est reconnue par M. Favard lui-même.

Mais nous pensons que le testament d'un simple particulier, auquel il aurait seulement apposé pour signature deux ou trois lettres initiales de ses noms et prénoms, ne pourrait être validé, même quand il aurait toujours, ou presque toujours, signé de cette manière. Quelques lettres, de l'alphabet réunies ne sauraient former un nom, et par conséquent une signature; et un usage précédent, quelqu'ancien et quelqu'uniforme qu'il eût été, ne serait qu'un abus qui ne pourrait en autoriser d'autres. On serait fondé à dire qu'on a pris mal à propos pour signature ce qui n'en était pas une. Tel est le résultat de ce que dit M. Merlin, *loco citato*, n° 2. « Dès que pour être censé signer un acte, dit-il, il faut y apposer son nom, il est bien clair qu'il y faut apposer toutes les lettres alphabétiques dont ce nom se compose; et qu'un testateur ne serait pas censé signer son testament, s'il n'y apposait que, soit ses prénoms ou l'un de ses prénoms, soit les lettres initiales de son nom seulement, ou de ses prénoms et de son nom, ou seulement de ses prénoms. » Il cite plusieurs arrêts qui l'ont jugé, et notamment un arrêt du 26 octobre 1658, rapporté par le président Wynautz, qui déclara nul le testament de Marie Renée de Baronage, parce qu'il n'était signé par elle que des lettres M.R.B. Il fait encore mention d'un autre arrêt sans date, rapporté par le même magistrat, qui avait pareillement déclaré nul un testament que le testateur n'avait souscrit que des deux ou trois premières lettres de son nom et de ses prénoms; et il est ajouté, qu'il est à remarquer que c'était dans une espèce où étaient représentées des lettres missives et divers actes que le testateur avait signés de la même manière.

« Mais, continue M. Merlin, il y a tout lieu de croire que s'il eût été prouvé que le testateur ne signait pas seulement ainsi des lettres missives, que les actes qu'il avait encore signés de même, étaient importans, et qu'il ne signait pas habituellement d'une autre manière, ce testament eût été déclaré valable. Telle paraît, du moins, être la conséquence de l'exception, par laquelle nous avons vu au numéro précédent, qu'est limitée la règle générale, qui n'admet pour signature que l'apposition du véritable nom de famille du testateur. »

Or, nous ne saurions admettre cette opinion : ce serait violer trop ouvertement la loi, et pousser l'abus jusqu'à l'excès. Il y aurait d'ailleurs un grand inconvénient qui résulterait de la facilité qu'aurait tout autre que le testateur, d'apposer sur un simple projet de testament olographe non signé, les lettres initiales d'un nom ou d'un prénom. En effet, ces lettres ne seraient pas susceptibles d'être vérifiées, afin de savoir si elles seraient, ou non, parties de la main du testateur ; car on sent combien il serait aisé de contrefaire des lettres dont on voudrait faire résulter une signature. On ne pourrait comparer, avec quelque espoir d'en tirer une certitude, cette prétendue signature, soit avec le corps du testament écrit de la main du testateur, soit avec d'autres actes écrits aussi de sa main. Il n'est pas dans l'esprit de notre législation, de livrer les disposition de dernière volonté à des attestations aussi fragiles. Nous pensons même qu'aucun notaire ne tolérerait l'apposition de lettres simplement initiales, pour tenir lieu de signature, soit sur l'acte de suscription d'un testament, soit sur tout autre acte.

Immédiatement après le passage de M. Merlin, que nous venons de rapporter, il vient, pour appuyer son opinion, au testament de M. Massillon et à celui de M. l'évêque de Bayonne, et, à ce sujet, il cite l'arrêt de la Cour royale de Pau, et celui de la Cour de cassation, qui l'a confirmé.

Mais, outre que des exceptions à une règle doivent être plutôt limitées qu'étendues, il n'y a pas de parité entre l'espèce proposée par M. Merlin, et celles des testamens de ces deux prélats. Dans ces dernières espèces, il n'y a pas seulement des lettres initiales, il y a de plus l'écriture de leur qualité d'évêque, et du nom de leur diocèse. Or, on voit là un supplément de nom, l'énonciation d'une qualité qu'on identifie avec un nom qui, en un mot, fait reconnaître d'une manière certaine le testateur ; et dans tout cela il existe un corps d'écriture qui peut fournir matière à une vérification, et qui peut rendre sans effet les tentatives d'une falsification.

Il n'y a pas non plus, et par les mêmes raisons, de parité entre l'espèce proposée par M. Merlin, et celle de l'arrêt de la Cour royale de Bourges, du 19 août 1824, que nous avons cité.

17*

2ᵉ édition,
t. I, p. 451,
2ᵉ alinéa.

245 bis. *Observations nouvelles sur cette question.*

Les difficultés que nous avions éprouvées sur ce qu'on devait entendre par ce mot *campagnes*, n'ont pu encore être vaincues. M. Favard, dans son Répertoire, au mot *Signature*, § 4, n° 7, rapporte l'arrêt de la Cour d'appel de Turin que nous venons de citer. Il en indique un autre de la Cour royale de Douai, du 1ᵉʳ juin 1812. Dans l'espèce de cet arrêt, François Petit avait fait son testament, le 17 mai 1809, dans la commune d'Auxi-le-Château ; un seul notaire l'avait reçu, assisté de quatre témoins, dont deux seulement signèrent.

Après le décès du testateur, les héritiers attaquèrent le testament de nullité, comme n'ayant été signé que par deux témoins. Un jugement le reconnaît valable, et en ordonne l'exécution.

Sur l'appel, ce jugement a été confirmé, « attendu que l'article 974 du Code civil, a employé le mot *campagne*, par opposition au mot ville, et qu'Auxi-le-Château ne peut être considéré comme ville. »

Cet arrêt obscurcit la question plus qu'il ne l'éclaire. On sent tout l'arbitraire que présente le système qu'il admet, que tout ce qui n'est pas *ville* est campagne, abstraction faite de toutes circonstances, et surtout de l'état de la population. Ce sytème pourrait mener à des conséquences qui seraient contraires à l'esprit de la loi.

Mais nous connaissons un arrêt de la Cour de cassation, du 10 juin 1817, qui improuve ce système, en même temps qu'il répand quelques lumières sur la difficulté. Un testament avait été passé dans la commune de Commequiers, qu'on disait avoir eu le titre de ville, et qui, dans le Dictionnaire géographique de Vosgien, était qualifiée de petite ville du Poitou. Sur quatre témoins, deux seulement avaient signé. Le tribunal des Sables-d'Olonne avait déclaré le testament valable, sur le fondement que tout *ce qui n'est pas ville doit être réputé campagne.* Sur l'appel, la Cour royale de Poitiers regarda le principe comme étant trop général. Elle confirma le testament, mais sur des motifs plus précis et plus analogues à la difficulté. Elle dit qu'on doit se renfermer strictement dans le sens de l'article 974 du Code civil, et que Commequiers ne possède ni justice de paix, ni bureau de poste, ni foires, ni marchés ; que la population en est faible, et que, par toutes ces circonstances, la dénomination de campagne lui est applicable.

L'arrêt rendu sur le pourvoi en cassation, chambre des requêtes, est remarquable : « Attendu que la Cour de Poitiers n'a point adopté le principe, que *tout ce qui n'est pas ville doit être réputé campagne*, professé par les premiers juges ; mais qu'en appréciant plusieurs circonstances dont il fait l'énumération, l'arrêt en a inféré que la dénomination de *campagne*, employée par l'article 974 du Code civil, était applicable à la commune de Commequiers, d'où il suit que l'arrêt n'a point violé la disposition de cet article ; — Rejette. »

On doit tirer de cet arrêt la conséquence que la décision de ces difficultés dépend d'une foule de circonstances locales qui doivent être appréciées par les magistrats, mais dont il est impossible de fixer le nombre et la nature.

Remarquons que si c'est un des principes fondamentaux pour la sûreté et la certitude des dispositions de dernière volonté, et par conséquent pour la validité du testament, que les témoins soient présens à sa confection, il n'est cependant pas nécessaire que le testament contienne la mention expresse et spéciale que les témoins ont été présens à chacune des formalités qui le composent, telles que la dictée et l'écriture. Il suffit, à cet égard, pour remplir le vœu de l'article 971, de la clause générale, *fait en présence des témoins*. La mention expresse et particulière de la présence des témoins n'est exigée par l'art. 972 que pour la lecture seulement. Nous en avions déjà fait succinctement l'observation dans le cours de cette section, et cela est établi par M. Merlin, Répertoire, v° *Testament*, sect. 2, § 3, art. 2, n° 4 *bis*, 4ᵉ édition. C'est encore un des points jugés par la Cour royale de Metz, par son arrêt du 19 décembre 1816, rapporté par Sirey, tome 18, 2ᵉ partie, page 325.

2ᵉ édition, t. I, p. 451, 4ᵉ alinéa.

247 bis. *Nouvelles observations à ce sujet.*

2ᵉ édition, t. I, p. 454, 4ᵉ alinéa.

Nous avons traité dans le nᵒ précédent, deux questions ; la première est relative aux qualités que doivent avoir les témoins appelés pour assister à un testament : la seconde concerne leur domicile.

Par rapport à la première question, nous avions fait remarquer, avec raison, la différence importante qui existe, à cet égard, entre les témoins du testament, et ceux des actes ordinaires. Ceux-ci, d'après l'art. 9 de la loi sur le notariat, doivent être CITOYENS FRANÇAIS, *sachant signer, et domiciliés dans l'arrondissement communal où l'acte sera passé;* au lieu que les premiers, d'après l'art. 980 du Code civil, doivent seulement, outre la qualité de mâles et de majeurs, être *sujets du Roi, jouissant des droits civils :* différence que nous avons expliquée. Mais nous avions donné trop de créance à l'arrêt de la Cour d'appel de Turin, du 10 avril 1809, que nous avons cité, lequel avait jugé qu'un étranger, domicilié à Turin depuis plus de vingt ans, et qui y jouissait des droits civils, avait pu être témoin d'un testament.

M. Merlin, 17ᵉ volume du Répertoire, au mot *Témoins instrumentaires,* § 2, n° 3, a fait une forte dissertation contre cet arrêt. Il y démontre solidement qu'un étranger, quoique demeurant en France, qui ne peut être Français d'origine, qui ne pourrait en avoir les prérogatives que par la naturalisation, n'a pas la qualité requise pour être témoin d'un testament. Il n'est pas *sujet du Roi.* Le titre de *sujet du Roi,* est un titre d'honneur. Le témoin doit l'avoir, parce qu'en cela il exerce une fonction publique. M. Merlin met en opposition à l'arrêt de la Cour d'appel de Turin, plusieurs autres arrêts de Cours royales, et notamment l'arrêt de la Cour de cassation, du 23 janvier 1811, que nous avions cité nous-mêmes, et dont nous n'avions pas apprécié tout l'effet qu'il doit avoir, d'après les idées dont nous étions alors préoccupés (1).

***

(1) Lorsque nous composions la première édition de notre Traité, ce qui était en 1805 et 1806, on ne s'était pas généralement formé des idées nettes et précises sur la question dont il s'agit. La comparaison des termes de l'art. 40 de l'ordonnance de 1735, avec ceux du Code civil, qui ne sont pas les mêmes, fournissait matière aux doutes. Il y avait eu des formes établies sous la révolution, afin d'acquérir le droit de citoyen français, c'est-à-dire, les droits politiques, qui ne laissaient pas de répandre quelque obscurité sur la distinction de ce droit d'avec celui de Français simplement. On voit dans un arrêt de la Cour royale de Bourges, du 19 août 1824, rapporté par M. Dalloz, vol. 25, 2ᵉ partie, page 62, que cette Cour déclara, relativement à une vente qui était attaquée sur le fondement de l'incapacité d'un des témoins, parce qu'il ne s'était pas fait *inscrire sur le registre civique,* que *cette formalité est tombée en désuétude.* Tout cela faisait naître des difficultés, qui ont été applanies par les réflexions ultérieures et par la jurisprudence des arrêts. Aussi remarque-t-on des traces de ces difficultés dans l'arrêt de la Cour d'appel de Turin.

Il est même à propos de mettre ici sous les yeux, l'espèce et le dispositif de cet arrêt, que nous nous étions contentés d'indiquer. On voit l'un et l'autre dans le Recueil de Denevers, et dans le Répertoire de M. Favard, au mot *Testament*, sect. 1re, § 3, n° 6.

« Le 10 mars 1806, le testament du sieur Blary est reçu par deux notaires en présence de deux témoins. L'un des témoins était le sieur Favre, Suisse d'origine. — Les héritiers attaquent le testament, par le motif que ce témoin n'avait pas, comme étranger, la capacité nécessaire. — Les légataires ont répondu que le sieur Favre résidait en France depuis plusieurs années, s'y était marié, y avait formé un établissement de commerce, qu'il jouissait de tous les droits civils ; que d'ailleurs les traités diplomatiques assuraient aux Suisses tous les priviléges des sujets de l'État. — Le 30 août 1808, jugement du tribunal de première instance de Nantes, qui déclare le testament nul ; et sur l'appel, arrêt confirmatif du 11 août 1809, motivé sur ce que le sieur Favre, admis à jouir des droits civils en France, n'est pas naturalisé Français ou sujet du Roi, comme le veut l'article 980 du Code. — Recours en casssation de la part des héritiers institués ; et, par arrêt du 23 janvier 1811, au rapport de M. Lombard,

» Vu l'art. 3 de la Constitution de l'an 8, et les art. 971, 980, et 1001 du Code,

» Attendu qu'en jugeant que David Favre, Suisse d'origine, n'ayant point déclaré son intention de vouloir fixer son domicile en France, où il n'a pas même résidé pendant dix ans, n'était pas sujet du Roi (1) ; et en annulant le testament de Jean-Louis Blary, parce que ledit Favre y a été l'un des deux témoins appelés, la Cour d'appel de Rennes a fait une juste application de l'article 3 de la constitution de l'an 8, et des articles 971, 980 et 1001 du Code civil : — La Cour rejette..... »

Ainsi la question se simplifie infiniment, et tout revient à ce résumé de M. Merlin : « Tenons donc pour bien constant que l'article 980 du

---

(1) La première rédaction du Code portait *républicoles;* dans la deuxième, sous laquelle l'arrêt a été rendu, on substitua à ce mot, ceux de *sujets de l'Empereur;* dans la troisième, il fut dit *sujets du Roi*, comme cela devait être. Nous croyons devoir suivre la troisième rédaction, sans considérer l'époque de l'arrêt.

Code civil , en n'admettant à la fonction de témoins testamentaires que les *sujets du Roi*, en exclut les étrangers , n'importe qu'ils demeurent en France, ou qu'ils n'y demeurent pas. » M. Favard s'explique aussi en ces termes : « Ainsi il n'y a aucun doute que celui qui n'est pas *Français ou naturalisé Français*, ne peut être témoin dans un testament, encore bien que , comme étranger , il soit admis *à jouir des droits civils en France.* » Il avait dit auparavant que l'article 980 du Code exclut « ceux qui ne sont pas Français ou naturalisés Français ; car ceux qui ne le sont pas , peuvent bien être admis par le Gouvernement à établir leur domicile en France , et à y jouir des droits civils, mais ils ne sont pas pour cela *sujets du Roi.* Ce titre n'appartient qu'aux Français d'origine, ou naturalisés. »

Mais le testament devrait-il être déclaré nul, si le témoin appelé était généralement regardé comme Français, sujet du Roi, sans l'être réellement, et si c'était par l'effet de cette erreur commune , et de bonne foi , qu'on lui eût fait exercer cette fonction ? Nous traitons cette question au n° 256 , auquel nous renvoyons.

Venant à la seconde question, nous avons dit que les témoins appelés pour les testamens, ne doivent pas être *domiciliés dans l'arrondissement communal où l'acte sera passé*, quoique cela soit exigé pour les actes en général , par l'art. 9 de la loi sur le notariat, et nous en avons donné les raisons. Nous ne pouvions pas nous fonder sur des arrêts, parce qu'alors il n'y en avait pas de connus ; mais tout ce que nous avons dit sur cette question , doit demeurer pour vrai.

Cependant M. Favard , *loc. cit.*, n° 5 , après avoir examiné la question , après avoir rapporté les différentes opinions qui s'étaient formées sur la manière de la décider, pense que les témoins appelés à un testament, doivent, à peine de nullité , être domiciliés dans l'arrondissement communal. Il se fonde sur ce que, dans le silence du Code sur le domicile des témoins testamentaires , ce point doit être réglé par la loi sur le notariat. Telle est encore l'opinion de M. Toullier, tome 5 ; n° 397.

On ne nous soupçonnera pas de manquer de déférence pour les opinions de ces deux auteurs ; mais nous ne saurions être de leur avis. D'ailleurs, l'opinion que nous avons émise a été confirmée par une foule d'arrêts qui sont rapportés par M. Merlin, *loco citato*. Il y en a un de la Cour royale de Limoges, du 7 décembre 1809 ; deux de la Cour royale

de

de Caen , des 19 août et 11 novembre 1812 ; un de la Cour royale de
Douai, du 27 avril de la même année ; un de la Cour royale de Paris,
du 18 avril 1814 ; et un de la Cour royale de Rouen , du 16 novembre 1818.

Il paraîtrait que, dans les éditions précédentes du Répertoire ,
M. Merlin avait été d'avis que, pour les testamens, les témoins devaient
être domiciliés dans l'arrondissement communal , par application de la
loi sur le notariat; il dit que cela avait été ainsi jugé par un arrêt de la
Cour d'appel de Bruxelles ; mais il ajoute aussitôt : « Il faut cependant
convenir que l'opinion contraire a prévalu dans la jurisprudence » ; et c'est
pour l'établir qu'il indique les arrêts que nous venons de citer , avec les
sources où ils ont été puisés.

Il y a plus , M. Merlin dit que la Cour de Bruxelles est revenue à
cette opinion, et qu'elle l'a consacrée par deux arrêts qu'elle a rendus ;
l'un comme Cour d'appel, l'autre comme Cour de cassation. Il rapporte
l'espèce et les deux arrêts, dont l'un est du 5 juin 1816, l'autre, du
19 février 1819. Nous croyons qu'il serait inutile de les faire trancrire
ici , dès qu'on peut les voir dans le Répertoire ; mais nous faisons observer
que ces deux arrêts sont remarquables , par le soin qui a été porté à leur
rédaction, et par la solidité des raisonnemens et des principes qui en font
la base.

253 bis. *Cas particuliers sur cette question.*

La loi n'ayant pas déterminé les caractères auxquels on pourrait reconnaître la profession de clerc de notaire , et cette détermination devenant
même difficile , il n'est pas étonnant qu'il se soit présenté des difficultés
à ce sujet. Nous devons faire connaître un arrêt de la Cour royale d'Agen,
du 18 août 1824 , qui peut donner des notions propres à guider, selon
les circonstances qui se présenteraient : il est rapporté par M. Dalloz ,
tome 25 , 2ᵉ part., pag. 66. On ne peut s'en former une idée juste, qu'en
connaissant l'espèce et les circonstances ; et elles sont rapportées avec
précision par l'auteur du Journal.

Le 15 juillet 1816, M. Bladé , notaire à Lectoure, reçut le testament
de Joseph Gavarret. — Les héritiers naturels attaquèrent ce testament ,
par le motif que Joseph Cazanove, l'un des témoins, était clerc de notaire. Ils rapportaient des expéditions d'actes retenus par Mᵉ Bladé , qui
étaient écrites par Cazanove ; mais en même temps ils produisaient une

délibération de la chambre de discipline des notaires, constatant qu'en 1807, et après six années d'études chez M⁰ Bladé, il avait obtenu un certificat de capacité.

Par jugement du 3 août 1821, le tribunal de Lectoure maintint le testament, en considérant que depuis 1808, Cazanove avait été successivement et sans interruption commis-greffier de la justice de paix de Lectoure, secrétaire de l'administration de l'hospice, et secrétaire en chef de la sous-préfecture, et qu'il était dès lors impossible de le considérer comme clerc en 1816.

Appel de la part des héritiers. Ils ont soutenu que, pour être clerc, il n'est pas nécessaire de travailler exclusivement chez un notaire; qu'il suffit qu'on y travaille habituellement, et que Cazanove, malgré ses autres occupations, avait continué à être clerc de M⁰ Bladé : ils rapportaient des lettres et expéditions écrites par lui; ils proposaient de plus un compulsoire dans l'étude de M⁰ Bladé.

Le légataire faisait valoir les faits retenus par les premiers juges; il ajoutait que si, depuis sa nomination aux fonctions de secrétaire de la sous-préfecture, Cazanove avait fait des écritures pour M⁰ Bladé, elles ne pouvaient être considérées que comme un office d'ami, qui pouvait d'autant moins constituer la qualité de clerc, qu'on ne justifiait pas que Cazanove reçût une rétribution quelconque.

L'arrêt fut ainsi prononcé : — « Attendu que, lorsqu'il serait justifié qu'un individu a fait des écritures dans l'étude d'un notaire, cela ne le constituerait pas nécessairement clerc de notaire; d'où il suit que le compulsoire serait sans objet, et ne prouverait rien dans l'hypothèse, pour constituer ledit Cazanove clerc du notaire rétenteur du testament, lorsqu'il a été fait. — Adoptant, au surplus, les motifs des premiers juges; — Sans s'arrêter à la demande en compulsoire, met l'appel au néant; ordonne, en conséquence, que le jugement dont est appel sortira son effet. »

Au bas de cet arrêt, M. Dalloz a fait des observations utiles. On y voit même des notions qui font connaître d'autres arrêts. Il dit avec beaucoup de sens, à notre avis, que, d'après le silence de la loi sur ce qui peut constituer particulièrement la profession de clerc de notaire, c'est aux tribunaux qu'il appartient d'apprécier les circonstances d'où l'on peut induire qu'un témoin a la qualité de clerc; c'est alors, ajoute-t-il, que, par un arrêt du 20 mars 1811, qui a une grande analogie avec l'espèce actuelle, la Cour de Bruxelles a décidé qu'on ne peut considérer comme clerc celui qui travaille sans salaire, comme aspirant au notariat, et qui se livre à des occupations étrangères au notariat. Cependant il fait observer que la même Cour avait jugé, le 12 avril 1810, que l'individu qui travaille habituellement dans l'étude d'un notaire, peut être réputé clerc, et déclaré incapable de concourir, comme témoin, à la confection d'un acte civil. Il cite les sources où l'on peut vérifier ces arrêts.

Enfin, M. Dalloz fait à ce sujet une autre observation intéressante, et qu'on ne peut qu'approuver. M. l'avocat général qui avait porté la parole lors de l'arrêt de la Cour d'Agen, avait pensé que l'on ne doit considérer comme clerc, que celui qui travaille habituellement chez un notaire, *moyennant une rétribution.* Or, comme M. Dalloz, nous pensons que cette opinion est trop absolue, et qu'elle pourrait induire en erreur. A Paris, par exemple, dit M. Dalloz, il n'y a ordinairement, dans chaque étude, que trois ou quatre clercs qui reçoivent une rétribution ; les autres ne sont pas payés ; ils aspirent à l'être à leur tour. M. Dalloz a sans doute voulu conclure que ces derniers seraient aussi incapables que les autres de servir de témoins au testament. Il n'y a rien de plus vrai ; anciennement, surtout en province, il y avait peu de clercs de notaire qui reçussent une rétribution : ils y travaillaient uniquement pour leur instruction. Ils n'étaient pas moins clercs de notaire, dans la force du mot ; et les notaires instruits et soigneux ne les employaient jamais comme témoins, au moins pour les testamens. Ce que nous venons de dire rentre dans ce qui a été jugé par l'arrêt de la Cour de Bruxelles, du 12 avril 1810, qui est ci-dessus indiqué.

255 bis. *Nouvelles observations. — Discussion d'arrêt.*

2e édition,
t. 1, p. 367,
6e alinéa.

Le vœu que nous avions émis n'a été qu'incomplètement rempli. Nous allons cependant rendre compte de la jurisprudence des arrêts, et de l'opinion des auteurs sur ces deux questions.

Et d'abord, sur la première, nous ne connaissons point d'autre arrêt que celui de la Cour de Bruxelles, déjà cité ; mais deux jurisconsultes l'ont traitée, et ils ne sont point d'accord. M. Toullier, tome 5, page 446, n° 459, après avoir hésité à se prononcer, a fini, dans le tome 8, n° 101, par adopter l'opinion que le testament qui ne serait pas écrit en français, devrait être déclaré nul. Il se fonde sur d'anciens édits et déclarations qui avaient textuellement prononcé cette nullité, et qui sont tous rapportés dans le Répertoire de M. Merlin, v° *Langue française*. Il pense que ces édits et déclarations n'ayant été abrogés formellement par aucune loi nouvelle, doivent aujourd'hui conserver tout leur effet. Mais M. Merlin (Questions de droit, 3ᵉ édition, v° *Testament*, § 17, article 5, à la note) prouve que ces lois anciennes, ou ne parlaient pas des actes notariés, ou n'avaient point reçu d'exécution, ou enfin n'étaient que purement locales et faites pour certains pays ; qu'ainsi on ne peut les invoquer comme contenant une règle générale, ni les étendre à toute la France. M. Merlin fait ensuite remarquer qu'il est si peu dans l'esprit général du droit français d'annuler un testament sous un tel prétexte, que le décret de la convention nationale, du 2 thermidor an 2, ne prononçait que la peine de l'emprisonnement et de la destitution contre le notaire qui aurait rédigé un acte public dans une autre langue qu'en français.

Nous partageons entièrement cette dernière opinion ; elle nous paraît plus conforme à la saine interprétation de l'arrêté du 24 prairial an 11, et des décrets postérieurs qui ont successivement prononcé la surséance de son exécution ; circonstance qui prouve que le législateur voulait plutôt atteindre son but par le changement progressif des habitudes des pays nouvellement réunis à la France, que par des peines rigoureuses ; enfin, les principes généraux du droit ne reconnaissent de nullité qu'autant qu'elle est écrite dans la loi. Or, l'arrêté du 24 prairial an 11, nous le répétons, ne prononce pas la nullité du testament qui serait écrit dans une langue étrangère ; il ne rappelle ni ces anciennes lois purement locales qui avaient prononcé cette nullité, et qui font tout le fondement de l'opinion de M. Toullier, ni même le décret du 2 thermidor an 2, qui punissait seulement le notaire. Il est donc évident que cet arrêt n'est qu'une loi réglémentaire sans aucune sanction pénale.

On peut encore consulter, pour l'appui de notre opinion, Ricard, *des Donations*, 1ʳᵉ partie, n° 1568. On sait que ce savant auteur a écrit bien long-temps après l'ordonnance de 1539, qu'il connaissait très-bien, et qu'il n'applique pas aux testamens.

La seconde question se trouve compliquée par un grand nombre d'arrêts contradictoires, et rendus dans des espèces qui présentaient entre elles quelques nuances. Nous n'entrerons pas dans l'examen de tous ces arrêts, qui sont d'ailleurs analisés un à un, et commentés avec beaucoup de soin par M. Merlin (Quest. de droit, 5ᵉ édition, vᵒ *Testament*, § 17). Nous nous arrêterons seulement à trois arrêts, l'un de la Cour de Metz, l'autre de la Cour de Nancy, et le troisième de la Cour de cassation, rapportés dans Sirey, tome 18, 2ᵉ partie, page 325 et 89, et 1ʳᵉ partie, page 396.

L'arrêt de la Cour de Metz, du 19 décembre 1816, et que nous avons déjà cité sous un autre rapport, juge, en thèse générale, que les témoins d'un testament sont appelés pour offrir la certitude légale de la sincérité de l'acte, et que dès lors il est indispensable qu'ils connaissent la langue dans laquelle le testament a été reçu. Mais comme, dans l'espèce, l'interprétation du testament avait été faite par le notaire à ceux des témoins qui n'avaient pas l'usage de la langue française, la Cour a confirmé le testament par les motifs suivans, sur la deuxième question : « Attendu que la présence des témoins au testament par acte public, a évidemment pour objet de procurer la certitude légale de la sincérité de l'acte, c'est-à-dire, qu'il contient véritablement l'expression de la volonté du testateur, qu'il n'y a eu ni violence, ni surprise, ni erreur ;

» Attendu qu'il suit de là qu'il faut absolument que les témoins aient tout vu, entendu et compris ; car autrement leur intervention et leur signature n'offriraient aucune garantie ; qu'il est donc nécessaire qu'ils connaissent la langue dans laquelle le testament a été reçu et écrit, et qu'on peut dire que le défaut de cette connaissance de leur part, établit une véritable incapacité ;

» Attendu que si cette espèce d'incapacité n'a pas été positivement prévue par les articles 975 et 980 du Code civil, il ne faut pas en conclure que le juge ne doive pas y avoir égard ; le législateur s'est principalement occupé des conditions et incapacités générales et absolues ; il n'a pu ni dû entrer dans une infinité de circonstances particulières, qui peuvent donner lieu à des incapacités relatives, telles que celles-ci ;

» Attendu qu'il résulte de la clôture du testament dont il s'agit, que le notaire, avant de le soumettre à la signature, en a fait l'interprétation, et que par là, ceux des témoins qui n'avaient pas l'usage de la langue française, ont été mis au fait de la teneur de l'acte ;

» Attendu que l'interprétation faite officiellement établit une communication légale entre ceux qui parlent des langues différentes ;

» Attendu que les notaires, officiers publics et assermentés, chargés par la loi de rédiger en langue française les actes qu'ils reçoivent, lors même que les parties n'ont pas l'usage de cette langue, sont les interprètes naturels et officiels de ces mêmes actes ;

» Attendu qu'il en a toujours été ainsi, soit dans les provinces d'**Alsace**, soit dans la Loraine allemande et le pays de Thionville ;

» Attendu que, dans l'espèce, l'interprétation que le notaire a donnée mérite d'autant plus de confiance, qu'elle a eu lieu en présence de la testatrice, qui, selon les appelans eux-mêmes, connaissait les deux langues, et qui, s'il se fût commis des erreurs, n'aurait pas manqué de les relever ;

» Attendu qu'ainsi le premier moyen de nullité proposé n'est d'aucune considération, *et que le second, quoique fondé,* se trouve couvert au moyen de l'interprétation. »

La Cour de Nancy, au contraire, a professé, dans son arrêt du 28 juillet 1817, la doctrine que l'intervention des témoins, dans un acte testamentaire, n'a d'autre objet que de garantir l'observation des formes extrinsèques ; que les témoins ne sont pas appelés à prendre connaissance du fond de la substance des dispositions ; que c'est au notaire seul qu'il appartient d'attester la fidélité de la rédaction ; d'où se tire la conséquence qu'il n'est pas indispensable que les témoins connaissent la langue dans laquelle est écrit le testament. Mais l'arrêt se termine par invoquer des considérations puisées dans les faits particuliers de la cause, assez semblables à l'espèce de l'arrêt de la Cour de Metz, et prises notamment, 1°. de ce que Philippe Tailleur, témoin, dont le témoignage était principalement attaqué, n'était pas absolument étranger à la langue française ; 2°. de ce que le notaire, tous les témoins, et, à ce qu'il paraît, le testateur lui-même, avaient l'usage familier de la langue allemande parlée par Philippe Tailleur ; qu'ainsi aucun moyen de communication réciproque ne leur a manqué, et que Philippe Tailleur a pu facilement acquérir, du fond même et de la substance des dispositions testamentaires, une perception aussi distincte que l'ont pu acquérir les autres témoins.

On s'est pourvu contre cet arrêt, et le pourvoi a été rejeté par arrêt du 14 juillet 1818 ; mais par quel motif ? « Attendu, dit la Cour de cas-

sation, 1°. que le témoin dont il s'agit, avait les qualités requises par
l'art. 980 du Code civil, et n'était dans aucun des cas d'exclusion, portés
par l'art. 975;

» Attendu, 2°. qu'il résulte des faits et circonstances relevés *finalement*
par l'arrêt attaqué, que la Cour royale a reconnu que le témoin dont
l'idonéité était constatée, avait pu acquérir, sur le fond et la substance
même des dispositions testamentaires, une perception aussi distincte que
l'ont pu acquérir les autres témoins du testament; qu'en cela elle n'a fait
qu'apprécier une faculté personnelle du témoin, ce qui ne peut donner
ouverture à cassation, *et dispense de s'occuper des autres motifs sur lesquls
la Cour d'appel s'est appuyée pour valider le testament dont est question.* »

A la manière dont est motivé cet arrêt de rejet, on entrevoit que la
Cour de cassation n'a pas admis la doctrine professée par la Cour de
Nancy, sur le but et l'objet de la présence des témoins dans un testament;
doctrine dangereuse, contraire aux véritables fonctions des témoins dans
les actes notariés, et qui est repoussée par tous les auteurs qui ont écrit
soit sous l'ancienne, soit sous la nouvelle législation. (Voyez M. Merlin,
loco citato, M. Toullier, tome 8, page 143, n° 76.)

Il nous paraît donc que la question peut et doit se réduire à ce point
exceptionnel de savoir s'il est suffisant que les témoins aient pu acquérir,
par voie d'interprétation, une perception distincte sur la substance du testament. Or, nous pensons que l'affirmative de cette question se trouverait
en opposition avec le principe incontestable que les témoins appelés dans
un testament, doivent attester des faits personnels, et non des faits recueillis par voie étrangère; qu'autrement il pourrait arriver que, le notaire
servant d'interprète à tous les témoins, le testament se trouverait ainsi
privé de ses plus fortes garanties; qu'enfin, autant aurait valu d'adopter
en entier le principe de la Cour de Nancy sur la nature des fonctions des
témoins, que nous ne saurions approuver, que d'admettre une exception
qui y ramène insensiblement. Telle est aussi l'opinion de M. Merlin,
ibid., et celle de M. Toullier, tome 5, page 366, à la note.

Mais nous pouvons invoquer d'autres autorités à l'appui de notre
opinion. Elle a été confirmée par un arrêt de rejet de la Cour de cassation, section des requêtes, du 28 février 1821, qui est rapporté dans le

2e édition,
t. 1, p. 468,
2e alinéa.

Journal des audiences de cette Cour, tome 21, page 541. Il est à propos de donner une idée de l'espèce, et de faire connaître l'arrêt.

Les héritiers Facker avaient demandé la nullité d'un testament fait en 1811, par lequel leur frère et oncle avait laissé un legs considérable au sieur Jean - Jacques Facker, l'un de ses frères. Ils fondaient leur demande sur ce que l'un des témoins instrumentaires, le nommé *Joseph Isselé*, était Badois d'origine, et n'avait pas été naturalisé Français. Il y eut un jugement qui déclara le testament valable, par le motif que Joseph Isselé avait toujours été regardé comme Français. Sur l'appel, il y eut un interlocutoire tendant à fixer l'époque depuis laquelle ce témoin demeurait en France, et il fut prouvé que ce fait remontait à 1785. Il fut établi qu'il avait voté comme citoyen français aux assemblées primaires ; qu'il avait été incorporé dans la garde nationale ; et qu'enfin il avait été constamment considéré et imposé comme Français. Outre ces faits qui firent la base de l'arrêt de la Cour royale de Colmar, cette Cour a considéré, *en droit*, que l'art. 4 de l'acte de 1793, conférait le titre de citoyen français à tout étranger âgé de vingt-un ans accomplis, domicilié en France depuis une année. Mais nous devons faire observer que cet acte, fait pour demeurer dans l'oubli, n'avait jamais été ni promulgué ni exécuté. C'est aussi ce qui fut opposé sur le pourvoi en cassation ; et on insista sur les faits et sur l'application de la loi *Barbarius Philippus*. Sur ce pourvoi, la Cour de cassation rendit l'arrêt qui suit :

« Attendu que l'arrêt attaqué constate que Joseph Isselé, domicilié en France depuis 1785, s'y est marié, a voté comme citoyen français aux assemblées primaires, a été incorporé dans la garde nationale, et qu'il a été constamment assimilé aux citoyens français, participant aux bénéfices et charges à ce titre, et que l'opinion commune lui décernait cette qualité ; qu'à ce titre, et sans qu'il soit besoin d'examiner l'influence de l'acte de 1793, invoqué par l'arrêt attaqué, la jouissance constante de la qualité de Français, et l'opinion commune déclarée constante, suffisent pour justifier l'admission du témoin Isselé, en qualité de témoin à l'acte dont il s'agit ; que l'arrêt interlocutoire du 5 janvier 1819, qui n'a point été attaqué, avait fixé le point de fait à prouver qu'il y a été satisfait : Rejette. »

A la manière dont M. Favard cite cet arrêt dans son Répertoire, au

mot

mot *Testament*, section 1re, § 3, article 5, n° 7, il est aisé de voir qu'il en approuve les principes. On peut dire de même en ce qui concerne M. Merlin, qui rapporte ce même arrêt, tome 16 de son Répertoire, au mot *Ignorance*, § 2, n° 9. Ce n'est pas tout, il revient sur la question, au mot *Témoins instrumentaires*, § 2, n° 3; il y examine d'abord la question relative à des individus qui, sans être réellement magistrats, auraient exercé des fonctions de magistrature, sur la foi publique; et il examine comment devrait être appréciée, dans ce cas, l'erreur commune; ce qui devrait la constituer; mais ce cas n'est pas celui qui fait le sujet de la question qui nous occupe : aussi l'auteur passe ensuite à cette question particulière, et il émet l'opinion qu'un testament ne serait pas nul, parce qu'on y aurait employé comme témoin, soit un étranger qui serait en possession publique de l'état de règnicole, soit un mort civilement, dont la condamnation serait généralement ignorée, et qui serait en pleine jouissance des droits civils. Il invoque un arrêt du parlement de Dijon, du 3 février 1656, et il rappelle encore l'arrêt de la Cour royale de Limoges, que nous avions cité nous-mêmes; et de plus, celui de la Cour de cassation, du 28 février 1821, que nous venons de rapporter.

Cette décision doit sans contredit être appliquée aujourd'hui, dans les colonies françaises, aux testamens auxquels assisteraient, comme témoins, des esclaves nègres qui passeraient pour libres, et seraient en possession publique de la liberté. C'est aussi ce que dit M. Merlin.

Notre opinion est aussi confirmée par celle de M. Merlin, dans son Répertoire, 17e vol., au mot *Témoin instrumentaire*, § 2, n° 3. Cette hypothèse, dit-il (celle qui est relative à une prétendue erreur commune sur l'état de règnicole), rentre d'ailleurs parfaitement dans celle d'un mineur qui, appelé comme témoin à un testament, s'y déclarerait majeur, et ferait croire au testateur, aux autres témoins et au notaire, qu'il l'est réellement. L'auteur cite, comme nous avions fait, l'arrêt de la Cour d'appel de Turin. Il est utile de connaître les motifs de cet arrêt, que nous avions seulement indiqué.

« Attendu que l'appelant n'offre pas d'étayer la preuve de l'erreur commune, concernant l'âge des témoins testamentaires, sur des actes publics multipliés, mais seulement sur ce que lesdits témoins disaient qu'ils étaient majeurs, en présence d'autres témoins qu'il veut faire entendre. »

2e édition, t. I, p. 468, dernier alinéa.

19

2ᵉ édition, t. I, p. 473, 1ᵉʳ alinéa.

238 bis. *Comment peut-on prouver que le testateur ne savait ou ne pouvait lire. — Fixation de l'époque à laquelle la faculté de lire aurait cessé.*

Il est sans difficulté qu'on peut prouver par témoins que le testateur ne savait pas lire, ou que, s'il avait su lire, il ne le pouvait plus à l'époque du testament. Sur la question de savoir qui doit être chargé de la preuve, ou des héritiers du sang, ou des légataires ou héritiers institués, selon les différens cas qui peuvent se présenter, on peut consulter Furgole, *des Testamens*, chap. 2, sect. 3, n° 29. Il y traite très-bien la question, d'après des distinctions qui nous paraissent judicieuses, et qui sont fondées sur d'anciens arrêts. Nous le voyons suivi par les auteurs qui ont écrit depuis. On peut, au surplus, voir encore M. Toullier, n° 479, et M. Merlin, 17ᵉ volume du Répertoire, au mot *Testament*, sect. 2, § 3, art. 3, n° 8. Il faut bien remarquer ce que dit Furgole, que le défaut de savoir lire doit s'entendre, non de l'écriture *moulée*, mais de l'écriture *de main*, parce que tel sait lire la lettre moulée, qui ne sait pas lire l'écriture de main ; et que, dans un testament, il est question de l'écriture de main. Catelan avait fait la même observation.

Mais à quelle époque doit exister la cessation de la faculté de lire, pour que le testament soit nul ? Est-ce à l'époque du testament clos, s'il est daté, ou est-ce à l'époque de l'acte de suscription ? Furgole ne s'explique pas précisément là-dessus. Or, nous pensons que quoique le testateur qui ne sait pas écrire, et qui a cessé d'avoir la faculté de lire, ait fait apposer une date à son testament, cette date ne saurait faire supposer légalement que la faculté de lire existât lorsque le testament aurait été fait, et qu'on pourrait prouver le contraire. Nous fondons cette opinion sur ce que l'article 976 du Code civil, à la différence de l'article 38 de l'ordonnance de 1735, ne prescrit pas comme nécessité que le testament clos soit daté. (Voyez le n° 266.) Or, le silence du législateur à ce sujet, n'a pu avoir pour fondement que le principe que le testament clos n'avait d'autre date que celle de l'acte de suscription. Le testament écrit par tout autre que le testateur, et qui est ensuite revêtu de la forme mystique, ne peut avoir, quant à la date, la même prérogative que le testament olographe proprement dit, qui fait par lui-même foi de sa date, ainsi que nous l'avons établi au n° 228-5. Ce que nous venons de dire s'applique au testament qui serait entièrement écrit, daté et signé par le testateur, et qui aurait été revêtu ensuite de la forme mystique, mais dont l'acte de suscription serait nul, parce que ce testament ne pouvant valoir comme testament mystique, voudrait toujours comme testament olographe; sur quoi on peut voir le n° 276 *bis.*

261 bis. *Nouvelles réflexions sur le sens des mots* clos et scellé.

2ᵉ édition, t. I, p. 476, 2ᵉ alinéa.

Ce que nous avons dit dans le numéro précédent, a été mal saisi par M. Merlin, 17ᵉ vol. du Répertoire, au mot *Testament*, sect. 2, § 3, art. 3, page 728 et suiv. Le malentendu tient uniquement à ce que nous n'avons pas attaché aux mots *cacheter* et *cachet*, le même sens que leur attribue M. Merlin. Nous avouons que nous avons voulu émettre l'opinion, qu'il suffisait que l'enveloppe qui contiendrait le testament fût close et fermée, soit avec du pain à cacheter, soit avec de la cire, de manière qu'on ne pût retirer le testament de l'enveloppe sans qu'il y eût évidemment des déchirures, des bris ou fractures qui prouveraient que le testament a pu être enlevé, et qu'on aurait pu y en substituer un autre. Nous ne reconnaissions point la nécessité d'un cachet ou sceau, et encore moins d'un sceau qui portât une empreinte quelconque (1).

Nous avons voulu nous expliquer dans le sens dans lequel l'a fait M. Malleville, sur l'art. 976 du Code. Or, que dit cet auteur? « Suit-il de ces termes, *clos* et *scellé*, que sur la feuille contenant le testament, ou sur le papier qui lui servira d'enveloppe, le testateur soit obligé, à peine de nullité, d'imprimer son cachet ordinaire? Je ne le crois pas non plus; il y a tant de testateurs, surtout dans les campagnes, qui n'ont pas de cachet ou sceau. La loi a seulement entendu que le testament fût *clos ou fermé, de manière à ce qu'on ne pût pas l'ouvrir sans déchirer le papier et sans laisser des vestiges de la rupture.* »

M. Merlin prétend que M. Malleville a mal posé la question. Mais

---

(1) N'entrant pas dans la signification stricte des mots, et n'ayant pas en idée l'identité des mots *cachet* et *sceau*, nous avons regardé comme *cacheté* un testament qui serait suffisamment clos et fermé avec de la cire d'Espagne, ou même avec du pain à cacheter; mais en préférant néanmoins l'usage de la cire. Nous avons pu ne pas nous expliquer avec assez de précision; mais enfin, cela fût-il vrai, la vérité nous oblige de dire notre pensée. Nous avons pu nous expliquer, comme nous l'avons fait, d'après le mode que nous avons vu souvent pratiquer, sans qu'il en soit résulté aucune réclamation.

nous n'admettons pas la manière dont il interprète l'opinion de cet auteur. Au surplus, toute discusion à ce sujet devient inutile.

Aussi, lors de l'arrêt de la Cour de cassation, du 7 août 1810, que nous avons nous-mêmes cité, rendu dans une espèce où l'enveloppe sur laquelle se trouvait l'acte de suscription, et qui était close avec de la cire rouge et des pains à cacheter, ne portait pas *l'empreinte d'un sceau ou cachet,* les héritiers qui soutenaient la validité du testament qui était attaqué de nullité par cette raison, ne se méprenaient pas sur l'opinion de M. Malleville et sur la nôtre qu'ils invoquaient, ainsi que l'apprend la discussion qui prépara l'arrêt. Si, malgré cet arrêt, nous pensions devoir persister dans notre opinion, c'est parce que nous avions peine de croire qu'il suffît pour établir une jurisprudence, étant un simple arrêt de rejet de la section des requêtes.

Mais revenons à la question; car dans tout ce que nous venons de dire, nous n'avons eu qu'un objet, qui est celui de la rappeler à son véritable état. Or, nous sommes fortement touchés des opinions émises sur la questions par les auteurs qui ont écrit depuis la seconde édition de notre Traité.

M. Toullier, *des Donations*, n° 465, dit qu'il faut bien remarquer que l'art. 976 du Code exige la double formalité de la clôture et du scel. Le vœu de la loi, dit-il, ne serait donc pas rempli, et le testament serait nul, s'il était seulement clos et scellé *sans aucune empreinte de sceau ou de cachet.* M. Favard, dans son Répertoire, au mot *Testament,* sect. 1re, § 4, n° 4, dit aussi qu'il faut que le testament soit *clos et scellé;* que dès lors la double formalité de la clôture et du scel est nécessaire; et il y aurait nullité, si le testament était seulement clos avec du pain ou de la cire, sans aucune empreinte de sceau ou de cachet. Cet auteur, ainsi que M. Toullier, se fonde sur l'arrêt de la Cour de cassation, du 7 août 1810, d'où nous devons conclure qu'ils en adoptent les principes.

Mais nous sommes surtout frappés de la forte dissertation de M. Merlin. Il ne se fonde pas seulement sur l'arrêt du 7 août 1810, mais encore sur un arrêt de la Cour supérieure de justice de Bruxelles, du 18 février 1818, par lequel la question a été jugée de même. Les parties intéressées à soutenir la validité du testament, invoquaient, comme on faisait lors de l'arrêt du 7 août 1810, à la Cour de cassation, l'opinion de M. Malleville et la nôtre, ce qui prouve encore qu'on ne se méprenait pas sur le sens de l'une et de l'autre de ces deux opinions. Nous croyons donc devoir donner comme une règle générale, que pour la fermeture du testament mystique, on doit employer un sceau avec empreinte ; mais il faut que, dans l'acte de suscription, le notaire fasse la description de l'empreinte. Cette mesure tend à prouver l'identité du sceau, et par conséquent celle du testament renfermé dans l'enveloppe.

A la suite de cette question, M. Merlin passe à une espèce particulière qui lui est analogue. Un testament mystique qui, au moment où s'en fait l'ouverture après la mort du testateur, se trouve à la fin clos et scellé, est-il nul par cela seul que dans l'acte de suscription, il est seulement fait mention qu'il a été clos par le testateur, soit avant sa présentation au notaire et aux témoins, soit en présence de ceux-ci ? M. Merlin opine pour la nullité. Il y en a, dit-il, une raison sans réplique, c'est que rien ne constate que le testament ait été scellé au moment où il devait l'être, à peine de nullité, et qu'il ne l'ait pas été, soit postérieurement à l'acte de suscription, ce qui aurait rompu l'unité du contexte prescrit par la loi à l'égard de cet acte, soit après la mort du testateur.

Cependant M. Merlin cite un arrêt de la Cour royale de Bordeaux, du 21 mars 1822, que nous avions aussi remarqué, qui a jugé le contraire, après un premier arrêt qui avait ordonné l'apport de la minute du testament. M. Merlin fait des observations critiques contre cet arrêt qu'il met en opposition avec un arrêt de la Cour de cassation, du 28 décembre 1812. On peut peser ses raisons ; quant à nous, nous dirons seulement qu'il est difficile de former un corps de jurisprudence sur des questions de cette nature ; qu'on ne peut guère prouver que les arrêts qui les ont décidées diversement soient contradictoires, parce que les circonstances ne peuvent que rarement se ressembler. Elles varieront continuellement, et alors, *jus ex facto oritur*.

Enfin, M. Merlin continue d'examiner plusieurs questions de ce genre, et de leur appliquer des arrêts particuliers. Nous n'en remarquerons qu'une qui a trait à la précaution que doit prendre le notaire, quoique le testament soit scellé et qu'il paraisse clos, de faire en sorte qu'on ne puisse faire passer le testament qui serait confirmé dans l'enveloppe, sous la partie du papier qui aboutirait extérieurement au cachet. On voit par un jugement du tribunal de la Flèche, que ce tribunal avait pris les précautions les plus minutieuses pour savoir si le testament avait été ou non, retiré de l'enveloppe, en employant ce moyen, et si on avait pu y en subsistuer un autre. Ce tribunal avait déclaré ce testament nul ; mais le jugement fut infirmé par la Cour royale d'Angers, par un arrêt du 19 février 1824. Cet arrêt est parfaitement motivé. Nous en parlons principalement pour faire observer que, quoiqu'il porte sur des circonstances, il consacre néanmoins en principe la nécessité *du concours du scel et de la clôture*. La multiplicité des cachets ou sceaux peut prévenir la difficulté que nous venons de prévoir.

2ᵉ édition, t. 1, p. 477, 3ᵉ alinéa.

Tout ce que nous venons dire est confirmé par ce que dit M. Merlin, 17ᵉ vol. du Répertoire, au mot *Testament*, sect. 2, § 3, nᵒ 14, page 727. Il en donne les mêmes raisons que nous avons exposées. Il ajoute qu'on ne pourrait pas soutenir la validité du testament, même quand il se trouverait écrit d'un seul contexte, sans renvois à la marge, ni additions à la fin, quoiqu'on pût dire alors que l'inconvénient à raison duquel la loi prescrit les formalités de la clôture et du sceau, n'aurait pas eu lieu. M. Merlin se fonde sur ce que les formalités testamentaires ne laissent pas d'être de rigueur dans le cas même où ne sont pas à craindre les inconvéniens qu'elles ont pour objet de prévenir. Nous sommes du même avis ; mais remarquons bien que c'est seulement pour le cas où le testament ne serait pas écrit de la main du testateur ; car s'il l'avait entièrement écrit, daté et signé, alors il pourrait valoir comme testament olographe. Telle est la question que nous traitons au nᵒ 276 *bis* (1).

---

(1) Ce ne sont pas les seules difficultés auxquelles l'imprévoyauce ou l'inattention des notaires peut donner lieu sur la validité de l'acte de suscription. Il s'est élevé à ce sujet quatre difficultés qui ont donné lieu à des arrêts qui sont rapportés par M. Merlin, 17ᵉ vol. du Répertoire, page 735, nᵒˢ 17, et 736 et suiv.

1ᵒ. Si l'acte de suscription était écrit sur une feuille séparée tout à la fois et de celle qui contient le testament, et de celle qui lui sert d'enveloppe, le testament serait-il nul ? On doit bien pressentir que la nullité a été prononcée ; c'est aussi ce qui a été fait par un arrêt de la Cour d'appel de Turin, du 5 pluviôse an 13.

2ᵒ. Est-il nécessaire d'exprimer dans l'acte de suscription, qu'il est écrit, soit sur le papier contenant le testament, soit sur la feuille qui lui sert d'enveloppe ?

La négative a été jugée par un arrêt préparatoire de la Cour d'appel de Gênes, du 7 juin 1819, qui ordonna l'apport de l'acte de suscription ; et par un arrêt définitif de la même Cour, dans la même affaire, du 29 décembre suivant.

3ᵒ. Un testament mystique est-il nul, par cela seul que le notaire qui en a dressé

Pour mieux faire connaître l'état de la question, et pour qu'on apprécie mieux l'arrêt de la Cour de Turin, que nous venons de citer, nous croyons devoir en rapporter le dispositif. 2ᵉ édition, t. I, p. 478, 5ᵉ alinéa.

Le testament mystique qui fut attaqué était celui de la dame Core : elle avait signé son testament ; ce fait n'était point contesté. Mais le fait de cette signature n'était point *expressément déclaré* par la testatrice ; le testament fut déclaré nul par la Cour de Turin. « Attendu qu'il ne résulte pas de l'acte de suscription que la dame Core ait *déclaré* au notaire que le testament a été écrit et *signé* par elle ; — Que la preuve d'une pareille déclaration ne peut résulter que de l'acte même de suscription ; car dès que la loi ne se contente pas du *fait ;* mais qu'elle exige une *déclaration* de la bouche du testateur lui-même, faite au notaire et aux témoins, lors de l'acte de suscription, dès qu'immédiatement après, elle ajoute ces mots : *Le notaire en dressera l'acte de suscription ;* il s'ensuit nécessairement que la déclaration du testateur doit faire partie de l'acte de suscription ; — Qu'ainsi, le silence de l'acte à cet égard est un vice de forme qui suffit pour faire annuler le testament. »

Voici une espèce dans laquelle la Cour royale de Lyon a jugé, par arrêt du 17 avril 1818, qu'il y avait équipollence de la déclaration, de la part du testateur, que le testament était signé de lui. L'arrêt dont nous allons rapporter le dispositif, qui infirma un jugement du tribunal de Mâcon, fait connaître littéralement les termes dans lesquels cette Cour a vu une équipollence suffisante. « Attendu que l'ordonnance de 1735,

---

l'acte de suscription, y a déclaré l'avoir écrit sur le papier contenant le testament, tandis que, dans le fait, il l'a écrit sur l'enveloppe ?

La Cour d'appel de Bruxelles s'est prononcée par un arrêt du 9 août 1808, pour la validité du testament.

4°. Est-il nécessaire que l'acte de suscription, lorsqu'il n'est pas écrit sur le testament, le soit sur la partie de la feuille servant d'enveloppe, qui couvre le testament même ; et y a-t-il nullité s'il est écrit sur la partie restante de cette feuille ?

M. Merlin se décide pour la validité du testament, d'après des arrêts de Cours d'appel, qu'il cite.

Quoiqu'il s'agisse de questions tellement particulières qu'on peut présumer qu'elles ne se représenteront plus, cependant nous avons cru devoir indiquer les arrêts qui les ont décidées.

en réglant les formalités à observer dans les testamens mystiques et dans leurs suscriptions, n'a pas prescrit une formule obligée dont il ne soit permis de s'écarter, à peine de nullité; elle a voulu seulement qu'il fût certain et constant dans la suscription, que le testament avait été signé par le testateur, et qu'il l'avait déclaré au notaire en présence des témoins; et de quelques expressions que se serve le notaire pour exprimer ce fait, il suffit qu'il soit énoncé, et qu'on ne puisse l'entendre autrement. Or, dans la cause, la suscription était conçue ainsi : *Qu'il dépose entre les mains de nousdit notaire le présent papier, son testament écrit à sa réquisition, par nousdit notaire, et signé au bas de la page et à la fin.* Il est évident que la mention de la signature ne peut se rapporter qu'au testateur : car, pour qu'elle pût se rapporter au notaire qui avait écrit le testament, il faudrait qu'il y eût *écrit à sa réquisition, et signé par nousdit notaire;* et ce qui ne laisse aucun doute sur la manière d'entendre la suscription, c'est que le testament étant effectivement signé par le testateur, on ne peut pas supposer que, dans sa déclaration au notaire, il ait voulu annoncer qu'il était signé par un autre. »

Enfin, l'équipollence de la déclaration expresse du testateur qu'il a signé son testament, a été jugée par la Cour de Turin, par arrêt du 5 décembre 1806, dans l'espèce où il était seulement dit que le testament présenté par le testateur *a été dicté par lui et qu'il l'a signé.* « Attendu, porte cet arrêt, que la déclaration faite par le testateur en l'acte de suscription, que le testament dont il s'agit a été *par lui dicté, et signé* par lui-même, est, en l'espèce, entièrement équipollente à celle que le testament a été écrit par un autre, et signé par lui testateur; qu'en effet, quoique le mot *dicté* ne puisse être équipollent à celui d'*écrit,* toutes les fois que la loi requiert que mention soit faite de la personne qui a dû écrire, puisque dans ce cas le but de la loi ne serait rempli qu'à moitié, le testament ayant pu être écrit par toute autre personne que celle qui aurait dû l'écrire; il n'y a cependant point de doute que ledit mot *dicté* soit équipollent à celui *écrit,* toutes les fois qu'il n'est question que de savoir, comme en l'espèce, si c'est par le testateur lui-même, ou par une autre personne quelconque, que le testament a été *écrit;* car, il est de la nature et de l'essence de l'acte de dicter, qu'il y ait quelqu'un qui écrive, et que l'écrivain soit tout autre que celui qui dicte. »

Ces deux derniers arrêts sont rapportés dans le Recueil de jurisprudence

dence de la Cour de cassation, l'un dans le tome 18, partie 2, page 458, l'autre dans le tome 6, partie 2, page 239. Nous remarquons qu'ils sont encore cités par M. Merlin, 17ᵉ vol. du Répertoire, page 735, sans aucune observation particulière. Il nous semble aussi qu'il était difficile de ne pas voir une équipollence dans les termes qui avaient été employés dans l'acte de suscription.

Ce que nous avons dit, que le mot *présenté* n'est pas sacramentel, peut être regardé comme une vérité constante; elle est reconnue par les auteurs qui ont écrit après nous, et elle a été confirmée par tous les arrêts rendus sur cette matière, après que nous avons écrit. C'est ce que disent M. Toullier, n° 472, et M. Favard, dans son Répertoire, au mot *Testament*, sect. 1ʳᵉ, § 4, n° 4. 2ᵉ édition, t. I, p. 480, 1er alinéa.
Mais comme l'acte de suscription doit nécessairement constater d'une manière non équivoque et par équipollence, *adæquaté et identité*, ainsi que le dit Ricard, que nous avons cité au n° 230, que la présentation a eu lieu, il s'est élevé une foule de difficulté qui ont présenté la question de savoir s'il résultait des termes employés par l'acte de suscription, que cette présentation avait été faite par le testateur. Les deux auteurs que nous venons de citer, outre l'arrêt du 7 août 1810, que nous avions indiqué nous-mêmes, en rapportent quelques autres : mais M. Merlin, dans le 17ᵉ vol. du Répertoire, au mot *Testament*, sect. 2, § 3, art. 5, n° 11, page 724 et suiv., en rappelle bien d'autres tirés des Recueils de jurisprudence, sur lesquels il fait des observations, dans la vue de faire mieux apprécier ce que chacun d'eux a jugé. Convenons cependant qu'on y voit ce à quoi il fallait s'attendre sur cette matière, nous voulons dire des arrêts qui paraissent à M. Merlin être contradictoires, et qui cependant peuvent ne pas l'être, parce qu'il s'agit ici de circonstances qui varient, et d'interprétations sur lesquelles il est si aisé que les opinions soient divisées. Il n'y aura jamais de vraies contradictions entre des arrêts, que lorsqu'ils auront jugé diversement sur des principes certains ou fondamentaux, abstraction faite de toutes circonstances, et de toutes difficultés qui tiennent à des rédactions différentes. Si les notaires voulaient se tenir strictement aux termes de la loi, pour exprimer ce qu'elle prescrit, il y aurait beaucoup moins de procès. Les tribunaux, à qui il eût paru dur et injuste de regarder les termes de la loi comme

20

sacramentels, ont admis les équipollences, par un esprit de justice; mais c'est un remède à un mal qui devrait ne pas exister.

2ᵉ édition,
t. I, p. 483,
1ᵉʳ alinéa.

269 bis. *Observations particulières sur le cas où le testament contiendrait des dispositions au profit du notaire ou du légataire qui l'aurait écrit.*

La Cour royale de Nîmes a rendu, le 21 février 1821, un arrêt qu'il est important de connaître. Il est rapporté par M. Merlin, 17ᵉ vol. du Répertoire, au mot *Testament*, sect. 2, § 3, art. 3, page 739.

Le tribunal de Marvejols avait prononcé la nullité d'un acte de suscription, reçu par un notaire en faveur duquel le testament contenait un legs, et qui néanmoins l'avait écrit, et avait annulé le legs fait à ce notaire; mais en même temps il avait déclaré l'acte de suscription, et par conséquent le testament valable à l'égard de tous ceux, autres que le notaire, auxquels il avait été fait des legs. Nous devons faire observer que le testament, daté du 4 février 1815, était signé par le testateur.

Ce tribunal motiva ainsi la nullité du legs fait au notaire : « Attendu que l'ancienne jurisprudence réputait nulle ou non écrite toute disposition que l'écrivain du testament y avait écrite en sa faveur, à moins que le testateur ne l'eût spécialement approuvée lui-même de sa main; que le silence du Code civil sur ce cas, n'est pas une raison de croire qu'il ait dérogé ou entendu déroger à cette jurisprudence bien moins fondée sur les lois positives, que sur cette règle du droit naturel, *nul ne peut se faire un titre à lui-même ;* que s'il en était autrement, il faudrait dire que le Code civil validerait en ce cas *l'institution universelle, aussi-bien que le simple legs,* et il serait encore plus vrai de dire que la loi aurait pris moins de précautions pour faire valoir *la disposition testamentaire de tous ses biens,* qu'elle n'en a pris pour faire valoir *un billet de quelques centimes,* ce qui est absurde. » Quant à la validité de l'acte de suscription, et, par conséquent, du testament, par rapport à tous les légataires autres que le notaire, voulant abréger, nous ne rapporterons pas tous les motifs, qui sont plus spécieux que solides. Ils sont fondés en résultat, sur ce que, relativement à ces autres legs, le notaire n'était plus officier public, contractant dans sa propre cause, et qu'il pouvait exercer ses fonctions à l'égard des autres légataires, comme aurait pu le faire tout autre notaire qui n'aurait pas écrit le testament, ou qui, l'ayant écrit, ne serait pas légataire.

Sur l'appel de la part des héritiers légitimes, quant au second chef
du jugement, il a été confirmé; mais sur l'appel de la part du notaire, il a
été infirmé en ce qui concerne le premier chef. Nous nous bornons à
transcrire les principaux motifs de l'arrêt : « Attendu que ce ne fut pas
en sa qualité de notaire que B... écrivit le testament d'Étienne Lafond,
puisque la présence d'un fonctionnaire public n'était pas exigée pour le
rendre valable, mais que ce fut en celle d'un simple particulier qu'il
dut être appelé par le testateur, pour écrire ses dernières volontés; —
Attendu que les dispositions de la loi du 25 ventôse an 11, ne sont applicables qu'aux actes reçus par les notaires, en leur qualité de fonction-
naires publics; qu'ainsi elles ne peuvent recevoir leur exécution sur les
difficultés élevées contre la validité d'un testament mystique. »

M. Merlin dit que cet arrêt est trop bien motivé pour ne pas faire
jurisprudence. Après quelques dissertations, il termine ainsi : « Donc
rien n'empêche le notaire à qui est fait un legs par le testament mystique
qu'il n'a pas écrit, d'en recevoir valablement l'acte de suscription. Et
pourquoi en serait-il autrement dans le cas où c'est le notaire qui a écrit
le testament mystique? Le legs ne pourrait, en ce cas, être déclaré nul,
qu'en vertu du sénatus-consulte Libonien; mais ce sénatus-consulte est
incontestablement abrogé par le silence que garde sur ses dispositions le
titre *des donations et testamens* du Code civil; et cela résulte clairement
de l'art. 7 de la loi du 30 ventôse an 12. »

La question présente, à notre sens, plus de difficultés que n'en a vu
M. Merlin. Nous ne devons pas l'examiner d'après les dispositions du
sénatus-consulte Libonien, qui concernait seulement l'effet du legs fait
par le testateur qui lui écrivait son testament; nous devons la décider,
sous le rapport de la nullité du testament en entier, d'après les principes
généraux puisés dans notre législation, et desquels découlent les règles
qui doivent être observées pour la validité d'un testament, pour s'assurer
qu'il contient avec certitude l'expression de la volonté d'un testateur.

Ainsi nous concevons bien que ce sénatus-consulte ne devant pas actuellement avoir force de loi, la disposition faite en faveur de l'écrivain du
testament doit avoir son effet, quoique la formalité qu'il prescrit n'ait
pas été observée. Nous concevons encore qu'un notaire qui reçoit l'acte
de suscription du testament mystique, peut lui donner toute sa force
légale, toute l'authenticité nécessaire, quoiqu'il lui ait été fait une dis-

position par le testament qu'il n'a point écrit. Nous admettons que l'acte de suscription est également valable, quoique l'un des témoins de cet acte de suscription ait été gratifié par le testament qui est écrit par tout autre que par lui. Quelle en est la raison? c'est parce que, soit le notaire, soit les témoins, ignorent le contenu au testament qui est seulement présenté, ou que, du moins, ils sont censés n'en avoir point de connaissance.

Mais suit-il de là qu'un notaire qui aura écrit le testament dans lequel il lui sera fait non-seulement un legs qui n'emporterait qu'une partie des biens du testateur, mais qui même lui déférerait la totalité de ces biens, puisse ensuite recevoir, comme notaire, l'acte de suscription? S'ensuivra-t-il que celui qui n'est pas notaire, mais qui écrit le testament qui lui défère ou tous les biens ou une partie seulement, puisse ensuite servir de témoin à l'acte de suscription? C'est une opinion que nous ne saurions adopter.

Pour se former, à cet égard, des idées précises, déterminons l'effet de l'acte de suscription d'un testament mystique. Cet acte fait la force, la sûreté et l'authenticité du testament. Il est le seul acte qui en assure l'exécution, comme devant prouver que le testament est l'expression certaine de la volonté du testateur. On conçoit, en effet, qu'un testament fait par quelqu'un qui ne sait point écrire, qui sait seulement lire, ou qu'il aura seulement signé, s'il sait écrire, n'est absolument rien par lui-même, qu'il ne devient testament que par l'acte de suscription.

Or, comment peut-il se faire que le notaire qui a écrit le testament, qui saura très-bien qu'en vertu de ce testament il doit avoir ou une partie des biens du testateur, ou qu'il doit en avoir même la totalité, puisse ériger en véritable testament un acte qui, sans la suscription, ne pourrait pas même être regardé comme un projet de testament; car on ne pourrait donner ce nom, dans la force du mot, qu'à un projet qui émanerait du testateur lui-même? Comment peut-il se faire que celui qui, sans être notaire, serait dans le même cas que nous venons de supposer, pût concourir, comme témoin, à donner à l'acte présenté par le testateur, toute la force et l'efficacité d'un testament? Cela nous paraît impossible, d'après les premières notions de la justice, et d'après les principes généraux de la matière.

Il y en a, selon nous, une raison déterminante; c'est que, dans ce cas, c'est le notaire qui fait-lui même le testament, qui en est le ministre, qui lui donne l'essence. Or, un notaire a-t-il jamais pu recevoir, comme tel, un testament qui le gratifie? Et ce que nous disons du notaire, nous pouvons le dire également du particulier écrivain du testament, qui y est gratifié, et qui vient ensuite être un des témoins de l'acte de suscription. Ici se présentent ces maximes de droit, qui sont de tous les temps, qui ont toujours été suivies dans toutes les législations : *Nemo potest esse autor in rem suam : nullus idoneus testi in re suâ intelligitur.* La suspicion du notaire détruit toute confiance pour le contenu en l'acte de suscription. La disposition faite par le testament en faveur de celui qui l'écrit, a pu être l'effet d'une captation ou d'une suggestion que la circonstance rend facile; et la présentation que le testateur ferait de son testament au même notaire, pour qu'il fût revêtu de la forme mystique, serait présumée être une suite des menées qui auraient produit la disposition écrite dans le même testament; au lieu que cette suspicion disparaît lorsque la présentation du testament est faite par le testateur à tout autre notaire que l'écrivain du testament, et à des témoins parmi lesquels n'est point aussi celui qui l'aurait écrit. L'absence de l'un et de l'autre, lors de cette présentatiou, laisse supposer une persévérance libre de volonté de la part du testateur.

Mais indépendamment de ces règles générales de droit, nous pouvons indiquer des principes qui se tirent, par analogie, de la législation ancienne et encore de la législation actuelle.

Quant à la législation ancienne, l'article 43 était ainsi conçu : « Les héritiers institués ou substitués ne pourront être témoins *en aucun cas ;* et à l'égard des légataires universels ou particuliers, ils ne pourront l'être que *pour l'acte de suscription du testament mystique, dans les pays où cette forme de tester est reçue.* »

Cet article est certainement bien étranger au cas dont nous nous occupons, c'est-à-dire, à la circonstance où le testament aurait été écrit par le notaire qui recevrait ensuite l'acte de suscription, ou par un des témoins de cet acte. Mais il n'est pas moins vrai qu'en faisant abstraction de cette circonstance grave, il résultait de cet article que celui qui aurait été institué héritier par le testament, était inhabile, par cela seul, à servir de témoin dans l'acte de suscription ; et la capacité d'être témoin était seulement tolérée à l'égard des légataires universels ou particuliers, parce qu'on n'y voyait pas le même danger. On ne soupçonnait pas dans ces derniers, autant que dans le premier, l'emploi de moyens pour faire réussir la fraude ou la suggestion, qu'un plus grand intérêt peut inspirer. On connaît la différence considérable qui existait, dans les principes du droit romain, entre les légataires, quels qu'ils fussent, et un héritier institué. D'ailleurs, ces légataires devenaient désintéressés, par la seule raison que les legs, quels qu'ils fussent, étaient des charges de l'institution d'héritier, auxquelles l'héritier institué ne pouvait se refuser. D'après la disposition de cet art. 43, on doit sentir combien il était dans l'intention du législateur, que le notaire, qui est le témoin instrumentaire le plus essentiel d'un acte, n'eût pu recevoir l'acte de suscription, lorsque le testament aurait contenu en sa faveur une institution d'héritier, même quoiqu'il n'eût point écrit le testament.

Quant à la législation actuelle, nous croyons avoir démontré, dans le n° 249, que, par rapport au testament par acte public, le legs fait au notaire ou à un des témoins, n'est pas seulement nul, mais que ce legs ainsi fait vicie le testament en entier.

Dira-t-on qu'il y a une différence entre le legs contenu dans un testament fait par acte public, et le legs contenu dans un testament revêtu de la forme mystique? mais il est impossible qu'on en trouve une sous le rapport dont il s'agit. Pourquoi le testament fait par acte public est-il nul en entier? c'est parce que le notaire étant légataire, ou bien un des témoins étant aussi légataire, ils perdent l'un et l'autre l'idonéité exigée par la loi. Le notaire n'a pu en être le ministre, et lui donner l'essence légale, et le témoin n'a pu en attester la vérité. Mais de même, dans les cas en question, le notaire n'a pu, en recevant un acte de suscription, ériger à son profit, en testament, un acte qui, sans cet acte de suscription, ne serait pas un testament. Il se fait donc à lui-même un testament, comme le notaire s'en ferait un dans le premier cas, et personne *ne peut se faire un titre à lui-même.* Ce qu'on vient de dire du notaire, s'applique aussi au témoin qui serait dans la même position.

On objecterait vainement qu'il n'est pas juste que les autres légataires, s'il y en a, perdent l'avantage que leur donnait le testament. Mais tel est le sort de tous ceux qui voient annuler un acte dont le maintien leur serait utile.

Ainsi nous ne pouvons approuver la décision du tribunal de Marvejols, parce qu'il ne suffisait pas qu'il déclarât nul le legs fait au notaire. Pour être conséquent, il devait déclarer nul le testament en entier. Trop préoccupé du sénatus-consulte Libonien, dont il ne s'agissait pas, il a perdu de vue les principes généraux, d'après lesquels tout le testament devait crouler.

Nous ne pouvons nous rendre à la décision de la Cour royale de Nîmes, pas plus qu'à l'opinion de M. Merlin, qui y est conforme, parce qu'il en résulte qu'un notaire peut d'abord, par la pratique de quelques insinuations, et ensuite, en se procurant quelques témoins qui lui seraient dévoués, s'attribuer une portion de la fortune d'un testateur, ou même la totalité, sans autre preuve de la volonté du testateur, qu'un acte que ce notaire aurait écrit lui-même, qui serait amplement signé du testateur, ou qu'il n'aurait même pas signé, ce qui est égal dans notre opinion (1). Nous ne pouvons voir là aucune des sûretés que la loi exige pour garantir la certitude des dernières dispositions. Ce serait ouvrir la porte à toutes les fraudes que la cupidité pourrait suggérer.

J'ai vu dire qu'il est possible que le notaire ou le témoin qui aurait même écrit le testament qui contiendrait des dispositions en leur faveur, ait ignoré la teneur du testament qui leur serait présenté, par cela seul qu'il se pourrait que le testateur en eût substitué un autre à celui qu'il leur aurait dicté.

Le résultat de ce raisonnement serait bien que le testament serait nul, si l'on devait croire que le notaire ou le témoin qui l'aurait écrit, savait que ce fût le même testament qui serait présenté pour l'acte de suscription. C'est aussi ce que dit formellement M. Favard, dans son Répertoire, au mot *Testament,* sect. 1re, § 4, n° 5. Ainsi, sous ce rapport, les principes que nous avons déjà posés, resteraient, sauf l'application aux faits particuliers.

Mais peut-il bien se faire que ce raisonnement devienne la base d'une décision?

Doutera-t-on que le notaire ou le témoin, écrivain du testament, n'ait su que c'était le même qui leur était présenté, s'il n'est prouvé en

---

(1) On doit remarquer que le testament même non signé du testateur, devrait être exécuté dans le système de l'arrêt de la Cour royale de Nîmes, parce que cette signature n'est pas nécessaire, d'après l'art. 977 du Code, qui n'exige, dans ce cas, qu'une formalité particulière, qui est la présence à l'acte de suscription d'un témoin de plus.

aucune manière qu'il y ait eu d'autres testamens, et que le testateur ait eu l'intention d'en faire d'autres?

En doutera-t-on, si l'acte de suscription est fait le même jour ou très-peu de jours après le testament? Il est vrai qu'on peut jeter facilement une incertitude sur ce fait, parce qu'il n'est pas nécessaire que le testament soit daté; il prend alors la date de l'acte de suscription. Mais, osons le dire, c'est une raison de plus pour apporter une plus grande sévérité sur l'examen de la question.

Enfin, il n'est plus question de doute, parce qu'ici la vérité se présente. En effet, il ne dépend que du notaire ou du témoin qui aura écrit le testament qui contient une disposition pour l'un ou pour l'autre, de demander au testateur si le testament qu'il présente, est, ou non, celui que l'un ou l'autre a écrit. On ne peut supposer que le testateur leur en impose. Donc, en figurant, l'un comme notaire, l'autre comme témoin, l'acte de suscription est couvert d'une suspicion qui se communique au testament, et qui rend nuls ces deux actes qui se correspondent si essentiellement.

Nous sommes donc bien loin de regarder l'arrêt de la Cour royale de Nimes, comme devant fixer une jurisprudence définitive sur cette importante question; et jusqu'à ce que cette jurisprudence se forme, les notaires doivent prudemment s'abstenir de se mettre dans la position qui est le sujet de notre question.

Au surplus, nous faisons remarquer qu'il n'y a point de contradiction entre tout ce que nous venons de dire, et ce qui l'a été au n° 269. Dans ce numéro, nous n'avons pas supposé que l'écrivain du testament, qui y reçoit un legs, voulût recevoir l'acte de suscription, comme notaire, ou qu'il voulût servir de témoin dans cet acte de suscription; et ce n'est que relativement à ces deux cas, que nous nous expliquons dans ce numéro 269 *bis*.

2e édition, t. 1, p. 484, 3e alinéa.

L'opinion que nous venons d'émettre a été confirmée par MM. Merlin, Toullier et Favard; voyez ce dernier auteur, Répertoire, au mot *Testament*, sect. 2, § 4, n° 6. Ainsi on doit appliquer au testament mystique, pour le cas dont il s'agit, les observations nouvelles que nous avons faites au n° 253 *bis*.

Ce

Ce que nous avons dit est parfaitement confirmé par M. Merlin, 17ᵉ vol. du Répertoire, page 758, nº 18. « L'acte de suscription, dit-il, est-il nul à défaut de mention qu'il a été lu au testateur et aux témoins? Non. Le notaire qui omet cette mention encourt bien, aux termes de l'art. 15 de la loi du 25 ventôse an 11, sur le notariat, la peine d'une amende de 100 fr. ; mais, d'une part, cet article n'est pas compris par l'art. 68, dans la nomenclature de ceux dont l'inobservation emporte nullité ; et, de l'autre, l'art. 976 du Code civil n'exige pas, pour l'acte de suscription du testament mystique, comme l'art. 972 exige pour le testament notarié, qu'il en soit fait lecture au testateur en présence des témoins. L'acte de suscription du testament mystique rentre donc, à cet égard, dans la règle commune à tous les actes notariés. »

Notre opinion est pleinement confirmée par M. Merlin, 17ᵉ volume du Répertoire, au mot *Témoin instrumentaire*, § 2, nº 5, page 615. On y voit une forte dissertation contre l'opinion de M. Malleville, à laquelle nous n'avions pas cru devoir nous rendre. M. Merlin termine par le rapport de plusieurs arrêts rendus depuis que nous avions écrit, et qui sont conformes à la doctrine que nous avions soutenue.

Tout ce que disait Henrys sur la compilation faite par Alaric, gendre de Théodoric, est confirmé par Jacques Godefroi, *Manuale juris*, pag. 46, édition de Genève de 1726, passage où l'on remarque, comme dans le reste de l'ouvrage, une profonde érudition. Quant à l'invasion de l'Auvergne par les Visigoths, elle est attestée par une foule d'historiens : on peut voir les Annales de Nicoles Gilles, page 15, vº, et page 16, rº, édition de Paris de 1565 ; l'ouvrage intitulé *Tableau chronologique de l'histoire de l'Europe*, page 2, à l'année 476 ; Gauthier de Sibert, *Variations de la Monarchie*, et surtout l'Art de vérifier les dates, dans *la Liste chronologique et historique des rois Visigoths dans le Languedoc*, à l'article *Euric*.

276 bis. *Observations nouvelles sur la question. — Rétractation de l'opinion émise par l'auteur.*

C'est avec autant d'honnêteté que de réserve que M. Toullier, qui

a émis une opinion contraire à la nôtre , n° 48o , dit dans une note, à
la suite de ce même numéro , après avoir rappelé l'opinion de M. Merlin,
qui était conforme à la sienne , *M. Grenier semble d'une opinion contraire ;
on peut voir ses raisons et les peser*. En effet, la question était délicate ,
susceptible de beaucoup de difficultés, et il était facile de se méprendre
sur la solution.

Nous avions dû être touchés de l'opinion de Ricard, qui paraissait précise, quoique néanmoins elle porte sur un principe général , sans venir
à une désignation des cas particuliers qui peuvent se présenter en ce qui
concerne le testament olographe qu'on aurait voulu faire revêtir des
formes du testament mystique ; nous avions dû être aussi touchés de
l'opinion de Serre, savant professeur en droit français de l'université de
Montpellier ; et enfin, d'après ces deux opinions , il n'est pas étonnant
que nous ayons été entraînés par celle des deux autres profonds jurisconsultes que nous avions indiqués.

Cependant nous devons avouer que nous n'avons jamais eu une parfaite conviction que cette opinion fût bien juridique. Nous sentions que
les saines lumières de la raison résistaient à un principe de droit qui
pouvait être mal posé, et dont l'application à la question dont il s'agit ,
n'était pas absolument évidente. Aussi , après l'impression de la seconde
édition de notre Traité , nous eûmes du regret de ne pas avoir profité de
cette circonstance , pour rétracter notre opinion , et nous annonçâmes
que nous le ferions à la première occasion qui s'en présenterait.

Il n'a fallu rien moins pour nous y déterminer, que ce qui a été dit
sur cette question par M. Toullier, *loco citato*, et par M. Merlin , dans
ses Questions de droit, au mot *Testament*, § 6. Ce dernier auteur , qui
avait été dans le cas de porter la parole sur cette question , l'a traitée avec
un soin tel qu'il serait inutile que nous la traitassions de nouveau. Nous
nous en tiendrons à ce qui nous engage le plus fortement à adopter sa
solution.

Un des principaux argumens que l'on emploie pour soutenir que le
testament olographe doit rester sans effet, dans le cas proposé, est de dire
que le testament doit être valable dans la forme qui a été choisie par le
testateur , et que celui-ci n'a voulu tester qu'autant que l'acte de ses
dernières dispositions serait accompli et parfait dans la forme adoptée.
Mais cette présomption de volonté que l'on prête au testateur , est-elle

fondée sur des bases bien solides? Le testateur ne peut-il pas avoir eu d'autres motifs légitimes? Qui pourrait affirmer qu'il n'a pas eu pour but, en prenant la forme mystique, de prévenir ou la perte qui pourrait avoir lieu pendant sa vie, de son testament qui demeurerait purement olographe, ou la soustraction qui pourrait en être faite après sa mort? Enfin, le testateur n'a-t-il pas pu vouloir éviter à son légataire toutes les chances et les incertitudes d'une vérification d'écriture? Si toutes ces suppositions sont possibles, comment pourrait-on admettre de préférence une présomption contraire, surtout dès qu'elle aurait l'effet d'annuler un acte parfait en soi, et indépendant des formes mystiques? Aussi les jurisconsultes romains étaient bien loin de voir, dans un surcroît de formalités employées par le testateur, un motif d'annulation, dans le cas où quelques-unes de ces formalités auraient été omises, et où le testament aurait dû avoir par lui-même son exécution, quand le testateur n'aurait nullement songé à ces formalités. Ils y voyaient, au contraire, un motif de plus pour prononcer la validité du testament. Voici à cet égard comment s'exprime Ulpien, dans la loi 3, ff. *de testamento militis : Nec credendus est quisquam genus testandi eligere, ad impugnanda sua judicia, sed magis utroque genere voluisse propter fortuitos casus.*

Mais M. Merlin, après avoir parfaitement établi la validité du testament comme olographe, quoiqu'il ne puisse valoir comme testament mystique, crut devoir abandonner cette opinion quoique si bien établie, pour embrasser le parti de la nullité du testament, dans une note insérée dans la troisième édition de ses Questions de droit, à la page 269 ; et voici comment il fondait sa rétractation et l'erreur qu'il croyait lui être échappée, sur l'article 979 du Code civil, auquel, disait-il, il était étonnant que ni M. Toullier, ni nous, qui nous étions expliqués dans un sens opposé, n'eussions pas fait attention,

Cet article porte : « En cas que le testateur ne puisse parler, mais qu'il
» puisse écrire, il pourra faire un testament mystique, *à la charge que*
» *le testament sera entièrement écrit, daté et signé de sa main*, qu'il le pré-
» sentera au notaire et aux témoins, et qu'au haut de l'acte de suscription,
» il écrira en leur présence que le papier qu'il présente est son testament.
» Après quoi, le notaire écrira l'acte de suscription, dans lequel il sera
» fait mention que le testateur a écrit ces mots en présence du notaire et
» des témoins ; et sera, au surplus, observé tout ce qui est prescrit par
» l'art. 976. »

21*

Or, voici en substance les inductions que M. Merlin tirait de cet article, pour établir la nullité absolue du testament, dans l'espèce qui nous occupe. « Si la formalité particulière prescrite par cet article, n'est pas observée, disait-il, le testament doit être déclaré nul, en combinant cet art. 979 avec l'art. 1001, et il ne vaudra pas comme testament olographe, quoique le testateur, qui est dans la position prévue par l'art. 979, eût pu faire avec effet un testament purement olographe, sans le faire revêtir des formes mystiques, ce qui est incontestable. Donc la loi ne considère ce testament que comme un projet ; donc elle adopte d'une manière absolue le principe de Ricard. »

Mais, par une singularité remarquable, M. Merlin qui, en cela, s'est donné un mérite, a rétracté sa rétractation, et est revenu à sa première opinion. C'est ce qu'on voit dans le 17ᵉ vol. de son Répertoire, au mot *Testament*, sect. 2, §4, art. 14, page 762. Après avoir rappelé sa seconde opinion que nous venons de rapporter, il dit : *mais de nouvelles réflexions me portent à croire que je me suis trompé.* Pour abréger, nous ne rapporterons pas ici tous les raisonnemens qu'il fait pour établir que le testament vaut toujours comme testament olographe, quoique la formalité particulière prescrite par l'article 979 du Code, n'ait pas été observée. Il en conclut que ce n'est que comme testament mystique qu'est annulé, par l'article 1001, le testament entièrement écrit, daté et signé de la main du testateur, auquel il manque quelqu'une des formes auxquelles est assujettie cette manière de tester. L'art. 1001, continue M. Merlin, n'annulle donc pas ce testament considéré comme olographe ; seulement il s'oppose *à ce qu'en cas de dénégation de l'écriture et de la signature du testateur, on y ajoute la même foi que s'il valait comme mystique.* Il est plus naturel de penser, dit-il plus bas, qu'en recourant aux formes mystiques, le testateur ne l'a fait que pour épargner à ses légataires l'embarras *de prouver, en cas de dénégation, que c'est lui-même qui les a écrites, datées et signées.* L'auteur rapporte encore à l'appui de son opinion un arrêt de la Cour royale d'Aix, du 18 janvier 1818.

Les raisonnemens de M. Merlin, auxquels il suffit de renvoyer, nous paraissent incontestables. Ainsi nous tenons comme certain que le testament demeure valide, comme testament olographe, lorsqu'il est entièrement écrit, daté et signé par le testateur, quoique l'acte de suscription soit nul, et que le testament ne puisse valoir comme testament mystique.

Nous avons remarqué un arrêt de la Cour royale de Poitiers, du 28 mai 1824, rendu sur cette matière, qui est rapporté par M. Dalloz, vol. de 1825, 2ᵉ partie, page 64 : cet arrêt juge d'abord qu'un testament n'est point régulièrement revêtu des formes mystiques, parce que l'acte de suscription n'indiquait pas suffisamment que ce testament avait été *présenté* par le testateur au notaire, en ce qu'il y était dit seulement *que le testateur a déclaré au notaire, en présence des témoins, que le papier contenu sous cette enveloppe contenait son testament.* Il s'agit là d'une question d'interprétation : on pourra juger facilement si, d'après les règles de la logique, il y a, ou non, équipollence de formes. Mais après avoir déclaré le testament nul comme testament mystique, la Cour royale de Poitiers a décidé que le testament ne pourrait valoir comme testament olographe, et voici les principaux motifs de cette décision : « Qu'un testament mystique se composant de l'écrit contenant les dispositions du testateur et de l'acte de suscription fait par le notaire, l'on ne peut pas séparer ces deux actes l'un de l'autre ; qu'ils *forment un tout indivisible*, puisqu'ils sont deux élémens essentiels du testament mystique ; que les dispositions écrites, datées et signées de la main du testateur, ne sont plus un testament olographe, dès qu'elles sont revêtues d'un acte de suscription, mais qu'elles contractent la nature du testament mystique ; que, dès lors, le sort de ces dispositions est régi par le sort de l'acte de suscription, de sorte que la nullité de celui-ci entraîne nécessairement la nullité de celui-là, attendu qu'ils ne sont qu'un seul et même acte ; — Considérant, d'ailleurs, que Bellorde n'a point eu l'intention de faire exécuter ses dispositions écrites isolément et comme testament olographe, puisqu'il ne l'a fait entendre d'aucune manière, et qu'il les a subordonnées, au contraire, à la validité de l'acte de suscription, en voulant que cet acte devînt le complément de ses dispositions ; — Qu'ainsi ces dispositions, ne pouvant recevoir aucun effet comme testament olographe, forment un testament mystique, et deviennent nulles par la nullité de l'acte de suscription dont elles étaient inséparables. »

On sent que ces motifs ne peuvent contrebalancer les raisonnemens que nous venons d'exposer : il faut que nous soyons bien convaincus de leur solidité, dès qu'ils nous portent à une rétractation. Mais le premier désir dont nous sommes animés, est de découvrir la vérité, et de tâcher de la faire connaître.

Mais quelque idée qu'on puisse se former sur la question de savoir si, l'acte de suscription étant nul, le testament vaut, ou non, comme testament olographe, il est toujours vrai que le testament vaut comme tel, quand même le testateur, en le faisant, aurait annoncé l'intention de le faire revêtir des formes mystiques. M. Merlin, dans la note dont nous avons déjà parlé, mise à la page 269 de la troisième édition de ses Questions de droit, confirme tout ce que nous avons dit à ce sujet. Il cite deux arrêts conformes, l'un de la Cour de cassation, du 6 juin 1815, l'autre de la Cour supérieure de justice de Bruxelles, du 11 mars de la même année.

2e édition, t. 1, p. 498, 5e alinéa.

277 bis. *Avis du comité de législation du Conseil d'état, qui confirme l'opinion de l'auteur.*

L'opinion que nous venons d'émettre a été pleinement confirmée, et à peu près par les mêmes motifs, par un avis du comité de législation du Conseil d'état, du 7 avril 1821 : il est rapporté par M. Merlin, 17e vol. du Répertoire, au mot *Notaire*, § 5, n° 6. On sent qu'il est essentiel de le mettre sous les yeux, pour s'en pénétrer, avec d'autant plus de raison qu'il s'en tire des conséquences très-importantes, que nous ferons remarquer dans la suite, surtout lorsque nous en serons au mode de révocation des testamens.

Cette diversité d'opinions, dit M. Merlin, qui, ainsi que MM. Toullier et Delvincourt, avait été d'une opinion opposée à la nôtre, dans une matière où il importe autant que les notaires aient une règle fixe, a déterminé un sous-secrétaire d'état du département de la justice, à soumettre au comité de législation du Conseil d'état la question de savoir « si, lorsqu'un testateur est dans l'intention de révoquer ses dispositions de dernière volonté, et que le testament qui les contient a été fait par acte public, le notaire qui l'a reçu dans ses minutes peut en rendre l'original au testateur. » Et voici quel a été, le 7 avril 1821, l'avis de ce comité :

« Vu l'édit de mars 1693, la déclaration de 1723, la loi du 25 ventôse an 11, articles 20 et 22 ;

» Considérant, 1°. qu'aux termes de l'article 20 de la loi du 25 ventôse an 11 ; les notaires sont tenus de garder minute de tous les actes qu'ils passent ;

» Que, suivant le même article, il n'y a d'exception à cette règle, que pour les actes simples, qui peuvent être expédiés en brevet;

» Que les actes simples sont, ainsi que le mot l'indique, ainsi que la déclaration de 1723 l'entendait, ainsi que le rapporteur de la loi du 25 ventôse l'a expliqué au Corps législatif, ceux dont le contenu, la nature et les effets ne présentent qu'un objet ou un intérêt simple en luî-même, et passager;

» Que l'on ne peut dès lors comprendre sous la dénomination d'actes simples, les testamens qui, quant à leur contenue, à leur nature et à leurs effets, sont, sans contredit, les actes les plus sérieux et les plus solennels;

» D'où la conséquence que les testamens par acte public ne peuvent être expédiés en brevet, et doivent nécessairement être passés en minute;

» Considérant, 2°. que, d'après l'art. 22 de la loi précitée, de ventôse, les notaires ne peuvent se dessaisir d'aucune de leurs minutes, si ce n'est en vertu d'un jugement, et à la charge que la pièce extraite de leur étude y soit réintégrée; que cette disposition étant générale, s'applique aux minutes des testamens, comme à celles des autres actes; d'où il suit que les notaires ne peuvent se dessaisir, de leur autorité privée, de l'original d'un testament qu'ils ont reçu;

» Considérant, 3°. que si l'édit de 1693 permettait aux notaires de remettre, sans aucune formalité, à un testateur, la minute même de son testament, cette disposition étant inconciliable avec l'art. 22 de la loi de ventôse, est par cela même formellement abrogée, et que l'on ne peut en exciper;

» Considérant, 4°. que les dispositions de la loi de ventôse ne gênent en aucune manière la liberté des testateurs, puisque, s'ils veulent révoquer eu tout ou en partie leurs testamens, il n'est pas nécessaire qu'ils en suppriment la minute : l'art. 1035 du Code civil leur indique un moyen non moins facile et plus propre que tout autre à les garantir de toutes suggestions et surprises;

» (Le comité de législation du Conseil d'état) est d'avis que les notaires ne peůvent remettre au testateur l'original du testament qu'ils ont reçu; que cet acte ne peut être révoqué en tout ou en partie, que suivant les formes prescrites par l'art. 1035 du Code civil. »

M. Merlin fait une dissertation dans laquelle il s'efforce de prouver que l'avis est contraire aux principes de la matière. Nous n'avons, à cet égard, qu'une observation à faire, et qui nous paraît décisive, c'est que M. Merlin ne cesse de se fonder sur d'anciennes lois, sur d'anciens règlemens ou d'anciens arrêts, dont la disposition étant contraire à la loi du 25 ventôse an 11, et même, au moins implicitement, à l'article 1035 du Code civil, ne peut être regardée que comme abrogée. Nous pensons aussi que ce n'est pas avec plus de succès qu'il a combattu l'application que le comité de législation du Conseil d'état a faite de la loi sur le notariat, et de cet article 1035, relativement à leur sens et à leur substance. En sorte que nous croyons devoir persister dans les motifs sur lesquels nous avons fondé notre opinion.

M. Merlin termine l'article par deux considérations : 1°. Exiger, dit-il, que les testateurs qui veulent révoquer leurs testamens, le fassent par des actes exprès, c'est, comme le disait le procureur général du parlement de Toulouse, dans le réquisitoire sur lequel a été rendu l'arrêt du 15 novembre 1758 (que M. Merlin rapporte auparavant), les exposer à des frais superflus, qui deviendraient nécessaires ; 2°. c'est faire pis encore, c'est les priver de la consolation de cacher aux héritiers qu'ils affectionnent les accès passagers d'humeur qu'ils ont eus contre eux, et qui les avaient d'abord portés à disposer à leur préjudice.

Mais, en supposant que ces considérations fussent aussi fondées qu'elles le paraissent à M. Merlin, elles doivent, sans contredit, céder à des lois précises, postérieures à l'arrêt qu'il invoque. D'ailleurs, la dernière considération morale que fait valoir M. Merlin (car la première a un intérêt trop faible pour qu'on s'y arrête), est combattue par une autre considération morale, que nous regardons comme bien plus puissante, c'est que, comme nous l'avons dit, on doit prémunir un testateur contre des mouvemens de caprice, ou des séductions qui seraient pratiquées dans la vue de lui faire retirer son testament.

2ᵉ édition, t. 1, p. 500, 1ᵉʳ alinéa. Quand on pourrait supposer la nécessité de la mention des signatures, cette nécessité ne pourrait avoir lieu que pour les signatures du testateur et des témoins. On ne pourrait exiger la mention de la signature de celui qui recevrait le testament. La raison en est que d'après l'interprétation donnée à la loi du 25 ventôse an 11, par un avis du Conseil d'état, du 16 juin 1810, que nous avons cité au n° 243, la peine de nullité

lité prononcée par l'article 68 de cette loi, ne doit être appliquée qu'au défaut de mention de la signature, soit des parties, soit des témoins, et ne doit pas être appliquée au défaut de la mention de la signature des notaires qui ont reçu l'acte. On sent facilement qu'il devrait en être de même, et à plus forte raison, du défaut de mention de la signature de la personne qui reçoit un testament de la nature de ceux dont il s'agit.

Mais en faisant abstraction du conseil de prudence que nous avions cru devoir donner, nous pensons, en point de droit, qu'il est sans difficulté que le défaut de mention que le testateur et les témoins et les personnes qui ont reçu ce testament ont signé, ne donnerait lieu à aucune nullité. La certitude de cette décision résulte de ce que nous avons dit au n° 278. Il n'y a d'autres formalités rigoureuses établies pour les testamens dont il est question, que celles qui sont prescrites par les articles qui composent la section 2 du titre 2, livre 3 du Code civil.

Par une suite de ce qu'on doit se renfermer dans ces formalités, on doit remarquer une différence essentielle à faire entre la mention de la déclaration de ne savoir ou pouvoir signer de la part du testateur, et cette même mention concernant les témoins. L'article 998 du Code porte que, si le testateur déclare qu'il ne sait ou ne peut signer, *il sera fait mention de sa déclaration, ainsi que de la cause qui l'empêche de signer.* Et, à l'égard des témoins, il est dit dans le même article, que dans le cas où la présence de deux témoins est requise, le testament sera signé au moins par l'un d'eux, et qu'il sera fait mention de la cause pour laquelle l'autre n'aura pas signé. Mais il n'est ajouté, ni qu'il sera également ment fait mention de la déclaration faite par ce témoin de son ignorance ou impossibilité de signer, ni qu'il sera nécessaire d'exprimer que ce témoin a déclaré lui-même la cause qui l'a empêché de signer, forme rigoureusement exigée à l'égard du testateur, par cet article 998, comme pour les testamens ordinaires, d'après l'article 973. Or, on sent qu'on ne doit exiger, en ce qui concerne les témoins, que ce qui est prescrit par rapport à eux. On ne peut ajouter aux formes établies, et créer une nullité que la loi ne prononce pas.

On peut faire le même raisonnement sur la différence qui existe, pour les testamens ordinaires, entre la mention exigée par l'article 973, lorsqu'il s'agit du testateur, et celle qui est prescrite par l'article 974, lorsqu'il est question des témoins. Telle est aussi l'opinion de M. Merlin , 17ᵉ volume du Répertoire, au mot *Signature*, § 3, article 2, page 559.

2ᵉ édition, t. I, p. 519, 2ᵉ alinéa. Ce que nous avons dit est parfaitement confirmé par M. Merlin , vol. 17ᵉ du Répertoire, au mot *Testament,* sect. 2, § 4, art. 6, n° 2, pag. 765. Il cite les arrêts des deux Cours royales de Riom et de Rouen, que nous avions cités nous-mêmes; et il en ajoute un autre conforme, de la Cour royale de Metz, du 10 juillet 1816.

Cet auteur dit avec raison, n° 3, pag. 767, que l'inobservation des formalités prescrites par l'art. 1008, n'annulerait pas plus les testamens, que l'inobservation des formalités établies par l'art. 1007. Il fait cependant observer, et avec raison, que le légataire universel n'aurait droit aux fruits, qu'après avoir obtenu l'ordonnance d'envoi en possession, prescrite par cet art. 1008.

Enfin, au n° 4, même page, il examine la nature des fonctions du président du tribunal civil, lorsqu'il s'agit de l'ouverture du testament, et du dépôt qu'il doit en ordonner, et lorsqu'il s'élève encore des questions relatives à l'envoi en possession. Il détermine les cas où ce magistrat exerce une juridiction simplement volontaire, et où il doit ordonner le dépôt, sans connaissance de cause, et sauf les droits des parties, qu'elles peuvent faire valoir ultérieurement, de ceux où ce qu'il doit faire tient à ses fonctions judiciaires, c'est-à-dire, à la juridiction contentieuse, et où il doit décider en connaissance de cause.

2ᵉ édition, t. I, p. 522, 2ᵉ alinéa. 292 bis. *Observations nouvelles sur les formes de la vérification du testament olographe.*

Nous avons expliqué au n° 228—5, les principes d'après lesquels tout testament olographe, qui n'est pas reconnu, doit être soumis à la vérification par experts, comme tout acte sous seing privé ordinaire, qui est désavoué. Mais nous devons ajouter ici quelques observations sur le mode de vérification. Nous avons rapporté les termes de Ferrières, d'après lequel la vérification devait être faite, dans tous les cas, par comparaison d'écritures, même lorsque le défendeur ne comparaît pas sur l'assignation donnée à l'effet d'avouer ou de désavouer le testament. *Et si c'est par défaut,* disait cet auteur, *le juge doit en ordonner la vérification,* ET NON PAS LE DÉCLARER RECONNU PAR DÉFAUT. Ferrières n'était pas le seul auteur de son temps, qui s'expliquât ainsi pour le cas du défaut; M. l'avocat général Talon manifestait les mêmes idées, en portant la parole, lors d'un arrêt du 24 mai 1661. La forme qu'il professait, ainsi que Ferrières, fut adoptée par un édit de décembre 1684, article 7.

Mais, d'après le Code de procédure civile, cette forme ne doit plus être suivie, toujours dans le cas du défaut. Aussi, quand nous invoquions l'opinion de Ferrières, nous avions en vue d'établir en général la suffisance de la vérification par experts, d'un testament olographe, comme de tout autre acte ordinaire sous seing privé; et en venant aux formes que nous rapportions d'après cet auteur, nous faisions cette observation restrictive, qu'il s'en expliquait *suivant les usages de son temps*, mais que *son opinion restait, quant au fond, sur la nécessité de cette vérification;* et, au n° 228-6, nous annoncions que nous indiquerions plus particulièrement les procédés relatifs à la vérification, au n° 290 et suivans.

Or, d'après l'art. 195 du Code de procédure civile, la vérification ne doit être ordonnée, tant par titres que par experts ou par témoins, que dans deux cas, qui sont, celui où le défendeur dénierait une signature à lui attribuée, ou celui où il *déclarerait ne pas reconnaître* la signature attribuée *à un tiers*. On voit qu'il n'est pas question là du cas du défaut, fait par le défendeur. Ce cas est prévu par l'art. 199. Or, qu'y est-il dit? Si le demandeur en vérification ne comparaît pas, la pièce sera rejetée; *si c'est le défendeur, le juge pourra tenir la pièce pour reconnue.* Donc, dans ce cas, la vérification n'est pas nécessaire. On peut voir ce que dit M. Merlin à ce sujet, 17ᵉ vol. du Répertoire, au mot *Testament,* sect. 2, § 4, art. 6, n° 2, et surtout au n° 8.

Mais il y a à faire des observations encore plus importantes sur les formes de la vérification du testament olographe. On vient de voir que l'article 195 du Code de procédure admet trois modes de preuve, pour parvenir à cette vérification; savoir, celle par titres, celle par experts, et celle par témoins. On sent facilement en quoi consistent les deux prémières preuves; nous dirons seulement que, par la troisième, le législateur a entendu admettre la preuve qui résulterait de ce que des témoins déclareraient avoir vu écrire, dater et signer l'écrit présenté comme testament, et affirmeraient que cette pièce est évidemment la même qu'ils ont vu écrire, dater et signer. Ces différentes preuves peuvent concourir, et dans ce concours, il dépend des juges de se décider par l'une d'elles,

préférablement aux autres, selon que l'une d'elles leur paraît plus concluante. Il y a plus, le demandeur en vérification d'écriture peut proposer successivement les divers genres de preuves autorisés par la loi, et
il ne peut être déclaré non recevable à demander la vérification par témoins, bien qu'il ait d'abord demandé qu'il y fût procédé par experts,
ou qu'il y ait consenti. Il a été statué ainsi sur ces deux points par un
arrêt de la Cour royale de Toulouse, du 1ᵉʳ mai 1817, rapporté par
Sirey, volume de 1825, 2ᵉ partie, pag. 16. On peut encore voir, sur ces
deux points, un arrêt de la Cour de cassation, du 13 novembre 1816,
rapporté par les continuateurs de Denevers, vol. 17ᵉ, pag. 67.

Cet arrêt, du 1ᵉʳ mai 1817, contient un motif infiniment lumineux,
d'abord sur l'application qui doit être faite de l'art. 195 du Code de pro-
dédure civile aux testamens olographes, lorsqu'ils doivent être vérifiés,
et ensuite sur la nécessité de recourir à la preuve par témoins, lorsqu'il
s'élève des difficultés de rapporter des pièces de comparaison, ce qui arriverait, par exemple, pour le testament d'un mineur qui serait mort en
minorité, et qui n'aurait pas eu occasion, ou de laisser des corps d'écriture authentiques, ou d'apposer sa signature à des actes publics. Pour
abréger, nous renvoyons au recueil où est l'arrêt.

Les mêmes principes ont été consacrés par un arrêt de la Cour de cassation, section des requêtes, du 2 août 1820, recueilli aussi par Sirey,
vol. 21, pag. 184. On y voit une enquête l'emporter sur une vérification
d'experts, dont le résultat était que le testateur n'avait ni écrit, ni signé
le testament dont il s'agissait. Mais ce que cet arrêt offre de remarquable,
c'est qu'il admet que les doutes sur la nature des preuves, sont entièrement
laissés *aux lumières et à la conscience des juges, suivant leur conviction, et
d'après l'appréciation des actes,* en sorte qu'ils peuvent, *d'après cette
conviction, faire prévaloir la preuve qui leur paraît résulter de quelques-uns
des moyens entrepris plutôt que des autres.* Nous connaissons d'autres
arrêts conformes, qui n'ajouteraient rien à ceux que nous venons de
citer, et nous n'en connaissons aucun de contraire.

Remarquons que, pour éviter les embarras d'une vérification sur
pièces de comparaison, si, lorsqu'on voudrait faire le testament, il
n'existait aucune de ces pièces, dans la forme exigée par la loi, ce serait
une sage précaution de faire revêtir le testament de la forme mystique.
On sent qu'alors le testament demeurerait nécessairement pour vrai;

qu'il serait toujours celui qui aurait été présenté au notaire et aux témoins, et qu'il ne pourrait être assujetti à la vérification, qu'autant que
l'acte de suscription serait nul, et que le testament resterait aux termes
d'un simple testament olographe, s'il en avait les formes, ainsi que nous
l'avons dit au n° 276 *bis*.

Tout ce qui vient d'être dit sur la possibilité de la simple vérification
par experts, des écriture et signature du testament olographe, est étranger
au cas où on prétendrait qu'un testament fait par acte public, n'est pas
écrit en entier de la main du notaire qui l'a reçu. Alors celui qui éleverait cette prétention, serait obligé de recourir à l'inscription de faux,
lors même que son adversaire consentirait à une vérification d'écriture.
C'est ce qui a été jugé par un arrêt de la Cour royale de Limoges,
du 13 décembre 1815, rapporté par le continuateur de Denevers,
vol. 15, 2ᵉ partie, pag. 47. On sent facilement la raison de cette différence, et l'arrêt l'explique.

292 ter. *Des cas où l'inscription de faux contre le testament olographe,*
deviendrait nécessaire.

Il y a cependant des cas où l'inscription de faux contre le testament,
deviendrait absolument nécessaire. Il serait difficile de les prévoir tous.
Nous en indiquerons seulement deux. Cette forme de procéder deviendrait indispensable, si l'on prétendait que le testament est faux, qu'il n'est
point réellement écrit de la main du testateur, mais qu'on aurait contre-
fait son écriture et sa signature ; en sorte que des experts vérificateurs
pourraient se méprendre, ou se seraient déjà mépris par suite de cette
frauduleuse imitation. On sent que, dans ce cas, la vérification ordinaire par des experts, opération conjecturale de sa nature, pourrait n'être
pas suffisante pour produire une conviction du faux. Aussi, d'après l'article 214 du Code de procédure, une vérification déjà faite par des
experts, n'emporterait pas l'exclusion de l'inscription de faux. On sent
encore que de simples allégations de faits, de manœuvres, de fraudes,
qu'on offrirait même de prouver par témoins, seraient également insuffi-
santes pour faire rejeter un testament qui serait présenté comme étant
l'ouvrage du testateur. L'existence matérielle d'un acte de cette nature
ne peut dépendre de preuves aussi frêles. Il est nécessaire, pour le faire

crouler, qu'il passe par le creuset de l'inscription de faux, qui nécessite des preuves d'une toute autre énergie que les preuves testimoniales ordinaires. Articles 219 et suiv. du Code de procédure civile. Tout ce que nous venons de dire peut s'appliquer encore, entr'autres cas, à celui où l'on prétendrait que certains mots du testament ne sont pas écrits de la main du testateur, et que d'autres sont falsifiés.

Le second cas, que nous avons déjà annoncé, dans lequel l'inscription de faux deviendrait nécessaire, est celui où l'on voudrait prétendre qu'il a été donné au testament une fausse date, dans la vue de prouver qu'il aurait été fait en un temps où le testateur en aurait eu la capacité, tandis que, dans la réalité, il aurait été fait en un temps où cette capacité n'existait pas; d'où dériverait la nullité du testament. La raison pour laquelle cette forme de procéder serait indispensable, pour anéantir le testament, est que, quoiqu'il soit purement olographe, qu'il soit substantiellement un acte sous signature privée, néanmoins, lorsqu'il est reconnu pour être écrit, daté et signé de la main du testateur, alors il a tous les caractères et tous les effets de l'authenticité. Le testament fait foi de sa date, de la même manière que le testament public fait par-devant notaire. On peut voir ce que nous avons dit à ce sujet, n°ˢ 228-5 et 228-6.

292 quat. Sur lequel doit tomber la charge de la vérification du testament, du légataire ou de l'héritier naturel? Lequel des deux doit être maintenu en possession pendant le litige sur la vérification?

On sent qu'il est à propos, sur cette matière, de se fixer sur quelques principes pour décider lequel des deux doit être chargé de la vérification du testament, ou du légataire ou institué héritier, ou de l'héritier naturel, et lequel des deux doit être mis en possession, ou y être maintenu pendant le litige sur la vérification. Ces deux questions rentrent souvent l'une dans l'autre, et on peut les discuter ensemble. Nous le ferons brièvement, sans entrer dans l'examen d'une foule de dissertations et même d'arrêts que l'on trouve à ce sujet dans les auteurs et dans les recueils.

Que ce soit au légataire ou héritier institué par le testament à faire vérifier ce testament, si l'héritier naturel, c'est-à-dire, celui qui est appelé par la loi, déclare ne point reconnaître les écriture et signature du testateur, c'est une proposition incontestable, la raison en est évidente : le testament étant reconnu pour vrai, sur l'aveu de l'héritier naturel, sans qu'il y ait eu de contestation, ou l'étant par suite d'une vérification, prend tous les caractères de l'authenticité. Mais jusque-là il n'en a pas les priviléges, et il doit passer par le creuset de la vérification, si l'héritier naturel y donne lieu par ses déclarations. Or, dans ce cas, et jusqu'à cette vérification, il n'a pas la force d'un testament; il n'est pas, à proprement parler, un titre qui emporte par lui-même son exécution. Donc son effet est suspendu jusqu'au résultat de la vérification.

L'exécution n'est due qu'au titre, et c'est à tout demandeur à justifier de son titre, c'est-à-dire, d'un titre régulier. Vainement dirait-on, pour déterminer la validité du testament par une simple présomption, abstraction faite de sa vérification, qu'il y a infiniment plus de testamens valables qu'il n'y en a de nuls. Ce raisonnement ne peut changer la nature du testament qui en lui-même et substantiellement, n'est qu'un simple acte sous seing privé, lorsque la vérité en est contestée. On pourrait faire ce même raisonnement pour les engagemens ordinaires sous seing privé, et cependant l'exécution n'en est pas moins suspendue en cas de contestation, jusqu'à leur vérification.

Telle est l'idée qu'on voit dominer dans tous les arrêts rendus sur cette matière. Nous nous bornons à invoquer l'arrêt de la Cour de cassation, section civile, du 15 novembre 1816, que nous avons indiqué sous un autre rapport, au n° 292 *bis*. Cet arrêt a jugé, ce qui ne pouvait faire la matière d'un doute, que le testament olographe était soumis à la vérification comme tout acte sous seing privé ordinaire, en conséquence des articles 193 et 195 du Code de procédure civile, qui imposent la nécessité de la vérification préalable à celui qui est porteur de l'acte sous seing privé dont il réclame l'exécution, ce qui renvoie, par similitude, la charge de la vérification préalable du testament olographe, au porteur du testament; ce même arrêt refuse encore l'envoi en possession à l'héritier testamentaire, jusqu'à ce qu'on eût acquis la certitude de la vérité du testament. Nous ne rapporterons que les motifs de l'arrêt relatif à ces deux points, parce qu'il statue sur d'autres qui sont étrangers à la question.

« Attendu, sur le premier moyen de cassation, que les articles cités à l'appui de ce moyen, bien qu'ils accordent au testament olographe la même force exécutoire qu'au testament reçu par un officier public, n'ôtent pas pour cela au premier de ces actes, le caractère d'écriture privée, et par conséquent ne sont aucun obstacle à ce qu'on puisse vérifier les écriture et signature de la personne à qui on l'attribue, aux termes de l'art. 193 du Code de procédure;

» Attendu, sur le quatrième moyen, que les articles invoqués (1007 et 1008 du Code civil), qui saisissent le légataire universel institué par un testament olographe, *ne disposent que dans la supposition légale de la sincérité dudit testament, et ne font aucun obstacle à ce que cette saisine puisse être contestée et refusée alors que la sincérité du testament est méconnue et soumise à une vérification préalable.* » Tels sont les principes consacrés par la Cour de cassation. L'arrêt de la Cour royale de Toulouse fut bien cassé, mais ce fut seulement sur un moyen purement relatif à un délai d'enquêter, dont il ne s'agit pas ici.

On sent que le légataire ou héritier testamentaire est obligé de faire vérifier le testament, s'il y a lieu, à l'égard d'un héritier naturel sans réserve, comme à l'égard d'un héritier à réserve. Les droits du premier sont moins énergiques que ceux du second, cependant le premier ne tient pas moins la saisine de la loi. Cette saisine ne fait place à celle que confère le testament, qu'autant que la sincérité de ce testament est reconnue, et jusque-là la première saisine conserve son effet, de la même manière que la règle subsiste jusqu'à ce que l'exception soit prouvée. Aussi l'arrêt que nous venons de citer paraît-il être rendu dans l'espèce du concours d'un simple héritier naturel avec un légataire universel testamentaire.

Quelques auteurs ont recherché si l'héritier *ab intestat*, qui aurait reconnu la vérité d'un testament olographe par des actes non équivoques, tels que seraient ceux qui caractériseraient un commencement d'exécution, pourrait encore, par la seule déclaration qu'il en méconnaîtrait l'écriture et la sigature, mettre le légataire universel dans la nécessité d'en faire la vérification.

On sent que se présentent alors les questions de savoir dans quel cas les approbations apparentes ou réelles, lient ceux à qui on les oppose. Ceci rentre dans les principes généraux relatifs à l'effet des consentemens aux actes, à la renonciation aux nullités par lesquelles on aurait pu les attaquer. Et l'on sent encore combien peuvent influer les circonstances desquelles il résulterait qu'on a agi avec ou sans connaissance de cause.

Mais lorsque nous avons dit que la vérification du testament tendante

à

à en établir la sincérité, était à la charge du porteur du testament et non
de l'héritier naturel, cela ne doit être entendu que dans la règle générale,
que lorsque les difficultés s'élèvent d'entrée de cause, et que le porteur
du testament n'a point obtenu du président du tribunal une ordonnance
d'envoi en possession, dans les cas où cet envoi a lieu; car si cet envoi
en possession est ordonné, alors les idées ne sont plus les mêmes. L'obligation de faire vérifier le testament devient à la charge de l'héritier naturel. Il doit tout prouver, tout établir, pour faire crouler le testament.

On trouve le germe de cette jurisprudence dans l'arrêt de la Cour
d'appel de Turin, que nous avons rapporté au n° 292. On l'y voit toujours, malgré les observations multipliées que M. Merlin fait sur cet
arrêt, tome 17ᵉ du Répertoire, au mot *Testament*, sect. 2, § 4, art. 6,
nᵒˢ 3 et 4, pour en expliquer le sens et le modifier. Cette distinction
s'établit, cette jurisprudence se forme, lorsque la question s'élève, et
qu'elle subit une discussion.

Il a été rendu dans cette espèce, un arrêt très-remarquable de la Cour
de cassation, section civile, du 2 février 1818. Il est rapporté par Sirey,
vol. 18, pag. 248. On pourra voir dans le Recueil même la position de
la question, les motifs du jugement du tribunal de première instance,
ceux de l'arrêt confirmatif de la Cour royale de Rouen. Pour abréger,
nous nous contentons de faire transcrire l'arrêt de la Cour de cassation.
Attendu son importance et les observations que nous ferons sur ce même
arrêt, il est utile de l'avoir sous les yeux.

« La Cour, — Attendu que, suivant l'art. 1006 du Code civil, le légataire universel, institué même par un testament olographe, est saisi de
plein droit par la mort du testateur, sans être tenu de demander la délivrance, lorsqu'il n'y a pas d'héritiers auxquels une quotité des biens soit
réservée par la loi; que l'article 1007 indique les formalités auxquelles
le législateur a voulu que fût soumis tout testament olographe avant
d'être mis en exécution, et qu'elles ont toutes été remplies dans l'espèce;
que par l'art. 1008 spécialement, le légataire universel, institué par un
testament olographe, est tenu de se faire envoyer en possession par une
ordonnance du président, mise au bas d'une requête à laquelle doit être
joint l'acte de dépôt du testament; qu'il suit de ces divers articles que
la loi établit, en faveur du légataire universel, une saisine de droit, et
qu'il peut prendre celle de fait, en vertu d'une simple ordonnance d'envoi

23

en possession, rendue sur sa seule requête et sans avoir besoin de délivrance ; *que si, dans quelques circonstances, et lorsque la gravité des reproches dirigés contre le testament paraîtrait porter évidemment atteinte au caractère de ce titre apparent, le juge, aux lumières et à la prudence duquel l'appréciation des faits est laissée par la loi, peut en suspendre les effets,* il n'en est pas nécessairement ainsi, quand l'héritier se borne à une simple déclaration vague qu'il ne connaît pas la signature ; qu'il y a bien lieu alors à une vérification, mais sans que le juge soit pour cela tenu, sur cette seule circonstance, de modifier ou de révoquer les effets que le titre a pu déjà légalement produire ; qu'ainsi, dans l'espèce actuelle où toutes les formalités prescrites ont été remplies, où il n'y avait pas d'héritiers à réserve, où le légataire universel était déjà en possession de droit et de fait avant la méconnaissance des héritiers, l'arrêt attaqué, en maintenant la provision en faveur du défendeur, loin de violer la loi, n'a fait qu'une juste application à l'espèce des articles ci-dessus cités ; — Rejette, etc. »

Il importe de remarquer la différence que fait l'arrêt entre le cas où le porteur du testament lutte contre de simples héritiers naturels, et celui où il est en opposition avec un héritier à réserve ; celui-ci reçoit de la loi une saisine bien plus forte, que les premiers, puisque c'est à lui que la délivrance des legs doit être demandée ; que d'ailleurs il ne peut y avoir lieu à son égard qu'à une demande en partage, puisqu'en vertu de sa réserve, il est toujours propriétaire d'une partie quelconque des biens de la succession.

La direction donnée à la jurisprudence par cet arrêt de la Cour de cassation, du 2 février 1818, est maintenue avec plus d'énergie·encore par un nouvel arrêt de la même Cour, du 10 août 1825. Il est rapporté par M. Dalloz, vol. de 1825, page 464. L'espèce de l'arrêt, la décision du jugement du tribunal de première instance, celle de la Cour royale, dont l'arrêt fut soumis à la Cour de cassation, et surtout les moyens respectivement opposés, tout cela doit être connu. L'exposition en est faite par l'auteur du Recueil avec tant de brièveté, avec une telle précision, que je crois devoir faire transcrire, en note, tout ce qu'il en a dit (1).

---

(1) Décès de la demoiselle Fontaines, sans laisser d'héritier à réserve. — Le sieur Sales, prétendant qu'elle l'avait institué héritier universel par testament olographe, s'est

Quel est le résultat de cet arrêt? C'est que l'ordonnance d'envoi en possession fait changer de rôle aux parties. Avant cette ordonnance,

---

fait envoyer en possession de ses biens. — Larguier, héritier naturel de la demoiselle Fontaines, demande le délaissement de sa succession. — Sales représente le testament olographe. — Larguier *le dénie, et soutient qu'il n'est ni écrit ni signé par la demoiselle Fontaines.* — Le 24 juillet 1823, jugement qui dispose que vérification du testament doit être ordonnée avant tout, et que cette vérification doit être à la charge de celui qui s'en prévaut, et nullement de celui qui le dénie.

Appel; arrêt infirmatif de la Cour de Nîmes, du 22 juin 1824, en ces termes : « Attendu que l'appelant est porteur d'un testament revêtu de toutes les formalités prescrites par l'article 1007 du Code civil; — Qu'étant légataire universel, et n'y ayant point d'héritier à réserve, le sieur Sales était saisi de plein droit, d'après la disposition de l'art. 1006 ; — Qu'en exécution de l'art. 1008, il a été envoyé en possession par ordonnance du président du tribunal civil ; qu'ainsi l'appelant, ayant pour lui et la possession et la présomption de la loi, ne pourrait être dépossédé qu'autant que le titre même serait anéanti dans ses mains ; — Que l'intimé a sans doute le droit de l'attaquer ; mais qu'étant demandeur, toutes les preuves et vérifications nécessaires sont à sa charge ; d'où il suit que le tribunal a mal jugé en chargeant le porteur du testament d'une vérification d'écritures. »

Pourvoi par Larguier, pour contravention aux art. 1315, 1323 et 1324 du Code civil, et 193, 194 et 195 du Code de procédure. — L'art. 1323, disait-on pour lui, dispose que les héritiers peuvent se contenter de déclarer qu'ils ne connaissent point l'écriture de leur auteur dans l'acte sous seing privé qu'on leur oppose, et alors la vérification en est ordonnée par le juge. Il n'est pas douteux que cet article s'applique au testament olographe, qui n'est autre chose qu'un acte sous seing privé, comme le législateur l'a désigné lui-même dans l'art. 999 du Code civil. — D'après cela, peut-on penser que la vérification doive être faite par une autre partie que celle qui veut se prévaloir de l'acte sous seing privé? N'exiger de l'héritier qu'une méconnaissance d'écriture, c'est décider qu'il n'est tenu à rien autre chose, et que, par conséquent, la preuve doit être fournie par le porteur du titre sous seing privé. L'art. 1315, qui impose cette charge à celui qui réclame l'exécution du titre, vient confirmer cette opinion, d'autant plus que cet article ne fait pas de distinction entre un testament olographe et tout autre acte.

Arrêt. « La Cour, — Attendu, en droit, que le testament olographe est investi par la loi d'un caractère et d'une force d'exécution qui lui sont particulières, puisqu'elle donne la saisine de plein droit au légataire universel institué dans cette forme, lorsqu'il n'y a pas d'héritier auquel une quotité de biens est réservée, en remplissant les formalités prescrites par les art. 1007 et 1008 du Code civil; — Attendu que cette saisine de droit et la possession de fait étant réunies, c'est à ceux qui veulent les attaquer en renversant le titre, à en prouver le vice, suivant la maxime *actori onus probandi incumbit ;* — Attendu, en fait, que la Cour de Nîmes a reconnu que Sales était légataire universel, sans concours avec des héritiers à réserve; qu'il était saisi de plein droit, et qu'il avait

23 *

l'héritier naturel, autre qu'un héritier à réserve (car il ne peut être ici question que du premier), pouvait s'en tenir à la dénégation de la sincérité du testament, et reverser sur celui qui en est porteur la charge de le faire vérifier, et d'en établir la sincérité. Mais l'existence de l'ordonnance produit en faveur du testament une présomption tellement forte de sa sincérité, que, dans cette position, l'opération de la vérification devient à la charge de l'héritier naturel. Cette décision souffrait, il faut en convenir, de sérieuses difficultés. Cela est prouvé par la force des moyens opposés par l'héritier naturel, dont le pourvoi a été rejeté, et il ne faut rien moins qu'un arrêt aussi précis, pour adopter enfin l'opinion qu'il confirme.

Nous ne pouvons cependant nous empêcher de dire que le principe établi par cet arrêt, peut quelquefois céder à de fortes circonstances. C'est ce qu'indique d'une manière très-sage l'arrêt précédent, du 2 février 1818, qui livre l'appréciation des faits à la prudence des magistrats.

2e édition,
t. I, p. 526,
3e alinéa.

Nous devons apporter une modification à ce qui est dit dans ce n° 297, et au commencement du n° 293. Nous nous y sommes expliqués dans le sens que, pour tous les légataires quelconques, il n'y avait qu'un seul mode de former la demande en délivrance du legs, et que la disposition de l'article 1005, qui accorde pour cette demande, au légataire universel, le délai d'un an à compter du décès du testateur, était commun au légataire à titre universel, et de plus au légataire particulier.

Mais cette idée, dans sa généralité, deviendrait une erreur.

A l'égard du légataire universel, il n'y a point de doute, d'après la manière précise dont l'art. 1005 s'explique. Il doit avoir la jouissance à

été envoyé en possession légalement ; — Attendu qu'en jugeant que, dans cette position, ledit Salès ne pouvait être dépossédé sur une simple méconnaissance d'écriture et signature, ladite Cour s'est conformée aux art. 1006, 1007 et 1008, qui formaient la règle du procès ; qu'elle n'a pu contrevenir par cette décision aux articles 1315, 1323 et 1324 du Code civil, ni aux art. 193, 194 et 195 du Code de procédure civile, puisque, d'une part, le demandeur en cassation était aussi demandeur originaire en délaissement, et devait prouver sa demande contre le légitime possesseur, et que, d'autre part, la voie de vérification d'écriture, comme toute autre voie de droit, lui a été réservée, pour attaquer, si bon lui semble, le titre dont son adversaire est porteur ; — REJETTE. »

compter du décès, si la demande en délivrance a été formée dans l'année, depuis cette époque, sinon cette jouissance ne commencera que du jour de la demande formée en justice, ou du jour que la délivrance aurait été volontairement consentie.

Relativement au légataire à titre universel, l'art. 1011 garde le silence sur le délai d'un an énoncé dans l'art. 1005. De là peut s'élever la question de savoir si ce délai est commun au légataire à titre universel, comme au légataire universel. Nous pensons qu'on doit sans difficulté adopter l'affirmative. .

Mais par rapport au légataire particulier, il n'en est pas de même, d'après les expressions de l'art. 1014 : « Néanmoins le légataire particulier ne pourra se mettre en possession de la chose léguée, *ni en prétendre les fruits ou intérêts,* qu'à compter du jour de sa demande en délivrance, formée suivant l'ordre établi par l'article 1011, ou du jour auquel cette délivrance lui aurait été volontairement consentie. » Ces termes sont trop impératifs pour admettre un droit aux fruits à compter du décès, même quoique la demande en délivrance eût été formée dans l'année.

On ne voit nulle part les motifs de cette différence, on ne les voit même pas dans les discussions du Conseil d'état qui ont préparé les articles 1005, 1011 et 1014. Mais nous pensons que ce qui y a donné lieu, c'est que le légataire universel, respectivement aux héritiers à réserve, est légataire de quote, c'est-à-dire, d'une partie de la succession, et que dès lors son droit ne peut être déterminé que par un partage. Or, on n'a pas voulu l'astreindre, comme pour une simple demande en délivrance d'un objet particulier et déterminé, à former cette demande en partage aussitôt après le décès du testateur. Ce qui lui revient devait être connu avant qu'il pût s'en mettre en possession. Mais aussi le législateur a fixé pour cette demande en partage, qui, dans ce cas, est proprement la demande en délivrance du legs, le délai d'un an à compter du décès, afin que par la négligence du légataire universel, les héritiers légitimaires ne fussent pas exposés à la restitution d'un grand nombre d'années de jouissances.

Le légataire à titre universel étant aussi un légataire de quote respectivement aux héritiers légitimaires, et à leur défaut, au légataire universel, se trouve dans la même catégorie, sous ce rapport, que le légataire universel, respectivement aux héritiers légitimaires, et on ne peut douter que le législateur n'ait voulu éviter une répétition, en ne disant pas ce qu'il avait dit pour le délai d'un an relativement au légataire universel, et qu'il n'ait entendu que ce délai serait commun à l'un et à l'autre.

En ce qui concerne au contraire le légataire particulier, comme il s'agit d'un objet connu et déterminé, le législateur a exigé à son égard, d'une manière précise, la demande en délivrance avant la perception des fruits qui serait faite après le décès du testateur. En sorte que l'héritier profite de tous les fruits venus en maturité qu'il perçoit avant la demande en délivrance, ou son consentement à cette délivrance.

Cependant le légataire particulier échapperait à cette rigueur, s'il avait ignoré le testament, ou si, à raison de circonstances particulières, celui contre lequel la demande en délivrance aurait dû être formée, était constitué en mauvaise foi. Sur quoi on peut voir Domat, Lois civiles, part. 2ᵉ, liv. 4, sect. 8, nº 3, une savante dissertation de ses annotateurs, sur ce numéro, et Pothier, Introd. au titre 16 de la Coutume d'Orléans, nº 96. Nombre d'autres auteurs professent la même doctrine.

2ᵉ édition,
t. 1, p. 533,
2ᵉ alinéa.

505 bis. *Dissertation nouvelle sur la question.*

M. Merlin, volume 16 du Répertoire, au mot *Legs*, section 4, § 3, nº 50, et M. Toullier, *Droit civil,* tome 3, nº 423, sont d'un avis contraire à ce qui vient d'être dit. M. Merlin pense que le légataire d'usufruit a droit aux fruits, du jour du décès du testateur, *sans avoir besoin* de demande en délivrance. L'opinion de M. Toullier présente une modification à celle de M. Merlin. Il dit que le légataire usufruitier a droit aux fruits, à compter de la même époque, *quand même il aurait tardé d'en demander la délivrance, dans le cas d'usufruit constitué par testament;* ce qui suppose la nécessité de la demande en délivrance à une époque ou à une autre.

Cette question, selon nous, souffre plus de difficultés que ne l'ont pensé ces deux auteurs, ou, au moins, pour s'assurer d'une décision, et de la justesse de ses motifs, elle mérite d'être discutée.

Leur opinion prend son fondement dans l'article 604 du Code civil; il y est dit que le retard de donner caution ne prive pas l'usufruitier des fruits auxquels il peut avoir droit; il y est ajouté, « *ils lui sont dus du moment où l'usufruit a été découvert.* » De ces dernières expressions, ils tirent la conséquence que, sans demande en délivrance, ou qu'à quelque époque que cette demande ait été formée, l'usufruitier a toujours droit de percevoir des fruits, ou d'en répéter le montant, s'ils ont été perçus par l'héritier, à compter du décès du testateur. Ils disent que cet article 604 fait exception à l'article 1014.

Mais cela résulte-t-il bien des termes de l'article 604 ? Ne pourrait-on pas dire avec fondement que cet article fait partie du chapitre, *de l'usufruit*, dans lequel le législateur a développé les principes généraux concernant cette matière ; que le développement de ces principes a eu lieu, abstraction faite de la nécessité de la demande en délivrance du legs dont il n'y était pas question ; que c'est seulement au chapitre des testamens, et spécialement lorsqu'il s'est agi des *legs*, que le législateur a exposé les règles relatives à la demande en délivrance qui devait en être faite, ainsi qu'on le voit dans l'article 1014 ?

Dans l'article 601 et suivans, le législateur établit les principes généraux sur le cautionnement. Il en prescrit la nécessité à l'usufruitier, sauf quelques exceptions dont on ne doit pas s'occuper ici. Dans l'art. 604, il en vient au retard dans lequel serait l'usufruitier de donner caution ; il dit que ce retard ne le prive pas *des fruits auxquels il peut avoir droit ; qu'ils lui sont dus du moment où l'usufruit a été ouvert.* Mais il ne résulte pas de là, pourrait-on opposer, la conséquence que le légataire de l'usufruit a toujours droit d'une manière absolue et indéfinie aux fruits, à compter de l'ouverture du décès du testateur : le législateur a seulement voulu dire que, malgré le retard du cautionnement, le légataire d'usufruit demeurerait dans sa position légale, c'est-à-dire, qu'il conserverait tous ses droits de la même manière que s'il eût pu d'abord donner une caution ; mais il n'y a pas là un dégagement de l'obligation de demander la délivrance du legs. En déclarant que le droit du légataire aux fruits, remonte au jour du décès du testateur, ce n'est pas donner un privilége particulier au légataire, en ce qui regarde la nécessité de la demande en délivrance.

En effet, dans la règle générale, le droit au legs pour tout légataire quelconque, remonte au jour du décès du testateur, et néanmoins le légataire est toujours astreint à la nécessité de former la demande en délivrance du legs. C'est ce qui est parfaitement expliqué dans la savante dissertation d'un des annotateurs de Domat, *Lois civiles*, part. 2, liv. 4, sect. 8, n° 3 ; par Pothier, *Introd. au titre 16 de la Coutume d'Orléans*, n° 60, et surtout au n° 75. C'est enfin le même principe écrit dans l'article 1014 du Code civil.

Ainsi, quoique l'article 604 comprenne, selon nous, l'usufruit légué par testament, comme l'usufruit donné par la loi, et celui qui aurait été donné par acte entre-vifs, il faudrait, par rapport à l'usufruit légué, combiner l'article 604 avec l'article 614 ; et le résultat de cette combinaison serait que, quoique l'existence de l'usufruit légué remonte au jour du décès du testateur, il n'en serait pas moins vrai que, pour avoir droit aux fruits, il devrait y avoir une demande en délivrance de legs, ou un consentement à la délivrance, de la part de celui à qui la loi accorde la saisine, qui, si elle n'est pas une saisine de propriété, est au moins une saisine de possession.

Cependant, après des réflexions, nous nous déterminons à penser que les fruits doivent appartenir au légataire usufruitier, à partir du jour du décès du testateur, abstraction faite de l'époque à laquelle il y aurait eu une demande en délivrance du legs. Mais notre détermination n'est pas motivée sur la disposition de l'article 604, parce que, selon nous, l'application de cet article au cas dont il s'agit, serait trop douteuse : nous la motivons sur les articles 585 et 600 du Code civil.

Il est dit dans le premier de ces articles : « Les fruits naturels et industriels pendans par branches ou par *racines*, au moment où l'usufruit est » ouvert, appartiennent à l'usufruitier, etc. » Le second porte : « L'usufruitier prend les choses en l'état où elles sont ; mais, etc. » Il se tire de ces articles la conséquence que les fruits existans à l'époque du décès du testateur, ou, ce qui est de même, à l'époque de l'ouverture de l'usufruit, sont, dès cet instant, la propriété du légataire, en sorte que l'héritier qui les perçoit, est censé ne le faire que pour le légataire et en son nom, et il doit les lui rendre, comme on doit restituer la chose d'autrui.

Ce n'est pas qu'en s'aidant de plusieurs lois romaines, on ne pût soutenir que quoique les lois donnent au légataire les fruits existans au décès du testateur, il ne peut cependant obtenir ceux qui sont perçus avant la demande en délivrance du legs. Mais l'explication de ces lois romaines n'est pas à beaucoup près sans difficultés, et nous suivons par préférence des textes précis de notre législation, qui ne donnent matière ni aux subtilités ni aux doutes.

Pour

Pour mieux connaître l'état de la question, et pour faire mieux apercevoir les difficultés dont elle était environnée, nous rapporterons ce que M. Delvincourt dit sur la matière, dans son Cours de Code civil, tome 2, aux notes, pages 579, édition de 1819.

« *Quid*, si ce sont les fruits qui sont légués? Par exemple : *Je légue les fruits qui seront pendans par racines sur telle terre, au moment de mon décès.* Ces fruits sont dus bien certainement, mais comme capital, et non comme fruits; et s'ils avaient été recueillis par l'héritier, dans le cas où le légataire ne se serait pas présenté, celui-ci ne pourrait réclamer les intérêts de la somme représentative de ces fruits, que du jour de la demande. »

Cette décision nous paraît incontestable. La question est différente de celle où il s'agirait du legs d'un usufruit. Aussi M. Delvincourt en vient de suite au legs d'usufruit, et voici comme il s'explique :

« *Quid*, si le legs est d'un usufruit? Dans ce cas, comme l'usufruit est quelque chose de distinct de la perception des fruits, *cùm consistat in jure, perceptio vero fructum in facto*, je pense qu'on doit le comparer à une rente viagère, et le regarder comme un être moral produisant des fruits. Les fruits ne seraient dus que du jour de la demande. » Telle était notre première opinion, mais nous croyons devoir l'abandonner.

Cependant, quoique les fruits pendans par racines, lors de l'ouverture de l'usufruit, doivent incontestablement appartenir au légataire, à quelque époque qu'arrive la demande en délivrance du legs, il ne doit pas moins demeurer pour constant que le légataire ne peut, d'autorité privée, mettre la main sur les fruits, et qu'il faut, de sa part, la demande en délivrance et en restitution des fruits qui auraient été perçus à son préjudice, avant cette demande. Il y aurait là une voie de fait contre laquelle s'éleverait toujours avec force la saisine, au moins de possession, accordée par la loi aux héritiers naturels, ou au légataire universel. On ne conçoit même pas que le légataire universel en usufruit, lorsqu'il y a des héritiers à réserve, et le légataire d'usufruit, à titre universel, puissent se dispenser de prendre la voie judiciaire, leur droit ne pouvant être connu que par l'effet d'un partage auquel il faudrait préalablement procéder. Mais il en est de même d'un légataire particulier d'usufruit, quoique l'objet dont l'usufruit lui est légué, puisse être connu et déterminé. Ici revient toujours la conséquence qui se tire de la saisine. On sent facilement les différences qui peuvent résulter ou de la mainmise directe, sans demande en délivrance, ou de cette demande judiciaire pour obtenir la possession, selon diverses positions dans lesquelles se trouveraient placées les parties intéressées.

2ᵉ édition,
t. I, p. 539,
5ᵉ alinéa.

Nous devons revenir sur ce qui vient d'être dit, que lorsqu'il s'agit de la donation ou du legs d'un immeuble, et qu'il n'y a point de stipulation contraire, la charge ou le droit foncier suit naturellement l'immeuble.

Cela était vrai dans l'ancienne législation dont nous étions alors trop préoccupés, mais ne l'est pas dans la nouvelle. La mobilisation des rentes, même foncières, opérée par les lois nouvelles, produit cet effet, que ces rentes deviennent des charges générales de la succession, et que les immeubles sur lesquels elles portaient, n'en sont pas chargés spécialement, sans une déclaration contraire du disposant. M. Toullier, *Droit civil*, tom. 5, n° 559, relève cette inadvertance, et son observation est juste. Aussi, dans notre Traité des hypothèques, nous sommes partis de cette idée, que toutes les rentes et droits fonciers rachetables, étaient soumis aux mêmes règles que les créances ordinaires, et devaient être conservés par les mêmes voies légales.

2ᵉ édition,
t. I, p. 598,
5ᵉ alinéa.

542 bis. *Confirmation de l'opinion de l'auteur par des arrêts.*

M. Toullier, *Droit civil français*, n° 620 et suivans, est entré dans une longue discussion, dans laquelle il soutient l'opinion contraire à celle pour laquelle nous avons cru devoir nous décider. Mais notre opinion avec ses motifs a été parfaitement adoptée par deux arrêts de la Cour de cassation, l'un du 4 novembre 1811, l'autre du 20 février 1821. Ils sont rapportés dans le Répertoire de M. Favard, au mot *Testament*, sect. 5, § 1ᵉʳ, n° 5; celui du 20 février 1821, est aussi rapporté par Sirey, vol. 22, page 10. Ce dernier arrêt confirme l'opinion que nous avions adoptée, que la révocation peut se faire par un acte sous seing privé, pourvu que cet acte soit revêtu de toutes les formes du testament olographe, et cette même opinion est encore plus particulièrement confirmée par un autre arrêt de la même Cour, du 17 mai 1814, rapporté dans le Journal de ses audiences, vol. 14, page 426.

Nous avons vu quelques personnes prétendre que si un testament postérieur nul ne révoque pas un testament antérieur, ce ne doit être que lorsque le second testament nul contient ou répète des dispositions qui seraient contenues dans le testament antérieur, en faveur du même individu qui aurait été institué héritier ou fait légataire par le premier testament ; en sorte qu'on ne peut point alors supposer un changement de volonté ; mais que hors de ce cas, et dans la thèse générale, le testament postérieur, même nul, révoque le testament antérieur ; et ces personnes se fondent sur quelques arrêts.

Mais il est impossible d'adopter cette opinion, et elle ne résulte pas même des arrêts sur lesquels on croit pouvoir la fonder. On sent d'abord qu'il était impossible qu'une Cour devant laquelle la question se présentait, ne fît pas entrer dans ses motifs, la circonstance que le second testament manifestait, de la part du testateur, l'intention de conserver à l'individu qui était l'objet du premir testament, les mêmes avantages qui lui avaient été faits, même lorsqu'il y aurait eu quelques légères modifications. Mais rien ne prouve que ces Cours eussent entendu que, sans cette circonstance, le testament antérieur eût été révoqué par le seul effet du testament postérieur qui serait nul ; et l'on voit même le contraire.

Telle est l'idée qu'on conçoit à la lecture d'un arrêt de la Cour royale de Nîmes, du 7 décembre 1821, rapporté par Sirey, vol. 22, 2ᵉ partie, page 524. Dans l'espèce de cet arrêt, un second testament contenait une substitution nulle, d'après l'art. 896 du Code civil. Mais au fond, le testament n'était pas nul en lui-même ; il répétait au profit d'un individu les mêmes avantages qui lui avaient été faits par le précédent testament, avec une légère modification. Il est vrai que le second testament contenait une clause révocatoire du premier ; mais la Cour royale jugea que cette clause *n'avait pu être apposée par le testateur que conditionnellement, et pour le cas seulement où le second testament ne serait pas resté sans effet ; ce qui a eu lieu contre l'attente du testateur, à raison de la substitution prohibée qui s'y trouve.* La Cour royale de Nîmes a pensé, dès lors, qu'il était évident que le testateur avait persisté dans l'intention de gratifier le même individu qui l'était déjà par le premier testament, lequel était valable.

La question en thèse ne se présentait donc pas : la Cour royale de Nîmes ne l'a donc pas jugée. On ne voit dans son arrêt qu'une conciliation sage de deux testamens, dont aucun n'était nul, et dont le second contenait seulement une substitution dont la prohibition n'influait point sur le reste de ses dispositions.

La même idée se conçoit encore plus fortement à la lecture d'un arrêt de la Cour royale d'Angers, du 24 mai 1824, rapporté par Sirey, vol. 25, part. 2°, page 14. Pour peu qu'on réfléchisse sur cet arrêt, on est convaincu que bien loin d'avoir voulu porter une décision opposée à ce que nous avons dit sur la question, elle a voulu au contraire confirmer le principe qui fait la base de notre opinion. « Attendu, est-il dit dans l'arrêt, qu'un acte postérieur qui n'est pas revêtu des formes voulues par la loi, pour les testamens, ne peut être qualifié testament, et produire les effets que la loi attribue aux actes de cette nature; — Que la loi n'a pas attribué aux testamens qui seraient annulés pour défaut de formes, la faculté de révoquer le testament antérieur, *lorsqu'il contiendrait cette révocation exprimée*, etc. »

Enfin on doit porter le même jugement d'un arrêt de la Cour de cassation, du 25 janvier 1810. Il est aussi rapporté par Sirey, vol. 10°, p. 126. Pour abréger, nous nous bornons à renvoyer à l'arrêt.

On peut donc regarder comme constant qu'un testament nul en sa forme, ne révoquerait pas un testament antérieur qui serait valable, même quoique le second testament nul contînt une clause révocatoire du premier, parce qu'un testament nul est comme s'il n'existait pas; il n'est rien.

542 ter. *Mais un testament qui serait nul, pourrait-il reprendre vigueur par un acte postérieur qui en contiendrait une simple approbation ou ratification ?*

La question que nous venons de traiter, qui est relative aux formes que doit avoir un acte auquel on voudrait attribuer l'effet de la révocation d'un testament antérieur qui serait valable, peut se présenter en un sens inverse. Il s'agirait de savoir si un testament qui serait nul, pourrait reprendre sa vigueur et son effet par un acte postérieur qui en contiendrait une approbation ou une ratification, et qui ne serait pas proprement un testament, ou qui serait même un testament régulier par lequel on se bornerait à ordonner l'exécution d'un premier testament nul dans sa forme.

On voit dans les auteurs et les recueils de fortes discussions à ce sujet. Cependant la solution se réduit à un point bien simple, qui est que tout acte qui est nul, à raison d'un vice de formes qui détruit sa substance, ne peut être approuvé ou ratifié avec effet par une simple ratification; il faut un nouvel acte qui renferme la disposition qui est nulle, et à laquelle on veut donner sa vigueur. Ici revient le grand principe enseigné par Dumoulin, et c'est le cas de dire avec lui : *Qui confirmat nihil dat, nihil novi confert.* Il faut que le nouvel acte soit fait avec toutes les formes que la loi prescrit pour la validité de la disposition. C'est ce qu'on voit dans notre législation pour tous les actes en général, dont la substance est attaquée par un vice de forme. L'article 1339 du Code civil le porte expressément pour la donation entre-vifs qui serait nulle, et il est impossible de concevoir qu'il ne doive pas en être de même pour le testament, ainsi que nous avons eu occasion de le dire au n° 325. On sent bien que nous entendons seulement parler ici de toute approbation ou ratification de la part du testateur, et non de celle qui serait du fait de ses héritiers ou ayans-cause; ceci tiendrait à d'autres principes, ainsi qu'on peut le voir au même n° 325.

M. Merlin, 17ᵉ vol. du Répertoire, au mot *Testament*, sect. 2ᵉ, § 1ᵉʳ, art. 4, nᵒˢ 3, 4 et 5, traite cette question avec étendue et sous différens rapports, à raison de circonstances particulières, et le résultat est toujours que le testament nul ne peut être validé par un testament postérieur, par lequel l'exécution en serait simplement ordonnée. L'auteur cite deux arrêts remarquables à ce sujet, n° 3, l'un de la Cour royale de Besançon, du 19 mai 1809; l'autre de la Cour d'appel de Turin, du 19 mars 1810. On lit dans le premier de ces arrêts ce motif, « que de ces articles (du Code civil) il résulte évidemment qu'un testament nul ne peut être confirmé par un testament postérieur, à moins que la disposition renfermée dans le premier testament ne se trouve retracée dans le second; cas auquel c'est la seconde disposiiton qui doit avoir son effet, et non la première; — Que l'art. 1338 du même Code exigeant que l'acte confirmatif d'une simple obligation renferme la substance de l'acte ratifié, et l'art. 1339 décidant que le donateur ne peut réparer, par aucun acte confirmatif, les vices d'une donation entre-viis qui doit être refaite dans la forme légale, il en doit être de même, et à plus forte raison, d'un testament qui exige encore plus de solennité. »

L'arrêt de la Cour d'appel de Turin renferme un motif plus remarquable encore, en ce que, pour remédier à la nullité du premier testament, il trace une marche plus décisive et plus sûre. « Attendu que le Code civil ne présente nulle part aux testateurs un moyen pour valider les testamens nuls; que ce n'est que par la confection d'un testament postérieur, d'après les formes requises par la loi, que le testateur peut s'assurer de l'exécution de ses dernières volontés , toujours indépendamment de celles contenues dans le précédent, qui, comme nul, ne peut jamais figurer devant la loi comme un acte de dernière volonté. »

Par une suite du même principe, un testament serait nul si, pour connaître l'héritier institué, il fallait se reporter à un autre testament *nul en la forme*. Il est bien reconnu qu'une institution peut se faire par relation à un acte antérieur, mais elle ne peut se faire par relation à un acte *nul*. C'est ce qui a été jugé par un arrêt de la Cour de cassation, du 21 novembre 1814. Il est rapporté avec les détails qui font connaître l'espèce, par M. Merlin, *loco citato*, n° 4, et par M. Favard, au mot *Testament*, sect. 1re, § 1er, n° 5. Le contenu de l'arrêt qui est très-court, en donnant une idée de l'espèce, en fait connaître les motifs. « Consirant que le défaut de mention de la lecture du testament faite au testateur, est une nullité radicale qui rend l'acte incapable de faire preuve que le testateur ait connu ce qu'il a souscrit ; — Qu'il est avoué que le premier testament de René Tamisey, du 3 pluviôse an 12, est infecté de cette nullité; — Que dès lors la Cour royale de Dijon n'a pu contrevenir à aucune loi, en refusant de recourir à ce testament pour reconnaître des héritiers qui n'étaient indiqués dans le second testament du même René Tamisey, que comme étant institués dans le premier; — La Cour Rejette, etc. »

2e édition,
t. 1, p. 602,
1er alinéa.

545 bis. *Mais quel serait le sort du testament, si la donation postérieure était nulle.*

Mais quel serait le sort du testament, si la donation postérieure des mêmes biens était nulle , et si elle restait sans effet? C'est une question qui, selon les circonstances, peut devenir importante et difficile. Quelle que soit la cause pour laquelle la donation est nulle ou demeure sans effet , il semble être hors de doute qu'elle annulle le legs fait par un

précédent testament. Tel est le résultat de l'article 1038 du Code civil. Il
y est dit : « Toute aliénation, celle même par vente avec faculté de rachat,
» ou par échange, que fera le testateur de tout ou de partie de la chose
» léguée, emportera la révocation du legs pour tout ce qui a été aliéné,
» encore que l'aliénation postérieure soit nulle, et que l'objet soit rentré
» dans la main du testateur. »

La donation est sans contredit une aliénation, par une conséquence de
l'article 711 du Code civil, et on ne manque jamais de la comprendre
sous ce titre général d'aliénation, à l'égard des personnes contre lesquelles
la prohibition d'aliéner est prononcée. Le dessein de donner et d'aliéner
fait supposer une volonté contraire à celle qui avait fait la base du legs.
Et ce qui prouve que cette volonté nouvelle détruit entièrement la première, c'est que le legs est absolument anéanti, même quoique l'aliénation soit nulle, et que l'objet soit rentré dans les mains du testateur.

Le legs serait révoqué par la donation qui, même, serait frappée d'une
nullité intrinsèque qui prendrait son fondement dans un vice de forme.
Cela est vrai, par cela seul que, comme on vient de le voir, la révocation
du legs se déduit de la seule intention de donner, qui est manifestée par
l'acte de donation. Et à plus forte raison la donation emporte la révocation du legs, lorsqu'elle demeure sans effet, uniquement par un défaut
d'acceptation de la part du donataire, ou par un vice de forme dans cette
acceptation, ce qui n'est qu'une nullité extrinsèque : c'est ce qui résulte
de la disposition de ces termes de l'article 1038, « encore que l'aliénation
» postérieure soit nulle, et que l'objet soit rentré dans la main du testa-
» teur. » On peut tirer la même conséquence, par analogie, de l'art. 1037,
qui est ainsi conçu : « La révocation faite dans un testament postérieur
» aura tout son effet, quoique le nouvel acte reste sans exécution, *par l'in-*
» *capacité de l'héritier institué ou du légataire, ou par leur refus de recueillir.*

La principale difficulté qui s'élève sur le cas de la donation postérieure
au legs, est de savoir si la donation doit, ou non, emporter la révocation
du legs, lorsqu'elle est faite au même individu qui avait été institué légataire. On sent bien que la difficulté n'existe pas, lorsque la donation
est uniquement du même objet qui avait été légué, et qu'elle est faite au
même individu, sous les mêmes conditions. Bien loin qu'il y ait là un
changement de volonté, il y en a une plus énergique encore pour la confirmation de la disposition, puisque, de révocable qu'elle était, le dispo-

sant la rend irrévocable, et que tel est l'unique objet de la donation. On sent encore que, dans ce cas, la nullité de la donation ne porterait pas atteinte au legs, parce qu'il serait évident qu'il y aurait toujours persévérance de la même volonté. Mais la difficulté se présente, lorsque la donation, quoique faite en faveur du légataire, contient des charges, des conditions nouvelles qui annoncent une tout autre volonté.

La Cour de cassation, section civile, a rendu, pour ce cas, un arrêt très-remarquable; il est du 25 avril 1825 : il est rapporté par M. Dalloz, vol. 25, page 785. Dans l'espèce de cet arrêt, Ignace Parléani avait, dans un testament public, du 30 août 1809, légué tous ses biens à sa commune pour l'établissement d'une école primaire. Ce testament contenait une foule de charges et de conditions : ce même testament fut révoqué par acte notarié, du 16 septembre 1812. Parléani y disposa de nouveau de sa fortune au profit de la même commune, à titre de donation entre-vifs, aussi pour l'établissement d'une école primaire; mais toutes les autres dispositions furent changées. On voit ces changemens dans l'arrêtiste, qui rapporte avec exactitude les dispositions contenues dans le testament, et celles que renfermait la donation entre-vifs. On doit remarquer deux circonstances, l'une que la donation entre-vifs était terminée par une clause ainsi conçue : « Cassant et annulant toute autre disposition quelconque qu'il peut avoir faite avant celle-ci, voulant que celle-ci seulement soit exécutée selon sa forme et teneur; » l'autre, que la donation ne fut point acceptée par la commune.

Après la mort de Parléani, la validité du legs et de la donation fut contestée par les héritiers. On voit dans le Recueil les moyens qui furent respectivement opposés; mais, pour abréger, nous nous contenterons de rapporter l'arrêt de la Cour de cassation, qui les fait pressentir, et qui cassa un arrêt de la Cour royale de Corse. Cette Cour avait confirmé le legs, parce qu'on ne pouvait, suivant elle, le regarder comme révoqué par la donation postérieure qui tendait à le confirmer avec plus d'efficacité; elle ne s'était pas arrêtée à la clause révocatoire contenue dans la donation, sur le fondement que n'étant pas individuelle, elle devait être, à cause de son expression générale, regardée comme une clause purement de style et du fait du notaire. Voici les termes de l'arrêt de la Cour de cassation:

« Vu les art. 1035, 1036 et 1038 du Code civil; attendu que la Cour
royale

royale a reconnu, en point de droit, que la donation entre-vifs est une aliénation, et en fait, que la donation du 16 septembre 1812, comprenait la totalité des biens compris au legs universel du 30 août 1809; que cependant, elle n'a pas vu dans cette donation la révocation implicite du legs dont il s'agit, d'après cette considération que le légataire et le donataire étaient une seule et même personne, quoique le testament et la donation n'eussent pas été faits sous les mêmes charges et conditions; d'où suit d'abord qu'il a été fait par ladite Cour une violation de l'art. 1038 du Code civil;

» Attendu, d'autre part, que la donation dudit jour 16 septembre 1812, contenait la révocation la plus expresse de toutes les dispositions que le donateur aurait pu faire antérieurement de ses biens; et qu'aux termes de l'art. 1035 du même Code, l'acte de révocation inséré dans un acte devant notaire, devait produire tout son effet, de sorte que la Cour royale n'a pu ordonner l'exécution du testament du 30 août 1809, sans avoir violé ledit article, et par suite l'article 1037; — Par ces motifs, casse et annule l'arrêt rendu par la Cour royale de Bastia, le 15 mars 1825, etc. »

Cet arrêt juge en thèse que, par cela seul qu'il a été fait une donation des objets légués, il y a changement de volonté, même quoique la donation porte sur les mêmes objets, et en faveur de celui qui en avait déjà été légataire par testament, lorsque les charges et les conditions de la donation sont différentes de celles du testament.

Il est vrai que la seconde partie de l'arrêt annonce que la Cour de cassation s'est encore décidée par le motif que la donation du 16 septembre 1812, contenait la révocation la plus expresse de toutes les dispositions que le donateur aurait pu faire antérieurement de ses biens. Mais on ne doit voir là qu'une accumulation de motifs, et il ne reste pas moins pour vrai que le premier motif aurait seul été reconnu pour décisif : deux motifs se fortifient par leur concours, mais l'un n'atténue pas l'autre.

Mais on pourrait tirer de la suite du motif une fausse induction de l'arrêt, qu'il est bon de prévenir. Après le motif résultant de l'apposition de la clause révocatoire, il est ajouté de suite, « et qu'aux termes de l'article 1035 du même Code, l'acte de révocation inséré dans un acte devant notaire, devait produire tout son effet; de sorte que la Cour roy. de n'a pu ordonner l'exécution du testament du 30 août 1809, sans avoir violé ledit article (1033), et par suite l'article 1035. » On pourrait dire que la

Cour de cassation a entendu que de même que la clause révocatoire du précédent testament, apposée dans la donation postérieure, quoique nulle comme donation, révoque le testament antérieur, de même la clause révocatoire, apposée dans un testament postérieur, révoque le précédent testament, quoique le second testament soit nul en lui-même.

Mais cette induction serait fausse, et le raisonnement serait vicieux : on ne peut croire que la Cour de cassation l'ait entendu ainsi ; d'un côté, elle n'a pas voulu renverser sa propre jurisprudence, d'après laquelle le testament nul ne révoque pas un testament valable, même quoique la clause révocatoire se trouve dans le testament nul. Nous renvoyons à ce sujet à ce que nous avons dit aux n°^s 342 et 342 *bis*. D'un autre côté, la donation est un acte qui diffère tellement du testament, qu'il ne serait pas étonnant que la Cour de cassation eût attribué à la clause révocatoire apposée dans la donation, un effet tout différent qu'à celle qui serait apposée dans un testament postérieur ; la donation emporte toujours quelques modifications dans la pensée de celui qui avait d'abord choisi un acte testamentaire pour exercer ses libéralités. On ne peut considérer du même œil deux actes qui sont si dissemblables en tant de points ; et il est impossible de dire, d'une manière absolue, comme pour deux testamens, qu'il n'y a pas changement de volonté.

D'ailleurs, dans l'espèce de l'arrêt du 25 avril 1825, la donation faite au profit de la commune n'avait pas été acceptée. Or, une donation, quoique non acceptée, ou dont l'acceptation serait nulle en la forme, ne laisse pas d'être un acte qui a tout son effet par rapport au donateur, en ce sens qu'il constate une volonté d'une manière absolue et positive. La donation, sous ce rapport, a pu être assimilée par la Cour de cassation, non pas au testament postérieur qui serait nul, mais bien à un acte ordinaire passé devant notaires, revêtu des formes légales, qui porterait expressément l'émission de la révocation du testament précédent, et qui se bornerait à cette révocation. Or, un tel acte, d'après l'art. 1035, emporte la révocation du testament antérieur ; ce qu'on ne peut pas dire, d'après le même article, du testament postérieur qui serait nul. C'est donc en ce sens seulement, et en prenant la donation, surtout dès qu'elle n'était pas acceptée, comme un acte *devant notaire*, ce qui veut dire un acte devant notaire, autre qu'un testament, que la Cour de cassation a entendu appliquer l'art. 1035.

Mais deux arrêts de la Cour de cassation, qui n'ont pu être connus qu'après la seconde édition de notre Traité, ont décidé la question dans un sens contraire ; ils ont jugé qu'un premier testament révoqué par un second est revalidé par un troisième qui, en révoquant le second, ordonne simplement l'exécution du premier, pourvu que le troisième testament soit revêtu des formalités prescrites par la loi. Le premier de ces arrêts est du 4 décembre 1811 ; il est rapporté dans le Répertoire de M. Favard, au mot *Testament*, section 3, § 1er, n° 6 ; le second, du 4 décembre 1817, l'est par M. Merlin, 17e vol. de son Répertoire, au mot *Testament*, sect. 2, § 1er, art. 4, n° 2. La question était délicate ; il ne faut rien moins que deux arrêts précis pour faire cesser les doutes.

2ᵉ édition, t. I, p. 602, 4ᵉ alinéa.

347 bis. **Quid**, *si les doubles du testament, ou l'un d'eux, étaient seuls biffés, et s'il en restait un qui fût sain.*

2ᵉ édition, t. I, p. 602, dernier ali-néa.

Nous persistons dans ce qui vient d'être dit ; le testament biffé et bâtonné, lorsqu'on doit croire que tout cela est du fait du testateur, doit être regardé comme supprimé par le testateur, et comme n'ayant jamais existé. Mais si cette proposition ne fait aucun doute, il en résulte la conséquence qu'un premier testament valable qui aurait été révoqué par le second testament biffé ou bâtonné, reprend sa vigueur par l'effet de l'annulation du second testament. Ce second testament étant réduit au néant de la même manière que s'il avait été supprimé, il n'y a plus de révocation ; et, s'il n'y a pas de révocation, le premier testament reste.

Mais c'est ici l'occasion de rappeler une difficulté qui s'est présentée, et dont la décision est importante. Nous avons remarqué ailleurs qu'un testateur pouvait, sans inconvénient, faire plusieurs originaux ou doubles de son testament olographe. Or, supposons que plusieurs de ces doubles, même un seul s'il n'y en avait qu'un, fût bâtonné, raturé, de manière que tout annonçât que le testateur a entendu annuler ce double ; alors le double qui resterait et qui serait trouvé sain et entier, revêtu de toutes les formalités prescrites par la loi, devrait-il avoir force de testament, comme il l'aurait, s'il n'y en avait jamais eu de double ? La Cour de cassation, section civile, a jugé l'affirmative, par un arrêt du 3 mai 1824, rapporté par Sirey, vol. 24, page 187, et par M. Daloz, même volume,

25*

page 185. Il s'agissait du testament de M. Armand, conseiller en la Cour royale de Riom. L'arrêt est principalement motivé sur ce que, d'après les articles 1035 et 1036 du Code, un testament ne peut être révoqué en tout ou en partie *que d'une manière expresse, par un fait positif, soit par un autre testament, ou un acte notarié qui annonce le changement de volonté, soit par la disposition d'un second testament inconciliable avec celle du premier.* On y voit encore pour motif que la Cour royale dont l'arrêt fut cassé, avait pu considérer comme annulé celui des exemplaires qui avait une date fausse, qui, d'ailleurs, était couvert de ratures, de renvois, de sur-charges, non approuvés par le testateur, parce que ces circonstances cons-tataient matériellement l'annulation de ce double ; mais qu'en décidant que l'annulation de celui-ci devait produire l'effet d'annuler l'autre resté intact, fait dans la forme prescrite par l'article 970 du Code civil, et va-lable aux termes de cet article, la Cour royale ne s'est fondée que sur ce qui lui a paru être l'intention du testateur, et que son arrêt, qui re-pose uniquement sur des présomptions, contrevient aux articles 970, 1035 et 1036 du Code civil. Nous faisons remarquer que, sur le renvoi de l'affaire à la Cour royale de Lyon, cette Cour a rendu un arrêt con-forme, le 26 janvier 1825.

On sent facilement que la circonstance que le double du testament qui était raturé, contenait une date fausse respectivement au double qui était resté sain, n'a pu influer sur la décision, qui, sans cette circons-tance, eût dû être la même.

Nous remarquerons encore que M. Dalloz indique des autorités qui tendent à confirmer ce que nous avions dit dans ce numéro, mais abstrac-tion faite de l'espèce du testament de M. Armand, qui était inconnue lors de la seconde édition de notre Traité.

2e édition,
t. I, p. 673,
à la fin, par
addition.

Lors de la première et de la seconde édition de notre Traité, nous avions adopté l'opinion que les témoins appelés pour les testamens, ne doivent pas être *domiciliés dans l'arrondissement communal où l'acte sera passé.* On sent toute l'importance de cette question. Nous avons soutenu la même opinion dans cette troisième édition, n° 247 *bis*, page 586 de ce volume. Nous nous sommes prononcés contre l'avis de plusieurs auteurs recommandables, du nombre desquels est M. Toullier. Nous avons cité à l'appui de ce que nous disons, les décisions de plusieurs Cours royales.

Nous ne pouvions invoquer des arrêts de la Cour de cassation ; il n'y en avait point Mais cette Cour, section des requêtes, vient de juger la question en thèse, par un arrêt qui a été rendu lorsqu'on imprimait ce premier volume. Cet arrêt, qui confirme notre opinion et par les mêmes motifs, est du 10 mai 1825 ; il est rapporté dans le Recueil de *jurisprudence générale* de M. Dalloz, vol. 25, page 552. Il suffit d'y renvoyer.

Les principes que nous venons d'exposer ont été confirmés positivement par deux arrêts de la Cour de cassation ; l'un, du 25 février 1818, l'autre, du 2 février 1819. Il a été jugé qu'un instituant ne pouvait, au préjudice de l'héritier contractuel, disposer d'une quote de l'hérédité, sans blesser le principe de l'irrévocabilité de l'institution contractuelle. Ces arrêts sont rapportés dans les Recueils de jurisprudence. Mais on doit voir surtout la mention qu'en fait M. Favard, *Répertoire de la nouvelle législation*, au mot *Institution contractuelle*, n° 2.

La Cour de cassation, section civile, a rendu, le 7 juin 1808, un arrêt infiniment important, qui a jugé la question dans le sens de ces principes. Il est aussi rapporté dans le Répertoire de M. Favard, au mot *Institution contractuelle*, n° 6. On peut en rapporter l'espèce très-succinctement. 1er juin 1787, institution contractuelle en faveur de deux époux par la dame Veilles, veuve de Louvencourt. Elle se réserve *la faculté de disposer sur ses biens jusqu'à concurrence de 120,000 livres, par vente, donation, testament, ou par toute autre disposition.* 4 décembre 1790, donation entre-vifs par la dame Louvencourt au sieur de Veilles, son cousin, de la terre de Domprompt et de quelques autres biens ; le tout faisant partie de ses propres, et évalué 75,000 livres. Depuis, et jusqu'en 1805, époque de sa mort, aliénations successives par cette dame, par des ventes partielles, de tout le restant de ses biens propres. Assignation en désistement de la part des héritiers contractuels, tant contre l'héritier du sieur de Veilles, donataire entre-vifs, que contre les acquéreurs à titre onéreux.

Les premiers juges déclarent les héritiers contractuels non recevables dans leur demande. Sur l'appel à la Cour d'Amiens, arrêt du 19 juillet 1806, qui confirme le jugement à l'égard des tiers acquéreurs à titre onéreux, attendu qu'ils ont traité de bonne-foi, mais le réforme en ce qui concerne la donation entre-vifs, « attendu qu'elle a été le principe et le commencement d'exécution du dessein, consommé par les ventes postérieures, d'anéantir l'institution contractuelle. »

Sur le pourvoi en cassation, cet arrêt a été cassé. Nous devons en rapporter les motifs, non-seulement parce qu'il fixe les principes sur la question qui se présente, mais encore parce qu'on y voit ceux qui doivent régler, sur l'ordre de priorité qu'on doit observer entre les aliénations, à quelque titre qu'elles aient été faites, quand il s'agit de les réduire en conséquence de dispositions précédentes ; et qu'ayant exposé, dans d'autres parties de ce Traité, les principes, sous ce dernier rapport, nous aurons occasion d'invoquer le présent arrêt à leur appui.

« Vu l'article 1er de la loi du 18 pluviôse an 5 ; vu les dispositions de l'ordonnance de 1751, concernant l'irrévocabilité des donations entre-vifs, rappelées et précisées dans l'article 1953 du Code civil, ainsi conçu: « La donation entre-vifs ne pourra être révoquée que pour cause d'in- » exécution des conditions sous lesquelles elle aura été faite, pour cause » d'ingratitude, et pour cause de survenance d'enfans ; » — Vu aussi l'art. 54 de l'ordonnance de 1751, concernant la réduction et le retranchement des donations ; — Vu de même les articles 920 et 923 du Code civil ; — Attendu que la donation du 4 décembre 1790, annulée par la Cour d'Amiens, n'était que l'exécution littérale de la condition sous laquelle avait été consentie l'institution contractuelle en faveur des mariés Dainval, puisque l'instituante s'était expressément réservé la faculté de faire cette donation ; — Attendu qu'une donation, faite en exécution du contrat qui renferme l'institution contractuelle, et conformément aux clauses de ce contrat, ne peut pas être considérée comme faite en fraude de l'institution contractuelle, ni même comme un indice d'une telle fraude ; — D'où il suit que la Cour d'Amiens, en prononçant la nullité d'une telle donation, sous le vain prétexte d'une fraude qui ne pouvait exister, a violé d'abord l'article 1er de la loi du 18 pluviôse an 5, qui veut que les institutions contractuelles aient *leur plein et entier effet*, sans excepter aucune des clauses ni conditions du contrat ; elle a violé ensuite l'ordonnance de 1751 et les articles précités du Code civil, en ce qu'elle a révoqué arbitrairement une libéralité qui, de sa nature, était irrévocable, excepté dans les cas nommément prévus et désignés dans

ces mêmes lois, et qui ne se rencontraient point dans l'espèce de la cause ;
— Attendu qu'en supposant non disponibles les biens aliénés par l'instituante, au préjudice de l'institution contractuelle, la Cour d'appel aurait encore violé les lois précitées ; d'abord, en déclarant nulle une donation qui n'eût été que réductible, et ensuite, en faisant porter, de préférence, le retranchement sur cette première aliénation, tandis que, suivant la règle tracée par les lois, on ne doit toucher aux premières aliénations, que subsidiairement, et après avoir épuisé les dernières, en remontant successivement de ces dernières aux premières ; — La Cour casse. »

Nous croyons devoir remarquer que, quoique nous soyons convaincus que l'opinion que nous venons d'émettre soit conforme aux vrais principes de la matière sur les institutions contractuelles, cependant il pourrait se faire que la nouvelle loi *sur les substitutions,* dont le projet est, au moment où nous corrigeons l'épreuve de cette partie de notre Traité, soumise à la chambre des députés, opérât, si elle est adoptée, un changement dans les idées, et ramenât à l'opinion de M. Chabrol, sur la Coutume d'Auvergne, que nous avons rapportée.

2e édition, t. II, p. 21, après le 1er alinéa, et en note au bas de la page.

M. Merlin, volume 16e de son Répertoire de jurisprudence, au mot *Institution contractuelle,* § 5, n° 9, page 494, a réfuté notre opinion, et a cru pouvoir soutenir celle qu'il avait déjà émise. La question est importante, sa discussion amène des éclaircissemens qui portent sur plusieurs points essentiels de jurisprudence. Nous nous proposons en conséquence de faire une réfutation particulière de l'opinion de M. Merlin. Mais, comme elle doit être étendue, et que nous craindrions d'occuper trop long-temps l'attention sur une seule question, en intercalant la réfutation à la suite de ce que nous venons de dire, nous prenons le parti de placer cette réfutation, dans ce deuxième volume, immédiatement après le Traité des donations et testamens, et avant ce que nous avons écrit sur l'adoption.

2e édition, t. II, p. 41, 2e alinéa, en note au bas de la page.

Aussi Furgole, *Observations sur l'article 39 de l'ordonnance de 1731,* sur ces mots, *et à quelque titre qu'elles aient été faites,* applique le principe de la révocation des donations pour survenance d'enfans, aux institutions contractuelles qui sont faites en faveur des personnes qui ne

2e édition, t. II, p. 43, 4e alinéa.

sont pas descendans du donateur, parce qu'alors, dit-il, elles sont
considérées comme des donations. Cet auteur s'étant expliqué en général, et abstraction faite des termes particuliers de certaines Coutumes, qui,
d'ailleurs doivent céder aujourd'hui aux dispositions du Code civil, on
sent que cette opinion reçoit son application, sans restriction, à l'institution contractuelle.

2ᵉ édition, t. II, p. 43, 5ᵉ alinéa.

425 bis. *L'institution contractuelle par laquelle l'instituant promet à son fils
institué une part égale à celle de ses autres enfans, comprendrait-elle
l'universalité de la succession du disposant, dans le cas où les autres enfans prédécéderaient l'institué ?*

M. Merlin, dans le volume 16ᵉ de son Répertoire, au mot *Institution
contractuelle*, nᵒ 4 *bis* et suiv., traite quelques questions relatives à la matière. Certaines l'ont été dans notre Traité, et nous n'y reviendrons pas.
Quelques autres ont trait à des questions qui étaient analogues à l'ancienne législation, et dont la décision était d'ailleurs subordonnée à
l'interprétation de clauses particulières. Nous ne croyons pas devoir nous
en occuper, parce que des clauses particulières, qui peuvent varier à
l'infini, transportent souvent hors des règles générales du droit. Mais
il en est une qui est très-importante, sur laquelle nous croyons devoir
faire des observations, avec d'autant plus de raison qu'elle se rattache à
la législation actuelle. Nous devons combattre l'opinion de M. Merlin,
qui est contraire à une décision de la Cour de cassation, que nous
croyons juste et conforme aux principes. M. Merlin la traite au § 8,
nᵒ 8, page 504. En voici le sujet :
Il arrive souvent que des pères et mères qui ont plusieurs enfans, en
mariant l'un d'eux, l'instituent leur héritier pour leur succéder conjointement et par égales portions avec les autres, ou bien l'instituent
leur héritier contractuel pour une part égale à celle des autres enfans.
La stipulation pourrait être faite en d'autres termes, mais qui seraient
équipollens. Il n'est pas douteux que, dans ce cas, la portion assurée à
cet héritier contractuel sera fixée, non sur le nombre d'enfans qui existaient lors de son mariage, mais bien sur le nombre d'enfans qui resteront au décès des instituans ou de chacun d'eux. Il est, en effet, de
principe qu'en pareil cas l'état de la succession se fixe sur le nombre
d'enfans

d'enfans qui existent au décès des disposans, sans considérer le nombre des enfans vivans au moment de la disposition. Mais dans le cas où tous les enfans, autres que l'héritier contractuel ou ses descendans, décéderaient avant les instituans, il s'élève la question de savoir si l'héritier contractuel ou sa descendance aurait droit à la totalité des biens, de manière que les instituans fussent réduits à ne pouvoir plus disposer d'aucune partie de leurs biens, pas même de la quotité disponible. Telle est la question présentée par M. Merlin, au n° 8, et sur laquelle a été rendu un arrêt de la Cour de cassation, du 15 décembre 1818, contre lequel il a cru devoir faire quelques observations, d'après lesquelles on croirait ne pas pouvoir se fonder avec assurance sur la décision de cet arrêt.

En voici l'espèce que M. Merlin rapporte assez brièvement. Le récit est conforme à celui qu'on en voit dans le Journal des audiences de la Cour de cassation, an 1819, page 14, et dans le Répertoire de M. Favard, au mot *Portion disponible*, section 1re, § 1er, n° 5. Il y a cette différence essentielle, qui est que l'arrêt est fortement critiqué par M. Merlin, et il s'agit de savoir si ses critiques sont justes.

Le 18 novembre 1789, les sieur et dame Montois, père et mère de quatre garçons, marient Augustin-Antoine-Joseph, l'un d'eux ; et par son contrat de mariage déclarent « instituer le futur époux, ou ses enfans par représentation, leurs héritiers mobiliers et immobiliers, pour avoir une part égale en leur succession, après le décès du survivant des donateurs, *à l'encontre de leurs autres enfans.* »

Le sieur Montois meurt le premier, sans avoir fait aucune autre disposition de ses biens.

La dame Montois qui lui servit voit mourir avant elle ses quatre fils sans enfans, à l'exception de l'institué, qui laisse une fille nommée Adèle Montois.

Celle-ci épouse en première noces le sieur Delannoy ; et devenue veuve avec un enfant nommé *Augustin*, elle contracte un second mariage avec le sieur Warin, de qui elle a une fille.

La veuve Montois meurt en 1815, après avoir fait, le 30 juillet 1814, un testament olographe ainsi conçu :

« J'institue mes héritiers chacun pour moitié, 1°. Adèle Montois,
» ma petite-fille, ci-devant veuve de M. Delannoy, à présent mariée
» à M. Warin, ou ses enfans de secondes noces par représentation de

» leur mère ; 2°. Auguste Delannoy, enfant des premières noces de
» ladite Adèle Montois, pour l'autre moitié. »

Adèle Montois étant décédée peu de temps après, le sieur Warin, son
second mari, en qualité de donataire de l'usufruit de la moitié des biens
qu'elle avait laissés, et par conséquent comme intéressé à ce que, dans
sa succession, se trouvât comprise en entier celle de son aïeule, forme
contre le legs fait à Auguste Delannoy, par le testament du 30 juillet 1814,
une demande en nullité, qu'il fonde sur le contrat de mariage du 18 novembre 1789, lequel contenait, dit-il, au profit d'Augustin-Antoine-
Joseph Montois, et par suite au profit de sa fille qui lui était substituée
vulgairement, une institution qui était éventuellement universelle dans
son principe, et qui l'était devenue effectivement par le prédécès des
trois frères de l'institué.

Le tuteur d'Augustin Delannoy répond que cette institution ne pouvait pas être universelle dans son principe, puisqu'elle n'appelait l'institué qu'à une part égale à celle des autres enfans ; qu'elle n'avait pas pu
devenir telle par le prédécès de ceux-ci, et que dès lors, elle n'avait pu
empêcher la veuve Montois de donner à qui il lui avait plu la portion
disponible de ses biens.

Le 26 décembre 1816, jugement qui, accueillant cette défense, rejette
la demande du sieur Warin,

Mais sur l'appel, arrêt de la Cour royale de Douai, du 25 mars 1817,
qui réforme ce jugement, et déclare nul le legs fait par la testatrice à
Augustin Delannoy.

Nous croyons pouvoir nous dispenser de rapporter tout le dispositif
de l'arrêt, et nous borner à dire que la Cour royale de Douai se déter-
mina sur ce que l'institution contractuelle avait été universelle éventuellement, c'est-à-dire, dans le cas où les trois autres enfans des instituans,
viendraient à décéder avant eux, ou avant l'un d'eux, ce qui était arrivé;
que dès lors toute la succession avait dû revenir, en vertu de l'institution
contractuelle, à Adèle Montois, fille unique d'Augustin-Antoine-Joseph
Montois; que cette institution contractuelle était irrévocable; qu'il n'avait
pu y être dérogé par le testament olographe de son aïeule, lequel ne pouvait par conséquent subsister.

Sur le pourvoi en cassation contre cet arrêt de la part du tuteur d'Augustin Delannoy, je dirai seulement, toujours pour abréger, qu'il soutint

que l'institution contractuelle du 18 novembre 1789 n'avait été qu'une *promesse d'égalité* faite par les sieur et dame Montois à leur fils Augustin-Antoine-Joseph , et que le seul effet de cette promesse avait été d'obliger les instituans de laisser à l'institué une portion de leurs biens égale à celle de leurs autres enfans. Il ajouta que les trois enfans qui ne se mariaient pas, n'avaient pu être compris dans cette institution ; que telle était la conséquence nécessaire du principe admis dans tous les temps, qu'une institution contractuelle ne peut avoir lieu qu'au profit des époux et dans leur contrat de mariage ; qu'ainsi l'institution était nulle quant aux trois frères de l'institué ; et que, dès lors, il n'avait pas pu en résulter un droit de non décroissement en faveur de celui-ci.

Ce qui fut dit devant la Cour de cassation pour le sieur Warin, se réduisait à ses premiers moyens que nous avons déjà fait connaître. Il s'agissait, disait-il, d'une institution à laquelle l'institué était seul appelé, et qui cependant était éventuellement universelle : cette institution le soumettait bien à la condition de partager avec ses frères les successions des instituans , mais cette condition avait failli par le prédécès de ses frères, et par là l'institution, devenue pure et simple, avait conservé son universalité primitive.

L'arrêt de la Cour royale de Douai a été cassé , et il est important de connaître les motifs qui ont décidé la Cour de cassation.

« Attendu que l'arrêt dénoncé n'a pas jugé, par voie d'interprétation d'acte, que l'institution dont il s'agit , fût une institution universelle ; qu'en effet, dans le contrat de mariage du 18 novembre 1789, l'enfant qui se mariait n'a pas été institué seul héritier de sa mère, qu'il n'a été institué que pour avoir une part égale à celle des autres enfans de l'instituante, et que d'ailleurs l'instituant n'a aucunement renoncé au droit de disposer, à titre gratuit, de la portion disponible déterminée par la loi ; d'où il résulte qu'en décidant que , sous l'empire du Code civil, l'instituante qui n'avait plus d'enfans, mais seulement une fille de son fils institué, n'avait pu disposer par testament , de la moitié de ses biens au profit de l'un des enfans de sa petite-fille, l'arrêt dénoncé a expressément violé la disposition de l'article 913 du Code. »

Pour combattre cet arrêt , M. Merlin fait plusieurs hypothèses; mais on est forcé de dire que, dans chacune d'elles , la question est déplacée. Supposons , dit M. Merlin , que par le contrat de mariage du 10 no-

26*

vembre 1789 , la dame Montois eût purement et simplement , et sans parler de ses autres enfans , institué Augustin-Antoine-Joseph son héritier universel ; sans doute , dans cette hypothèse , ses autres enfans, s'ils lui avaient survécu, auraient, nonobstant l'universalité de cette institution, pris dans sa succession les parts que le Code civil leur réservait. Mais bien certainement, continue M. Merlin , les autres enfans étant venus à mourir avant elle , elle n'aurait pas pu, au mépris de l'universalité de cette institution, disposer à titre gratuit, si ce n'est , comme le porte l'article 1083 du Code civil , *pour sommes modiques, à titre de récompense ou autrement.*

Tout cela est vrai ; mais ce n'est pas là la question. M. Merlin suppose une institution universelle, et ici il n'y a pas d'institution de cette nature , mais seulement une institution *pour avoir une part égale dans les successions, à l'encontre des autres enfans ,* et la différence de l'une à l'autre est très-grande.

Cependant M. Merlin s'efforce d'identifier les deux cas. Il continue ainsi : Or, quelle différence y a-t-il, pour le cas arrivé du prédécès des trois frères de l'institué, entre cette hypothèse et ce qui avait été réellement stipulé par le contrat de mariage de 1789? aucune , répond M. Merlin.

Cette négation est étrange. Mais comment la justifie-t-il? Il faut bien rapporter ses expressions. D'une part , dit M. Merlin , si l'institution comprise dans ce contrat, n'était pas explicitement universelle , elle l'était du moins implicitement ; car par cela seul que *j'institue un tel mon héritier,* sans autre explication, je suis censé l'instituer mon héritier universel. Cela résulte de la définition que les lois romaines nous donnent de l'hérédité : *hæreditas nihil aliud est quam successio in universum jus quod defunctus habuerit.*

Il n'y a rien de concluant dans cette première division du moyen de M. Merlin. Il y suppose toujours une institution universelle qui n'existe pas dans l'espèce ; et la loi romaine qu'il invoque est absolument insignifiante. Elle définit l'hérédité en elle-même, prise collectivement et abstraction faite de toute division partielle qui pourrait en avoir été faite par une disposition. D'ailleurs il faut toujours se défier de l'application des lois romaines à ce qui concerne l'institution contractuelle, qui est de l'invention du droit français, et qui est subordonnée à des principes opposés à ceux du droit romain. On aurait bien pu dire, d'après des lois romaines, que l'institution d'héritier, faite par testament, pour une partie seulement de la succession, emportait la succession entière. Cela eût été plus commode et plus décisif en apparence ; mais la citation n'eût mené à rien, parce que l'attribution de la succession à l'héritier partiel tenait à ce principe qui nous est absolument étranger, que personne ne pouvait mourir, *partìm testatus, partìm intestatus;* en sorte qu'une institution d'héritier testamentaire, quoique partielle, emportait la totalité.

Voyons si la seconde division du moyen de M. Merlin, devient plus concluante.

D'un autre côté, continue-t-il, peut-on dire qu'en instituant Augustin-Antoine-Joseph Montois, *son héritier mobilier et immobilier, pour avoir une part égale dans sa succession, à l'encontre de ses autres enfans,* la dame Montois ne l'eût *institué que dans une part égale à celle que ses autres enfans prendraient dans sa succession ?* Non : évidemment non. Et, pour s'en convaincre, dit M. Merlin, il suffit de supposer que la dame Montois, mariant à la fois ses quatre fils, les eût tous institués purement et simplement ses héritiers, *pour partager sa succession entre eux par parties égales.* Dans ce cas, en effet, il n'est pas douteux que, par le prédécès de ses trois frères sans enfans, Augustin-Antoine-Joseph n'eût été censé appelé, dès le principe, à l'universalité de la succession, sans que l'instituant pût en détacher une quotité quelconque par des dispositions à titre gratuit.

Toujours la question est déplacée. M. Merlin met en opposition au cas dont il s'agit, un cas tout différent. Une clause par laquelle la dame Montois, en mariant à la fois ses quatre fils, les eût tous institués simplement ses héritiers, *pour partager sa succession entre eux par parties égales,* ne peut entrer en comparaison, quant aux conséquences, avec celle qui est énoncée dans le contrat de mariage du 18 novembre 1789, qui, encore une fois, n'est qu'une institution contractuelle en faveur d'un seul enfant, pour une portion égale à celle des autres. Cet enfant est seul saisi, il l'est seulement pour une portion, les autres ne sont saisis de rien ; au lieu que, d'après la clause supposée par M. Merlin, les enfans seraient tous saisis par égalité, et sous un mode conjonctif. Cet aperçu suffit pour prouver que nous pouvons nous dispenser d'entrer dans les suites de la différence qui existe entre les deux clauses. Ce serait sans aucun intérêt pour la discussion de la question, que nous toucherions au droit d'accroissement ou de non décroissement, auquel conduisent les idées de M. Merlin. On sait combien cette matière est hérissée de difficultés, et pourquoi s'y engager sans motifs?

Ramenons donc la question à son véritable état. Or, il est constant, quoi qu'en dise M. Merlin, qu'une institution contractuelle, telle que celle qui est faite par le contrat de mariage du 18 novembre 1789, et dont on voit journellement des exemples, n'a point été, à beaucoup près, une institution universelle ; c'est seulement une institution pour une portion égale à celle des autres enfans ; voilà tout ce dont est saisi l'héritier institué : c'est, en un mot, une promesse d'égalité. Ce qui le prouve, c'est que, très-certainement, ainsi qu'on l'a toujours vu pratiquer, l'instituant aurait pu faire au profit de l'un des autres enfans, ou même au profit d'un étranger, des dispositions qui auraient pu réduire ces autres enfans à leur réserve de droit. Ils n'auraient pu s'en plaindre, puisqu'ils n'avaient déjà été saisis de rien. Cette disposition serait devenue indifférente pour l'héritier contractuel, puisqu'il n'avait été saisi que d'une portion égale, et qu'il eût suffi, à son égard, que cette portion lui fût laissée. Cette portion devait augmenter en proportion de ce que le nombre des enfans aurait diminué, à l'époque du décès de l'instituant. Mais ce qu'il faut bien remarquer, et ce qui est le point essentiel de la discussion, c'est que la clause n'assure qu'une portion, qu'une part égale à celle des autres enfans qui existeraient au décès. Voilà ce qui, seul, est assuré dans le fait : c'est cela seul qui est assuré dans l'intention, et d'après les volontés des parties contractantes.

Mais les autres enfans viennent à décéder avant l'instituant, et il ne reste que l'héritier contractuel. Il s'ouvre alors un nouvel ordre de choses. C'est un cas imprévu, car ce n'est certainement pas celui qui faisait la base de la convention. L'institution contractuelle, dans le cas imprévu qui arrive, ne peut être déterminée à une portion ; car là où il n'y a pas de parties en concours, il n'y a plus de portions.

Mais faut-il conclure de cet état de choses, comme le fait M. Merlin, qu'alors l'héritier qui n'avait été institué que pour une portion doit tout avoir, et qu'il n'y a plus de portion disponible pour l'instituant ; qu'il est réduit à pouvoir seulement disposer, aux termes de l'article 1083 du Code civil, *de sommes modiques, à titre de récompense ou autrement ?* Il se fonde toujours sur l'éventualité primitive de l'institution, éventualité qui, selon lui, assurait toute la succession, si, au décès de l'instituant, il ne restait aucun des autres enfans que l'institué ou sa descendance. Mais voit-on dans la convention dont il s'agit la moindre indication de cet avantage éventuel en faveur de l'héritier contractuel? L'institution contractuelle a été limitée, dans le fait et dans l'intention, à une portion égale à celle des enfans qui existeraient au décès de l'instituant. Les parties ne sont point allées au delà.

Il n'y a ni lois, ni principes sur lequel on puisse établir l'opinion de M. Merlin. Elle tend à supposer, dans un cas imprévu, les mêmes clauses qui ont été stipulées seulement pour un cas prévu, lequel est absolument opposé au cas imprévu, ou qui n'était pas dans la pensée des contractans. Pour soutenir cette opinion, il faudrait supposer aux parties contractantes des intentions contraires à celles qu'elles ont manifestées. Il faudrait, en un mot, créer un nouveau contrat. Mais tout cela se peut-il? Déterminons toute l'éventualité qui pourrait se trouver dans la disposition dont il s'agit. Or, elle a consisté en ce que si, au lieu de dix enfans qui auraient pu exister lors de la disposition, il ne s'en fût trouvé que deux au décès de l'instituant, y compris l'héritier pour une portion égale, cet héritier aurait eu une moitié. Mais l'absence absolue d'autres enfans assurait-elle à cet héritier la totalité de la succession? Ici la convention est en défaut. Un changement aussi considérable, survenu dans l'état de la famille de l'instituant, et qui était imprévu, le met dans la position où il serait s'il n'avait eu qu'un enfant; et, dès lors, on est fondé à dire que l'instituant n'a pas renoncé au droit de disposer de la quotité disponible, et que, dans le silence sur ces événemens, la loi reste pour lui assurer ce droit.

Nous conviendrons que la question était délicate et difficile, mais c'est par cela même que l'arrêt est remarquable. Nous pensons qu'il est conforme à l'équité sans blesser aucun principe, et nous ne saurions approuver la critique qu'en fait M. Merlin.

Au surplus, l'expérience que fournit cet arrêt, peut, lorsqu'il s'agira d'institutions contractuelles faites dans des circonstances semblables à celle qui a été le sujet de l'arrêt, faire aviser aux moyens de prévoir l'événement, par une clause particulière. Nous avons vu grand nombre d'institutions contractuelles faites pour une part égale, mais elles étaient

toujours accompagnées de la réserve faite par les instituans, d'une portion quelconque de leurs biens, pour en disposer à volonté ; et dès lors
la question ne pouvait se présenter. D'ailleurs, il est rare que quand il
y a plusieurs enfans, ils décèdent tous avant les instituans. Mais, en
l'absence de toute clause, nous pensons que l'arrêt doit faire jurisprudence.

2e édition,
t. II. p. 50,
2e alinéa.

Après avoir réfléchi sur la question de savoir si, pour la validité d'une
institution contractuelle que ferait une femme en puissance de mari, séparée ou non, elle doit nécessairement, à peine de nullité, être autorisée par le mari, et, à son refus, par la justice, nous croyons devoir
nous décider pour la négative.

Cela résulte de la nature même de l'institution contractuelle. On ne
peut induire la nécessité de cette forme, des articles 217, 219, 905, 1555
et 1556 du Code civil. Tous ces articles ont seulement trait aux actes qui
emporteraient des aliénations, ou qui seraient constitutifs d'hypothèques.
L'institution contractuelle est une donation de la succession. Elle est
irrévocable, à la vérité ; mais cette irrévocabilité n'empêche pas de
vendre ou hypothéquer (pourvu que ce soit de bonne foi, et non en
fraude de l'institution). Dès lors elle ne dépouille pas : on ne peut donc
la comparer aux actes dont on vient de parler. On pourrait plutôt lui
appliquer la seconde partie de l'article 905, où il est dit que la femme
n'aura besoin ni du consentement du mari, ni de l'autorisation de la
justice, pour disposer par testament.

Mais on sent que si l'usufruit des biens de la femme avait déjà été
assuré au mari, l'institution contractuelle ne pourrait l'en priver.

451 bis. *De la durée de l'action en nullité de l'institution contractuelle faite
par un mineur.*

La nullité d'une institution contractuelle que ferait un mineur, était
si évidente, que nous avons cru qu'il suffisait de l'indiquer.

Aussi un arrêt de la Cour de cassation, section des requêtes, du 30
novembre 1814, rapporté par M. Merlin, volume 16e de son Répertoire,
au mot *Institution contractuelle*, § 4, n° 2, a jugé qu'une pareille institution était nulle, mais que les héritiers de l'instituant étaient non recevables à l'attaquer, dès que l'instituant avait gardé le silence pendant dix

ans ,

ans, à compter de sa majorité. L'institution contractuelle avait été faite le 20 mai 1764, et l'instituant était décédé le 5 mai 1807. Nous pensons que cela devrait être ainsi dans le cas d'une institution contractuelle faite par un mineur, sous le Code civil ; les principes sont les mêmes. La disposition de l'art. 1504 de ce Code conduit à la même décision que l'article 134 de l'ordonnance de 1539, qui a servi de base à l'arrêt de la Cour royale de Limoges, contre lequel avait été formé le recours en cassation qui a été rejeté.

Cependant M. Merlin dit qu'on aurait pu juger de même, s'il se fût agi d'une institution contractuelle faite sous le Code civil. Il se fonde sur ce que l'article 1504 du Code, bien différent, dit-il, de l'art. 134 de l'ordonnance de 1539, ne limite à dix ans après la majorité, que l'action en nullité ou en rescision des actes faits en minorité, et que, par conséquent, il ne déroge plus au préjudice des ci-devant mineurs, à la règle générale, *quæ temporalia sunt ad agendum, perpetua sunt ad excipiendum ;* et le développement de cette pensée se trouve dans le 17ᵉ volume, à l'article *Prescription,* sect. 2, § 25.

Quant à nous, nous ne voyons aucune différence entre la disposition de l'article 1504 du Code civil, et celle de l'article 134 de l'ordonnance de 1539 : l'un est calqué sur l'autre. Nous nous contentons de renvoyer à ce que nous avons dit, à ce sujet, dans notre *Traité des Hypothèques,* tome 1ᵉʳ, n° 44, pag. 74. Peu importe que l'effet que doit avoir l'institution contractuelle soit suspendu jusqu'au décès de l'instituant, parce que l'institution contractuelle ne prend effet qu'alors, en faveur de l'institué ou de ses enfans, si toutefois ils sont vivans à cette époque : le contrat ne laisse pas de subsister, et il faut distinguer son existence de son exécution. Le contrat (1) n'assure pas moins ce qu'il doit assurer,

---

(1) Ce n'est pas sans raison que nous employons ici le mot *contrat ;* on lit dans les motifs de l'arrêt de la Cour de cassation : « Attendu que l'institution dont il s'agit, ayant pu, d'après la teneur du statut local (la Coutume de la Marche), et les opinions admises dans son interprétation, ou celle des statuts *voisins et semblables,* être rangée au nombre des contrats, l'art. 134 de l'ordonnance de 1539, recevait son application à l'espèce, qui offre un silence de plus de quarante ans depuis le *contrat* passé, etc. » Il n'y a rien de plus exact que ce passage. La Coutume d'Auvergne, voisine de celle de la Marche, et conçue dans les mêmes idées sur l'institution contractuelle, qualifie cette

c'est-à-dire, la succession, dans le cas où l'institué ou ses enfans survivraient à l'instituant; et si le silence du donateur à titre d'institution contractuelle dure pendant dix ans, à compter de sa majorité, ce silence rend la donation faite à ce titre, tout aussi stable que si elle avait été faite par l'instituant ou donateur étant majeur; et dès lors elle doit avoir le même effet, lorsqu'arrivent les circonstances qui, d'après la loi, saisissent l'institué ou ses enfans. Ce silence pendant ce délai fait cesser toute incertitude sur la validité de l'institution. Il ne s'agit pas, dans l'espèce, d'une simple action en rescision, mais bien d'une nullité. Mais cette nullité qui, avant l'ordonnance de 1539, aurait pu être réclamée dans les trente ans, à compter de la majorité, parce que cette action en nullité était alors abandonnée au terme ordinaire de la prescription, a dû l'être avant l'expiration de dix ans, à compter de cette majorité, d'après l'art. 154 de cette ordonnance, et parce qu'il en est de même, d'après l'art. 1304 du Code civil, qui est conçu dans le même esprit.

2e édition, t. II, p. 72, à la suite de la note.

Qui ne connaît pas les services immenses que ce chancelier a rendus à toutes les sciences! Il est le premier qui ait appris à pénétrer dans leur sanctuaire par le secours d'une méthode qui était celle du génie. Les magistrats et les jurisconsultes qui auront lu ses aphorismes sur la justice universelle, les trouveront dignes de ce grand homme. Qu'il est affligeant que l'inexorable histoire rappelle des fautes qu'on ne peut concevoir dans une âme aussi élevée! mais elles avaient été expiées par le malheur et par le repentir, lorsqu'il composa ses immortels écrits. Bacon s'y montre entier et dans toute sa pureté.

2e édition, t. II, p. 73, 6e alinéa, et en note.

Cependant une rétroactivité peut être établie par une loi; mais il faut que la loi l'ai voulu expressément; et des lois de ce genre doivent être infiniment rares. Voyez ce que nous en disons, n° 443 ci-après.

---

disposition dans les articles où elle en parle, de *pacte de succéder*, *de convenance de succéder*, ce qui donne l'idée d'un vrai contrat. Aussi Basmaison, sur l'art. 29 du titre 14, dit *que l'institution et le pacte de succéder conventionnel sont irrévocables, incommutables, et réputés un* VÉRITABLE CONTRAT. On ne voit pas pourquoi ces idées seraient étrangères au Code civil, qui a adopté sur tous les points les principes de ces Coutumes, relativement à l'institution contractuelle.

Quelques personnes pourront, pour le moment, trouver un peu 2ᵉ édition, t. II, p. 81. 3ᵉ alinéa, et en note. longue, et peut-être, jusqu'à un certain point, inutile, la dissertation dans laquelle nous sommes entrés. Mais il faut faire attention que cette dissertation était absolument nécessaire, relativement aux opinions qui se formèrent dans le temps où elle parut, et qu'il était important de rectifier. Cette dissertation était contenue dans la première édition de ce Traité, qui fut rendue publique au commencement de 1807. On était encore alors tellement disposé, au moins sur plusieurs points de la France, à favoriser le système d'égalité dans les partages et dans les successions, qu'en convenant de l'effet des institutions contractuelles, et des donations faites avant la révolution, auquel il fallait se rendre, on voulait restreindre cet effet, en accordant la réserve telle qu'elle était établie par le Code civil, lorsque les donateurs ou instituans mouraient sous l'empire de ce Code, quoique les dispositions eussent été faites sous la législation précédente. Cette opinion était devenue celle de plusieurs tribunaux ; elle avait été adoptée par nombre de décisions, et il n'y avait point encore d'idées fixes. La dissertation, nous pouvons le dire, parce que c'est une vérité reconnue, fit de fortes impressions. Les opinions furent rectifiées, et la dissertation eut un effet aussi prompt que salutaire. Ce qui prouve encore combien elle était utile, c'est qu'on voit rester, même après avoir été connue, des traces de l'erreur dans laquelle on était, et qu'on ne voulait point abandonner. Ce point de fait se vérifie par les procès qui se sont encore élevés après la publicité de la dissertation, et qui ont été jugés par des décisions que nous rapportons ci-après.

Ainsi, la dissertation a été très-utile, et elle l'est encore ; elle atteste les progrès de la jurisprudence sur une question infiniment importante, ce qu'il est toujours nécessaire de connaître. On y voit une explication historique des principes du droit romain sur le droit légitime, surtout lorsque les dispositions, soit testamentaires, soit entre-vifs, avaient été faites sous une législation différente de celle qui était en vigueur à l'époque du décès des disposans. Et nous ne craignons pas de dire, uniquement dans l'intérêt de la science, que les personnes qui se plaisent à remonter aux principes, et surtout les étudians en droit, ne sauraient trop s'en pénétrer.

2ᵉ édition,
t. II, p. 83,
3ᵉ alinéa.

441 bis. *Nouvelle difficulté élevée par les légitimaires sur l'exécution de la donation ancienne. — Arrêt qui l'écarte et qui confirme l'opinion de l'auteur.*

Ce qui justifie les efforts que nous avons faits dans la dissertation qui précède, pour détruire les opinions erronées qu'on s'était formées sur la fixation des droits légitimaires, lorsqu'il y avait des dispositions faites sous les lois anciennes, et que le disposant décédait sous l'empire du Code civil, c'est une difficulté nouvellement élevée dans cette espèce.

Le sieur Thévenin, père de trois enfans, dont un fils et deux filles, avait donné au premier, à titre de préciput, environ la moitié de toute sa fortune, régie par les lois romaines, suivant lesquelles, comme on sait, la légitime des descendans n'était que du tiers des biens, quand leur nombre n'excédait pas celui de quatre.

Le donateur décéda le 2 décembre 1818.

Ses deux filles réclament, sur les biens donnés à leur frère, la réserve fixée par le Code civil, et soutiennent, en conséquence, qu'il ne peut venir au partage sans rapporter ce qui est nécessaire pour former cette réserve, à moins qu'il ne renonce à la succession, pour s'en tenir à sa donation, auquel cas seulement, disent-elles, il sera en droit de les restreindre à la légitime du droit romain.

Ce système de défense était évidemment contraire aux anciens principes. Il était en effet constant que la donation en préciput assurait au donataire l'objet ainsi donné, et en même temps sa portion personnelle dans le restant des biens. C'est par cette raison que dans les pays de droit écrit, et dans les Coutumes qui n'étaient pas contraires, la portion disponible était de deux tiers, lorsqu'il n'y avait que quatre enfans ou moins, parce que la légitime était d'un tiers de ce que le légitimaire aurait eu s'il eût succédé *ab intestat*; en sorte que, d'après ce nombre d'enfans, le donataire universel, comme l'héritier contractuel, devait avoir les deux tiers des biens; et de plus il partageait le restant avec ses frères ou sœurs. Dans l'espèce dont il s'agit, on ne voit pas précisément quelle était la quotité des biens donnés; il est dit que la donation en préciput était d'*environ la moitié* de la fortune du donateur. Si le don n'eût été que de la moitié ou même moins, le donataire devait le conserver, et partager le surplus avec ses sœurs ; et alors celles-ci auraient plus que la légitime ancienne, laquelle n'eût été que d'un neuvième. Ce n'eût été que dans le cas où les objets donnés eussent formé plus des deux tiers de la fortune du donateur, que les sœurs du donataire auraient eu le droit de demander un retranchement sur les objets donnés, pour former, avec le surplus des biens laissés dans la succession, la légitime des sœurs, mais toujours la légitime telle qu'elle était fixée par les anciennes lois, c'est-à-dire, d'un neuvième pour chacune.

Le jugement du tribunal de première instance fut conforme à ces idées. Mais il fut modifié par l'arrêt de la Cour d'appel de Grenoble. Cette Cour ordonna que « si, après le prélèvement des biens donnés à Thévenin fils, les autres biens, sans pouvoir fournir en entier à la réserve légale établie par le Code civil, n'excèdent néanmoins en valeur la légitime fixée dans le droit romain, ces autres biens seront adjugés aux deux filles, s'ils n'excèdent pas la moitié de tous les biens de Thévenin père, tant donnés que non donnés à Thévenin fils. » On sent que c'était restreindre la disposition faite au profit du fils à ce qui lui était donné en préciput, puisque dans le cas où le don n'eût été que de la moitié des biens, il était obligé de se tenir à cette moitié, et il était privé du droit de réclamer sa portion héréditaire dans le surplus ; en sorte que l'arrêt lui enlevait l'avantage du préciput, tel qu'il était réglé par les lois anciennes.

Mais, sur le pourvoi contre cet arrêt à la Cour de cassation, cette Cour a corrigé cette erreur par un arrêt du 27 août 1822, qui a cassé celui de la Cour de Grenoble. On voit parmi les motifs de l'arrêt de la Cour de cassation que « sous l'empire des lois romaines, sous lequel la donation avait été faite, la légitime des enfans était fixée au tiers ou à la moitié de ce qu'ils auraient dû recueillir *ab intestat* dans les successions de leurs père et mère, et la qualité de donataire n'excluait pas celle d'héritier ; d'où il suit que les donations faites par préciput sous l'empire desdites lois n'étaient sujettes au retranchement, pour supplément de légitime, que lorsqu'il ne restait pas dans la succession de quoi couvrir les légitimaires du tiers ou de la moitié qu'ils étaient en droit d'exiger, et d'où il suit pareillement que le donataire pouvait se conserver les biens donnés, et prendre part en même temps, et pour une égale portion, avec ses cohéritiers, dans les biens délaissés par les père et mère communs, lorsque les légitimaires trouvaient, dans la part et portion qui leur revenait personnellement dans le partage, de quoi les couvrir de leur légitime de droit. »

On voit là le rétablissement de la question à son véritable état, et l'exécution des vrais principes anciens par lesquels on devait se régler. L'arrêt est rapporté par M. Merlin, tome 17 du Répertoire de jurisprudenee, au mot *Réserve*, sect. 6, n° 6, page 525; nous l'avions encore remarqué dans le Journal des audiences de la Cour de cassation, vol. 22, page 470, où l'on voit des développemens utiles. Pour abréger, nous ne rapportons pas les textes des arrêts en entier, mais nous en disons assez pour l'intelligence de la question. Nous remarquons que l'arrêt de la Cour de cassation se termine en disant « que la Cour royale de Grenoble avait violé, dans la disposition de son arrêt, la Novelle 18, et par suite les dispositions de l'article 2 du Code civil, qui prohibe tout effet rétroactif. » Or, c'est sur la combinaison de cette Novelle et de cet article du Code civil, que nous avons fondé l'opinion que nous avons émise dans notre dissertation.

2e édition, t. 11, p. 83, 4e alinéa, et en note.

On sent facilement la différence qu'il y a entre cette question, et celle que nous avons traitée au n° précédent. Il s'y agissait d'une disposition *sans réserve*, et d'en fixer l'étendue, et actuellement il est question d'objets réservés par la disposition, et il faut savoir jusqu'à quel point elles font partie de la disposition sous le rapport des légitimes.

2e édition, t. 11, p. 87, 3e alinéa.

442 bis. *Cas particulier, analogue au précédent arrêt de la Cour de cassation.*

On sent aisément que sur des questions de cette nature, les nuances varient, et les décisions peuvent devenir plus difficiles dans de certains cas que dans d'autres, quoiqu'elles puissent se rattacher au même principe. On en trouve un exemple dans un arrêt de la Cour de cassation, rapporté au Journal des audiences de cette Cour, volume 15, page 595; en voici l'espèce.

Le contrat de mariage du sieur Belloc et de la demoiselle Loumaigne, du 25 février 1764, contenait la clause suivante : « Lesdits sieur et demoiselle futurs époux, en cas de décès *ab intestat*, pour prévenir ce qui devrait s'ensuivre, ont, par ces présentes, d'hors et déjà fait et choisi pour leur héritier général et universel, le premier enfant mâle qui naîtra de leur mariage, et, à défaut de mâle, la première fille, apte toutefois à succéder, dans le cas seulement qu'ils décèdent sans tester, et non autrement, se réservant la clause expresse de les nommer eux-mêmes. »

Six enfans sont nés de ce mariage.

Le sieur Belloc est mort en 1787, après avoir confirmé la disposition qu'il avait faite au profit de son fils aîné. Le partage de sa succession n'a éprouvé aucune difficulté. L'aîné recueillit l'effet de son institution, et ses frères et sœurs ont obtenu, pour leur légitime, chacun un douzième, en conformité des lois qui étaient alors observées.

La dame Belloc n'est morte qu'après la publication du Code civil, sans avoir changé l'institution portée dans son contrat de mariage.

Les enfans légitimaires n'ont point attaqué cette institution ; mais ils ont soutenu que leur légitime devait être réglée, non par les anciennes lois, mais par les dispositions du Code civil qui leur étaient plus avantageuses.

La question devenait délicate. En effet, les légitimaires convenaient que l'institution elle-même était valable, et néanmoins ils soutenaient que la mère n'étant morte que sous le Code civil, c'était ce Code qui devait régler le taux de la réserve. Mais pouvait-on diviser la disposition au fond du mode de fixation des réserves? La disposition ne devait avoir son effet que conditionnellement, dans le cas où elle ne serait pas révoquée par la dame Belloc avant son décès. Mais celle-ci étant décédée sans la changer, la condition qui devait maintenir la disposition s'est trouvée accomplie, et cette disposition, conditionnelle dans son principe, est devenue pure et simple par l'événement de la condition. C'est aussi ce que disait l'héritier contractuel, et de là il tirait la conséquence que la disposition devant avoir son effet, elle devait l'avoir de la même manière que le voulaient les lois du temps où elle avait été faite, c'est-à-dire, en ne laissant aux autres enfans que la légitime telle qu'elle était fixée par les lois romaines.

Le jugement du tribual de Mirande accueillit cette prétention, mais il fut infirmé par un arrêt de la Cour d'Agen, du 13 juillet 1813, et le pourvoi contre cet arrêt fut rejeté par l'arrêt de la Cour de cassation, section civile, du 5 décembre 1815.

Il faut chercher avec soin les motifs de cette décision. On les découvre en méditant sur les motifs de l'arrêt de la Cour royale d'Agen, sur l'arrêt de la Cour de cassation, et sur les développemens lumineux que contient le recueil où l'arrêt est rapporté. Or, nous croyons que tels sont ces motifs.

La disposition n'était pas irrévocable de sa nature, d'après la convention même. N'étant pas révoquée avant le décès, elle conservait son effet en remontant à l'époque de sa date. Mais ce qui opérait cet effet, c'était l'absence d'une révocation, et cette absence de révocation qui devenait une disposition, puisqu'on dispose de ce qu'on laisse et qu'on pourrait ôter, à quoi tenait-elle? à une disposition à cause de mort. Mais, cela étant, elle devait être assimilée à un testament qui aurait été fait sous le Code civil. Or, dans ce cas, ce Code doit régler le taux des réserves, la succession s'étant ouverte sous son empire.

Telle est l'idée qu'a rendue la Cour royale d'Agen, par le motif inséré dans son arrêt : « Que cette disposition ne pouvait acquérir d'irrévocabilité, quant à la personne de l'héritier, qu'au décès de l'instituant, sans autre disposition; d'où il suit que cette institution n'était *qu'une disposition à cause de mort, qui n'a acquis aucun droit que par le décès, et du jour du décès de l'instituant.* Ainsi sa succession doit être réglée par le Code civil, etc. »

Malgré la brièveté de l'arrêt de la Cour de cassation, on y voit percer les mêmes motifs de décision : « Attendu que d'après les lois de la matière, l'institution faite par le contrat de mariage du 23 février 1764, *était encore révocable au moment de la promulgation du Code civil;* d'où il suit que la Cour royale d'Agen, en adjugeant aux enfans non institués de la veuve Belloc, la réserve portée par ledit Code, n'en a point fait rétrograder les dispositions, et qu'au contraire elle a fait une juste application des articles 913 et 920 de ce même Code, en déclarant qu'ils devaient servir de base à la fixation des réserves desdits enfans non institués. »

Si maintenant on compare l'espèce dans laquelle cet arrêt a été rendu avec celle sur laquelle nous nous sommes expliqués dans le numéro précédent, on remarquera les analogies qu'il y a entre l'une et l'autre, et en suivant ces analogies, on se convaincra que l'arrêt du 5 décembre 1825, bien loin de s'élever contre la décision que nous avons prise dans le numéro précédent, la confirme au contraire. La faculté de disposer des objets réservés constituait la donation à cause de mort pour ces objets, comme le faisait la faculté de révoquer pour la disposition même.

Mais

Mais nous devons remarquer que M. Delvincourt, sur le Code civil, tome 2, page 452, édit. de 1819, et M. Toullier, *des Donat.*, n° 86, qui, comme nous, ont pensé que dans l'espèce dont il s'agit c'était seulement le cas de la réductibilité et non de la nullité de la disposition, sont néanmoins d'avis que l'option appartient à l'époux donataire et non aux enfans. Les raisons de M. Delvincourt, qui d'ailleurs a senti la difficulté, sont que le *maximum* du disponible est certainement le quart en propriété et le quart en usufruit, ce qui est préférable à l'usufruit de la moitié seulement ; que l'époux ayant donné tout ce dont il lui était permis de disposer, semble bien avoir annoncé l'intention d'aller aussi loin que la loi lui permettait d'aller, et par conséquent de donner le *maximum* du disponible ; que si, dans une obligation, on doit présumer que le débiteur a entendu s'engager le moins possible, il n'en est pas de même dans les testamens ; *plenius interpretendæ sunt defunctorum voluntates.* Il se fonde encore sur ce que l'on voit, par l'article 1096, que la donation faite par un époux à son conjoint, n'est pas révoquée par la survenance d'enfans ; ce qui ne peut être fondé que sur ce que l'on présume que le donateur a pu préférer son conjoint à ses enfans, et à plus forte raison à tous autres héritiers.

La question n'est pas sans difficulté ; aussi M. Delvincourt paraît en convenir. On peut dire que la disposition indéterminée, faite par l'un des époux à l'autre, doit être considérée comme s'il y avait ajouté, *sauf la réduction légale.* Or, comment cette réduction qui est établie en faveur des enfans, ne leur appartiendrait-elle pas ? Il semble qu'elle leur appartient par cela même que le donateur ne l'a pas déterminée. On sent encore toute la faveur des enfans. Ils sont saisis par la loi, et ils paraissent être maîtres de déterminer l'exception que fait à leur droit la disposition, lorsqu'elle n'est pas limitée par celui qui l'a faite. Nous croyons néanmoins devoir nous rendre à l'opinion des deux professeurs.

Nous nous expliquons, au n° 584, sur les difficultés qui s'élèvent lorsqu'il y a un concours pour recueillir la disposition, non-seulement d'un des époux et des enfans, mais encore d'étrangers.

452 bis. *Arrêt de la Cour de cassation, qui fixe les principes conformément à l'opinion de l'auteur.*

Les principes que nous venons d'exposer ont été parfaitement con-

28

firmés par un arrêt de la Cour royale de Caen, du 2 juillet 1823, et par un arrêt de la Cour de cassation, du 1er décembre 1824, qui a rejeté le pourvoi contre ce même arrêt. Ces arrêts, qui sont rapportés par Sirey, vol. 25, pag. 135, ont été rendus dans une espèce remarquable.

L'immeuble donné par la femme au mari pendant le mariage, était situé en Coutume de Normandie, qui déclarait inaliénable le fonds dotal ; ce n'est pas tout encore, le même immeuble avait été ensuite aliéné par le mari, et la femme mourut sans avoir révoqué cette donation. La fille héritière de la femme donatrice fut déboutée de sa demande en nullité de la vente, qu'elle forma contre le tiers détenteur.

Un jugement avait déclaré nulle la donation et la vente de l'immeuble, mais il fut infirmé par la Cour royale de Caen. Il est important de connaître l'arrêt.

« Considérant que la femme Langlois était mariée sous la Coutume de Normandie ; qu'ainsi ses immeubles ne pouvaient être valablement aliénés par elle-même depuis les lois nouvelles, qui ont dû respecter et ont respecté l'inaliénabilité qui était une disposition du statut réel ; d'où il suit que la question se réduit à juger si la donation du 19 germinal an 12 peut être considérée comme une aliénation ; — Considérant que l'on ne doit regarder en cette matière comme véritable aliénation, que celle qui aurait pour effet d'enlever à la femme la jouissance ou la propriété de sa dot ; qu'il n'en est pas de même des actes qui ne la dépouillent de rien, et ne peuvent porter préjudice qu'à ses héritiers ; — Considérant que c'est sur cette raison que les legs de bien dotal ne sont pas considérés comme contraires à l'inaliénabilité de la dot, à la différence des donations entre-vifs irrévocables ; — Considérant que, dans l'espèce, il s'agit d'une donation entre époux, faite sous le Code civil, et régie par l'art. 1096 ; qu'une telle donation, qui diffère des legs sous quelques rapports, notamment quant à la forme, diffère plus essentiellement encore de la donation entre-vifs, en ce qu'elle est perpétuellement révocable ; — Considérant qu'en vain on oppose que cette révocabilité ne fait que lui donner un caractère accessoire de conditionnalité qui ne détruit pas son caractère principal de donation entre-vifs ; — Considérant, en effet, qu'un acte ne change pas de nature, par cela seul qu'il est fait sous une condition résolutoire ou suspensive ; mais qu'il faut, pour cela, que cette condition ne soit pas incompatible avec la nature de cet acte.

Or, la condition de révocabilité pendant toute la vie du donateur, et par le seul effet de sa volonté, serait contraire à l'essence même de la donation entre-vifs proprement dite, ainsi que cela résulte des art. 894 et 944 du Code civil; — Considérant qu'au contraire cette révocabilité rapproche beaucoup la donation entre époux des donations testamentaires, surtout sous le rapport qu'il s'agit ici d'envisager, celui du dessaisissement de la propriété; — Considérant que la saisine qui peut suivre cette donation n'enlève pas la propriété au donateur, puisqu'il peut toujours, et par la seule manifestation de sa volonté, en reprendre possession au préjudice, soit du donataire, soit des tiers acquéreurs; que dès lors on ne peut pas dire qu'il y ait mutation de propriétaire jusqu'au moment du décès du donateur; qu'ainsi c'est par le décès et non par le titre translatif de propriété que l'aliénation s'opère, et que la donation reçoit sa perfection; d'où il suit qu'il n'y pas eu d'aliénation pendant le mariage, ni par conséquent de violation du principe de l'inaliénabilité de la dot; — Considérant que si la confirmation du titre et la translation de propriété qui résultent de la mort du donateur, produisent un effet rétroactif qui remonte au temps même de la donation, cette fiction n'empêche pas que l'acte n'ait été jusque là une libéralité à titre précaire, et dès lors incapable ni de dépouiller l'une des parties, ni d'investir l'autre d'un véritable droit de propriété; — Considérant que ces principes sont conformes au droit romain, auquel paraît évidemment emprunté l'art. 1096; qu'en effet, en droit romain comme sous le droit actuel, les époux ne peuvent se faire que des donations révocables ou donations à cause de mort, ainsi qu'il résulte, et du texte du corps de droit, et d'un acte de notoriété constatant la jurisprudence du parlement d'Aix, où les donations à cause de mort étaient en général, et pour tous les cas imprévus par des lois spéciales, assimilées au legs (L. 57, ff. *de mortis causâ donat.*); elles ne transféraient pas le droit de propriété avant le décès du donateur (L. 11, ff. *de donat. inter vir. et ux.*, etc.), ce qui n'empêchait pas que, devenues irrévocables par le décès du donateur, elles ne produisissent un effet rétroactif (L. 47, ff. *de mortis causâ donat.*). »

Nous croyons inutile de rapporter les moyens qui furent opposés à la Cour de cassation. On les pressentira facilement par le contenu de son arrêt que voici :

« La Cour, attendu que la Coutume de Normandie, en prohibant l'aliénation des biens dotaux par la femme, n'annule que les actes d'aliénation effective, par lesquels la femme serait dès à présent et irrévocablement dépouillée de tout ou partie de sa propriété dotale ; mais que la prohibition ne s'étend pas aux dispositions qui sont révocables de leur nature pendant tout le cours du mariage, et qui ne deviennent définitives que par les décès ; qu'ainsi la femme normande peut, comme toute autre, donner par testament, et que le legs de son bien dotal est valable ; que la donation faite entre époux pendant le mariage, quoique qualifiée entre-vifs, est toujours révocable, aux termes de l'art. 1096 du Code civil ; que cette révocabilité lui imprime le caractère et les effets de la donation à cause de mort ; d'où la conséquence, que la donatrice n'ayant point été dépouillée de son vivant, il n'y a point eu de transmission réelle à l'époque du contrat, et que l'arrêt attaqué, en jugeant que ce n'était pas là une aliénation dans le sens de la Coutume, a fait une juste application de ses dispositions, Rejette, etc. »

On sent que la même décision devrait avoir lieu si l'espèce se présentait dans les Coutumes qui, comme celle de Normandie, portaient prohibition de vendre, donner ou aliéner le bien dotal, ainsi que dans les pays anciennement régis par le droit romain, qui avait les mêmes principes. C'est aussi ce qui a été jugé pour la Coutume d'Auvergne, qui contenait la même prohibition, par un arrêt de la Cour royale de Riom, (seconde chambre), du 5 décembre 1825.

« Attendu, est-il dit dans les motifs de cet arrêt, qu'il s'agit, dans l'espèce, d'une donation entre époux, faite sous le Code civil, et réglée par son art. 1096 ;

» Que cette donation, quoique qualifiée entre-vifs, a été constamment révocable, de la part de la donatrice, jusqu'à son décès, et que cette révocabilité lui a imprimé le caractère et les effets de la donation à cause de mort ;

» Attendu que si l'article 1554 du Code civil prohibe l'aliénation des biens dotaux de la femme, et annule, par cela même, les actes de donations effectives, par lesquels la femme serait dès à présent et irrévocablement dépouillée de tout ou de partie de sa propriété dotale, cette prohibition ne peut s'étendre aux dispositions qui sont toujours révocables de leur nature, et qui ne deviennent définitives que par le décès du donateur. »

459 bis. *Observations nouvelles. — Arrêt.*

Nous venons de dire qu'un état estimatif des objets donnés n'était pas nécessaire dans les donations d'effets mobiliers faites entre époux : tel est encore l'avis de presque tous les auteurs qui ont écrit sur le Code civil. Mais en examinant la difficulté de plus près, nous croyons que cette opinion doit être rectifiée. En effet, l'art. 948 embrasse dans sa généralité toutes les donations entre-vifs d'effets mobiliers, et par conséquent celles que peuvent se faire les époux. Aucun article n'excepte ces dernières donations de la nécessité d'un état estimatif. Il est bien vrai que l'article 947 les dispense de l'application des articles 943, 944, 945 et 946 ; mais par cela même qu'il ne les dispense pas de la disposition de l'article 948, c'est un motif suffisant pour qu'elles restent soumises à la règle tracée par ce dernier article. Il est bien vrai encore que les donations entre époux n'ont point le même caractère de fixité que les donations entre-vifs, proprement dites ; que surtout elles sont toujours révocables lorsqu'elles sont faites pendant le mariage ; mais l'état estimatif prescrit par la loi, n'a pas pour but unique de rendre fixe la donation, et d'empêcher le donateur d'en détruire, en tout ou en partie, les effets, par sa seule volonté ; la loi a voulu aussi que cet état estimatif fût annexé à la donation, afin que l'on pût fixer la légitime des enfans, suivant l'observation qui fut faite par M. Tronchet. Cette considération nous paraît du plus grand poids, pour démontrer que l'art. 948 doit s'appliquer sans aucune distinction à toute espèce de donation entre-vifs d'objets mobiliers.

C'est aussi dans ce sens que la question a été résolue par un arrêt de la Cour de cassation, du 16 juillet 1817, rapporté dans Sirey, tome 18, 1ʳᵉ partie, p. 379.

Ce que nous venons de dire a été parfaitement confirmé par un arrêt de la Cour royale de Paris, 1ʳᵉ chambre, du 11 décembre 1812, et par les mêmes motifs. Cet arrêt est rapporté dans le Recueil de jurisprudence du Code civil, tome 20, page 67. On pourra consulter avec fruit les motifs du jugement qui a été confirmé, dont la rédaction est lumineuse.

Il a été décidé de la manière la plus positive, par un arrêt de la Cour royale de Riom (seconde chambre), du 20 janvier 1824, que les termes *par préciput*, *hors part*, n'étaient pas sacramentels, et qu'ils pouvaient être suppléés par équipollence. Cet arrêt jugea une question très-importante, qui consistait à savoir si un testament olographe (c'était celui du sieur de Courtaurel de Rousat) faisait foi de sa date. La Cour se décida pour l'affirmative, et nous avons cité cet arrêt au n° 228-6, sous ce rapport seulement. Mais il s'éleva de plus la question de savoir si un legs fait par ce testament devait être, ou non, considéré comme ayant été fait en préciput, et l'arrêt confirme la doctrine que nous avons déjà exposée.

« Considérant que le Code civil, sous l'empire duquel le testament dont il s'agit a eu lieu, posant le principe que tout don ou legs à un successible est sujet à rapport, si le donataire ou légataire n'en est expressément dispensé, n'est pas tellement impératif dans sa disposition, qu'il soit indispensable d'employer, pour la dispense, une formule sacramentelle, telle que celle résultante des mots, *en préciput* ou *hors part;*

« Qu'il suffit, au contraire, que l'intention et la volonté d'avantager l'enfant ou autre successible, objet du testament, soient exprimées d'une manière ou d'une autre, et ressorte du testament lui-même, ou d'un acte subséquent, par forme de disposition, pour donner et attribuer au testament l'effet d'une libéralité réelle, et, par conséquent, exempte du rapport; et que c'est ainsi qu'a été admise, dans la jurisprudence des Cours, l'entente du Code civil. »

L'arrêt vient ensuite à l'appréciation des clauses contenues au testament, et on y voit une interprétation de ces clauses qui est le résultat de raisonnemens concluans, d'après laquelle on devait nécessairement penser que le legs avait été fait en préciput. Pour abréger, nous ne rapporterons point ici cette partie de l'arrêt; il suffit de renvoyer à l'arrêt même, qui est donné dans tout son contenu par Sirey, vol. 24, 2ᵉ part., p. 277. Nous sommes instruits que le pourvoi contre cet arrêt a été rejeté par la Cour de cassation dans toutes ses parties, et qu'en ce qui concernait la partie interprétative, à l'effet de savoir s'il y avait, ou non préciput, la Cour de cassation s'est déterminée sur ce qu'en matière d'interprétation les Cours royales sont investies du pouvoir de décider.

Les mêmes principes ont encore été adoptés par la même Cour royale, par un arrêt du 21 juin 1809. Nous l'avons rapporté au n° 476 (à la note), non-seulement pour l'éclaircissement de la question de savoir si, dans les dispositions permises par la loi du 4 germinal an 8, la mention du *préciput* était indispensable, mais encore pour établir que les termes de *préciput* ou *hors part*, n'étaient plus sacramentels, et que le don *par préciput* pouvait résulter, par équipollence, des clauses de la disposition. On voit dans cet arrêt des raisonnemens qui peuvent être utilement consultés; ils sont propres à guider dans plusieurs espèces qui peuvent se présenter.

J'examinerai particulièrement, aux n°ˢ 597 et 597 *bis*, ci-après, la question très-controversée de savoir si l'héritier auquel la portion disponible a été léguée par préciput, a le droit de prendre cette portion non-seulement sur les biens que le testateur possède à l'époque de son décès, mais encore sur les biens qui ont été donnés par lui en avancement d'hoirie, et qui sont soumis au rapport; ou, en d'autres termes, si le rapport est dû à l'héritier qui est en même temps légataire, en cette dernière qualité. *(2ᵉ édition, t. II, p. 162, 4ᵉ alinéa.)*

M. Toullier, *Droit civil*, tome 4, n°ˢ 358 et suiv., s'est expliqué sur cette question. M. Merlin l'avait traitée auparavant dans son Répertoire, tome 1ᵉʳ de la troisième édition, au mot *Bénéfice d'inventaire*, et dans ses additions formant le 14ᵉ vol., au même mot. Dans les développemens qu'ils ont donnés, on ne voit rien qui soit contraire à ce que nous avons dit. *(2ᵉ édition, t. II, p. 174, 3ᵉ alinéa.)*

Nous ferons observer seulement que s'il y a de la part de l'héritier bénéficiaire une renonciation aux biens de la succession, d'après le droit que lui en donne l'art. 802 du Code civil, et si les créanciers voulaient, après cette renonciation, faire saisir par expropriation les immeubles de la succession, ils devraient poursuivre cette expropriation sur un curateur qu'ils devraient faire nommer aux biens abandonnés, à moins qu'un autre héritier ne se présentât après l'abandon, ainsi que le remarque M. Toullier, n° 358. Cela prouve cependant que l'équipollence, prétendue par M. Merlin, tome 1ᵉʳ, n° 15, entre la renonciation aux biens de la succession, et la renonciation à la succession même, ce qui emporterait la renonciation à la qualité ou au titre d'héritier, n'est pas parfaitement exacte, puisque si l'héritier bénéficiaire pouvait renoncer à la succession, comme tout héritier qui n'aurait point fait acte d'héritier, il faudrait nommer un curateur non pas aux biens abandonnés, mais à la succession qui serait vacante, jusqu'à ce qu'un héritier qui serait dans un ordre suivant se présentât pour l'accepter.

Au surplus, tout ceci ne concerne que les droits que les créanciers de la succession peuvent exercer contre l'héritier bénéficiaire. Mais nous avons traité principalement la question sous un autre point de vue ; nous avons entendu nous expliquer sur les rapports auxquels un héritier bénéficiaire à qui il a été fait des dons, est tenu envers ses cohéritiers. Et à cet égard tous les principes que nous avons exposés restent dans toute leur force. C'est ce qu'on voit dans ce que dit M. Merlin, tome 1ᵉʳ, n° 18, où il développe les mêmes principes sur lesquels nous nous sommes fondés, d'après Pothier et Chabrol.

2ᵉ édition, t. II, p. 24°, 4ᵉ alinéa. 541 bis. *La somme payée par le père pour procurer à son fils un remplacement aux armées, est-elle sujette à rapport par le fils ?*

La somme payée par un père pour faire remplacer un de ses enfans appelé par la loi au service militaire, est-elle sujette au rapport ?

La solution de cette question tient à un principe de droit public et politique. L'obligation de servir dans les armées a toujours été considérée comme une dette personnelle, et, sous ce point de vue, il est hors de doute que les sommes employées par un père pour rédimer son enfant de cette dette personnelle, doivent être rapportées à la succession. Tel est le principe enseigné par les auteurs, et consacré par les arrêts. (Voyez M. Chabot, sur l'article 851 du titre *des Successions*, page 389, n° 4, 5ᵉ édition ; M. Merlin, Répertoire, v° *Rapport à succession*, §3, n° 21 ; arrêt de la Cour royale de Grenoble, Sirey, tome 22, 2ᵉ part., pag. 295.)

Mais ce principe admet quelques exceptions ; par exemple, si un père avait un intérêt pécuniaire à faire remplacer son fils qui lui serait d'une grande utilité pour son état ou son commerce, dans ce cas les tribunaux pourraient voir dans les services rendus par le fils une juste compensation des sacrifices faits par le père, et ne point ordonner le rapport du prix du remplacement. Cette exception est admise par M. Chabot (*ibid.*). Et l'on voit consacrer tout à la fois le principe et l'exception, dans les considérans d'un arrêt de la Cour royale de Riom (2ᵉ chambre), du 7 juillet 1825, rapporté dans le Recueil des arrêts de cette Cour, 5ᵉ cahier de 1825, page 258. « Considérant qu'à cet égard, n'étant point démontré en la cause que l'intérêt du père eût commandé la retenue de son fils dans la maison, et que cette retenue, et l'avantage
qu'il

qu'il en aurait retiré, fussent de nature à équivaloir ou compenser le prix dudit remplacement, tandis qu'il est constant que l'obligation de faire un service militaire était une dette imposée au fils par la loi elle-même, et constituait une dette propre à lui; qu'ainsi, l'intimé doit être tenu de faire rapport à la succession des sommes qui seront justifiées avoir été payées à son remplaçant par Louis Chauvet père. »

La Cour royale de Grenoble, par un arrêt du 2 février 1822, a admis une autre exception au principe, en se fondant sur la modicité de la somme payée. Dans l'espèce de l'arrêt, le père n'avait réellement déboursé que la somme de 100 fr., par l'effet d'une indemnité qu'il reçut par suite de la formation d'une masse commune entre plusieurs jeunes gens appelés au tirage (Voyez Sirey, tome 26, 2ᵉ part., page 53).

566 bis. *Observations nouvelles. — Arrêt important.*

Le principe que nous avons fait résulter, soit de l'ancienne législation, soit des dispositions de divers articles du Code civil, que lorsqu'il est question d'attaquer une disposition en réduction pour former ou compléter la réserve, l'enfant avantagé, qui a renoncé à la succession, peut retenir, sur l'objet donné, tout à la fois la quotité disponible et ce qu'il aurait eu lui-même dans cette réserve, a été, depuis la publication de la seconde édition de ce Traité, l'objet d'une grande controverse.

Ceux qui ont soutenu que l'enfant qui avait renoncé, n'étant pas dès lors héritier, ne pouvait rien prendre dans la réserve, ont d'abord cherché à écarter les principes de la législation antérieure au Code civil. Suivant eux, l'enfant donataire qui renonçait à la succession pour s'en tenir à son don, pouvait alors retenir sa légitime sur les objets dont la donation l'avait saisi, et encore tout ce qui n'était pas nécessaire pour former la légitime des autres enfans, parce que la légitime était considérée comme une dette de la part du père; qu'il n'y avait aucune limitation à la faculté donnée au père de disposer au profit d'un de ses enfans ou d'un étranger, sauf la légitime des autres enfans; que la disposition ne pouvait être attaquée en retranchement que jusqu'à concurrence de cette légitime; parce que, surtout, la légitime de celui des enfans qui renonçait, appartenait au donataire universel, sans pouvoir être réclamée à titre d'accroissement par les autres légitimaires ou cohéritiers du renonçant.

On voit, au contraire, d'après les dispositions de la loi nouvelle, combinées et rapprochées, a-t-on dit ensuite, que la loi a divisé en deux portions bien distinctes les biens des père et mère; ils peuvent disposer de l'une comme bon leur semble; l'autre est dévolue aux enfans pour les remplir de leur légitime ou réserve, c'est-à-dire, de la portion dont la loi a voulu qu'ils ne pussent être privés. C'est ce qui ressort de l'article 913 du Code, d'après lequel les libéralités, soit par acte entre-vifs, soit par testament, ne peuvent excéder la moitié, le tiers ou le quart des biens du disposant, suivant le nombre d'enfans qu'il laisse à son décès; de l'article 917, qui règle les droits des héritiers au profit desquels la loi fait la réserve, dans le cas où la disposition est d'un usufruit ou d'une rente viagère dont la valeur excède la quotité disponible; des articles 920 et 921, relatifs à la réduction des dispositions qui excéderaient la quotité disponible, réduction qui ne peut être demandée que par ceux au profit desquels la loi fait la réserve, leurs héritiers ou ayans-cause; des articles 1004, 1006, 1009 et autres, qui veulent que la demande en délivrance des legs en général, soit formée contre les héritiers auxquels une quotité des biens du disposant est réservée.

Aussi est-ce la portion indisponible qui forme la *succession*, et ceux en faveur desquels la loi fait la réserve, sont les *héritiers*. Même dans le cas du legs universel, ce sont ceux auxquels la réserve est attribuée qui ont la *saisine* de tous les biens de la succession; et la loi les désigne partout comme les héritiers.

De là il suit que la réserve est une partie de l'hérédité, qu'elle est attribuée à la qualité d'héritier. Il faut donc être héritier pour avoir part à la réserve. Si on a renoncé à cette qualité d'héritier, on est donc privé de tout droit aux objets réservés, et on se trouve dans le cas des articles 785 et 786, suivant lesquels l'héritier qui renonce est censé n'avoir jamais été héritier, et sa part accroît à ceux qui étaient appelés à succéder avec lui. Aux termes des articles 843 et 844, tout héritier venant à la succession doit le rapport de tout ce qu'il a reçu du défunt, et si les dons et les legs lui ont été faits par préciput ou avec dispense du rapport, il ne peut les retenir que jusqu'à concurrence de la quotité disponible. L'héritier qui renonce se trouverait donc dans la position de l'héritier qui accepte, aurait les mêmes avantages que ce dernier, si, malgré la renonciation, il prenait une part dans les biens dont la disposition n'était point permise. Cette conséquence serait à elle seule suffisante pour se décider contre le cumul de la part de l'héritier renonçant, d'une portion dans la réserve, qui n'est autre chose qu'une portion héréditaire, avec la quotité disponible.

A l'argument tiré de l'article 921 du Code, portant que la réduction des dispositions entre-vifs ne peut-être demandée que par ceux au profit desquels la loi fait la réserve, par leurs héritiers ou ayans-cause, et que les donataires, les légataires ni les créanciers du défunt ne peuvent demander cette réduction, ni en profiter, il est répondu que si les donataires, les légataires et les créanciers n'ont pas le droit de faire réduire les donations, c'est parce qu'on a justement pensé qu'ils ne devaient pas jouir d'un privilége seulement introduit dans l'intérêt des enfans; que, respectivement à ceux-ci, l'article ne dit nullement qu'ils pourront partager l'excédant de la quotité disponible, quoiqu'ils ne soient point héritiers.

L'article 924 ne fournit pas une induction plus raisonnable. Si la donation entre-vifs réductible, est-il dit dans cet article, a été faite à l'un des successibles, il pourra retenir, sur les biens donnés, la valeur de la portion qui lui appartiendrait comme héritier, dans les biens non disponibles, s'ils sont de même nature. Cet article suppose évidemment que le donataire est en même temps héritier, car le droit qu'il lui confère se rattache à l'une et à l'autre qualité; mais on ne saurait y voir que le donataire puisse cumuler la quotité disponible et sa portion dans la réserve, s'il a renoncé à la succession. Dans le sens de l'article, le donataire viendrait au partage, pour y prendre sur les biens donnés, la portion héréditaire qui lui reviendrait dans la masse; mais il n'y a pas de portion héréditaire, ni de partage de succession, pour le successible qui a renoncé.

On a vu que nous avons établi des hypothèses dans lesquelles il pourrait arriver que l'enfant du donataire, s'il ne peut, en renonçant, retenir que la quotité disponible, aurait moins que ses frères et sœurs prenant à son exclusion la réserve intégrale. Les partisans de l'opinion contraire à la nôtre n'y trouvent aucun inconvénient. Ces hypothèses, tout exactes qu'elles peuvent paraître, ne doivent point faire changer toute l'économie de la loi nouvelle; et d'ailleurs, c'est au donataire à examiner, avant sa renonciation, s'il a, ou non, intérêt à renoncer, pour s'en tenir à la disposition qui a été faite en sa faveur.

Tels sont, en résumé, les motifs de ceux qui refusent au donataire renonçant toute espèce de droit à la portion indisponible.

Ces motifs, d'abord adoptés par la Cour royale de Bordeaux, lors d'un arrêt du 30 janvier 1816, ont été consacrés sur le pourvoi contre cette décision, par un arrêt de la section civile de la Cour de cassation, en date du 18 février 1818, rapporté dans le Journal de Denevers, vol. de 1818, page 118.

La mère du sieur de la Roque de Mons lui avait fait une donation universelle de ses biens, sans dispense de rapport. Le sieur de la Roque de Mons a renoncé à la succession de sa mère, ouverte sous l'empire du Code civil, pour s'en tenir à la donation qui lui avait été faite. Sur la demande des frères et sœurs du sieur de la Roque de Mons, il s'est agi de savoir s'il avait le droit de retenir cumulativement la quotité dont la mère commune avait pu disposer, et sa portion afférante dans la réserve légale. Le tribunal civil de Périgueux et la Cour royale de Bordeaux s'étant décidés pour la négative, le sieur de la Roque de Mons a soumis l'arrêt de cette Cour à la Cour de cassation. A raison de l'importance de la question, nous croyons devoir donner, par note, le texte entier de l'arrêt de la Cour de cassation, qui peut être considéré comme renfermant tous les moyens que l'on peut opposer au système que nous avions cru devoir adopter avec un grand nombre d'autres auteurs recommandables, dont l'opinion avait été invoquée devant la Cour de cassation. M. Chabot était du nombre; et ce qui le prouve, c'est que son opinion était invoquée comme l'était la nôtre, et dans le même sens, ainsi qu'on le voit dans la discussion qui a préparé l'arrêt du 18 février 1818. C'est seulement dans une nouvelle édition de son Ouvrage sur les successions, postérieure à l'arrêt du 18 février 1818, qu'il a embrassé l'opinion adoptée par l'arrêt, sans rappeler ce qu'il avait dit auparavant sur la question (1).

---

(1) La Cour, — Sur les conclusions de M. Cahier, avocat général, et après qu'il en a été délibéré en la chambre du conseil; — Considérant qu'il résulte de la combinaison et du rapprochement de divers articles du Code civil, relatifs à la légitime des enfans, et notamment des art. 785, 786, 843, 844, 845, 858, 859, 913, 917, 920, 921, 924, 1004, 1006 et 1009, etc., que la loi divise en deux portions distinctes les biens des père et mère; qu'elle laisse l'une à leur disposition, et réserve l'autre aux

Cette décision de la Cour de cassation n'a pas fait cesser les doutes, et n'a point fixé la jurisprudence. La seconde chambre de la Cour royale de Riom, par arrêt du 8 mai 1821, la Cour royale de Toulouse, par arrêt du 27 juin de la même année, ont jugé dans le même sens que la

---

enfans pour leur légitime ; que la quotité de la première est fixée invariablement par le nombre des enfans existans au moment du décès du disposant ; qu'elle est toujours la même, soit qu'il ait disposé à titre universel ou particulier, en faveur d'étrangers ou de ses enfans, et en faveur de ceux-ci avec préciput et hors part, ou sans dispense de rapport ; qu'elle est la seule chose dont il puisse avantager l'un de ses enfans, en la lui donnant expressément par préciput et hors part ; qu'enfin, lorsque ses libéralités excèdent cette quotité disponible, elles sont, sur la demande de ceux qui ont droit à la réserve, sujettes à réduction ou rapport, et que cet excédant fait nécessairement partie de la succession réservée aux enfans pour leur légitime ; que cette deuxième portion des biens des père et mère est assurée à tous les enfans collectivement, et leur est donnée en qualité d'héritiers, pour être partagée entre eux également, ainsi que la portion disponible le serait, si les père et mère n'en avaient pas disposé, ou n'en avaient disposé qu'au profit d'un ou de plusieurs de leurs enfans, sans les dispenser du rapport ; qu'à ce titre d'héritiers, ils sont saisis collectivement de tous les biens et actions du défunt, et investis du droit de former, contre tous les donataires sans distinction, la demande en réduction des donations qui excèdent la portion disponible ; que ceux d'entre eux qui renoncent sont censés n'avoir jamais été héritiers, et que la part qu'ils auraient eue en cette qualité accroît à leurs cohéritiers pour le tout, sans y distinguer la partie des biens existans au moment du décès, de celle qui est comprise dans des donations faites à des étrangers, ou aux enfans renonçant, et sujettes à retranchement pour ce qui excède la quotité disponible ; en telle sorte que si l'un des enfans restait seul héritier, il aurait aussi seul droit à la totalité de la légitime ou réserve légale ; que si l'enfant donataire veut renoncer à la succession pour s'en tenir à son don, il le peut, soit que le don lui ait été fait par préciput, ou sans dispense de rapport, à titre universel ou autrement ; mais qu'alors, et comme donataire, il ne peut jamais profiter que de la quotité disponible ; que toutes ces dispositions du Code, relatives à la faculté donnée aux père et mère de disposer d'une portion de leurs biens, et à la nécessité pour les enfans d'être héritiers pour conserver leur part dans la réserve légale qui, par l'effet de leur renonciation, accroîtrait, pour le tout, à leurs cohéritiers, sont claires, concordantes entre elles, et conçues en termes généraux qui n'admettent ni distinction, ni exception ; qu'en vain, pour en éviter l'application, on voudrait, en torturant les expressions de quelques-uns des articles du Code, prétendre que le législateur a permis aux enfans de prendre, ou au moins de retenir une partie des biens de leurs père et mère, autrement qu'à l'un des deux titres de donataires ou d'héritiers ; que cette faculté est contraire au système général de la législation nouvelle, et n'est écrite nulle part ; qu'elle ne résulte, quoiqu'on l'ait

Cour de cassation ; mais deux autres arrêts de la Cour royale de Toulouse, des 27 août 1820 et 17 août 1821, et un arrêt de la Cour royale de Paris, du 31 juillet 1821, ont décidé, nonobstant l'arrêt de la Cour de cassation, que l'enfant qui renonce à la succession pour s'en tenir à la dona-

---

supposé, ni de l'art. 921, qui interdit, à la vérité, aux donataires, légataires ou créanciers du défunt, le droit de demander la réduction des donations entre-vifs, mais qui ne dit pas que les enfans pourront partager la portion excédant la quotité disponible, sans être héritiers ; ni de l'art. 924, qui, conformément au droit établi pour les rapports à faire entre cohéritiers, par les art. 858 et 859, autorise le donataire successible à retenir sur les biens donnés sa part dans les biens indisponibles ; mais qui, loin de l'y autoriser lorsqu'il cesse d'être héritier, ne lui donne cette faculté que s'il y a dans la succession des biens de même nature, ce qui signifie clairement, s'il vient à partager avec ses cohéritiers ; qu'en vain encore on voudrait argumenter de ce qui aurait eu lieu si la succession de la dame de Mons avait été régie par les principes de la législation antérieure à la publication du Code civil ; qu'il est vrai qu'alors, dans les pays même où il fallait être héritier pour demander la légitime, on décidait que l'enfant donataire pouvait, en renonçant à la succession pour s'en tenir à son don, retenir sa légitime sur les biens dont il avait été saisi par la donation, et conserver en outre tout ce qui excédait la légitime due à ses frères et sœurs ; qu'il devait en effet en être ainsi, lorsque, d'un côté, la légitime étant considérée comme une dette, une pension alimentaire due par les père et mère à leurs enfans, on pouvait supposer qu'en leur faisant une donation, ils avaient eu pour but principal de se libérer de cette dette, de même que les enfans, en l'acceptant, avaient voulu sans doute l'imputer sur ce qui leur était dû ; lorsque, d'un autre côté, la quotité dont il était permis aux père et mère de disposer, soit au profit d'étrangers, soit en faveur de leurs enfans, n'étant pas limitée, la donation, à quelque somme qu'elle montât, n'était sujette à retranchement que jusqu'à concurrence de ce qui était nécessaire pour fournir à chacun des enfans sa légitime personnelle ; lorsqu'enfin la légitime de l'enfant qui renonçait, profitait au donataire universel, et n'était pas dévolue par droit d'accroissement aux cohéritiers du renonçant ; mais que les principes de cette ancienne législation sont évidemment inconciliables avec ceux du Code civil, qui, au lieu de ne donner à chacun des enfans, pour sa légitime, qu'une créance personnelle affectée sur les biens, leur donne à tous collectivement la succession toute entière, veut qu'ils n'y aient part qu'en qualité d'héritiers ; que s'ils renoncent à la succession pour s'en tenir à leur don, ce don reste fixé, pour eux comme pour les étrangers, à la quotité déclarée disponible, et qui, par l'art. 845, bornant à cette quotité ce que l'enfant qui renonce à la succession a le droit de retenir, annonce bien clairement qu'il ne peut, en même temps, retenir aucune partie de la réserve légale ; que de tout ce qui précède, il faut conclure, en dernière analise, qu'en jugeant, 1°. que la dame de Mons, qui, à son décès, a laissé six enfans, n'avait pu disposer au profit du demandeur, son fils aîné, que tion qui lui a été faite, peut, malgré cette renonciation, retenir, outre la quotité disponible, sa part dans la réserve légale. Ces arrêts sont rapportés ou indiqués dans le Journal de Denevers, vol. de 1822, page 77 du supplément, et dans le Recueil de Sirey, tome 20, 2ᵉ part., p. 296, et tome 22, 2ᵉ part., pages 102 et 104. On trouve même dans ce dernier volume, page 66, les conclusions de M. l'avocat général Chabret-Durieu, lors de l'arrêt de la Cour royale de Toulouse, du 7 août 1820 : ces conclusions reproduisent avec force les objections que l'on peut présenter contre l'arrêt de la Cour de cassation.

Néanmoins nous pensons qu'on doit se rendre à la décision de cet arrêt. M. Toullier l'a adoptée dans la deuxième édition du Droit civil français, nº 110. M. Chabot (de l'Allier), dans son Commentaire sur le titre *des Successions,* expose, sur l'article 845, les motifs des trois opinions différentes qui se sont élevées sur le point de savoir si, pour avoir droit à la réserve, il faut nécessairement se porter héritier, à quoi se rattache la question du cumul qui nous occupe. M. Chabot finit par rapporter l'arrêt de la Cour de cassation, du 18 février 1818. M. Favard, Répertoire de la nouvelle législation, au mot *Renonciation,* § 1ᵉʳ, nº 14, cite le même arrêt. Ces deux derniers auteurs ne font aucune observation sur la décision qu'il contient, ce qui doit faire penser qu'elle est approuvée par eux.

583 bis. *Réflexions sur ce qui est dit dans les cinq numéros précédens.*

2ᵉ édition,
t. II, p. 299,
3ᵉ alinéa.

L'opinion que nous avons émise au nº 579, est susceptible, nous devons l'avouer, d'une sérieuse difficulté. M. Toullier émet une opinion contraire à la nôtre, *Droit civil, des Donations,* nº 117. Voici sur quoi il se fonde : Les termes de l'art. 904, *et jusqu'à concurrence seulement de*

---

du quart de ses biens ; 2º. que la donation qu'elle lui a faite, l'eût-elle été par préciput ou à titre universel, devait être, sur la demande des héritiers ayant droit à la réserve, réduite à la quotité disponible ; 3º. enfin, que le demandeur ayant volontairement renoncé à la qualité d'héritier pour s'en tenir à la donation, ne pouvait prétendre qu'à la portion disponible, et avait perdu sa part dans la réserve ou légitime que la loi ne donne qu'aux héritiers ; la Cour royale de Bordeaux s'est conformée au texte et à l'esprit du Code civil ; — REJETTE.

la moitié des biens dont la loi permet au majeur de disposer, doivent être pris dans un sens absolu, et non dans le sens distributif que nous avions adopté. Cet auteur rappelle ce que nous avions dit au n° 575 de notre Traité, où nous combattions une opinion de M. Levasseur, et M. Toullier avait déjà adopté et soutenu notre opinion. Il prétend que l'opinion que nous avons émise sur la question actuelle, serait en contradiction avec la première. En conséquence, M. Toullier substitue au calcul que nous avions cru devoir adopter au n° 579, celui qui devait être le résultat de son opinion.

On doit cependant faire observer que la contradiction que M. Toullier a vue peut ne pas exister. De quoi s'agissait-il dans le n° 575 ? de savoir s'il était vrai, comme le pensait M. Levasseur, que la réserve des ascendans, établie par le Code civil, devait être seulement de la moitié de ce que chacun d'eux aurait eu s'il eût succédé, de manière qu'on eût dû, par ces mots de l'art. 915, *des biens,* entendre seulement les biens qui seraient revenus à celui qui a la réserve à titre de portion héréditaire, et non les biens laissés par le défunt. Nous avons soutenu, et avec raison, qu'il fallait entendre par ces mots *des biens,* ceux qui étaient laissés par le défunt ; et nous ne sommes pas en contradiction avec nous-mêmes, puisque, dans l'espèce que nous avons proposée, nous entendons bien, comme M. Toullier, que la réserve doit être du quart, qui fait la somme de 6,000 fr.

Mais dans l'espèce actuelle, il ne s'agit pas de la même position que celle qui fait l'objet du n° 575. Dans cette dernière espèce, tout se bornait au mode de composition de la réserve des ascendans, et nous y avons voulu seulement établir que ce que la loi défère à titre de réserve, *est fixé sur la masse des biens, abstraction faite de toute proportion avec la portion qu'on aurait recueillie comme héritier* AB INTESTAT.

Or, cette question, pourrait-on dire, était tout autre que la question actuelle. Le siége de la difficulté qui nous occupe en ce moment est dans la manière d'entendre et d'appliquer l'art. 904, qui a voulu, à l'égard du testateur mineur, poser des limites à la faculté de troubler l'ordre des successions établi par la loi pour les majeurs. Le but de cette restriction n'aurait-il pas pu être d'empêcher que chacun des héritiers *ab intestat,* ne fût privé d'une trop grande partie de la portion à laquelle il avait droit ? Cette restriction n'a-t-elle pas pu avoir été conçue dans l'intérêt l'intérêt de chacun de ces héritiers? Elle aurait donc mis hors de la faculté de disposer, de la part du mineur, la moitié de ce dont chacun des héritiers aurait pu être privé par un testateur majeur. Il est incontestable que l'ordre de succéder établi par la loi, a eu pour base l'affection présumée du défunt pour chacun de ses héritiers, et pour les différentes classes dans lesquelles ils se présentaient. Mais si cela est, on pourrait dire que, dans la restriction établie par l'art. 904, le législateur a entendu suivre la même mesure; parce que c'est celle qui était tracée par la justice. Toute la difficulté était dans l'art. 904, qui devait être raisonnablement interprété, et l'art. 915 pourrait être considéré comme entièrement étranger à cette même difficulté.

Tels ont été les raisonnemens qui ont déterminé notre opinion ; et ce qui prouve qu'elle n'était pas dénuée de fondement, c'est que M. Delvincourt a émis une opinion absolument conforme à la nôtre. *Notes et explications du tome 2ᵉ de son Cours de droit civil*, page 409, édit. de 1819.

Il faut nécessairement prendre un parti sur ces deux opinions. Uniquement animés du désir de découvrir la vérité, nous avons médité, et nos méditations nous ont conduit à l'adoption de l'opinion de M. Toullier. Cette opinion s'établit sur le texte précis et absolu de la loi, c'est-à-dire, de l'art 904, qu'on doit combiner avec l'art. 915. Quand on cherche l'esprit d'une loi qui n'est pas clairement manifesté, même en le fondant sur ce qu'on croit être l'équité, on risque de s'égarer et de substituer une opinion à la volonté du législateur. D'ailleurs, en approfondissant la question, nous avons remarqué que l'opinion à laquelle nous nous rendons, peut simplifier les difficultés qui peuvent s'élever dans plusieurs hypothèses, sans s'écarter de la loi.

Après avoir écrit ce qu'on vient de lire, nous avons remarqué dans le recueil de Sirey, tome 26, 2ᵉ partie, page 110, un arrêt de la Cour royale d'Angers, du 16 juin 1825, qui a jugé conformément à la dernière opinion que nous avons cru devoir adopter.

583 ter. *Suite de ces réflexions.*

Ainsi, en suivant toujours la même hypothèse, d'après le calcul qui résulte de l'opinion à laquelle nous venons de nous rendre, sur 24,000 fr. laissés par le testateur mineur, distraction faite de la réserve qui serait revenue à l'aïeul paternel, il resterait 18,000 fr. dont un majeur aurait pu disposer. Le mineur n'a pu disposer que de 9,000 fr.; il reste donc dans la succession *intestat*, pareille somme de 9,000 fr., plus celle de 6,000 fr. qui aurait formé la réserve de l'aïeul, ce qui fait 15,000 fr. Cette somme doit être partagée par moitié entre l'aïeul et le cousin maternel, en sorte qu'il reste pour chacun 7,500 fr.

Nous venons de dire que les 6,000 fr. entrent dans la succession, parce que l'aïeul ne pourrait les prendre, exclusivement et pour sa réserve, que dans le cas où, par l'événement du partage, sa portion afférente ne s'élèverait pas au montant de sa réserve, d'après la seconde partie de l'art. 915. Tel est le résultat de ce que nous avons dit au n° 580.

Si au lieu d'un aïeul, nous supposons en concours le père ou la mère du testateur, l'un ou l'autre aurait droit de prendre en outre l'usufruit du tiers des 7,500 fr. revenant au cousin maternel. Ce droit est établi sur l'art. 754 du Code civil, lorsque ce sont des collatéraux autres que des frères ou sœurs du défunt, ou descendans d'eux, qui viennent en concurrence avec le père ou la mère.

Ce pouvait être une question de savoir si ce droit d'usufruit doit se borner au tiers de la portion qui revient au collatéral, sans pouvoir être étendu à ce qui revient au légataire. L'article 754 ne présente pas une explication claire à ce sujet. Cependant, en y réfléchissant, on doit croire que l'usufruit doit être restreint à la portion revenant au collatéral. Il est simplement dit dans cet article : « Dans le cas de l'article » précédent, le père ou la mère survivant à l'usufruit du tiers des biens » *auxquels il ne succède pas en propriété.* » Ces dernières expressions emportent avec elles l'idée de biens compris dans la succession, auxquels le père ne succède pas, ce qui exclut l'extension de l'usufruit sur ce dont il a été disposé. Si l'art. 904 limite les libéralités du mineur à la moitié de ce que peut donner un majeur, cette moitié n'est, pas plus que les dons du majeur, soumise à l'usufruit accordé aux père et mère, sur une partie des biens auxquels ils ne succèdent pas. Telle est l'observation de M. Toullier, page 133, et elle nous paraît décisive.

Nous faisons remarquer que, d'après tout ce qui vient d'être dit, et d'après la rectification de notre opinion, il n'y a de réforme ou de modification à porter, que sur ce qui est contenu aux n° 579, 581, et sur les résumés heureusement très-courts contenus dans les n° 582 et 583, qui étaient une suite de l'opinion à laquelle nous renonçons.

583 quat. *Question particulière et importante sur la même matière.*

Il peut se présenter des difficultés dans un cas autre que ceux sur lesquels nous venons de nous expliquer. C'est lorsque le testateur mineur laisse un ascendant et des parens collatéraux, et qu'il dispose en faveur de l'ascendant.

Un testateur mineur, mais âgé de dix-sept ans, décède sans laisser de frères et de sœurs, laissant seulement son père et un oncle maternel. Par son testament, il lègue à son père, *par préciput et hors part, la pleine propriété et jouissance de toute la portion de ses biens dont la loi lui permettait de disposer.* Le partage de la succession s'ouvre entre le père et l'oncle maternel. Quelle est la portion qui doit revenir à chacun?

N'y ayant pas de dispositions en faveur d'un étranger, le père ne se trouvant qu'en présence d'un oncle maternel, et son fils mineur ayant voulu lui léguer tout ce dont la loi lui permettait de disposer en sa faveur, ce n'est plus le cas de se décider comme nous venons de le faire dans les numéros précédens; la question n'est plus la même, et il faut se régler par des principes différens.

Le père se présente ici sous le double titre d'héritier et de légataire. Comme héritier, il doit avoir les quatre huitièmes, ou, ce qui est de même, la moitié de la succession, d'après l'article 753 du Code civil. Comme légataire, et surtout comme légataire préciput, il aurait dû avoir les autres quatre huitièmes en totalité, si le testateur eût été majeur; mais étant mineur, ce testament n'a pu disposer que de deux huitièmes, et ces deux huitièmes indisponibles, dans ce cas, doivent revenir à l'oncle maternel. En sorte que, dans notre espèce, le père doit avoir six huitièmes, ou trois quarts, et l'oncle maternel les deux huitièmes restans. C'est ce qui a été jugé par un arrêt de la Cour royale de Riom, première chambre, du 15 mars 1824, que nous avons sous les yeux; il a été rendu entre le sieur Groane, père du testateur, et le sieur Figuières, oncle maternel. Nous pensons que cette décision est très-juridique.

Le tribunal de première instance dont le jugement fut infirmé, avait décidé d'abord que, d'après l'état de minorité du testateur, et en conséquence des articles 904 et 915 du Code, qu'il combinait ensemble, le legs fait au père devait être réduit à la moitié de ce dont le fils aurait pu disposer s'il eût été majeur, par conséquent à la moitié de six huitièmes, ou aux trois huitièmes de la succession. Quant aux cinq huitième restans, le tribunal les soumettait au partage par moitié entre le père et l'oncle, suivant le mode déterminé par l'art. 753 du Code civil. Le tribunal songeait, en même temps, à la réserve du quart établie en faveur du père par l'art. 915; mais, disait-il, suivant la seconde partie de ce même article, le père ne devait avoir droit à cette réserve que dans le cas où un partage en concurrence avec des collatéraux ne lui donnerait pas la quotité de biens à laquelle elle est fixée. Ici les droits que le tribunal décidait devoir revenir au père, et qui étaient fixés à cinq huitièmes et demi, excédait la réserve, et le tribunal en concluait que le père n'y avait point droit.

Nous sommes forcés de dire que le tribunal s'écartait entièrement des principes sur lesquels la solution devait être établie. Il ne devait pas être question de réserve : le père n'était pas dans le cas de la demander. Le tribunal ne faisait pas attention que ce père se présentait comme héritier et comme légataire, et qu'il en avait le droit; que la loi lui attribuait, comme héritier, quatre huitièmes; que le fils, bien de vouloir l'en priver, les lui assurait, puisqu'il lui léguait, et en préciput, tout ce que la loi lui permettait de lui donner. Majeur, il pouvait lui donner la totalité de ces quatre huitièmes; mineur, il ne pouvait lui en donner que deux, et les deux autres huitièmes formaient, seuls, la portion revenant à l'oncle. Les principes relatifs à la réserve établie dans les cas déterminés par la loi, ne pouvaient se rétorquer contre le père qui ne venait pas précisément comme tel, mais bien comme héritier et comme légataire précipué. Tel était le véritable état de la question.

583 quint. *Difficulté sur la manière d'entendre l'article 754, relativement à l'usufruit qu'il accorde au père ou à la mère.*

Le tribunal de première instance, outre les cinq huitièmes et demi auxquels il avait fixé les droits du père, lui avait encore accordé l'usufuit d'un tiers de la quotité de biens, qui revenait à l'oncle maternel, d'après la fixation que le jugement en avait faite. Il fondait cette disposition sur l'art. 754 du Code civil.

La Cour royale décida que ce n'était pas le cas d'adjuger au père ce usufruit. Son arrêt fut motivé à cet égard sur ce que, de la combinaison des art. 755 et 754 du Code, il résulte que cet usufruit n'est accordé à l'ascendant que dans le seul cas énoncé dans l'article 755, c'est-à-dire, lorsque le père ou la mère survivant prend simplement une portion comme successible et sous le titre unique d'héritier, et que cette portion est seulement de la moitié des biens; mais que cet usufruit n'a plus lieu lorsque, comme dans la position actuelle, l'ascendant réunit le titre de légataire en préciput et celui d'héritier, et que, par l'effet de cette réunion, il prend plus de moitié des biens; que la concession de cet usufruit, dans l'espèce, serait une extension donnée à la loi, qui en deviendrait une violation.

Mais, malgré la grande déférence que nous avons, et que nous devons avoir, sous tous les rapports, pour les arrêts de cette Cour, nous ne saurions personnellement adopter cette décision particulière. Nous pensons qu'elle est fondée sur une mauvaise interprétation de l'art. 754 du Code civil. Les mots de cet article, *dans le cas de l'article précédent,* n'expriment qu'un seul cas, qui est celui du concours du père avec des collatéraux autres que les frères ou sœurs du défunt. Le mode du partage est déterminé pour ce cas. La moitié est accordée au père; mais il ne résulte pas de là que, parce que le père aurait, par l'effet du partage, plus que la moitié, il ne dût pas avoir l'usufruit du tiers des biens qui seraient échus aux héritiers collatéraux qui ne seraient ni frères ni sœurs du défunt. Ce qui, d'après l'art. 754, attribue cet usufruit au père ou à la mère, c'est la circonstance du concours avec des collatéraux autres que des frères ou sœurs; car, en cas de concours de ceux-ci auxquels la la loi accorde plus de faveur, cet usufruit cesserait.

Tel est aussi le résultat de l'opinion de M. Chabot, sur l'article 754. n° 3. « Lorsque le survivant, dit-il, des père et mère, se trouve, soit à » titre particulier, soit à titre universel, donataire ou légataire de son » enfant, il n'en a pas moins droit à l'usufruit sur la moitié des biens » *dont il n'y a pas pas eu de disposition* (ce qui précède indique que l'au- » teur a entendu dire *à l'usufruit du tiers de la moitié,* et ce ne peut être » qu'une faute typographique), quoiqu'il prenne encore la moitié de » ces biens à titre d'héritier : dans ce cas le survivant des père et mère a » deux titres qui sont distincts, et qui ne se confondent pas. Comme » donataire ou légataire, il prend ce qui lui a été donné ou légué : comme

» héritier *ab intestat*, il prend tout ce qui lui est déféré, en cette qua-
» lité, par les art. 755 et 754. Ce dernier article n'a soumis à aucune
» exception le droit d'usufruit qu'il a conféré au survivant des père et
» mère. » En un mot, la loi accorde, sans aucune distinction, au père
ou à la mère, l'usufruit des biens *auxquels il ne succède pas en propriété*,
pourvu, bien entendu, que les collatéraux les recueillent à titre de succession, et non à titre de disposition.

2e édition,
t. II, p. 511,
2e alinéa.

Mais, malgré ces dernières observations, l'arrêt de la Cour royale de
Toulouse ne laisse pas d'avoir bien jugé, la Cour de cassation ayant décidé, par un arrêt du 21 juillet 1815, dont il va être fait mention,
qu'on pourrait dans ce cas fixer un usufruit donné, à une quotité en
propriété jugée analogue, afin d'apprécier la valeur des dons, et de
savoir s'il y a eu, ou non, excès dans les dispositions.

M. Toullier, n⁰ˢ 869 jusques et compris le 872ᵉ, a examiné les mêmes
difficultés sur lesquelles nous venons de nous expliquer, et nous pouvons
dire qu'en dernière analise, ses décisions sont conformes aux nôtres.
Cependant au n⁰ 871 *bis*, il a rapporté l'arrêt de la Cour de cassation,
du 21 juillet 1815, qui a jugé qu'une mère de deux enfans d'un premier
mariage, qui s'était remariée, et qui avait donné à son second époux
l'usufruit de la moitié de tous ses biens, n'avait pu ensuite donner à un
enfant né du second mariage le quart de ses biens en propriété. Nous ne
pouvions rapporter cet arrêt, puisqu'il est postérieur à la seconde édition de notre Traité, qui a paru en 1812. D'ailleurs, si cet arrêt a quelque
trait à l'article 1094, il concerne plus directement l'article 1098, ainsi
que M. Toullier l'observe lui-même. Aussi, au n⁰ 716 de notre Traité,
qui est sous une section consacrée à l'explication *des droits accordés par la
loi aux enfans dont le père ou la mère a fait une donation à un second époux*,
matière assez vaste pour mériter d'être traitée particulièrement, nous
avons émis une opinion qui, en résultat, se trouve confirmée par cet
arrêt de 1815, et d'après les mêmes principes. Nous le rapporterons sous
le n⁰ 716 *bis*, comme étant un lieu plus convenable, au moins respectivement au plan de notre Traité, et nous y joindrons un autre arrêt de
la Cour de cassation, du 2 février 1819, qui répand un nouveau jour
sur la question.

M. Toullier, n° 873, pense qu'il doit demeurer pour certain, ainsi que nous l'avions enseigné dans la première édition de notre Traité, que la réduction des dons testamentaires faits à l'épouse et aux enfans, ou à des étrangers, devait se faire au marc le franc. Ce qui nous avait fait hésiter, c'est que nous avions cru voir une opinion contraire dans les arrêts des Cours d'appel de Turin et d'Agen, des 15 avril et 22 août 1810, et nous n'avions pas une assez forte conviction que notre opinion fût préférable à la décision de ces deux Cours. Mais M. Toullier me paraît avoir démontré que ces deux arrêts n'avaient pas jugé dans un sens contraire à notre opinion. Nous croyons donc devoir y revenir, et nous reconnaissons la justesse des observations faites par M. Toullier sur ces deux arrêts.2e édition,
t. II, p. 312,
4e alinéa.

597 bis. *Suite de la doctrine exposée dans le numéro précédent. Arrêt important de la Cour de cassation, rendu sur cette matière.*2e édition,
t. II, p. 339,
1er alinéa.

La doctrine que nous venons d'exposer dans le numéro précédent, devenait très-utile par elle-même, dès qu'elle tendait à démêler les règles des rapports, de celles qui ont trait à l'action en réduction. On sent, en effet, l'analogie qu'il y a entre ces deux matières, et même entre elles et l'imputation sur la réserve : on sent aussi combien il est nécessaire de ne pas les confondre. La distinction des principes qui devaient diriger dans les divers cas, vient d'être établie par un arrêt de la Cour de cassation, du 8 juillet 1826, qui juge une question très-importante, sur laquelle cette Cour et les Cours royales ont été divisées pendant plusieurs années. Nous croyons pouvoir dire que le développement contenu dans le numéro 597 présente les points fondamentaux de la décision adoptée enfin par la Cour de cassation. Si nous n'avons pas traité la question d'une manière positive, c'est parce que nous n'avions pas prévu qu'elle pût s'élever, d'après les principes que nous avions professés, et parce que nous avons vu pratiquer, pendant cinquante ans, ce qui a été jugé par cet arrêt du 8 juillet 1826. Aussi nous n'avons vu naître cette question qu'après la seconde édition de notre Traité.

Le question peut être ainsi réduite : *Des enfans mariés avant leur frère, et auxquels il avait été constitué des avancemens d'hoirie, doivent-ils rapporter à la masse de la succession les avancemens d'hoirie qu'ils avaient reçus, afin de faire porter la disposition de la quotité disponible, faite en faveur de leur frère, non-seulement sur les biens existans lors du décès du père, mais encore sur ceux dont il s'était dépouillé par les constitutions d'avancement d'hoirie?*

Devait-on se décider sur cette question par les principes relatifs aux rapports, ou, au contraire, par l'application des règles concernant la réduction? Était-ce, en d'autres termes, sur l'article 857 du Code civil qu'on devait se fonder, ou bien sur l'article 922? Nous croyons pouvoir ainsi réduire les difficultés élevées sur la décision de la question.

En effet, lorsqu'on lit toutes les dissertations qui ont paru successivement sur cette question, qui sont rapportées dans Sirey, vol. 22, 2ᵉ part., pag. 330; et vol. 24, 2ᵉ part., pag. 288; dans le Journal de M. Dalloz, vol. 22, pag. 236; et vol. 24, pag. 521 et suiv.; et surtout dans le Répertoire de M. Favard, au mot *Partage*, sect. 2, § 2, n° 6; et au mot *Succession*, sect. 6, § 2, n° 6, on voit que la jurisprudence avait pris deux directions. Ceux qui soutenaient la négative de la proposition que nous venons d'annoncer, c'est-à-dire, que la portion donnée en préciput ne devait être prise que sur les biens existans au décès du père, et nullement sur ceux déjà donnés en avancement d'hoirie, se fondaient sur ce que le légataire précipué ne pouvait prendre son préciput sur les dons faits en avancement d'hoirie, que dans la supposition qu'il pouvait demander le rapport de ces dons : mais, disaient-ils, il y est non recevable, d'après l'art. 857 du Code civil, où il est dit : « Le rapport n'est » dû que par le cohéritier à son cohéritier; il n'est pas dû *aux légataires*, » ni aux créanciers de la succession. » Ce rapport n'était dû qu'aux héritiers autres que le légataire précipué : c'était entre eux et les donataires à titre d'avancement d'hoirie, qu'il devait être fait un partage particulier, et des biens donnés en avancement d'hoirie, et de ceux qui se trouvaient dans la succession; mais quant au légataire précipué, il ne pouvait prendre son préciput, par l'effet d'un nouveau partage qui était à faire entre lui et les héritiers, que sur les biens existant à l'époque de l'ouverture de la succession.

On opposait à ceux qui avaient embrassé cette opinion, l'art. 922 du Code, qui est ainsi conçu : « La réduction se détermine en formant une » masse de tous les biens existant au décès du donateur ou testateur. On » y réunit fictivement ceux dont il a été disposé par donations entre-vifs, » d'après

» d'après leur état à l'époque des donations, et leur valeur au temps du
» décès du donateur. On calcule sur tous ces biens, après en avoir dé-
» duit les dettes, quelle est, eu égard à la qualité des héritiers qu'il
» laisse, la quotité dont il a pu disposer. » Mais ils écartaient l'application de cet article 922, en disant qu'il avait seulement trait au cas de la
réduction demandée par l'héritier à réserve, sur les legs ou donations
entre-vifs, afin qu'il eût complétement cette réserve; que cette opération devenait alors indispensable, comme elle l'était anciennement pour
former la légitime de droit, ainsi qu'on le voit dans deux différens passages des Observations de Furgole sur l'article 34 de l'ordonnance de 1751.
Ils disaient qu'il ne s'agit point, dans l'espèce, de l'opération à faire dans
le cas de cette action en réduction ou retranchement; qu'il n'est pas
même question de cette action; qu'il se présente seulement un donataire
ou légataire précipué, qui demande aux enfans auxquels il a été fait des
dons en avancement d'hoirie, le rapport de ces dons, pour y prendre
son préciput, ou, au moins, pour calculer ce préciput sur la valeur de
ces dons, comme sur le restant des biens : en sorte qu'on voit un légataire qui veut conserver cette qualité, et en même temps celle d'héritier.
Or, ajoutait-on, voilà ce que défend l'article 857.

Tel a été le système adopté d'abord par la Cour de cassation. Elle a
jugé plusieurs fois, en cassant des arrêts de Cours royales, que le don
fait en avancement d'hoirie était hors de la succession; que l'avantage
fait ensuite en préciput à l'un des enfans, ne peut se prendre que sur les
biens existant à l'ouverture de la succession, et qu'il n'a nulle prise sur
ce qui a été donné précédemment en avancement d'hoirie. Cette jurisprudence parut prendre consistance par deux arrêts de cette Cour, des 30 décembre 1816 et 27 mars 1822. On les voit dans les Recueils de jurisprudence, et notamment dans le Répertoire de M. Favard, au mot *Partage
des successions*, sect. 2, § 2, n°s 6 et 6 *bis*. Et après des arrêts contraires,
elle crut devoir confirmer cette même jurisprudence, par deux arrêts qui
sont en date du même jour 8 décembre 1824 : ils sont rapportés dans le
Journal des audiences de M. Dalloz, vol. 24, pages 522 et suiv. Nous
allons en ansliser les motifs, qui se réduisent à trois.

1°. Qu'aux termes de l'art. 894 du Code civil, la donation entre-vifs,
régulièrement acceptée, dépouille irrévocablement celui qui l'a faite;
qu'ainsi, en principe général, et sauf les exceptions expressément établies

parla loi, les choses données entre-vifs ne font plus partie de la succession de donateur;

2°. Que, par une conséquence de ce premier principe, le legs fait par préciput, du quart des biens (ce qui peut s'appliquer à toute autre quotité), ne peut comprendre que le quart des biens dont le testateur était saisi à son décès, et qui composaient réellement sa succession;

3°. Que le légataire précipué ne peut se prévaloir des art. 857 et 922, concernant soit le *rapport*, soit la réunion fictive à la succession, des biens donnés en avancement d'hoirie; puisque, d'une part, le rapport n'est dû que par l'héritier à son cohéritier, et qu'il n'est pas dû par le légataire, alors même qu'à cette qualité il réunit celle d'héritier; car la loi s'exprime en termes généraux, qui n'admettent aucune exception à cet égard; puisque, d'autre part, la réunion fictive ne peut également avoir lieu qu'au profit des héritiers à réserve, et sur leur propre demande, ce dont il n'est nullement question dans l'espèce.

Nous devons actuellement exposer, pour l'entière intelligence de la question, les raisons sur lesquelles les partisans de l'opinion contraire se fondaient. Un père, disaient-ils, qui avait plusieurs enfans, et qui faisait un don quelconque à ceux qui se mariaient les premiers, entendait faire une délivrance sur ses biens par anticipation, afin de provoquer leur établissement; il n'entendait pas par là se priver du droit qu'il pouvait exercer dans la suite, de régler sa succession ainsi qu'il aviserait, et de disposer, par donation ou par legs, de ses biens jusqu'à concurrence de toute la portion disponible. La dénomination usuelle de ce don ainsi spécifié, *en avancement d'hoirie*, ou, *en avancement de la future succession*, termes dont on se servait indifféremment, annonçait seule que l'effet du don se rattachait à l'état de la succession, au moment du décès du donateur; que cet effet devenait dépendant du règlement que le testateur en aurait fait. Qu'à la vérité, l'art. 922 du Code civil paraissait avoir pour objet le cas où l'héritier à réserve demandait la réduction des dispositions excessives pour la fixation de la réserve; mais qu'on ne voyait pas de raison de ne pas suivre l'esprit même de cet article dans l'espèce dont il s'agit, puisque, dans tous les cas possibles, la composition du patrimoine du testateur, qui devait embrasser les dispositions déjàfaites et les biens restans, pouvait, seule, faire connaître si un père avait sagement réglé les dispositions de son patrimoine, et jusqu'à quel point elles devaient être retranchées ou modifiées.

On ajoutait que la jurisprudence dans laquelle la Cour de cassation paraissait vouloir persister, avait été le sujet de plusieurs déceptions pour des familles, parce que l'intention des pères n'avait pas été que les dons en avancement d'hoirie produisissent de pareils effets ; que cette jurisprudence avait inspiré des craintes à des pères vivans, qui, pour éviter l'inconvénient qu'elle produirait, si elle se maintenait, ne voudraient donner aux enfans qu'ils établiraient que des revenus en avancement d'hoirie ; ou que s'ils donnaient, soit des sommes en capital, soit des immeubles, ils donneraient moins qu'ils n'eussent fait, s'ils eussent été affranchis de toutes craintes.

On pouvait facilement réfuter le motif consigné dans les arrêts de la Cour de cassation, résultant de ce que le don, quoique fait en avancement d'hoirie, était une véritable donation ; que le donateur était dépouillé de l'objet donné, et que dès lors cet objet ne faisait plus partie de la succession du donateur. Sans doute, l'enfant qui a reçu un don en avancement d'hoirie, peut se le retenir, en renonçant à la sucession. Telle est la disposition de l'article 845 du Code, conforme aux anciens principes. Et pourquoi ? parce qu'il est bien certain que le père a entendu lui donner cet objet, et que, s'il s'est marié, c'est sur la foi de ce don que le mariage a été contracté. Mais on ne peut dire qu'un pareil don soit mis hors de la succession d'une manière absolue. Ce n'est qu'accidentellement que la disposition devient une donation. Encore n'est-elle pas entièrement détachée de la composition du patrimoine, puisque, selon les dispositions qui ont été faites, et d'après l'état de la succession, le don en avancement d'hoirie doit être réuni, au moins fictivement, à la succession ; et qu'en cas que les objets qui y sont restés ne puissent pas faire face aux réserves, il doit subir un retranchement pour les compléter. Ainsi, le don en avancement d'hoirie, par cela seul qu'il est sujet à rapport, suit toujours la succession ; il n'est jamais détaché de la masse du patrimoine ; il se modifie et se combine selon le règlement du père de famille dont il est un commencement. Il est donc de sa nature un à-compte donné par le père sur sa succession dont le montant ne peut être déterminé qu'au moment où elle s'ouvre. Enfin, le principe que les dons faits en avancement d'hoirie se rattachent toujours à la succession, et que les objets qu'ils renferment doivent être réputés héréditaires, est une conséquence nécessaire des dispositions des articles 855,

865 et 929 du Code civil. On peut voir à ce sujet ce que nous avons dit au n° 539.

Ce qu'il y a de remarquable dans toutes les dissertations sur cette question, c'est un raisonnement qui était un des motifs de l'arrêt de la Cour royale de Pau, du 2 juin 1821, dont nous parlerons bientôt; il est développé dans une Consultation qui avait été donnée sur la question, par le célèbre, et on pourrait dire par l'illustre M. Ravez, qui a présidé l'Assemblée des députés d'une manière si éminemment distinguée, et qui est actuellement premier président de la Cour royale de Bordeaux. On voit l'analise de cette Consultation dans un des articles ci-dessus indiqués du Répertoire de M. Favard. Ce raisonnement consistait à dire que si le père donnait simplement en préciput la quotité disponible, d'après la loi qu'il aurait respectée, le préciput ne pouvait recevoir son effet dans son intégralité, en interprétant, comme on faisait, l'article 857; que si, au contraire, le père donnait en préciput une quotité, ou même un immeuble qui eût excédé plus ou moins la quotité disponible, dans ce cas le préciput devait avoir son effet sur tous les biens quelconques pour toute la quotité disponible, parce qu'alors se présentait le cas de la réduction de la part des héritiers à réserve, et qu'on entrait nécessairement dans l'application de l'article 922. Rien ne pouvait mieux prouver, en effet, la contradiction qui résultait de la restriction que faisait la jurisprudence de la Cour de cassation, au seul cas de la réduction demandée par les héritiers à réserve. Cet article dominait les deux cas, parce qu'il s'agissait toujours de déterminer la valeur de l'effet des dispositions faites par le père de famille, et que pour parvenir à cette détermination, il ne devait y avoir qu'une seule mesure.

D'ailleurs, en conciliant ainsi les articles 857 et 922 du Code, on respectait également et le droit de réserve, et le droit accordé au père de disposer de ses biens, moins les réserves.

C'est dans cet état de choses qu'a été rendu l'arrêt du 8 juillet 1826. Il l'a été sur le pourvoi contre un arrêt de la Cour royale d'Agen, qui avait jugé dans le même sens que l'avait déjà fait la Cour royale de Pau, dont l'arrêt avait été cassé. Cet arrêt a été rendu sous la présidence de Mgr le garde des sceaux. On sent qu'il fixera désormais les idées sur la question. Attendu son importance, nous croyons devoir le rapporter.

« Ouï le rapport de M. Vergès:

» Considérant que, d'après l'article 913 du Code civil, les libéralités, soit par acte entre-vifs, soit par testament, ne peuvent pas excéder la moitié des biens du disposant, s'il ne laisse à son décès qu'un enfant légitime; le tiers, s'il laisse deux enfans; le quart, s'il en laisse trois ou un plus grand nombre;

» Que cette disposition divise la totalité du patrimoine du père en deux parts;

» Que l'une consistant dans la réserve due aux enfans, est indisponible;

» Que le père peut disposer, au contraire, de l'autre, en faveur d'un de ses enfans, par préciput, et même en faveur d'un étranger;

» Qu'à sa mort, il reste à vérifier si la réserve est intacte, ou si la portion disponible a été étendue au delà des limites prescrites par la loi.

» Considérant que l'art. 922 n'admet pas de différence entre le mode de procéder sur la demande en réduction formée par l'héritier à réserve, et le mode à suivre sur la demande en prélèvement de la portion disponible,

» Que cet article veut, en effet, qu'on forme une masse de tous les biens existans au décès du donateur ou testateur;

» Qu'il veut, en outre, qu'on y réunisse fictivement ceux dont il a été disposé par donation entre-vifs;

» Qu'il veut, enfin, qu'on calcule sur tous ces biens quelle est, eu égard à la qualité des héritiers que laisse le testateur, *la quotité dont il a pu disposer.*

» Considérant que si cette réunion fictive était uniquement applicable aux demandes en réduction formées par les héritiers à réserve, la loi serait facilement éludée;

» Qu'en effet, l'extension de la portion disponible au delà de ses bornes, rendrait la demande en réduction nécessaire, et donnerait lieu à l'application de l'article 922;

» Qu'au contraire, lorsque le père se serait sévèrement renfermé dans les droits attribués par la loi, cet article ne pourrait plus être appliqué;

» Que d'ailleurs la consistance générale de la succession, et l'étendue de la quotité disponible et de la réserve légale, changeraient au gré de l'héritier à réserve, et deviendraient plus ou moins considérables, selon qu'il exercerait ou qu'il abandonnerait l'action en réduction;

» Que de tels résultats ne peuvent être admis.

» Considérant que la fixation de la réserve légale entraine nécessairement, et par la force des choses, la fixation de la portion disponible;

» Qu'aussi l'article 922 est-il le seul qui ait déterminé les règles de ces deux opérations.

» Considérant que l'article 857 ne contrarie nullement la réunion fictive ordonnée par l'article 922;

» Qu'il résulte uniquement de l'article 857, que le rapport n'est dû que par le cohéritier à son cohéritier, et qu'il n'est dû, ni aux légataires, ni aux créanciers de la succession;

» Que la dame Sabatier, légataire de la portiou disponible, n'a pas demandé, en cette qualité, le rapport réel des avancemens d'hoirie à la masse de la succession;

» Qu'elle a uniquement soutenu que la portion disponible devait être liquidée, d'après les règles prescrites par l'article 922, et que le testateur, en l'ordonnant ainsi, s'était conformé à l'article 913, qui n'admet d'autre limite que la réserve;

» Que cette prétention est conforme à la loi;

» Qu'en effet, il ne faut pas confondre le droit d'exiger ou de refuser le rapport proprement dit, dans les partages, et le droit d'exiger la réunion fictive des biens donnés en avancement d'hoirie, pour former la masse générale de la succession;

» Que la règle établie par l'article 857, n'est relative qu'aux rapports, et ne prescrit rien pour la formation de la masse;

» Que si cet article dispense le donataire en avancement d'hoirie du rapport réel envers les légataires et les créanciers, c'est uniquement dans son intérêt personnel, et pour soustraire à leur action les libéralités qui lui ont été faites;

» Que néanmoins le donataire de la portion disponible a le droit de demander la réunion fictive, afin de connaître la consistance générale de l'hérédité, et afin de fixer la valeur de la quotité disponible;

» Qu'il a enfin le droit de prélever cette quotité sur les biens possédés par le testateur, lors de son décès, soit en totalité, si elle n'a pas été entamée par les libéralités antérieures, soit en partie, si ces libéralités excèdent la légitime du donataire qui les a reçues.

» Considérant que cette réunion fictive dérive de la nature et du caractère des avancemens d'hoirie, qui ne sont en réalité que des remises anticipées des parts que les donataires successibles doivent recueillir un jour dans les successions ;

» Qu'en le décidant ainsi, la Cour royale d'Agen n'est pas contrevenue à l'article 1094, et a fait une juste application des articles 857, 913 et 922 du Code civil ;

» La Cour donne défaut, etc., etc., joint ce défaut au principal, et y faisant droit, rejette le pourvoi. »

On sent que cet arrêt s'applique au cas du légataire étranger, comme à celui du légataire qui est en même temps héritier. Les motifs sont absolument les mêmes, et cette conséquence se tire de plusieurs des *considérans* de l'arrêt. On a voulu concilier, ainsi que cela devait être, le droit de réserve et son intégralité, avec la faculté que la loi accorde au père de donner ou léguer tout ce qui reste après les réserves, c'est-à-dire, la portion disponible. Or, la loi donne au père le pouvoir de léguer ou donner cette portion disponible, même à un étranger. Ainsi cet étranger, en formant sa demande en délivrance de son legs, a droit de faire composer le patrimoine, de la manière voulue par la loi, pour déterminer la portion disponible ; de même que les héritiers à réserve ont le droit de demander ce même mode de composition du patrimoine du père, pour faire régler ce qui doit former les réserves. Voilà, ce nous semble, ce que la Cour de cassation a entendu pour le cas du légataire étranger. La seule différence qu'il y ait entre l'étranger légataire et l'enfant légataire, c'est que l'étranger est réduit à la portion disponible, si elle lui a été donnée en entier, ou à la partie qui lui en a été seulement donnée, sans aucun droit, ni aux réserves, ni à ce qui resterait de la portion disponible, auxquels objets les enfans ont seuls un droit exclusif (1).

____

(1) Pour donner une intelligence aussi parfaite qu'il est possible de l'état de la question, nous croyons devoir transcrire ici un passage important d'un écrit imprimé, qui nous a été adressé avec une copie de l'arrêt ci-dessus, tirée exactement sur la minute de l'arrêt même. Cet écrit est intitulé : *Dissertation sur la quotité disponible, par un jurisconsulte.* Il paraît avoir été fait pour jeter des lumières sur la discussion de la question, lorsque la Cour de cassation était sur le point de s'en occuper. Nous ne pouvons douter que cet ouvrage ne soit sorti d'une main habile. Le passage que nous croyons utile de faire connaître explique parfaitement comment on doit concilier l'article 857 du Code,

597 ter. Examen de deux questions qui ont de l'analogie avec les précédentes.

Nous croyons devoir traiter ici deux questions qui ont de l'analogie avec les précédentes, et sur lesquelles on doit d'autant plus se former

---

avec l'article 922, et c'est la nécessité de mettre ces deux articles en accord, qui faisait la plus grande difficulté.

« Ces articles (857 et 922) ne nous paraissent nullement inconciliables. Bien plus, l'un ne nous semble être que la conséquence de l'autre; et si la réunion voulue par l'art. 922 n'est que *fictive*, c'est parce que le législateur a eu en vue que le rapport en *nature* était déjà prohibé par l'art. 857, au profit des légataires; ce qui rend inconcevable l'opinion de ceux qui prétendent que l'art. 857 doit modifier l'article 922. Tandis que s'il existe quelque modification dans l'un de ces deux articles, c'est plutôt l'article 922 qui a modifié l'art. 857, par une conséquence du principe *posteriora prioribus derogant.* Cherchons donc à concilier ces deux articles.

» Le premier porte, il est vrai, que le rapport n'est dû que par le cohéritier à son cohéritier, et qu'il n'est dû ni aux légataires ni aux créanciers de la succession; mais quelle a été en cela l'intention du législateur? Cette obligation n'a été établie qu'en vue *de l'égalité des partages,* ou pour assurer *à chaque cohéritier sa part dans la réserve légale.* Doit-elle donc avoir aussi pour effet de restreindre la faculté de disposer, à laquelle l'art. 913 ne donne d'autres limites que celles de cette réserve? Ce sont des choses distinctes qu'il ne faut pas confondre. L'art. 857 interdit au légataire le droit d'exiger le rapport; mais il ne le prive pas de la faculté *de demander la fixation de la quotité disponible d'après les règles établies par le Code civil,* en formant la masse d'après le vœu de l'art. 922, qui, seul, indique les valeurs sur lesquelles doivent être établis les calculs, pour déterminer, après la déduction des dettes, quelle est, eu égard à la qualité et au nombre des héritiers que laisse le donateur ou le testateur, la quotité des biens dont il a pu disposer. Il faut donc admettre, avec l'art. 922, une distinction nécessaire *entre le rapport réel des biens et la réunion fictive de leur valeur à la masse.* Ces deux objets diffèrent autant l'un de l'autre que la fiction diffère de la réalité; le donataire n'éprouve, par l'effet de cette réunion, aucun retranchement sur ce qu'il a reçu; il n'est pas obligé d'en faire le rapport, ou, en d'autres termes, le légataire ne peut demander ni une portion quelconque des biens donnés, ni une portion de biens d'égale nature, valeur et bonté que ceux compris dans les donations, ni enfin une part du prix de ces biens, s'ils ont été vendus, mais *il obtient une formation de la masse de la succession* équitable et régulière qui, seule, peut mettre en mesure de déterminer avec exactitude le montant de la réserve légale, et, par conséquent, de fixer la quotité disponible, attendu que cette réserve et cette quotité sont deux corrélatifs, et que la quotité disponible commence où la réserve légale finit.

» Rendons, par des exemples, cette théorie plus sensible.

des

des idées, qu'elles peuvent se présenter souvent. Les décisions intervenues sur ces questions, le sens dans lequel les arrêtistes ont rapporté ces décisions, tout cela appelle une explication relativement aux principes par lesquels on doit se régler.

» 1°. Le père de trois enfans donne 100,000 francs en avancement d'hoirie à chacun des deux premiers; il lègue au troisième le quart par préciput, et il laisse à sa mort 200,000 fr., non compris les deux avancemens d'hoirie. Pour déterminer le montant du legs, ou, en d'autres termes, de la quotité disponible, on *réunit fictivement* les 200,000 fr. donnés en avancement d'hoirie, aux 200,000 fr. laissés par le testateur à son décès; et c'est sur la masse des 400,000 fr., ainsi formée, que l'on *calcule* la portion disponible, qui se trouve être de 100,000 fr. Le légataire prélève ces 100,000 fr. sur les 200,000 fr. que le testateur possédait à sa mort, sans rien exiger à ce titre des deux frères; procédant ensuite comme héritier, il partage avec ses deux frères la somme de 300,000 fr., qui compose alors la masse de la succession.

» Dans l'hypothèse, au contraire, de ceux qui regardent comme ne faisant plus partie de la succession les biens donnés par le testateur en avancement d'hoirie, et qui veulent que le légataire ne prenne son legs que sur les biens existant dans la main du testateur à l'instant de son décès, cet enfant qui, selon nous, doit avoir 100,000 fr. à titre de préciput, n'aurait que 50,000 fr.: de sorte que le père n'aura pas pu disposer réellement de la quotité disponible.

» Mais on ajoute alors que la disposition de l'art. 857 est éludée. Non, il n'est point vrai de dire que la disposition de l'art. 857 soit éludée; ce qui est vrai, c'est que, dans ce cas, l'art. 857 ne peut pas trouver d'application, parce qu'il n'y a vraiment pas de rapport. Le légataire ne demande qu'une fixation juste et équitable de la quotité disponible. Mais s'il voulait, dans aucun cas, exiger le rapport, alors on lui opposerait avec raison l'art. 857.

» Supposons en effet que le même père de famille ait, dans les avancemens d'hoirie donnés à ses deux enfans, excédé la réserve légale; qu'il leur ait donné 160,000 fr. à chacun; qu'il ait pareillement légué au troisième le quart par préciput, et qu'en mourant, il n'ait laissé qu'une fortune de 80,000 fr.: *la réunion fictive* des deux avancemens d'hoirie à cette dernière somme, produit, comme dans la première hypothèse, une masse de 400,000 fr., dont le quart, formant la portion disponible, est encore de 100,000 fr. Si ces 100,000 fr. se trouvaient dans les biens existant au décès du donateur, le légataire les prendrait sans difficulté: mais il n'y a que 80,000 fr; le légataire pourra-t-il compléter son legs sur les objets donnés en avancement d'hoirie? Ici s'applique la disposition de l'art. 857; et comme cet article ne permet aux légataires de prendre leur legs que sur les valeurs restées dans les mains du testateur, il ne touchera que 80,000 fr., sans que ses cohéritiers soient obligés à aucun rapport pour compléter les 100,000 fr. qui forment la quotité disponible; après cette opération, en qualité d'héritier, il demande

Par testament olographe, du 27 février 1820, la dame Morand lègue à la dame Gauté, sa mère, un quart de ses biens en propriété, et un autre quart en usufruit; elle fait quelques legs particuliers, et institue le sieur Morand, son mari, pour son héritier universel. — La dame Morand décède sans descendans. Sa mère prétend avoir droit dans sa succession, 1°. à un quart en propriété pour sa réserve légale; 2°. à un quart en propriété, et un autre quart en usufruit pour son legs. — Morand répond que le legs et la réserve ne peuvent être cumulés; que l'intention du testateur a été évidemment que sa mère recueillît seulement un quart en propriété et un quart en usufruit. — Le 24 juillet 1821, ce système est accueilli par le tribunal de Mirande.

Appel par la dame Gauté; elle dit qu'elle tient sa réserve de la loi (Code civil, art. 915); que sa fille ne l'ignorait pas, *quia et jus ignorare non decet, et quia idem est scire leges, vel scire potuisse, vel debuisse scire;* que si cependant elle a fait un legs, ce legs doit être exécuté; qu'il annonce une intention évidente du testateur, et que s'il restait quelque doute, on devrait entendre la disposition dans le sens où elle produit quelque effet (Code civil, art. 1157).

Sur l'appel du jugement du tribunal de Mirande, la Cour royale d'Agen rend l'arrêt suivant, le 12 janvier 1824.

« Attendu qu'il résulte du testament de Marie Sieutat, du 27 février 1820, que cette femme lègue à la dame Gauté, sa mère, un quart de ses biens meubles et immeubles en propriété, et un quart en jouis-

---

le *rapport réel* des avancemens d'hoirie, et la somme de 320,000 fr. se partage entre les trois successibles.

» Ce mode, comme on voit, concilie l'esprit et le texte de la loi avec *la faculté donnée au père de famille*, et avec les *droits des héritiers à réserve :* tandis que le mode contraire établit, pour les mêmes biens, entre les mêmes héritiers, deux sortes de quotité disponible, suivant que les héritiers à réserve forment *une demande en réduction*, ou que *le légataire demande la délivrance de son legs*. Ce résultat ne saurait jamais être en harmonie avec la disposition de la loi, qui veut qu'on n'ait égard qu'au nombre et à la qualité des héritiers, pour déterminer la quotité disponible.

» Ainsi, dans ce système d'interprétation, l'exécution de l'art. 922 n'est pas en opposition avec la règle établie par l'art. 857 ; *et la réunion fictive à la masse*, de la valeur des biens donnés en avancement d'hoirie, fait, au contraire, que tous les droits sont respectés, que tous les intérêts sont d'accord. »

sance, sa vie durant, et qu'elle institue dans tous ses biens le sieur Morand, son mari, pour son héritier général et universel; — Attendu qu'aux termes de l'art. 915 du Code civil, la dame Gauté avait une réserve d'un quart sur la succession de sa fille; qu'elle tenait ce droit de la loi, et que ce quart n'était pas dans la disposition de la testatrice; d'où il suit que le legs ne peut pas être confondu avec la réserve légale, et qu'indépendamment de ce legs, la femme Gauté doit encore prendre dans la succession de sa fille, un quart, de telle manière qu'elle ait un quart en propriété, en vertu de la réserve légale, et en vertu de la disposition un autre quart en propriété et un quart en jouissance seulement, et que le surplus de la succession est ce qui constitue l'émolument de l'institution générale et universelle faite au profit dudit Morand; — Et disant droit de l'appel, met ledit appel et ce dont est appel au néant; émandant, ordonne que la dame Gauté prendra sur la succession de sa fille, 1°. comme légataire, en vertu du testament, un quart de ses biens; 2°. un autre quart comme réservataire; 3°. enfin, un quart en jouissance, en vertu dudit testament; déclare que le surplus seulement constitue l'émolument de l'institution universelle faite au profit du mari. » Cet arrêt est rapporté dans le Journal des audiences, de M. Dalloz, vol. 24, 2e part., pag. 77.

Cette décision est trop contraire, selon nous, aux principes de la matière, pour qu'on puisse l'adopter. On y voit anéantir une disposition testamentaire, en blessant toutes les règles.

Qu'avait laissé la testatrice à son mari ? C'était évidemment tous ses biens à titre d'institution d'héritier universel, moins quelques legs particuliers, moins encore le quart en propriété de ses biens et un autre quart en usufruit. Comment une pareille disposition peut-elle ne pas subsister, d'après notre législation, sous quelque point de vue qu'on la considère ? La mère reçoit de sa fille plus que la loi ne lui assurait en cas de disposition universelle que cette fille avait la liberté de faire. Et si la fille avait légué à sa mère moins que la loi ne lui assurait, c'est-à-dire, moins que sa réserve, elle aurait eu une action en réduction de la disposition pour compléter cette réserve. Nous pensons qu'il ne peut y avoir rien de plus certain en droit.

Peut-on être touché de ce qui est dit dans l'arrêt, qu'aux termes de l'art. 915 du Code civil, la dame Gauté avait une réserve d'un quart sur la succession de sa fille; qu'elle tenait ce droit de la loi, et que ce quart n'était pas dans la disposition de la testatrice? Ce n'est pas là la question. Dans quel cas aurait-on pu dire que le quart n'était pas dans la disposition de la testatrice, que la mère tenait de la loi le droit de le prendre? Ce serait si la testatrice l'en avait privée. Ce serait alors le cas où il y aurait une action en réduction ou retranchement en faveur de la mère, héritière légale ainsi frustrée, contre l'héritier testamentaire universel. Mais comment supposer l'existence de cette action en retranchement, lorsque la testatrice elle-même, non-seulement fait sur ses biens ce retranchement pour en donner la quotité à sa mère, mais lorsqu'encore elle donne bien au delà de la quotité de ce retranchement, puisque, outre le quart de la propriété, qui était le seul objet réservé pour la mère, elle lui donne encore le quart en usufruit?

L'exclusion de cette action en retranchement dans le cas dont il s'agit, est nécessairement le résultat de l'article 915 du Code civil. Cet article fixe les libéralités que les testateurs peuvent faire lorsqu'ils n'ont point d'enfans. Il permet la disposition des trois quarts au testateur ou donateur qui ne laisse d'ascendans que dans une ligne. Et ce qui est bien à remarquer, c'est ce qui est dit dans la suite du même article : « Ils (les « ascendans) auront seuls droit à cette réserve, dans tous les cas *où un » partage en concurrence avec des collatéraux ne leur donnerait pas la quo-» tité de biens à laquelle elle est fixée.* » Peut-on faire sérieusement une différence entre le cas où un partage ne donnerait pas aux ascendans la quotité de biens réservée, et celui où cette même quotité ne leur serait pas laissée par l'enfant qui a disposé? Et n'est-il pas évident que dans un cas, comme dans l'autre, toute demande cesse lorsque la quotité de la réserve est assurée par l'effet de la disposition? Tel est encore le résultat des articles 920 et 921 du Code civil.

Ainsi, s'il est vrai que, comme nous croyons l'avoir établi dans le n° 597, d'après les oracles de notre jurisprudence, les sommes données à tout héritier à réserve, doivent s'imputer sur la réserve, il est également vrai que celui à qui on a donné le montant de la réserve, n'a aucun prétexte d'attaquer le legs universel, lorsque c'est la même disposition qui contient et le legs universel et les legs particuliers; que toutes ces dispositions deviennent corrélatives et dépendantes les unes des autres, et forment un tout indivisible; en sorte que le legs universel emporte tout, moins ce qui a été légué, sauf l'unique action en retranchement sur le legs universel, pour compléter tout droit de réserve, s'il y a lieu.

Dans l'espèce dont il s'agit, la testatrice aurait pu simplement instituer son mari héritier universel en tous ses biens, sans parler de sa mère. L'institution aurait dû tenir dans son universalité, sauf seulement l'action en réduction de cette disposition universelle, de la part de la mère, jusqu'à concurrence du montant de la réserve, qui était le quart en propriété. Et parce que la testatrice a donné à sa mère non-seulement ce quart en propriété, mais encore un autre quart en usufruit, il faudra donner à la mère, outre l'un et l'autre de ces objets, un autre quart en propriété, en sorte que, contre l'intention évidente de la testatrice, le legs universel, y ayant d'autres legs particuliers, peut être entièrement épuisé, ce qui opère, par l'effet d'une décision arbitraire, l'anéantissement de la disposition. Tout cela ne paraît pas pouvoir se concilier avec les principes. Dès que le legs remplit la réserve, le titre de *réservataire*, qui figure comme moyen dans l'arrêt, devient une chimère. Autrement ce serait introduire double réserve, contre la disposition de la loi : savoir, la réserve légale et la réserve léguée.

L'auteur du Recueil d'où est tiré l'arrêt sur lequel nous venons de nous expliquer, cite au même lieu un autre arrêt rendu par la Cour royale de Limoges, le 14 juillet 1818, et il semble annoncer que par cet arrêt, rapporté au même Recueil, vol. 19, suppl., pag. 7, la question a été jugée conformément à la décision de la Cour royale d'Agen. Mais aurait-elle été jugée conformément aux principes ?

Dans l'espèce de l'arrêt de la Cour de Limoges, du 14 juillet 1818, Léonard Cheylard avait fait, le 6 mai 1808, son testament par lequel il léguait l'usufruit de tous ses biens à ses père et mère, et il instituait par le même testament Louis Cheylard, son frère, légataire universel.

Léonard Cheylard décéda peu de temps après sans postérité, mais laissant ses père et mère.

Quand il fut question d'exécuter le testament, le légataire universel prétendit que ses père et mère ne pouvaient pas cumuler le legs à eux fait par leur fils, avec la réserve qui leur était attribuée par la loi. Il se fondait sur ce que l'usufruit n'avait pas été légué à titre de préciput et sans dispense de rapport.

Les parties soumirent leur différent à des arbitres, pour prononcer

en premier ressort, le 25 avril 1817. Ces arbitres rendirent leur jugement, par lequel ils ordonnèrent aux père et mère du testateur d'opter
entre le legs d'usufruit et la réserve. Par l'arrêt, ce jugement arbitral
fut infirmé.

On doit convenir qu'il pouvait y avoir une différence entre l'espèce
de l'arrêt de la Cour royale de Limoges, du 14 juillet 1818, et celle de
l'arrêt de la Cour royale d'Agen, du 12 janvier 1824. Cette différence
pouvait dériver de ce que la disposition dont il s'agissait lors de l'arrêt
du 14 juillet 1818, ayant été faite à un frère du défunt, qui était successible avec ses père et mère, cette circonstance paraissait d'abord
devoir amener l'application des règles concernant les rapports ; tandis
que, dans l'espèce de l'arrêt du 12 janvier 1824, il s'agissait d'une disposition universelle qui avait été faite par le même testament au mari
de la testatrice, qui était étranger à sa succession. Aussi voit-on que les
motifs de l'arrêt du 14 juillet 1818, sont fondés sur les principes relatifs
à la matière des rapports. On y dit que le rapport n'a lieu que de cohéritier à cohéritier, et qu'il ne peut pas être demandé par un donataire
ou légataire ; que, dans l'espèce, Louis Cheylard, légataire universel,
ayant renoncé à sa qualité de successible pour s'en tenir à sa qualité de
légataire, ne pouvait pas demander le rapport des objets donnés aux
père et mère, parce que ce rapport n'est point dû à un légataire, mais
seulement aux héritiers, d'après les articles du Code relatifs aux rapports, et notamment les articles 843 et 857.

Mais, malgré cette différence d'espèce, nous pensons que, dans l'une
comme dans l'autre, il ne devait point y avoir lieu à l'application des
principes relatifs aux rapports, mais uniquement de ceux qui ont trait à
l'action en réduction. En s'attachant aux règles des rapports, on déplace
la question. Louis Cheylard ne se présentait pas comme héritier ; il se
présentait comme légataire universel. Il ne demandait pas le rapport de
ce qui avait été donné à ses père et mère par le testateur ; il prétendait
que si ce titre de légataire universel pouvait recevoir quelque atteinte,
ce ne pouvait être que par l'effet de la réduction que les père et mère
pouvaient réclamer pour qu'ils eussent leurs réserves. Ces réserves con-
sistaient en la moitié de la propriété des biens ; un quart pour le père,
un quart pour la mère. Le testateur leur avait donné l'usufruit de la
totalité de ses biens, ce qui, à certains égards, pouvait être considéré

comme l'équivalent de la moitié de la propriété. (Les Cours l'ont décidé dans certains cas. Voyez là-dessus une addition à la suite du n° 584.) Optez, leur disait-il, entre cette propriété de la moitié, ou l'usufruit de la totalité. Les arbitres avaient ordonné cette option , et nous pensons que c'est avec raison. La circonstance que la disposition est générale et sans restriction , qu'elle est faite dans l'acte même qui contient les legs , et l'intention du testateur, conduisent aux principes concernant la réduction (1).

Ce que nous venons de dire a été pleinement confirmé par un arrêt de la Cour de cassation, du 17 décembre 1822 , que nous ne pouvions connaître, lors de la seconde édition de notre Traité. Il est rapporté dans le Journal des audiences de cette Cour, vol. 15, page 201. Il suffit d'en faire connaître le texte :

2e édition, t. II, p. 5.. ; 3e alinéa.

---

(1) Il est bien vrai que, lors de l'arrêt de la Cour de Limoges, du 14 juillet 1821 , il fut ajouté , dans les motifs, ce qui suit :

« Attendu que du système des rapports, voulût-on passer à l'examen de la section du Code, qui traite de la réduction des donations et legs, la décision attaquée n'en serait pas plus légale ; qu'en effet, quoiqu'au premier aperçu l'on puisse peut-être s'arrêter à l'idée de quelques auteurs modernes, qui ont dit qu'il ne s'agit point proprement de rapport, tant que les legs n'ont point été reçus, et que la donation doit être jugée par la règle des réductions, néanmoins on voit, 1°. que, dans sa deuxième partie, l'art. 843 prévoit le cas de legs à retenir ou à rapporter, et les embrasse dans sa généralité ; 2°. que le système des réductions s'appliquant uniquement à la quotité indisponible, il en résulte que les héritiers à réserve seuls ont droit à former action en réduction , pour faire rentrer intacte à la masse cette quotité indisponible , si elle a été ébréchée : et que , dans l'espèce, Louis Cheylard , frère du défunt , ne se trouvant point dans la catégorie des héritiers à réserve , serait encore non recevable dans sa demande , soit qu'on le jugeât par les règles des rapports ou par celles de la réduction. »

Mais il est bien sensible que des réflexions aussi fugitives , qui ne présentent que des incertitudes ou des possibilités, ne peuvent détruire une doctrine qui nécessiterait une forte dissertation pour être réfutée, si elle pouvait l'être. Au surplus, nous renvoyons à ce que nous avons dit sur la distinction d'entre le cas du rapport et celui de la réduction , n° 487, pages 173 et suiv. ; et nous pouvons dire encore que notre opinion est une suite de la décision adoptée par l'arrêt célèbre de la Cour de cassation, du 8 juillet 1826, que nous venons de rapporter dans le numéro précédent. On doit concilier le droit accordé par la loi aux héritiers à réserve , avec la liberté accordée au testateur de disposer de ses biens disponibles.

« Attendu que le droit de retour légal appartenant aux ascendans donateurs sur les choses par eux données à leurs enfans ou descendans, ne doit être fixé, ni par les lois romaines, ni par le texte des Coutumes, ni par les anciens arrêts, mais par les dispositions du Code civil ; — Attendu que l'art. 747 du Code, qui accorde aux ascendans le droit exclusif de succéder aux choses par eux données à leurs enfans ou descendans, est placé sous le titre de successions *ab intestat ;* et que d'ailleurs, cet article exige, en termes exprès, pour l'exercice de ce droit, non-seulement que les enfans donataires soient décédés sans postérité, mais que les objets se retrouvent dans la succession ; que, dans le cas où ces objets ont été aliénés, ce même titre ne donne point aux ascendans le droit de les réclamer, mais seulement celui de recueillir le prix qui peut être dû, ou l'exercice de l'action en reprise que pourraient avoir leurs enfans ou descendans ; qu'il suit de ces dispositions que, lorsque les donataires, quoique décédés sans postérité, ont disposé, soit par donation, soit par testament, de tout ou de partie des choses à eux données par leurs ascendans, et que, par une conséquence nécessaire, ces choses ne se trouvent plus en nature dans leur succession, le droit de retour légal établi en faveur des ascendans, par ledit article 747, est sans application ; que ce principe est confirmé par la disposition de l'article 952, qui ne donne l'effet de résoudre les aliénations des biens donnés, qu'au droit de retour conventionnel, c'est-à-dire, à celui qui, conformément à l'article 951, aura été stipulé dans l'acte de donation ; que, dans l'espèce, le donateur ascendant, loin de s'être réservé ce droit, avait, au contraire, dans le contrat de son fils donataire, expressément et formellement déclaré que ce dernier disposerait des choses données, ainsi qu'il aviserait ; qu'ainsi, en adjugeant à Claudine Mestre, veuve de Pierre Noailhes, fils du demandeur, la moitié des biens que ce dernier avait donnés à son fils, à titre de préciput, et dont ledit Pierre Noailhes, prédécédé, avait disposé en faveur de ladite Claudine Mestre, la Cour d'appel n'est point contrevenue à la loi : — REJETTE. »

2e édition,
t. II, p. 342,
4e alinéa.

Cette question est aussi-bien discutée que sainement décidée, dans un arrêt de la Cour royale de Rouen, qui est rapporté dans le Journal des audiences de la Cour de cassation, vol. 16e, Suppl. page 21. On y a omis la mention de la date de l'arrêt, mais on ne peut douter de son existence.

On

On voit dans ce que dit l'auteur du Recueil, que ce n'était pas sans raison que nous hésitions à nous prononcer ; mais la Cour royale de Rouen a pris une décision que nous croyons être très-sage, qui est parfaitement motivée, et que nous ne balançons pas à adopter. Pour bien connaître l'état de la question qui peut se présenter souvent, ainsi que l'espèce dans laquelle l'arrêt a été rendu, nous croyons devoir rapporter ce qu'en dit l'auteur du Recueil, avec l'arrêt même.

Après avoir transcrit notre opinion telle qu'on vient de la lire, l'auteur du Recueil s'explique ainsi qu'il suit :

« M. Toullier, en reconnaissant, comme M. Grenier, que les expressions de l'article 747, donnent lieu à des difficultés sérieuses, relativement à la donation d'une somme d'argent, décide que, « si l'on retrouve dans la succession une somme en numéraire, pareille à celle donnée, ou même plus grande, il paraît juste que l'ascendant donateur reprenne celle qu'il a donnée, parce qu'alors la somme se retrouve en nature, quoiqu'on ne puisse pas dire que ce soient les mêmes espèces. »

Ce jurisconsulte ne s'explique pas d'une manière aussi positive sur le cas où, au lieu de numéraire, il existe dans la succession des billets et autres créances équivalant à la somme donnée ; mais il incline à penser qu'alors même il est équitable et conforme à l'esprit de la loi, d'accorder au donateur le droit de retour.

Cette opinion a été consacrée par l'arrêt suivant :

Le 6 août 1811, le sieur Lemarchand a donné à son fils aîné 50,000 fr. pour son établissement.

Le donataire est mort le 19 avril 1812, laissant pour héritiers son père et un frère.

Quinze jours après, ce dernier est lui-même décédé, et des collatéraux se sont présentés pour recueillir sa succession, concurremment avec son père.

Celle du premier décédé devait d'abord être liquidée. Il s'y trouvait des billets et autres créances montant à cinquante et quelques mille francs, et une somme de 274 fr. en numéraire.

Le sieur Lemarchand a prétendu qu'il avait le droit de prélever, en vertu de l'article 747 du Code civil, les 50,000 fr. par lui donnés à son fils.

Ses cohéritiers ont résisté à cette demande, sur le fondement que cette somme ne se trouvait point en nature dans la succession.

Par jugement du 30 mai 1815, le tribunal de Rouen a ordonné que la succession du sieur Lemarchand fils aîné, se partagerait entre les divers héritiers, suivant le droit de chacun, sans aucun prélèvement en faveur du sieur Lemarchand père : « Attendu qu'il est établi par l'article 747 du Code civil, que lorsque les ascendans viennent à la succession de leurs descendans, ils succèdent exclusivement aux choses par eux données, *lorsqu'elles se retrouvent en nature, ou quand elles ont été aliénées, si le prix est encore dû, ou enfin à l'action en reprise ouverte au profit du défunt;* que conséquemment, hors les cas d'exception prévus par cet article, le privilége qu'il établit cesse d'avoir lieu ; et que les ascendans ne peuvent rien prétendre de la valeur des choses par eux données, s'ils n'ont usé de la faculté accordée à tout donateur par l'article 951 du même Code, de stipuler le retour des choses données ou de leur valeur, en cas de prédécès du donataire et de ses descendans ; que, dans l'espèce, les 50,000 fr. donnés par le sieur Lemarchand, ne se retrouvent point en nature dans la succession de son fils.

Sur l'appel, cette décision a été infirmée.

« La Cour, vu l'article 747 du Code civil, et considérant qu'il demeure constant, par la reconnaissance du 6 août 1811, que le sieur Lemarchand père a donné 50,000 fr. à son fils pour son établissement ; que Guillaume-Bruno Lemarchand, donataire, est décédé sans postérité ; que son père, en vertu de l'article précité, est appelé à succéder aux choses par lui données, *lorsque les objets donnés se retrouvent en nature dans la succession;* que la loi exige seulement que les objets donnés se retrouvent en nature, et non pas qu'ils soient identiquement les mêmes ; qu'autrement ce serait rendre illusoires les dispositions de l'art. 747, lorsque les choses données consisteraient en une somme, soit en espèces métalliques, soit en effets commerciaux, puisque si un père donne des espèces métalliques ou des effets de commerce à son fils qui veut s'établir, c'est dans l'intention que celui-ci fasse usage des capitaux donnés, et que dès lors, si ce fils vient à mourir sans postérité, il est bien certain qu'on ne retrouvera pas dans la succession les mêmes espèces métalliques, ni les mêmes effets commerciaux qui lui avaient été donnés ; que la chose donnée par le sieur Lemarchand père, se retrouve en nature dans la succession de Guillaume-Bruno Lemarchand, son fils, tant en numéraire qu'en effets de commerce, obligations et contrats; et que, conformément audit article 747, il a droit d'y succéder, à l'exclusion de tous autres; que si l'on considère le fils comme ayant prêté ou aliéné temporairement la chose à lui donnée, le donateur, aux termes de cet article, a le droit de recueillir ce qui est dû, et même de succéder à l'action en reprise que son fils pourrait avoir; qu'il est avantageux et même utile pour la morale et l'intérêt public, de favoriser de pareils avantages de la part des pères, en faveur de leurs enfans; que, dans le fait particulier, il est reconnu qu'il existe dans la succession de Guillaume-Bruno Lemarchand, tant en numéraire qu'en billets de commerce, obligations et contrats, au moins une somme de 52,420 fr., sauf au sieur Lemarchand père à contribuer aux dettes *pro modo emolumenti*. — Par ces motifs, a mis et met l'appellation et ce dont est appel au néant; corrigeant et réformant, ordonne que Lemarchand père succédera exclusivement aux 50,000 fr. par lui donnés à son fils Bruno, et trouvés dans sa succession en argent, effets et obligations, avec les intérêts, à partir du jour de l'ouverture de la succession, pour les effets et obligations qui en produisent, et pour les autres, à partir du jour de la demande, etc.

Nous n'avons rapporté l'opinion de MM. Chabot et Merlin, et cité les arrêts de la Cour de cassation, des 10 août 1809 et 4 septembre 1810, que pour justifier de plus en plus le principe que nous avions posé, que pour tout ce qui se rattache à la nature, aux effets et à l'exécution d'une convention, et particulièrement d'une donation irrévocable par elle-même, il fallait s'en tenir à la législation existante à l'époque où les actes ont été passés, et faire abstraction de la législation nouvelle.

2e édition, t. II, p. 347, dernier alinéa.

En examinant plus spécialement la question de révocation des avantages entre époux, dans le cas de séparation de corps, on doit distinguer les avantages stipulés dans des actes antérieurs au Code civil, et ceux qui se trouvent dans des actes postérieurs.

A l'égard des premiers, on a vu que la jurisprudence, en se référant aux principes de l'ancien droit, confirmé par les décisions des anciennes Cours souveraines, a admis la révocation des donations contenues dans des contrats de mariage ou dans d'autres actes passés sous l'empire de cet ancien droit.   33*

Mais la séparation de corps n'aurait pas le même effet, le contrat de mariage ayant eu lieu, ou la donation ayant été faite depuis la promulgation du Code civil.

Le Code avait une disposition précise pour le cas du divorce. Aux termes de l'article 299, pour quelque cause que le divorce eût lieu, autrement que par consentement mutuel, l'époux contre lequel le divorce était admis, perdait tous les avantages que l'autre époux lui avait faits, soit par leur contrat de mariage, soit depuis le mariage contracté.

Pourrait-on appliquer cet article à celui des époux contre lequel l'autre aurait fait prononcer la séparation de corps?

D'une part, la séparation ne produit pas les mêmes effets qu'opérait le divorce; d'une autre part, l'article 959 du Code porte que les donations en faveur du mariage ne sont pas révocables pour cause d'ingratitude.

Tels sont les motifs qui doivent faire décider que la séparation de corps ne révoque point les donations entre époux faites par contrat de mariage ou par tout autre acte passé sous le Code. Ce point est consacré par trois arrêts de la Cour de cassation, des 17 juin 1822, 19 août 1823, et 13 février 1826, qu'on trouve dans le Recueil de Dalloz, vol. de 1822, page 350; de 1823, page 260, et de 1826, page 135.

2e édition, t. II, p. 402, 2e alinéa.
Toutes les fois qu'il est parlé de confiscation, on doit porter sa pensée sur la disposition bienfaisante de l'article 66 de la Charte, qui abolit la peine de la confiscation des biens. Cet article abolit ou modifie les articles 7, 37, 38, 75, 76, 77, 79, 81, 82, 83, 91, 92, 93, 95, 96 et 97 du Code pénal.

2e édition, t. II, p. 413, 2e alinéa.
668 bis. *Confirmation de l'opinion de l'auteur par plusieurs arrêts.*

Ce que nous venons de dire à la fin du numéro précédent, est une suite de l'opinion que nous avions émise précédemment dans le même numéro, savoir, que l'enfant naturel, lorsque son père n'a laissé ni frères ni sœurs, mais seulement des enfans de frères ou de sœurs, doit avoir les trois quarts des biens, et non pas seulement la moitié. Mais cette opinion même, après avoir été fortement controversée depuis la seconde édition de notre Traité, a été parfaitement confirmée, et par les mêmes motifs, par des arrêts de Cours royales, et de la Cour de cassation.

La question a été ainsi jugée par un arrêt de la Cour royale de Rouen, du 17 mars 1813, qui est rapporté dans le Recueil de jurisprudence du Code civil, tome 20, page 193.

« Attendu, y est-il dit, que la quotité attribuée à l'enfant naturel sur les biens de ses père et mère, par l'art. 757 du Code, est des trois quarts, lorsque les père et mère ne laissent ni descendans, ni ascendans, ni frères, ni sœurs, et que, dans l'espèce de la cause, Angélique Boulanger n'a laissé pour héritiers que des neveux qui sont entre eux de la même branche ;

» Attendu que la représentation n'est établie, aux articles 739 et suivans, que pour régler le droit de succéder en ligne directe ou collatérale, entre les parens des différentes branches de lignage, et qu'il ne s'agit point ici du droit de succéder, mais de la fixation de la part légale de l'enfant naturel ; — Qu'il ne réclame pas à titre d'héritier, ce qui est dès lors à déterminer, d'après l'article 757, eu égard à la qualité des parens survivans qui sont nominativement désignés audit article, ce qui exlut toute extension, par représentation ou autrement, de la qualité d'une personne à l'autre. »

La Cour de cassation a porté la même décision, par un arrêt du 6 avril 1813, qui rejette le pourvoi contre un arrêt de la Cour royale de Paris, du 16 juin 1811, lequel était conforme. L'arrêt de la Cour de cassation est rapporté dans le Journal des audiences de cette Cour, volume 13, page 231. Il est à propos de le faire connaître, à raison de sa précision et de son application directe.

« Attendu que la loi a établi séparément un ordre pour les successions ordinaires, et un autre pour les successions irrégulières, et qu'elle les a renfermées dans les premières sections des chapitres 3 et 4 du liv. 3, titre 1er du Code civil ; qu'il ne peut dès lors être question, dans l'espèce, où il s'agit de succession irrégulière, des principes généraux de représentation ; *que l'existence de descendans, ascendans, et frères et sœurs, étant l'unique terme de démarcation indiqué* (1) par l'article 757 de la section première du chapitre 4 précité, la Cour d'appel de Paris, en envoyant Narcisse Pigeaux, enfant naturel légalement reconnu, en possession des trois quarts des biens délaissés par son père, loin de contrevenir à au-

____

(1) On a vu dans le numéro précédent que nous avions exprimé notre idée dans les mêmes termes.

cune loi, s'est conformée à cet art. 757 du Code civil. — REJETTE, etc. »

La même Cour de cassation a encore décidé la question dans le même sens et d'après les mêmes principes, par un autre arrêt du 20 février 1825, qu'on trouve dans le Journal des audiences de cette Cour, vol. 23, p. 129. Cet arrêt a rejeté le pourvoi contre un arrêt semblable de la Cour royale de Nîmes. Outre les Cours royales de Douai, de Bordeaux et de Riom, dont nous avions déjà fait connaître les arrêts, indépendamment encore des Cours royales de Paris, de Rouen et de Nîmes, celles de Bruxelles et de Montpellier avaient adopté les mêmes principes. On ne connaît de préjugé contraire qu'un arrêt isolé de la Cour royale de Pau, du 10 avril 1810.

Les auteurs de la Thémis, tome 7, page 113, croient ne pas devoir adopter toutes ces décisions. Ils penchent pour l'opinion contraire, qui a été soutenue par M. Toullier, *Droit civ. franç.*, tome 4, n° 254, p. 252, et qu'ils invoquent. Mais nous ne saurions être touchés des raisons opposées par ce savant professeur, auxquelles, pour abréger, nous nous contentons de renvoyer. Nous ferons seulement remarquer que l'arrêt de la Cour de cassation, du 20 février 1823, n'existait pas lorsqu'il écrivait.

Il est vrai que les auteurs de la Thémis, pour combattre l'application de ce dernier arrêt de la Cour de cassation, se font un prétexte de ce que la question s'était élevée seulement entre l'enfant naturel et un légataire universel. La Cour, disent-ils, a pensé qu'il ne fallait pas argumenter du droit des neveux, dans une succession dont ils étaient totalement dessaisis, pour enlever à l'enfant naturel une portion qui « profiterait *exclusivement* à un héritier *testamentaire*, étranger à la famille, ce qui choquerait la nature du droit de représentation. »

Mais il suffit de lire l'arrêt pour être convaincu que la Cour de cassation a jugé la question en thèse, comme les précédens arrêts, et indépendamment de toutes circonstances. Celle dont on vient de parler peut bien avoir été indiquée comme un moyen de considération subsidiaire, *attendu au surplus*, etc. Mais les principes de droit n'ont pas moins été rappelés d'abord, et directement appliqués ; en sorte qu'on peut dire que la question n'est pas moins jugée en thèse (1).

---

(1) Pour que ce fait ne soit pas révoqué en doute, nous faisons transcrire textuellement l'arrêt du 20 février 1823.

« Attendu, en droit, que, d'après l'article 757 du Code civil, lorsque les père ou mère

Nous ferons encore, à l'appui de notre opinion, une remarque qui n'est pas inutile. On a déjà vu, au numéro précédent, que M. Merlin, qui avait cru devoir se décider dans un sens contraire, avait dirigé d'office un pourvoi contre l'arrêt de la Cour de Douai. Mais voici ce que dit, au sujet de ce pourvoi, l'auteur du Recueil de jurisprudence du Code civil, tome 15, page 470, où il rapporte l'arrêt de la Cour royale de Riom, du 28 juillet 1809. « On pourrait peut-être encore renforcer cette opinion d'un préjugé de la Cour de cassation, qui n'a pas statué sur un réquisitoire que M. le procureur général avait fait d'office, contre un arrêt de la Cour d'appel de Douai, laquelle avait décidé comme celles de Bordeaux et de Riom. *On nous a assuré que M. Merlin avait retiré ce réquisitoire;* mais ce fait n'étant pas officiel, nous ne le donnons que par indication. »

Ce que dit l'auteur du Recueil, nous a été assuré plusieurs fois par

---

ne laissent ni descendans, ni ascendans, ni frères, ni sœurs, le droit de l'enfant naturel sur leurs biens est des trois quarts de la portion héréditaire que le même enfant naturel aurait eue, s'il eût été légitime; — Et attendu, en fait, que Despiard père n'a laissé ni descendans, ni ascendans, ni frères, ni sœurs; qu'ainsi, en accordant à son enfant naturel les trois quarts de la portion héréditaire qu'il aurait eue s'il eût été légitime, l'arrêt attaqué a fait une juste application de l'art. 757; — Attendu que l'art. 742 du même Code, qui admet, en ligne collatérale, la représentation en faveur des enfans et descendans des frères et sœurs du défunt, régissant uniquement les successions régulières, n'est point applicable à l'espèce, où il s'agit d'une succession irrégulière; que, pour ces deux différens ordres de succession, la loi établit aussi des principes différens; que, dans les premières, elle contemple, en ligne collatérale, les parens du défunt jusqu'au douzième degré, et les contemple pour leur assurer sa succession *ab intestat;* tandis que, dans les secondes et dans la même ligne, elle contemple seulement les frères et sœurs du défunt, et elle les contemple moins pour leur assurer sa succession que pour fixer, d'après les égards particuliers qui leur sont dus, le droit de l'enfant naturel sur les biens de son père, et que, franchir une ligne de démarcation si expressément établie, ce serait, en ajoutant à la loi, la violer ouvertement; — Attendu, au surplus, que, dans les successions régulières elles-mêmes, et d'après la disposition formelle de l'article 742, le droit de représentation n'est accordé qu'aux enfans et descendans des frères et sœurs du défunt, qui concourent à sa succession; et que, dans l'espèce, les neveux et nièces de Despiard père ne succèdent point; qu'ils ne figurent pas même au procès; de manière que la portion que, par leur moyen, on ôterait à l'enfant naturel, profiterait exclusivement à un héritier testamentaire étranger à la famille, ce qui choquerait la nature du droit de représentation; — REJETTE. »

d'autres personnes; et ce qui porte à regarder le fait comme certain, c'est que, quoique ce pourvoi soit ancien, on ne voit nulle part qu'il y ait été statué. Or, cette circonstance seule indiquerait que M. Merlin n'a pas cru devoir persister dans son opinion. Nous pensons donc qu'on peut regarder comme certaine l'opinion que nous avons émise sur la question.

2e édition, t. II, p. 429, 3e alinéa.

M. Toullier, n°⁵ 889 et 890, admet, comme nous, la caducité de la disposition faite au second époux, s'il décède avant l'époux donateur. Il se décide par les mêmes principes, qui sont ceux qui règlent l'institution contractuelle; cependant il prétend que les enfans que laisserait l'époux donataire qui prédécède l'époux donateur, ne recueilleraient point les objets donnés, comme cela devrait se faire en institution contractuelle. Il se fonde sur l'art. 1093 du Code, qui porte que la donation de biens à venir, ou de biens présens et à venir, ne sera point transmissible aux enfans issus du mariage, en cas de prédécès de l'époux donataire avant l'époux donateur.

Mais si, comme en convient M. Toullier, la donation dont il s'agit, étant faite par contrat de mariage, doit être assimilée à une institution contractuelle, relativement à sa nature et à la manière dont elle saisit, on ne voit pas pourquoi on ne se déciderait pas, ainsi qu'en institution contractuelle, pour la substitution vulgaire en faveur des enfans.

D'ailleurs, nous ne regardons pas comme sûre la comparaison que fait M. Toullier d'une part d'enfant admise par l'article 1098, avec la donation dont il est parlé dans l'article 1093.

Ces dispositions ne sont pas de même nature, et les règles par lesquelles elle sont régies, sont bien différentes. Aussi, dans l'art. 1093, le législateur a expressément exclu les enfans qui naîtraient, de la transmission des biens, en cas de décès de l'époux donataire avant l'époux donateur; tandis que cette exclusion n'est pas prononcée par l'art. 1098. On peut conclure de là, que la loi n'a pas voulu dans le dernier cas, ce qu'elle a voulu dans le premier; et l'on concevra, sans de grands efforts, les motifs de cette différence.

Mais ce qui est à remarquer, c'est que M. Toullier admet néanmoins la transmission des biens en faveur des enfans, par la voie de la substitution vulgaire, pourvu que le contrat de mariage en contienne la stipulation.

lation. Il dit que la prudence invite à faire cette stipulation ; ainsi, cette transmission ne tiendrait qu'à une mesure de prudence, et il est toujours bon de la suivre, mais nous la croyons inutile.

695 bis. *Question importante sur la matière. Arrêts qui l'ont jugée.*

2ᵉ édition, t. II, p. 437, 2ᵉ alinéa.

Il s'est élevé une question infiniment importante sur cette matière, qu'il est indispensable de connaître. Celle que nous venons de traiter dans le numéro précédent, peut la faire naître, en sorte qu'il y a de l'analogie entre elles. Mais la question que nous annonçons se rattache plus spécialement encore aux principes que nous avons exposés au n° 680, et elle n'est point encore étrangère à ce que nous avons dit au n° 684. En sorte que les idées qu'on pourra se former sur cette question, et sur sa décision, répandront un nouveau jour sur tout ce qui a fait la matière de la présente section.

Le résultat de ce que nous avons dit au n° 680, est que pour fixer la part d'enfant, ainsi que la quantité des biens sur lesquels elle doit être prise, il faut avoir égard seulement au temps du décès de l'époux donateur, et non à l'époque de la disposition ; d'où il se tire la conséquence, que l'époux donateur est personnellement sans droit pour demander la réduction.

Mais il ne faut pas regarder cette proposition, quoique vraie en thèse générale, comme étant absolue. L'expérience a appris qu'elle est susceptible d'exception selon les circonstances, et surtout selon la nature de l'objet de la disposition. On va saisir cette exception par la connaissance de l'espèce dans laquelle ont été rendus deux arrêts que nous allons rapporter.

La Cour de cassation, par un arrêt du 27 mars 1822, a semblé préjuger que l'époux donateur ne peut lui-même demander la réduction des dispositions excessives qu'il a faites à un second époux, et elle a jugé que l'enfant du premier mariage pouvait intervenir dans une instance introduite par son auteur, et conclure à la réduction, quoique son droit ne soit pas encore ouvert. Mais sur le renvoi qui fut fait de la cause à la Cour royale de Bordeaux, cette Cour, par un arrêt du 5 juillet 1824, a accordé le même droit à la mère comme à son enfant du premier lit. Ces deux arrêts sont rapportés, le premier dans le Recueil de Sirey, vol. 22, page 345 ; l'autre dans le même Recueil, vol. 24, 2ᵉ partie, page 218.

Voici l'espèce :

15 février 1806 , contrat de mariage entre le sieur Régis-Leblanc et la veuve Lemasson.

Les époux stipulèrent une communauté universelle de tous leurs biens mobiliers , et ajoutèrent une clause d'ameublissement de tous les immeubles de la veuve Lemasson.

Il importe de remarquer que la veuve Lemasson avait un enfant issu de son précédent mariage.

En 1813, la dame Régis-Leblanc fait prononcer sa séparation de biens d'avec son mari, et renonce à la communauté (ce dernier fait, quoiqu'il soit important, n'est point rapporté par l'arrêtiste, mais il est consigné dans les motifs de l'arrêt de la Cour de cassation).

En cet état de choses, la dame Régis-Leblanc demande la révocation de la stipulation de la communauté universelle, et de la clause d'ameublissement, par le motif qu'elles constituent au profit de son second époux un avantage supérieur à celui qui est autorisé par l'art. 1098.

Dans cette instance est intervenu le petit-fils de la dame Régis-Leblanc, issu de sa fille du premier lit ; le sieur Gravier, père et tuteur de l'enfant, conclut, comme la dame Régis, à la révocation des avantages par elle faits à son second époux.

Par un premier arrêt, du 13 mars 1815, le Conseil supérieur de la Guadeloupe, en infirmant le jugement du tribunal de Pointe-à-Pitre, a déclaré non recevable l'intervention du sieur Gravier , sur le motif que le droit des enfans du premier lit n'est ouvert que par le décès de leur auteur.

Par un second arrêt, du 6 juillet 1816, la même Cour a rejeté la demande de la dame Régis-Leblanc.

« Attendu, porte le jugement de première instance (dont la Cour s'est
» approprié les motifs par une confirmation pure et simple), que l'époux
» qui convole à de secondes noces n'est pas recevable à demander la nul-
» lité ou la réduction des dispositions excessives qu'il a faites en faveur
» de son conjoint, et que cette faculté ne peut appartenir qu'aux enfans
» issus du premier mariage, qui encore ne peuvent l'exercer qu'après
» le décès de leur auteur. »

Pourvoi en cassation par le sieur Gravier, contre l'arrêt du 13 mars

1815, et par la dame Régis-Leblanc, contre l'arrêt du 6 juillet 1816.

Ce second arrêt a été cassé par la Cour de cassation, pour un vice de forme dont il est inutile de nous occuper ; en sorte que la Cour de cassation n'a pas eu à se prononcer sur la question du fond ; mais cette Cour a également cassé, par le même arrêt, celui du 15 mars 1815, et l'on trouve dans un des motifs une énonciation qui a trait à la question jugée par l'arrêt du 6 juillet 1816. Nous allons transcrire ces motifs.

« Vu les articles 1180 du Code civil, et 466 du Code de procédure ; — Attendu que la dame Régis-Leblanc, aïeule du mineur Gravier, et qui avait convolé en secondes noces, avait intenté, dans l'espèce, une action en restitution contre certaines clauses de son contrat de mariage, par lesquelles elle avait mis sa fortune toute entière dans sa seconde communauté avec le sieur Régis-Leblanc ;

» Que cette demande avait été formée tant dans son intérêt personnel que dans celui de son enfant du premier lit ; qu'elle était postérieure au jugement de séparation obtenu par elle, et qui avait mis à découvert l'état alarmant de la communauté, et le péril qui menaçait tout ce qui la composait ;

» Qu'une pareille situation était de nature à justifier l'intervention du tuteur du mineur dans l'instance, tant pour y requérir, au besoin, des actes conservatoires de ses droits, *que pour suppléer au défaut de qualité qu'on pouvait opposer à l'aïeule qui n'était pas sa tutrice ;*

» Que si la demande de l'aïeule eût été rejetée en l'absence du mineur, comme il est arrivé dans l'espèce, et que, par suite, le sieur Régis-Leblanc, *vu la renonciation de la dame Régis à la communauté, sans droit de reprise,* eût été maintenu dans la possession des biens de l'aïeule, qui formaient cette même communauté, l'enfant du premier lit, au moment de l'ouverture de son droit, aurait été recevable à former tierce opposition à un pareil jugement, pour le faire rétracter dans la disposition qui comprenait les biens soumis par la loi à une action en retranchement à son profit ; que, par conséquent, son intervention aurait dû être admise, puisque l'art. 466 du Code de procédure veut que l'intervention soit recevable de la part de ceux qui auraient droit de former tierce opposition ;

« Qu'elle n'était pas moins recevable comme tendant à exercer de simples actes conservatoires d'un droit non encore ouvert, et suspendu par la condition de survie à la donatrice, aux termes de l'article 1180 ci-dessus cité ;

34*

« Que, sous tous ces rapports, l'arrêt qui a déclaré cette intervention non recevable, viole les principes relatifs à l'intervention et à la conservation des droits même éventuels, etc., etc. »

Cet arrêt, comme on le voit, tout en posant le principe, que l'intervention est recevable, a soin de déclarer que le droit des enfans du premier lit n'est ouvert qu'au décès du donateur, et que, jusque-là, ils ne peuvent faire que des actes conservatoires. La Cour de cassation semble aussi annoncer que le donateur n'a pas qualité pour demander lui-même la réduction des donations qu'il a faites.

Cependant la cause, par suite du renvoi, ayant été portée devant la Cour royale de Bordeaux, audience solennelle, il y est intervenu, le 5 juillet 1824, l'arrêt que nous avons déjà annoncé. Cet arrêt, en se fondant sur les dispositions combinées des articles 1098, 1527 et 1099 du Code civil, a jugé que les donations excessives faites par un second époux, étaient radicalement nulles pour tout ce qui excédait la portion disponible fixée par l'article 1098, et qu'ainsi le donateur lui-même pouvait invoquer cette nullité absolue.

L'arrêt est trop important, et il a trop besoin d'être médité, pour que nous ne le mettions pas sous les yeux du lecteur.

« La Cour, — Considérant qu'il n'est pas douteux que la communauté universelle, telle qu'elle est stipulée dans le contrat de mariage du sieur Régis-Leblanc et de la dame Houdan, en ameublissant tous les immeubles de la femme, a mis tout son bien à la disposition de son mari, maître et administrateur de la communauté, et qui, ainsi, a le droit de tout vendre, engager, consommer et employer à payer ses dettes personnelles, et anéantir toutes les propriétés de son épouse; ce qui présente tout l'effet d'une donation universelle;

» Qu'il est illusoire de dire qu'après le décès de cette femme l'enfant d'un précédent mariage pourrait faire restreindre cette communauté universelle, et opérer un retranchement, *quand tout aurait été ou pu être valablement engagé;*

» Considérant qu'il est juste de décider que, quels que soient les termes dans lesquels la communauté a été stipulée, elle ne peut comprendre que ce que la femme, ayant enfant d'un précédent mariage, pouvait conférer dans une communauté nouvelle, et que toute autre stipulation prohibée par la loi est évidemment nulle;

» Considérant que l'article 1098 du Code civil est conçu en des termes si exprès pour la cause, qu'ils y sont décisifs ; cet article dit : « que » l'homme ou la femme qui, ayant des enfans d'un autre lit, contractera » un second ou subséquent mariage, ne pourra donner à son nouvel » époux qu'une part d'enfant légitime le moins prenant, et sans que, » dans aucun cas, ces donations puissent excéder le quart des biens ; »

» Considérant que l'art. 1527 porte que, dans le cas où il y aurait des enfans d'un précédent mariage, toute convention qui tendrait dans ses effets à donner au delà de la portion réglée par l'article 1098, sera sans effet pour tout l'excédant de cette portion ;

» Considérant que la dame Houdan, femme de Régis-Leblanc, en mobilisant ses biens de quelque nature qu'ils fussent, et mettant toute sa fortune à la disposition de son dernier époux, a fait une convention qui tendrait, dans ses effets, à lui donner au delà du quart réglé par l'article 1098, et que cette convention doit rester sans effet, aux termes de l'article 1527, pour tout l'excédant de la portion réglée par l'article 1098..... ;

» Considérant que l'article 1098, déjà cité, dit que dans aucun cas l'époux ayant enfant d'un précédent mariage, ne pourrait excéder en faveur de son nouvel époux le quart des biens ;

» Que l'article 1099 dit que les époux ne pourront se donner indirecment au delà de ce qui est permis par les dispositions ci-dessus ; toute donation, ou déguisée, ou faite à personne interposée, sera nulle ;

» Considérant que, dans l'espèce actuelle, la dame Houdan ayant mobilisé tous ses biens, et mis toute sa fortune à la libre disposition du sieur Régis-Leblanc, son nouvel époux, lui a évidemment fait une donation déguisée, en le rendant maître de tous ses biens pour en faire à sa volonté, et que cette stipulation doit être déclarée nulle pour tout ce qui excède le quart desdits biens de ladite dame..... ;

» Considérant que toutes les conclusions au fond, prises par le sieur Gravier, deviennent superflues et inadmissibles, si la dame Houdan est maintenue dans la propriété, et rentre en possession des trois quarts de ses biens, pour les posséder librement, son petit-fils n'ayant de droit qu'après le décès de sa grand'mère ;

» Qu'il faut donc se borner, en admettant l'intervention du sieur Antoine Gravier, au nom qu'il agit, à déclarer l'arrêt commun ;

» Par ces motifs, statuant sur le chef du jugement qui fixe les effets de la communauté, et faisant droit de l'appel, déclare que la communauté stipulée n'a compris ni pu comprendre que le quart des biens de la dame Houdan; en conséquence, la Cour ordonne que le sieur Régis rendra en nature, ou en valeur, s'ils sont dénaturés, les trois quarts des biens qu'elle possédait lors de son mariage avec le sieur Régis-Leblanc, et qui furent confiés à son administration; déclare l'arrêt commun avec le sieur Gravier. »

Nous croyons pouvoir dire que ces arrêts ne portent aucune atteinte au principe que nous avons déjà posé, qui est que l'époux donateur ne peut lui-même attaquer la disposition qu'il a faite à son second époux. Nous pensons que les termes prohibitifs de l'article 1098 n'emportent pas une nullité *de plano*, qui puisse être exercée *actu*, et que l'effet de la nullité est renvoyé au moment où l'action s'en ouvre. Cette idée se tire même de ces mots, *sera sans effet*, qu'on lit dans l'article 1527. Ce principe nous paraît donc toujours constant; aussi est-il plutôt admis qu'attaqué par ces arrêts. Mais avec ce principe, ces deux arrêts en ont combiné un autre, et ce second principe est que celui qui a un droit qui, dans la règle générale, n'est pas ouvert, qu'il ne pourrait exercer actuellement, mais qui peut s'ouvrir un jour, n'est pas obligé d'être spectateur passif à la vue de manœuvres et de fraudes qu'on pratique dans le dessein de rendre ce droit illusoire, d'enfreindre la loi, et de donner effet à une disposition qu'elle prohibe ou qu'elle modifie. Cela doit surtout avoir lieu, lorsqu'il s'agit d'une loi tutélaire qui a eu pour objet de conserver des biens à des enfans qui pourraient en être privés par l'essor que des pères ou mères donneraient à leur passion. La loi veille toujours contre la fraude, et elle ne force pas celui qu'on peut en rendre victime, à suspendre son action jusqu'au moment où elle serait consommée sans ressource, et où ses effets seraient irréparables. C'est alors qu'arrive l'application de l'article 1180 du Code civil. Les circonstances font donc admettre une exception au principe, et il ne s'agit pas de circonstances qui puissent être arbitrairement invoquées; elles sortent de faits qui sont eux-mêmes autant de preuves de la fraude concertée ou pratiquée. Les mesures conservatoires deviennent alors nécessaires, et elles peuvent varier. Elles doivent être prises selon la nature et la circonstance des faits, et selon les résultats que pourrait avoir la fraude. On sent donc que la détermination de ces mesures conservatoires doit être soumise à la prudence et à la sagesse des tribunaux.

M. Toullier, *Droit civil français*, n° 877, a cru que nous avions pensé que lorsqu'un époux avait seulement des petits-enfans, nés d'un enfant unique qu'il aurait eu et qui serait prédécédé, il ne pourrait gratifier l'autre époux que d'une portion revenante au moins prenant de ces petits-enfans, et M. Toullier ne manque pas de rappeler l'opinion que nous avons émise au n° 558, où nous avions combattu avec force et avec raison, suivant M. Toullier lui-même, un avis de M. Levasseur, que nous croyons être erroné; de manière qu'il nous suppose ou une contradiction, ou un oubli. *(2e édition, t. II, p. 443, 3e alinéa.)*

Il suffit de remarquer que M. Toullier s'est arrêté à ce que nous avons dit au n° 704, et qu'il a négligé ce que nous disons au n° 705, qui en est la *suite*. On vient de voir dans ce dernier n°, que nous avons été fidèles et très-fidèles aux principes qui nous ont guidé lors de la réfutation que nous avons faite de l'avis de M. Levasseur. Aussi avons-nous rappelé, et les mêmes principes, et la réfutation; en sorte que nous avons établi en thèse, l'opinion qu'énonce M. Toullier.

M. Toullier, *Droit civil français*, n° 880, croit pouvoir combattre l'opinion que nous venons d'émettre. Il venait, par méprise, de nous supposer un oubli ou une contradiction, parce qu'il s'était arrêté au n° 704, et qu'il avait omis le n° 705; et actuellement il suppose assez facilement, dans la note apposée à ce n° 880, que nous avons suivi *sans examen* l'opinion de Ricard. Cet auteur a enseigné que dans les pays de Coutume, la légitime ne pouvait être réclamée par l'enfant qu'en qualité d'héritier. M. Toullier dit qu'il doit en être de même pour la réserve légitimaire, suivant les principes du Code civil. Il ajoute que c'est ce que nous avons aussi soutenu n° 589. De tout cela il conclut que nous n'avons pas été fondés à dire que le retranchement sur le don fait à un second époux dût se faire en faveur des enfans comme enfans, sans qu'il fût besoin qu'ils eussent la qualité d'héritiers. *(2e édition, t. II, p. 443, 5e alinéa.)*

Notre réponse est simple. Nous n'avons pas adopté *sans examen* ce que dit Ricard. Avant de nous expliquer, nous avons pesé l'opinion de ce savant auteur, qui est aussi celle de Pothier et d'Auroux des Pommiers.

272 SUPPLÉMENT

Nous pensons qu'il ne faut pas raisonner pour le cas du retranchement
dont il s'agit actuellement, comme pour le cas de la légitime ou réserve.
Il n'y a point de parité entre l'exercice de ces deux droits. D'ailleurs,
si nous étions tombés en contradiction, on pourrait faire le même reproche à ces trois auteurs; mais il nous paraît démontré que ce reproche
n'est nullement fondé. La comparaison entre le droit de réserve ou légitime, et le droit au retranchement en question, ne peut évidemment se
fonder sur les raisonnemens mêmes auquels M. Toullier se livre. Il aurait
pu peser ces termes dans lesquels nous nous étions expliqués : *Le retranchement se fait en faveur des enfans, et non au profit de la succession dont
la donation ne fait pas partie.*

M. Toullier se retranche à dire : « Remarquez, au reste, qu'en adoptant l'opinion de Ricard, elle ne pourrait s'appliquer ni aux donations
testamentaires, ni aux donations faites pendant le mariage, toujours révocables comme les testamentaires, et qui, par cette raison, tiennent de
la nature des donations à cause de mort; ni aux donations par contrat de
mariage, lorsqu'elles participent de la nature des donations à cause de
mort; par exemple, lorsqu'elles sont soumises aux dettes de la succession
du donateur, ou lorsqu'elles ne contiennent qu'une quotité des biens
qu'il laissera. *On ne pourrait donc appliquer cette opinion qu'aux donations
purement entre-vifs.* »

Mais c'est ce que nous n'avons pas entendu contester. Il n'y a nul
doute que l'opinion n'a pu avoir trait qu'aux dispositions qui sont susceptibles de son application.

On comprend facilement que par une suite de l'opinion que nous
avons émise, la réduction des donations entre-vifs, faites au nouvel
époux, ne profite point aux créanciers du donateur, par une conséquence de l'article 921 du Code, que nous avons expliqué n° 592. C'est
aussi ce que dit M. Toullier, n° 581.

2e édition,
t. II, p. 444,
1er alinéa.

Cette opinion est plutôt confirmée que contredite par ce que dit
M. Toullier, n° 883; mais il y donne une explication qui peut être utile.

2e édition,
t. II, p. 445,
3e alinéa.

716 bis. *Suite de la discussion. — Arrêts importans.*

Ce que nous venons de dire a été confirmé, au moins en résultat,
dans une espèce qui présente quelque différence dans les faits, mais à
laquelle

laquelle les mêmes principes s'appliquaient, par un arrêt de la Cour de
cassation, section civile, du 21 juillet 1813. Il est rapporté par Sirey,
tome 13, page 441 et suiv., et dans le Journal des audiences de la Cour
de cassation, vol. 13, page 448. (Dans ce dernier recueil, l'arrêt est
daté 21 juillet 1811, mais nous croyons que c'est par erreur.)

Pour abréger, nous ne rapporterons ni les faits ni la discussion ; le
recueil d'où l'arrêt est tiré les fait suffisamment connaître. Nous dirons
seulement qu'il a été jugé qu'une mère qui, ayant deux enfans d'un premier mariage, s'était remariée, ne pouvait, après avoir donné à son
second époux l'usufruit de la moitié de tous ses biens, donner ensuite à
un enfant du second mariage le quart de ses biens en propriété. La donation avait été faite au second mari, sous l'empire de la loi du 17 nivôse
an 2 ; mais cette circonstance n'influait en rien sur la décision. L'épouse
qui avait fait la donation était décédée postérieurement à la promulgation
du Code civil. Le pourvoi contre l'arrêt de la Cour royale de Toulouse,
du 13 août 1810, ayant été rejeté, l'arrêt de la Cour de cassation suffira
pour faire juger des difficultés qui se présentaient.

« La Cour, — Considérant que l'article 913 du Code n'autorise pas à
cumuler les donations faites avant sa publication, avec la portion qu'il
déclare disponible ; qu'il n'y a nulle distinction à faire à cet égard entre
les donations de la femme à son premier ou à son second mari, et celles
qu'elle aurait faites à des étrangers ; que toutes les donations doivent également
être imputées sur la portion disponible ; d'où il suit que la Cour
d'appel a fait une juste application de cet article, en déclarant nul le legs
d'un quart de sa succession, fait par la dame Hocquart à sa fille du second
lit, puisque la testatrice ayant trois enfans, et mariée en secondes noces,
ne pouvait, sous l'un et l'autre rapport, disposer que d'un quart de sa succession, et que ce quart se trouvait absorbé par sa donation anténuptiale
de l'usufruit de la moitié des biens qu'elle délaisserait à son décès ; —
Considérant enfin, qu'en évaluant dans sa sagesse, et par induction tirée,
soit de la loi du 22 ventôse an 2, soit de divers articles du Code, la donation de l'usufruit de la moitié des biens à un quart desdits biens, la
Cour royale n'a violé aucune loi ; — REJETTE, etc. »

On doit remarquer de quelle importance est la disposition de cet arrêt,
qui a admis la faculté d'évaluer la donation de l'usufruit de la moitié des
biens à un quart des biens en propriété, en se fondant sur l'esprit de la

loi du 22 ventôse an 2 , ce qu'on aurait pu légitimer encore sur l'esprit de la loi du 22 frimaire an 7, relative à l'enregistrement, art. 14, §§ 9 et 11, et art. 15 , § 8. C'était donner un moyen de faciliter les opérations qu'il fallait souvent faire, pour fixer une juste application des réductions des dispositions faites dans les cas dont il s'agit. La Cour royale de Toulouse avait suivi le même procédé dans son arrêt du 20 juin 1809, que nous avons rapporté au n° 584. Nous y avions manifesté la crainte que cette mesure ne fût arbitraire On sent en effet l'inconvénient qu'il y a à rendre homogène les quantités des objets donnés, dont les unes sont en usufruit, et les autres en propriété, c'est-à-dire, en convertissant la quotité en propriété à soustraire, en quotité en usufruit, parce que la valeur d'un usufruit est plus ou moins forte, selon l'âge des personnes auxquelles on le donne ou le lègue. A la vérité, les lois ci-dessus citées établissent une détermination sans avoir égard à cette distinction. Mais la Cour de cassation en a fait l'application d'une manière générale, et il ne fallait rien moins que l'autorité de cette Cour pour faire disparaître cet obstacle.

Mais voici un arrêt plus récent de la même Cour de cassation, qui a confirmé plus directement ce que nous avons dit dans le numéro précédent. Il est rapporté par Sirey, vol. 19, page 271.

Le sieur Jacomet père avait d'abord donné à son fils aîné, par contrat de mariage en date du 22 germinal an 13, le quart de ses biens par préciput; puis, par son testament, il avait légué l'usufruit de certains immeubles à la dame Lajusi, qu'il avait épousée en secondes noces.

A son décès il laissa trois enfans ; en sorte qu'aux termes de l'art. 913, le quart donné par préciput au fils aîné absorbait la quotité disponible.

Cependant la dame Lajusi réclama le legs d'usufruit à elle fait, soutenant que la quotité disponible, fixée par l'art. 913, et celle fixée par l'art. 1098, pouvaient être cumulées ; et que le père, après avoir épuisé en faveur d'un de ses enfans la quotité dont l'article 913 lui permet de disposer, peut en outre donner à la femme qu'il épouse en secondes noces, la quotité déterminée par l'article 1098.

Les enfans Jacomet soutenaient, au contraire, que la disposition de l'article 913 doit être observée, si l'intention d'y déroger n'est pas manifestée d'une manière expresse; que dans l'article 1098, rien ne dit que la quotité dont les époux ont le droit de disposer en faveur l'un de l'autre, puisse être prise sur les biens déclarés indisponibles par l'article 915 ; que, par conséquent, lorsque l'époux a épuisé la quotité fixée par ce dernier article, il ne peut plus rien donner au conjoint avec lequel il convole.

12 août 1812, jugement du tribunal de première instance de Tarbes, qui déclare nul le legs d'usufruit fait par le sieur Jacomet père, à la dame Lajusi, sa seconde femme.

Ce jugement fut infirmé par la Cour royale de Pau, du 17 août 1816. Mais sur le pourvoi contre cet arrêt, il fut cassé.

Nous croyons devoir rapportar textuellement l'arrêt de la Cour de cassation, attendu son importance (1).

---

(1) Nous avons encore cru à propos de faire transcrire par note l'arrêt de la Cour royale de Pau. Le rapprochement de cet arrêt de celui de la Cour de cassation, peut seul tenir lieu d'une forte discussion sur la manière d'entendre et de combiner les articles 913, 1094 et 1098 du Code civil.

Voici l'arrêt : « Considérant qu'il s'agit de décider si le legs d'usufruit fait en faveur de la dame Lajusi, veuve Jacomet, par son mari, dans son testament du 14 août 1806, est valable ; que l'examen de cette question repose dans l'interprétation des articles 913, 1094 et 1098 du Civil civil ; que l'art. 913, le premier du chapitre qui traite de la portion de biens disponible, règle, à la vérité, que, lorsqu'il y aura trois enfans, comme dans l'espèce actuelle, les libéralités ne pourront excéder le quart des biens de la succession ; que les enfans Jacomet en veulent induire que leur père ayant, par contrat de mariage, épuisé, en faveur de son fils, cette quotité disponible, la libéralité faite en faveur de sa veuve doit être caduque ; mais, considérant que l'article 1094 fait partie du chapitre 9, où le législateur traite d'une manière spéciale des avantages entre époux ; que l'article lui-même porte une dérogation à la règle générale, et en particulier à l'art. 913, puisqu'il règle que l'époux qui n'a pas d'enfant pourra laisser à l'autre époux tout ce dont il pourrait disposer en faveur d'un étranger, et, en outre, l'usufruit de la totalité de ses biens ; qu'il ne faut pas séparer le second membre de cet article du premier ; que, par conséquent, lorsqu'il y a des enfans, l'époux peut donner aussi, en outre, le quart en propriété, et un autre quart en usufruit ; que ce qui prouve encore que cet article déroge aux dispositions de l'article 913, c'est que, par ce dernier, le législateur dispose des avantages différens dans leurs quotités, suivant le nombre des enfans, tandis que l'article 1094 n'y a pas égard, et qu'il dispose, en général, que, si l'époux donateur a des enfans, il pourra donner à l'autre époux, ou un quart en propriété et un quart en usufruit, ou la moitié de tous ses biens en usufruit ; que l'article 1098 n'est qu'une modification apportée à l'article 1094, mais qui ne porte que sur la quotité disponible, à raison du peu de faveur qui a toujours été accordée aux seconds mariages ; qu'on peut même

35*

« La Cour, — Vu les art. 913, 1094 et 1098 du Code civil ; — Attendu
que le Code civil a fixé d'une manière absolue, par l'article 913, la quotité
de la portion de biens dont il n'est pas permis de disposer au préjudice
des enfans légitimes ; qu'il n'a pas dérogé à cette fixation pour le cas
prévu par l'article 1098 ; qu'il n'a pas dit, dans cet article, que la quotité
de biens dont il permet la disposition en faveur d'un époux d'un second
ou subséquent mariage, pourrait être prise, même sur la quotité de biens
déclarée indisponible par l'article 913, et que seulement il a permis,
sans aucune dérogation aux articles précédens, de disposer, en faveur de
l'époux d'un second ou d'un subséquent mariage, d'une part d'enfant
légitime le moins prenant, laquelle néanmoins ne pourrait, dans aucun
cas, excéder le quart des biens ; qu'il résulte donc des termes combinés
de ces deux articles, que ce n'est que sur la quotité disponible, suivant
l'article 913, qu'il peut être disposé dans les cas prévus par l'art. 1098 ;
et qu'ainsi, lorsque la portion disponible, fixée par l'article 913, a été
entièrement épuisée en faveur d'un des enfans d'un premier lit, l'époux
qui a fait la disposition ne peut plus disposer de rien, à titre gratuit, en
faveur de son époux d'un second ou subséquent mariage ; — Attendu
que la proposition contraire ne peut résulter de ces mots de l'art. 1098,
qu'une part d'enfant légitime le moins prenant ; qu'ils prouvent seulement
qu'il y a des cas où l'époux qui a déjà fait un don à l'un ou plusieurs de
ses enfans d'un autre lit, peut encore donner à son nouvel époux ; mais
que, pour concilier à cet égard la disposition de l'article 1098 avec celle
de l'article 913, il faut nécessairement l'entendre dans ce sens restrictif

---

induire de cet article, que l'avantage du quart accordé par la loi à l'époux donataire, est
indépendant de celui fait à un de ses enfans, puisqu'il ne peut y avoir d'enfant moins
prenant, qu'en supposant qu'un des enfans a été avantagé ; que les enfans Jacomet n'ont
prouvé ni même allégué que le legs fait à leur belle-mère surpassât le quart des biens
délaissés par Jacomet ; que d'ailleurs, si, lors de l'exécution du partage, le legs se
trouvait surpasser le quart de la succession, les enfans Jacomet seraient autorisés à le
faire réduire ; que, par conséquent, le jugement de première instance doit être réformé
dans la disposition qui a annulé le legs dont il s'agit ; la Cour déclare avoir été mal jugé
par cette disposition ; la réformant, sans s'arrêter à la nullité proposée par les enfans
Jacomet, les condamne à délaisser à la veuve Jacomet les objets à elle légués, pour
par elle en jouir pendant sa vie, conformément à l'article 1098 du Code civil, avec restitution des jouissances. »

qué, si les dons déjà faits à des enfans n'épuisent pas entièrement la quotité disponible fixée par l'article 913, l'excédant de cette quotité peut
être donné au nouvel époux, jusqu'à concurrence d'une part d'enfant
légitime le moins prenant, et sans pouvoir jamais excéder le quart des
biens du disposant; — Attendu que les inductions qu'on a tirées des dispositions de l'article 1094, sont contraires au texte et à l'objet de la loi,
puisque, d'une part, le second paragraphe de l'article 1098, statuant
pour le cas où il existe des enfans ou descendans, ne dit point que, dans
ce cas, l'époux pourra donner à l'autre époux tout ce dont il pourrait
disposer en faveur d'un étranger, et, en outre, un quart en propriété
et un quart en usufruit, ou la moitié de tous ses biens en usufruit; et
que, d'autre part, le paragraphe précité ne statue que pour le cas d'existence d'enfans ou descendans issus du mariage entre le disposant et l'époux
en faveur de qui est faite la disposition, et que l'article 1098 a été fait au
contraire et spécialement pour le cas d'existence d'enfans qui ne sont
pas issus de l'époux en faveur de qui la disposition est faite. De tout quoi
il suit que l'arrêt dénoncé a faussement interprété les art. 1094 et 1098
du Code civil, et a formellement violé l'art. 913; — CASSE. »

716 ter. *Question particulière qui a déjà été prévue. Arrêt qui confirme
l'opinion de l'auteur.*

Nous avons dit au n° 449 que, d'après le résultat de l'article 1094
du Code, un des époux peut donner à l'autre, non-seulement ce que la
loi permet de lui donner, même les trois quarts, si telle était la latitude
de la disposition, d'après l'état de la famille du disposant, mais encore
l'usufruit de la portion que la loi réserve en propriété à l'ascendant du
donateur, qui serait d'un quart. Il y a eu des critiques à ce sujet, ou, au
moins, elles ont porté sur la dureté de la loi qui laisserait admettre cette
opinion. Cependant, ce que nous avons dit a été confirmé par un arrêt
de la Cour de cassation, du 3 janvier 1826, même dans la circonstance où
c'était un ascendant qui se prétendait lésé, et qui paraisait très-favorable.
Nous devons convenir qu'il y a quelque différence entre les espèces pour
lesquelles nous nous sommes expliqués dans les numéros qui précèdent
immédiatement le numéro actuel, dans lesquelles on peut comprendre
celles qui font l'objet du n° 384, et l'espèce dans laquelle est intervenu
l'arrêt du 3 janvier 1826, qui se rapporte principalement à ce que nous

avons dit au n° 449. Dans ce numéro, il s'agissait de dispositions lorsqu'il y avait seulement concours de l'un des époux qui était donataire, et de l'un des ascendans de l'époux donateur, et l'on peut y supposer encore le concours d'un étranger donataire ; au lieu que, dans les autres espèces, il y a, outre le concours de ces personnes, celui d'enfans d'un premier lit de l'époux donateur. Mais il y a un rapprochement entre toutes ces espèces, et ce rapprochement nous autorise à rapporter ici le dernier arrêt, du 3 janvier 1826, que nous n'avons pu faire connaître lors de l'impression de la partie à laquelle se rattache le n° 449, parce que les recueils de jurisprudence ne l'ont transcrit qu'après cette impression.

Voici l'espèce de cet arrêt. En 1820, le sieur Tardy est décédé sans postérité, à la survivance de sa mère et de son épouse. Il avait institué le sieur Tondes, son légataire universel, et il avait légué à sa femme l'usufruit de la portion réservée par la loi à sa mère survivante. La dame Tardy mère a néanmoins réclamé la nue propriété et l'usufruit du quart des biens laissés par son fils.

Jugement qui rejette sa prétention, quant à l'usufruit, par application de l'article 1094 du Code civil, portant : « L'époux pourra, soit par » contrat de mariage, soit pendant le mariage, pour le cas où il ne lais- » serait point d'enfans ni descendans, disposer en faveur de l'autre époux, » en propriété, de tout ce dont il pourrait disposer en faveur d'un étran- » ger, et, en outre, de l'usufruit de la totalité de la portion dont la loi » prohibe la disposition au préjudice des héritiers. »

Appel de la dame Tardy mère. Elle a fait remarquer combien la dis-position de l'article 1094 était injuste, puisqu'elle renvoyait les ascen-dans, pour la jouissance de leur réserve, à la mort de l'époux légataire, bien moins âgé qu'eux. Toutefois, disait-elle, si la faveur du mariage, et l'affection présumée des époux, ont fait admettre cette exception à l'ar-ticle 913, il est du moins incontestable qu'elle doit être restreinte aux termes mêmes dans laquelle elle est conçue. Or, l'article 1094 porte : « L'époux pourra disposer en faveur de l'autre époux de tout ce dont il » pourrait disposer en faveur d'un étranger, et en outre, de l'usufruit de la » portion dont la loi prohibe la disposition. » On voit que les deux dis-positions dont parle cet article ne sont autorisées cumulativement qu'au-tant qu'elles sont faites en faveur de l'époux. Et, en effet, quelle a été l'intention du législateur ? Il a voulu favoriser l'époux au préjudice de

l'ascendant ; mais il n'a voulu ni pu vouloir enlever à l'ascendant l'usufruit de sa réserve, afin que le testateur pût à la fois gratifier son époux
et un étranger. Si l'on admettait l'affirmative, l'étranger serait préféré à
l'ascendant, tandis que, dans l'intention bien manifeste du législateur,
c'est l'époux seul qui peut être préféré. Il suit de là que, lorsque l'époux
a légué la quotité disponible à un étranger, ce qui se rencontre dans l'espèce, il ne peut grever la réserve de l'ascendant d'un usufruit au profit
de l'autre époux : l'article 1094 est inapplicable.

Le 29 janvier 1824, arrêt de la Cour royale de Lyon, qui confirme la
sentence des premiers juges, — « Attendu que l'article 915 du Code civil
établit dans les successions de ceux qui meurent sans postérité, une
réserve d'un quart des biens en faveur de celui des ascendans qui a survécu ; mais que l'article 1094 permet à l'époux de grever cette réserve
de l'usufruit en faveur de son épouse ; — Attendu que cette disposition
ne fait aucune distinction entre le cas où la portion disponible serait
donnée à l'épouse ou à toute autre personne ; qu'elle est, au contraire,
générale et absolue, et que les magistrats ne peuvent se dispenser de
l'appliquer dans tous les cas. »

Recours en cassation de la part de la dame Tardy mère, pour fausse
application de l'art. 1094, et violation de l'art. 915 du Code civil.

« La Cour, — Attendu qu'il est de principe que toutes les fois qu'une
loi est claire, que ses termes ne présentent ni obscurité, ni équivoque, et
qu'on ne peut lui opposer que des considérations, quelque graves que
soient ces considérations, le juge doit l'appliquer telle qu'elle est écrite,
et que le droit de la réformer ou de la modifier n'appartient qu'au seul
législateur, *soli legislatori pertinet ;* — Attendu que l'art. 1094 du Code
civil est conçu dans des termes qui ne présentent ni doute, ni obscurité,
et qu'en effet la demanderesse en cassation ne lui oppose que des considérations ; — Qu'ainsi la Cour royale de Lyon a dû, comme elle l'a fait,
appliquer cette disposition du Code civil dans le sens qu'elle présente
naturellement ; —Rejette. »

Cet arrêt est rapporté au Journal du palais, tome 2 de 1826, p. 134.

On comprend facilement toutes les modifications que reçoit la discussion ci-dessus, de la loi qui abolit le divorce ; en sorte que ce que
nous avons dit ne pourrait être utile que pour le temps et les circons-

tances où les dispositions auraient eu leur effet, de telle manière que les droits établis par l'article 305 du Code civil, ne pourraient recevoir atteinte par la loi qui abolit le divorce, sans donner à cette loi un effet rétroactif.

———

DISSERTATION sur la validité ou invalidité de la clause d'association d'un tiers non contractant mariage, apposée à une institution contractuelle (1).

SOMMAIRE.

1. *État de la question.*

2. *Principe fondamental tiré de la nature de l'institution contractuelle.*

3. *Réfutation de l'opinion d'anciens auteurs invoqués par M. Merlin.*

4. *La discussion ne peut être susceptible de l'application du droit romain.*

5. *L'article 1121 du Code civil ne peut être invoqué.*

6. *Réfutation des moyens invoqués par M. Merlin, pour prouver qu'il n'y a pas d'incapacité en la personne du tiers associé.*

7. *Réfutation d'un premier exemple tiré d'une loi romaine.*

8. *Réfutation d'un second exemple tiré, sans fondement, d'une opinion de Furgole.*

9. *Réfutation d'autres raisonnemens faits par M. Merlin.*

10. *Il n'y a point de saisine de toute la succession en faveur de celui qui est institué héritier à charge d'associer.*

11. *On ne peut comparer la condition de l'association, aux conditions énoncées dans l'art. 900 du Code civil.*

12. *Réfutation d'un arrêt du parlement, du 13 mai 1762.*

13. *Observations qui écartent un arrêt de Cour de cassation, invoqué par M. Merlin.*

14. *Arrêt de la Cour royale de Bourges, en faveur de l'opinion de l'auteur.*

15. *Opinion des auteurs qui ont écrit depuis le Code civil.*

16. *Autre arrêt conforme à l'opinion de l'auteur.*

17. *Réflexions générales sur la nécessité d'une réformation de l'ancienne jurisprudence sur cette question.*

Etat de la question.

1. Toutes les raisons que nous avons exposées, n° 423, pour établir la nullité de la charge imposée à l'héritier contractuel, d'y associer un

———

(1) Voyez dans la note mise au bas de la page 43 de ce volume, la raison qui nous a déterminé à placer ici cette dissertation.

tiers

tiers non contractant mariage, n'ont pu convaincre M. Merlin ; il a réfuté notre opinion, dans le tome 16 de son Répertoire de jurisprudence, au mot *Institution contractuelle*, § 5, n° 9.

Après avoir lu avec la plus grande attention, tout ce que l'auteur a écrit dans sa nouvelle dissertation, nous sommes encore plus convaincus qu'auparavant que la clause dont il s'agit est contraire à tous les principes de la matière des institutions contractuelles ; que dans son objet, c'est-à-dire, en considérant la volonté du disposant, elle n'offre d'autre idée que celle d'une contravention manifeste à la loi ; et que, dans ses résultats et ses conséquences, elle ne peut se concilier avec tout ce qu'il y a de raisonnable et de vrai en législation.

La question que nous discutons se réduisait, dans sa simplicité primitive, à savoir si l'on peut faire ce que la loi défend, et c'est toujours à quoi elle se réduit ; mais la vérité fut étouffée dans le principe par tous les moyens propres à lui substituer l'erreur : cette erreur poussa de profondes racines, et l'on sait qu'alors il faut plus d'efforts pour la détruire, qu'il n'en faut pour démontrer la vérité.

2. Il est nécessaire de ne pas perdre de vue la nature de l'institution contractuelle. Si l'on consulte les Coutumes qui s'en sont le plus anciennement et le plus exactement expliquées, et notamment celle d'Auvergne, art. 12, 13, 14 et 15 du titre 14, on est convaincu qu'elle est une donation à cause de mort, ou un testament ; et que cette donation à cause de mort, ne prend un caractère irrévocable, n'emporte irrévocablement le don de la succession, qu'il ne devient en un mot un *testament irrévocable*, ainsi que le disait le judicieux Coquille, qu'autant qu'elle était faite par contrat de mariage, et en faveur des contractans mariage.

« Toutefois, est-il dit dans l'art. 16 du même titre 14, telles donations et dispositions (à cause de mort) valent et tiennent entièrement en deux contrats ; c'est à savoir, en contrat de mariage et d'association universelle, déduite la légitime des descendans ; et saisissent, est-il dit, article 17, lesdites donations et dispositions apposées auxdits deux contrats, et chacun d'iceux au profit des contractans lesdits *mariage* et *association*, et DESCENDANS d'eux TANT SEULEMENT. » (1)

---

(1) La Coutume d'Auvergne était du nombre de celles qui admettaient le pacte de succéder, apposé à une association universelle de biens. Cette circonstance ne porte

On doit considérer l'article 1082 du Code civil, comme contenant les mêmes expressions, *et descendans d'eux tant seulement*, ou, au moins, on doit y voir une équipollence parfaite de ces termes. Les principes du Code sont absolument les mêmes sur cette partie, que ceux des Coutumes. C'est aussi parce que le Code civil est entré dans le même esprit, qu'il a été dit, dans cet art. 1082 : « Pareille donation, quoique faite au » profit seulement des époux ou de l'un d'eux, sera toujours, dans le » cas de survie du donateur, *présumée faite au profit des enfans et descen-* » *dans à naître du mariage.* »

Ainsi l'institution contractuelle est une donation à cause de mort, qui n'a été admise avec ses attributs particuliers, qu'à raison de la faveur attachée aux mariages, dans l'intérêt de la société, et uniquement pour les favoriser. Ainsi une pareille disposition n'est valable qu'en faveur de ceux qui se marient ; elle ne saisit qu'eux et leurs descendans. On sent toute la force limitative et exclusive de ces mots, *tant seulement*, qui se réfèrent tant aux contractans mariage, qu'à leurs descendans.

Il est dit dans l'art. 893 du Code civil : « On ne pourra disposer de ses » biens, à titre gratuit, que par donation entre-vifs ou par testament, » dans les formes ci-après établies. » L'art. 3 de l'ordonnance de 1731 disait aussi qu'il n'y aurait à l'avenir que deux formes de disposer de ses biens à titre gratuit, dont l'une sera celle des donations entre-vifs, et l'autre, celle des testamens ou des codicilles. La donation à cause de mort n'est donc plus qu'un testament ; elle ne serait valable qu'autant

---

aucun changement à la discussion actuelle ; car il est sensible que le pacte de succéder, apposé à l'association universelle de biens, n'a rien de commun avec la clause d'associer un tiers non contractant mariage, apposée à une institution contractuelle.

Il y avait eu quelques exemplaires de la Coutume, dans lesquels il était seulement dit, *et descendans tant seulement;* le mot D'EUX y avait été omis. J'ai moi-même vérifié, le 27 octobre 1800, sur l'original de la Coutume, qui est déposé dans les archives du parlement de Paris, signé du chancelier Duprat, chargé de sa rédaction en 1510, et des députés de la province qui y assistèrent, que ce mot D'EUX s'y trouve. Je fus introduit dans ces archives par M. Villers du Terrage, fonctionnaire aussi honnête qu'il était instruit. Ce mot devenait important dans certains cas ; et, par exemple, lorsqu'on élevait la question de savoir si l'institution contractuelle devait, ou non, profiter à des enfans des institués, autres que ceux issus du mariage en faveur duquel l'institution contractuelle avait été faite.

qu'elle en aurait les formes. La donation à cause de mort, qui se trouve dans l'institution contractuelle, est donc une exception aux règles des dispositions gratuites : elle a sur le testament des avantages importans ; mais aussi cette faveur ne lui est accordée qu'autant qu'elle se fait par le contrat de mariage, et en faveur des seuls institués et de leurs descendans. C'est pourquoi le même article 3 de l'ordonnance de 1751 n'autorisait les donations à cause de mort, qu'autant qu'elles auraient été faites avec les formalités établies pour les testamens et codicilles, à l'exception de celles qui se feraient par contrat de mariage.

Si la transmission des biens par institution contractuelle ne peut se faire que sous la condition que celui qui en sera l'objet se mariera, et que l'institution sera faite par son propre contrat de mariage, la clause d'association pourra-t-elle produire le même effet en faveur d'un non contractant mariage? La négative se présente d'abord à l'esprit, et elle ne peut être douteuse quand on veut déterminer cette clause d'association dans sa nature et dans ses résultats. Qu'est-elle en effet, si ce n'est une institution contractuelle, ou, ce qui est de même, une participation à une institution contractuelle, sans contracter mariage, condition qui, seule, valide une disposition de cette nature; qui, seule, a l'effet de *priver les héritiers du sang* : termes exprimés dans l'article 40 du même titre 14 de la Coutume d'Auvergne.

5. Rien de tout cela n'est détruit par ce que dit Lebrun, liv. 3, ch. 2, n° 13 : on n'y voit qu'incertitude et incohérence d'idées. Il a vu dans la clause d'association une condition, une contre-lettre au contrat de mariage, une faculté ou une impossibilité de révoquer la clause de la part de l'instituant, selon qu'il y en aurait eu, ou non, acceptation. Aussi M. Merlin ne fait-il pas un grand fond sur l'opinion de Lebrun. Rapportons les termes de M. Merlin : « Lebrun dit tout simplement que la clause d'association *vaut au profit des frères et sœurs* du futur époux institué, *comme condition de l'association*. Mais sans doute, en s'exprimant ainsi, continue M. Merlin, il se réfère MENTALEMENT à la loi 3, au Code *de donat. quæ sub modo*, qui veut que la clause d'une donation par laquelle le donateur charge le donataire de restituer à un tiers ce qu'il lui donne, produise une action en faveur de ce tiers, pour en exiger l'exécution ; et c'est assez dire que Lebrun regarde cette clause comme une substitution fidéicommissaire apposée à l'institution contractuelle. »

36*

On sent aisément le motif pour lequel M. Merlin a cherché à exclure l'idée que la clause d'association ne fut qu'une simple condition ; c'est que dans une pareille condition, on ne peut voir autre chose que le simple appel fait du tiers, afin qu'il participe à l'institution contractuelle, quoiqu'il ne se marie pas. C'est simplement une institution directe faite en sa faveur, sans remplir les conditions qui, seules, donnent une efficacité à la disposition ; et voilà pourquoi M. Merlin, en donnant de l'extension à la pensée et aux expressions de Lebrun, soutient que la clause d'association est un fidéicommis, mais un simple fidéicommis ; un fidéicommis pur, tel qu'on en voit des exemples dans le droit romain. C'est sous ce rapport de fidéicommis simple que M. Merlin soutient que la clause d'association qui ne vaudrait pas comme *simple condition*, doit avoir son effet.

Mais où est donc, dans la clause d'association, le fidéicommis que M. Merlin croit y voir? cette clause n'est même pas susceptible de fidéicommis. Il n'y a pas de différence entre la clause d'association, et celle par laquelle anciennement, ainsi qu'on le voit dans une multitude de contrats de mariage, on instituait héritier un des enfans qui se mariait *conjointement avec un autre* qui ne se mariait pas. Cette clause de conjonction avait son effet. On pouvait dire qu'elle emportait la charge de rendre; car avec des extensions et des interprétations, où ne trouverait-on pas cette charge, et, par conséquent, un fidéicommis? Cependant cette clause était insensiblement devenue sans effet, et on pourrait présumer que c'est ce manque d'effet, que la réflexion a fait reconnaître, qui a fait porter les idées sur la clause d'association, qui n'est, pas plus que la simple conjonction à l'institution, un fidéicommis.

On ne conçoit pas de fidéicommis dans la clause d'association, par une raison bien simple ; c'est qu'un fidéicommis ne peut exister que d'une manière positive et certaine. Il faut qu'il y ait un corps certain qui doive être rendu, et une personne qui soit chargée de le conserver et de le rendre. Or, si le tiers appelé par voie d'association, décède avant l'instituant, l'institué avec clause d'association n'aurait rien à lui rendre, ni à ses enfans. De même, si l'institué décède sans enfans, avant l'instituant, il n'y a rien à rendre. Peut-on voir là les caractères d'un fidéicommis? Le fidéicommis doit être obligatoire, et embrasser un corps certain. Ce n'est pas tout ; il ne peut exister efficacement qu'autant qu'il est établi par un acte qui aurait la vertu de transmettre les biens à celui à qui l'objet doit être rendu. Le fidéicommis est une réitération de la première disposition ; il ne peut donc valoir que de la même manière dont vaudrait cette première disposition , et sous les mêmes conditions. Or, si cette première disposition ne vaut que parce que l'institué se marie, ce qui convertit une donation à cause de mort en une donation entre-vifs de la succession, la seconde disposition , dont les formes ne sont et ne peuvent être autres que celles de la première, ne peut avoir d'effet s'il n'y a pas la condition du mariage de celui auquel partie de la succession doit être rendue.

Il n'est pas étonnant que la loi 3 , au Code *de donat. quæ sub modo* , ait validé la charge imposée à un donataire de rendre l'objet donné à un tiers. Le don était fait par une donation entre-vifs , et avec les formes qui assurent la certitude et la stabilité d'un pareil acte. De plus, on doit supposer nécessairement qu'il n'y avait pas d'incapacité en la personne de celui à qui l'objet donné devait être rendu , et que celui-ci aurait pu être le premier donataire comme le second.

En effet, on ne doit pas perdre de vue ce que dit Ricard , *des Substit.*, traité 3e, chap. 1er, part. 1re, n° 14, que malgré le goût des Romains pour les fidéicommis , ceux qui étaient faits en fraude de la loi étaient toujours proscrits. « Il n'y a pas de doute , dit l'auteur, *qu'il est autant requis de capacité en la personne d'un fidéicommissaire (ou substitué), que d'un héritier institué ou d'un légataire , n'y ayant point d'apparence que la loi eût voulu fournir elle-même des moyens pour se détruire et rendre ses prohibitions sans effets.* »

Il est donc impossible , sous tous les rapports, de voir dans la clause d'association un fidéicommis même simple, c'est-à-dire, une substitution: car le fidéicommis même simple, ou pur, comme dit M. Merlin , est une vraie substitution fidéicommissaire, avec cette différence respectivement à la substitution fidéicommissaire graduelle, qu'il cesse au premier degré, tandis que la substitution fidéicommissaire graduelle s'étend sur autant de degrés que la loi le permet.

Il est donc indifférent que certains auteurs aient été d'avis que la clause d'association devait avoir son effet comme substitution fidéicommissaire , même graduelle , ou comme simple fidéicommis , ou substitution au premier degré. La comparaison est toujours également vicieuse. Au surplus, on en sera plus particulièrement convaincu, si l'on rappelle la manière dont s'est expliqué Auroux des Pommiers, sur l'art. 224 de la Coutume de Bourbonnais. Il fonde la validité de la clause d'association sur ce que, dit-il, « les substitutions fidéicommissaires, faites au profit même des étrangers *ou autres personnes que les descendans du mariage*, sont en usage dans cette province, et valent comme conditions de l'institution. »

Il a fallu une grande inattention pour laisser échapper une pareille comparaison. Il est évident, en effet, que la comparaison ne pouvait être faite, par cela seul que l'auteur invoquait des dispositions qui auraient eu lieu en faveur *d'étrangers ou autres personnes que les descendans du mariage*, ce qui laissait bien loin la clause d'association apposée à une institution contractuelle. Quelles étaient les substitutions contractuelles dont parlait Auroux des Pommiers? ce n'a pu être que les véritables substitutions fidéicommissaires graduelles, qui, en effet, étaient admises par contrat de mariage, non-seulement en Bourbonnais, mais encore dans toute la France. Or, nous aurons occasion d'en parler bientôt, en suivant la discussion de M. Merlin. On verra qu'il n'y a aucun rapport entre ces substitutions contractuelles fidéicommissaires, et la clause d'association dont il s'agit; que ces deux dispositions ne sont point de la même nature, qu'elles n'ont ni le même but, ni le même objet, qu'elles sont soumises à des règles différentes; en sorte que les substitutions contractuelles fidéicommissaires doivent avoir tout leur effet, et que la clause d'association apposée à une institution contractuelle ne doit en avoir aucun.

4. M. Merlin s'enveloppe dans les difficultés, et on peut dire dans les subtilités du droit romain sur les fidéicommis. Il ne pouvait trouver de mine plus féconde à exploiter. On pourrait se contenter de dire qu'il est impossible de trouver le moindre rapport entre les fidéicommis, tels qu'ils étaient admis dans le droit romain, et nos institutions contractuelles qui y étaient inconnues. Cependant on suivra M. Merlin dans le développement de ses idées, pour ne rien laisser sans réponse.

On ne peut avoir aucun égard à la loi 19, § 1er, ff. *ad senatusc. trebellianum*, qu'il semble présenter comme étant celle dans laquelle on a puisé l'origine et la validité, tout à la fois, de la clause d'association. Il est dit dans cette loi que si le testateur, en instituant *Lucius* son héritier, le charge de partager sa succession avec *Titius*, cette disposition ne peut pas sans doute avoir directement son effet en faveur de *Titius*, puisqu'il n'est pas institué ; que cependant elle doit valoir comme substitution fidéicommissaire.

Mais ce passage ne rend pas le motif de la décision de la loi ; et il est bon de le connaître, d'après ce que dit Ricard, toujours dans son *Traité des substitutions*, n°s 518, 522 et 525. Il y enseigne que si, dans ce cas, on avait recours à la voie, ou, pour mieux dire, à la fiction du fidéicommis, c'est par la raison que, suivant les principes du droit romain, personne ne pouvait mourir comme ayant testé en partie, et comme n'ayant pas testé en une autre. *Nemo mori potest partìm testatus, et partìm intestatus.* En conséquence, le testament, quoique portant seulement sur une partie de la succession, attribuait la totalité de cette même succession à l'héritier institué, quoiqu'il ne le fût que pour une partie. Cependant il n'était pas juste, dans le cas particulier, que celui à qui la portion de la succession devoit être restituée en fût privé, puisqu'il était évident que le défunt avait eu l'intention de ne laisser à l'institué héritier qu'une portion de la succession ; en conséquence, l'autre portion devait être restituée à celui avec lequel le partage était ordonné, sinon par l'effet d'un don direct, au moins par la voie d'un fidéicommis, qu'il devenait nécessaire de supposer.

On est sans doute bien autorisé à se demander ce que tout cela a de commun avec la question qui fait la matière de la discussion ; quel rapport peut-on saisir entre l'usage des Romains, qui a donné lieu à la décision de la loi citée, et la question de savoir si celui qui, ne contractant pas mariage, et ne pouvant être directement institué héritier contractuel, a pu l'être par la clause d'association. Regardons-la pour un moment, si l'on veut, comme un fidéicommis ; mais on aperçoit de suite la différence qu'il y aurait entre ce fidéicommis et celui qui est énoncé, par fiction, dans cette loi romaine. Pourquoi dans l'espèce de cette loi et d'autres qui y sont conformes, soit l'héritier *ab intestat*, soit celui qui était spécialement appelé à partager la succession, n'aurait-il pas pu avoir la portion dont il n'aurait pas été disposé ? Y avait-il rien qui s'y opposât ? N'aurait-il pas pu être institué héritier pour une portion quelconque de la succession ? Y avait-il quelque incapacité ? Non, sans doute : ce qui pouvait se faire directement, sans blesser aucun principe, aucune loi, pouvait donc se faire directement ; et c'est un simple usage, étranger à notre législation, à nos mœurs, et surtout à la question qui nous occupe, qui forçait, pour être juste, et pour que les intentions du testateur fussent remplies, de recourir à la voie ou à la tournure du fidéicommis.

L'art. 1121 du Code civil ne peut être invoqué.

5. L'argument que M. Merlin tire de cette loi, n'est pas plus fort, et il est du même genre que celui qu'il avait puisé d'abord dans la disposition de l'article 1121 du Code civil, où il est dit : « On peut pareillement » stipuler au profit d'un tiers, lorsque telle est la condition d'une stipu- » lation que l'on fait pour soi-même, ou d'une donation que l'on fait à » un autre. Celui qui a fait cette stipulation ne peut plus la révoquer, » si le tiers a déclaré vouloir en profiter. » Nous avions répondu, rela- tivement à cet article, comme nous venons de le faire par rapport à la loi romaine, que, dans le cas de cet article, le tiers absent, au profit duquel le donateur stipule, pourrait être donataire direct, au lieu que la per- sonne qui ne se marie pas, ne pourrait pas être l'objet direct de l'insti- tution contractuelle à laquelle l'instituant l'associe.

M. Merlin ne laissa pas d'insister sur le moyen ; mais nous ne croyons pas devoir le suivre dans ses observations : elles ont déjà été réfutées, et la réfutation n'est pas touchée.

Réfutation des moyens invoqués par M. Merlin, pour prouver qu'il n'y a pas d'incapacité en la person- ne du tiers associé.

6. Aussi M. Merlin, comptant peu sans doute sur ce moyen auxiliaire, est obligé de convenir que la faculté de transmettre tout ou partie d'une succession par la clause d'association, ne pourrait être tolérée, s'il y avait une incapacité en la personne de celui qui serait appelé par la voie de l'association ; mais il s'efforce de prouver que, dans le cas de la clause d'association dont il s'agit, il n'y a pas une incapacité qui puisse empê- cher qu'elle n'ait son effet comme fidéicommis.

« Pour que l'objection qu'on fait résulter de ce qu'une institution contractuelle ne peut être faite efficacement qu'en faveur d'un contrac- tant mariage, fût concluante, dit-il, page 493, il faudrait que l'on ne pût jamais faire, par la voie indirecte d'une substitution fidéicommissaire, ce qu'on ne peut pas faire directement. Sans contredit, on ne le peut pas, lorsque l'obstacle provient, soit d'une loi prohibitive et dictée par la morale ou l'ordre public, *sur l'incapacité de celui au profit duquel la disposition est faite.* Mais telle n'est pas la nature de l'obstacle qui s'oppose à ce que le tiers dont il s'agit soit compris dans l'institution contrac- tuelle stipulée au profit d'un futur époux ; *il ne provient que de ce que ce tiers ne se trouve pas* DANS LA POSITION *où il faudrait qu'il fût pour pouvoir profiter*

profiter de sa capacité d'être lui-même institué contractuellement. Or, qu'un pareil obstacle puisse être levé par le moyen indirect d'un fidéicommis, c'est ce que prouvent notamment deux exemples pris, l'un dans le droit romain, l'autre dans notre ancienne jurisprudence. »

Nous devons observer ici que M. Merlin a emprunté de Furgole, ainsi qu'on le verra dans la suite, l'idée de l'obstacle qui ne provient que *de ce que le tiers ne se trouve pas dans la position où il faudrait qu'il fût pour pouvoir profiter de sa capacité d'être lui-même institué contractuellement.* On verra même qu'il a emprunté les propres expressions de Furgole, et on démontrera qu'il s'est fait illusion sur le sens dans lequel Furgole s'est exprimé.

7. Mais venons aux deux exemples rapportés par M. Merlin.

Voici le premier, qui est tiré de la loi 29, ff. *de vulgari et pupillari substitutione.* Cette loi suppose un aïeul paternel qui, ayant pour héritiers présomptifs deux petits-enfans impubères, prévoit le cas où l'un d'eux viendrait à mourir en pupillarité, et veut que, ce cas arrivant, l'autre recueille toute sa succession. S'il les avait tous deux sous sa puissance, il remplirait directement son objet en les substituant pupillairement l'un à l'autre ; mais ce moyen lui manque, parce que l'un d'eux est émancipé. Il faut donc qu'il recoure à une voie indirecte ; et quelle peut être cette voie? C'est, répond la loi, de n'instituer pour héritier que celui de ses petits-fils qu'il a sous sa puissance, en le chargeant de rendre la moitié de sa succession à l'autre, lorsque celui-ci sortira de tutelle, et de lui substituer pupillairement ce dernier, en cas qu'il meure impubère.

Réfutation d'un premier exemple tiré d'une loi romaine.

Il ne faut pas faire de grands efforts pour démontrer que ce trait d'érudition arrive en pure perte, dans la discussion, parce qu'il ne prouve rien. Il suffit de rappeler en très-peu de mots quelques idées sur l'origine et l'objet de la substitution pupillaire admise chez les Romains. On sait assez quels étaient les effets extraordinaires qu'ils attachaient à la puissance paternelle, d'après d'anciennes mœurs étrangères pour la plupart aux nôtres. Ces effets ne cessaient que par l'émancipation. On sait encore combien les Romains attachaient de prix à la faculté de tester, et à l'exercice de ce droit qui avait lieu aussitôt qu'on atteignait la puberté, qui était fixée à un âge bien peu avancé. Lorsqu'un enfant n'était pas émancipé, sa personne et ses biens étaient sous la puissance du père. On poussa l'effet de cette puissance jusqu'à donner aux pères le droit de disposer par testament, non-seulement de leurs biens, mais encore de ceux de leurs enfans non émancipés, dont les pères disposaient pour ces enfans ainsi que bon leur semblait. Cette disposition avait son effet lorsque l'enfant qui était en puissance, mourait avant sa puberté, c'est-à-dire, avant de pouvoir tester ; car il pouvait alors avoir des biens qui lui fussent personnellement acquis, outre ceux qui seraient provenus du père auquel il succédait. C'est ce qui fut appelé la *substitution pupillaire*. Alors le père faisait tout à la fois son testament et celui de son enfant qui était sous sa puissance. Les jurisconsultes romains ne voyaient là qu'un seul tesment, qui contenait, à la vérité, la disposition de deux diverses successions. Tout cela tenait à cette idée admise chez les Romains, qu'il y avait unité de personne entre le père et l'enfant. Mais cette unité était rompue par l'émancipation, qui mettait, en quelque manière, l'enfant émancipé hors de la famille, et qui produisait l'effet de faire siens les biens qu'il acquérait.

Il n'est donc pas étonnant que lorsqu'un père avait un fils émancipé, et un autre qui ne l'était pas, et ne pouvant les substituer pupillairement l'un à l'autre, parce qu'il ne pouvait faire de substitution pupillaire à l'égard de l'émancipé, on eût imaginé le parti qui est indiqué dans la loi qui est citée par M. Merlin, surtout d'après la faveur dont les fidéicommis jouissaient chez les Romains, ce qui tenait à des causes qui nous sont si étrangères (1).

Nous croyons en avoir dit assez pour qu'on puisse juger, et surtout d'après ce que dit Ricard, n° 19, quel rapport il peut y avoir entre le cas prévu par la loi 29, ff. *de vulg. et pupill. substitut.*, et celui qui donne lieu à la question que nous discutons.

Réfutation d'un second exemple tiré sans fondement d'une opinion de Furgole.

8. Passons au second exemple sur lequel M. Merlin se fonde. « L'autre exemple, dit-il, est encore plus *topique*, car c'est dans la matière même des institutions contractuelles que nous le puisons. De ce qu'il a toujours été de maxime que, parmi les personnes capables d'être instituées héritières par contrat de mariage, celles qui se mariaient *étaient les seules*

---

(1) Sur tout ce qu'on vient de dire, on peut consulter Ricard, l'oracle de la matière, *Traité des substitutions*, chap. 1er et 2, et notamment aux n°s 7, 19, 20, 25 et 48.

qui pussent l'être efficacement ; de ce qu'en conséquence, les personnes *non contractant mariage,* ne pouvaient pas, dans notre ancienne juris-prudence, *comme elles ne peuvent pas encore aujourd'hui, être instituées directement héritières par contrat de mariage,* s'ensuivait-il qu'elles ne pussent pas être substituées fidéicommissairement *à de futurs époux ?*

» On a vu au numéro précédent, Furgole établir clairement que non. Et cela seul tranche toute difficulté, puisque la clause d'association à une institution contractuelle n'est, comme nous venons de le prouver, qu'une substitution fidéicommissaire. »

On peut s'assurer facilement si cet exemple est aussi *topique* que le prétend M. Merlin. Pour cela, allons de suite au passage de Furgole qu'il a indiqué, et qui est tiré des observations de cet auteur sur l'article 13 de l'ordonnance de 1731. On sera convaincu que ce passage n'a trait ni à la clause d'association dont il n'y est pas question, ni même à l'institution contractuelle proprement dite, mais seulement à la substitution fidéicommissaire graduelle.

En effet, Furgole, après avoir traité sur les articles 11 et 12 de cette ordonnance, quelques points de difficultés relatifs aux substitutions fidéicommissaires graduelles, continue de s'en occuper sur l'art. 13 ; et là, après avoir posé en principe qu'on ne peut instituer contractuellement que *les futurs conjoints ou leurs enfans à naître,* il ajoute : « Toutefois la *substitution* faite en faveur des descendans de l'institué, nés d'un autre mariage, serait bonne. Henrys, liv. 7, chap. 5, quest. 25. La raison en est, continue Furgole, qu'il suffit que l'institution vaille, afin que les *substitutions* soient bonnes, quand même les personnes appelées ne seraient pas de la *qualité requise pour faire subsister l'institution contractuelle ;* car les *substitutions* n'étant qu'un accessoire de l'institution, pourvu que le principal soit bon, les accessoires sont valables. »

Est-ce dire là que la clause d'association, apposée à une institution contractuelle, est valable, parce qu'elle serait une substitution fidéicommissaire qui devrait avoir son effet? Non, sans doute. Furgole, après avoir dit qu'on ne peut instituer contractuellement que les futurs conjoints ou leurs enfans à naître, passe de suite à la substitution contractuelle. Mais, quelle est cette substitution? Ce n'est pas le simple fidéicommis, dont parle M. Merlin, sous la couleur duquel on ne pourrait pas même justifier la clause d'association. Cette substitution énoncée par Furgole,

37*

est la véritable substitution fidéicommissaire graduelle, qui serait apposée
à une institution contractuelle, et qui serait incorporée avec cette institution contractuelle même; et alors il s'ouvre un nouvel ordre de choses.
Cette substitution devient une nouvelle convention, un nouveau contrat
d'une nature toute différente que la simple institution contractuelle,
sans substitution. L'institution contractuelle se fond dans ce nouveau
contrat; elle perd sa première nature pour devenir une substitution fidéicommissaire. Cette substitution est la substitution fidéicommissaire graduelle, qui avait pour objet d'assurer les biens du disposant dans sa famille,
pendant un certain nombre de générations. Elle intéressait l'institué ou
le donataire, elle intéressait ses descendans; il l'acceptait comme un trait
de bienfaisance pour lui et les siens. D'après son acceptation, tout devenait irrévocable. C'était, en un mot, la substitution fidéicommissaire
graduelle, telle qu'elle avait lieu avant la loi du 14 novembre 1792, qui
l'avait abolie, et telle qu'elle peut avoir lieu encore, en conséquence de
la nouvelle loi du 17 mai 1826, qui a rétabli les substitutions.

Il s'était élevé, très-anciennement, la question de savoir si ces substitutions fidéicommissaires graduelles pouvaient avoir lieu dans les contrats
entre-vifs, soit contrats de mariage, soit donation, de la même manière
que dans les testamens. Mais depuis long-temps l'affirmative ne faisait
plus de difficulté; c'est ce que Furgole explique très-bien dans sa question 27ᵉ sur l'ordonnance de 1731. «On peut, dit-il, substituer par contrat de la même manière qu'on le pourrait faire par testament, si l'on en
excepte la substitution pupillaire, qui a ses règles particulières. » Cependant il s'était élevé quelques doutes sur la validité et sur l'effet de la
substitution fidéicommissaire graduelle, dans certains cas, et pour certaines provinces du royaume. Ces doutes furent levés par les articles 11,
12 et 13 de l'ordonnance de 1747, auxquels il suffit de renvoyer.

Mais si la substitution dont parle Furgole dans le passage indiqué, est
la substitution fidéicommissaire graduelle, comme on ne saurait en
douter, on sent qu'il est impossible d'en faire la moindre application à
l'institution contractuelle et à la clause d'association, parce que cette
substitution tient à des principes qui sont entièrement opposés à ces dernières dispositions.

En effet, la simple institution contractuelle ne concerne que les contractans mariage et leurs enfans. Pour que ces contractans ou leurs enfans

recueillent l'effet de cette institution, il faut nécessairement qu'ils survivent à l'instituant; s'ils le prédécèdent, l'institution devient caduque, et ne produit aucun effet. La substitution fidéicommissaire graduelle embrassait, au contraire, toute la descendance de l'institué ou du donataire, et le fidéicommis ou la charge de rendre s'exécutait de degré en degré, pour tout le temps que devait durer la substitution.

Ce n'est pas tout, on ne doit pas perdre de vue le point essentiel de différence d'entre l'institution contractuelle sans substitution, et l'institution contractuelle suivie de substitution contractuelle fidéicommissaire. La simple institution contractuelle, qui n'assure que la succession, n'empêche pas l'instituant de vendre; c'est ce dont on ne disconviendra pas. Mais la substitution fidéicommissaire graduelle, qui assurait les biens présens, emportait interdiction de vendre contre le disposant; sans cette défense on n'aurait même pas conçu l'idée d'une substitution fidéicommissaire. Or, la condition d'associer, qui serait de même nature que l'institution contractuelle, en la supposant valable, n'empêcherait certainement pas l'instituant de vendre, et il faut croire qu'on en conviendra également. Donc cette condition ou charge d'associer n'a aucun des caractères de la substitution fidéicommissaire graduelle, et ne lui ressemble en rien.

La doctrine de Furgole se rapporte à ce que disait Basmaison sur l'article 17 de la Coutume d'Auvergne. Basmaison suppose que, dans le contrat de mariage, on fût allé au delà de la simple institution contractuelle, et qu'on y eût apposé, en faveur des enfans, une clause qui eût contenu une substitution fidéicommissaire graduelle; alors il explique très-bien la différence d'entre ce cas et celui de la simple institution contractuelle. Dans le premier cas, les enfans étaient saisis, comme en matière de substitution, et les père et mère *ne pouvaient point aliéner* les biens ainsi donnés, au préjudice des ascendans appelés spécialement et expressément par le *donnant*. Au second cas, la Coutume, *de son seul ministère et office*, saisissait les descendans, et il n'y avait point d'empêchement de vendre de la part des instituans. On voit les mêmes idées dans son Commentaire sur l'article 26 (1).

---

(1) On doit cependant remarquer que ce que disait Basmaison, que la mention des enfans, exprimée particulièrement dans le contrat de mariage, formait une substitution

Mais d'après la manière même dont Furgole développe sa pensée, il est de toute évidence qu'il a seulement en vue la substitution fidéicommissaire contractuelle, et nullement une condition telle que celle d'associer. Voici ce qu'il dit à la suite du passage ci-dessus transcrit : « Je crois même que quand la substitution contractuelle serait faite en faveur *de toute personne, quoiqu'étrangère à l'institué contractuel*, elle serait également bonne, parce que la substitution vaut par la volonté du substituant (loi 3 , C. *de Donationibus quæ sub modo*), et que *les anciennes ordonnances, de même que les art.* 11 *et* 12 *de celle de* 1731 , ne distinguent point si les substitués sont descendans ou étrangers par rapport au donataire ou à l'institué. On ne doit donc examiner sinon si les formalités nécessaires pour la validité de la première donation ou de l'institution ont été observées , afin qu'on doive confirmer les substitutions qui en dépendent. »

Ainsi, lorsque Furgole rappelait, dans ce passage, les *anciennes ordonnances*, et s'expliquait d'après elles, il a entendu parler de substitutions fidéicommissaires graduelles, apposées à une institution contractuelle , puisque ces anciennes ordonnances indiquées par Furgole lui - même (quest. 27 sur l'ordonnance de 1731 , n° 59 et suiv.), avaient admis les substitutions fidéicommissaires graduelles, faites par tous actes entre-vifs, tels que contrats de mariage ou donations, comme les substitutions testamentaires. Il était imbu des mêmes idées lorsqu'il rappelait l'art. 11 de l'ordonnance de 1731 , puisque cet article avait pour objet des substitutions fidéicommissaires graduelles quelconques , faites en faveur de toutes personnes, non-seulement par contrat de mariage , mais encore par une pure donation entre-vifs , faite hors contrat de mariage.

On y voit en effet : « Lorsqu'une donation aura été faite en faveur du donataire et des enfans qui en naîtront, ou qu'elle aura été chargée de substitutions au profit desdits enfans ou autres personnes nées et à naître, elle vaudra en faveur desdits enfans ou autres personnes , par la seule

---

fidéicommissaire graduelle , n'était pas suivie , suivant les annotateurs du temps. Mais ce n'est pas ce dont il s'agit. Il n'est pas moins vrai que Basmaison a supposé que la substitution fidéicommissaire graduelle , pouvait être apposée à une institution contractuelle, en faveur des enfans ou de tous autres ; et alors il voit, et avec raison, un nouveau contrat différent du premier, et soumis à des règles opposées.

acceptation dudit donataire, *encore qu'elle ne soit pas faite par contrat de mariage*, et que les donateurs soient des collatéraux ou des étrangers.» (1)

Il est donc incontestable que dès que Furgole se référait aux anciennes ordonnances du royaume et à l'art. 11 de l'ordonnance de 1751, il n'a pu entendre parler que des substitutions fidéicommissaires graduelles, qui pouvaient être faites dans toutes sortes de contrats entre-vifs, soit contrats de mariage, soit simples donations, et qu'il n'a point eu dans la pensée une clause d'association, dont les effets sont si différens, et qui, d'ailleurs, se rattachant, si elle était valable, aux simples institutions contractuelles, ne pouvait jamais se trouver que dans un contrat de mariage et non ailleurs. Aussi, quand il parle du disposant, il le qualifie d'*instituant* ou de *donateur*, et il donne à ceux au profit desquels la disposition était faite, les noms d'*institué* ou de *donataire ;* il donne encore à la disposition le titre de *donation* ou *institution*. Il voulait que l'institution contractuelle ou la donation, à l'occasion de laquelle la substitution fidéicommissaire graduelle était faite, se trouvât revêtue des formalités nécessaires pour la faire subsister. Cela suffisait pour donner l'existence à la substitution fidéicommissaire graduelle, parce que cette substitution tirait son effet de celui de l'institution contractuelle, et que le principal étant *bon, les accessoires étaient valables.*

Furgole explique encore très-bien sa pensée, lorsqu'il dit qu'il suffit que l'institution vaille, afin que les substitutions soient bonnes, *quand même les personnes appelées ne seraient pas de la qualité requise pour faire subsister* l'institution contractuelle. M. Merlin s'est étrangement mépris, lorsqu'il a cru pouvoir tirer un grand avantage de ces dernières expressions de Furgole. Il a supposé que Furgole avait voulu dire qu'on ne peut être valablement institué héritier contractuel qu'autant qu'on se marie ; que celui qui ne se marie pas n'a pas *la qualité requise* pour recevoir avec effet le bénéfice d'une institution contractuelle ; mais que, par cela seul qu'il est appelé à ce bénéfice par la clause d'association, alors, quoiqu'il n'ait pas *la qualité requise*, il peut recueillir l'effet de l'insti-

---

(1) L'article 12 n'a pas une application directe à la question ; il concernait seulement une donation faite à des enfans nés et à naître par contrat de mariage ou autrement, qui aurait été acceptée par ceux déjà nés.

tution contractuelle, pour la portion pour laquelle il est appelé, par cela seul qu'il doit être considéré comme un substitué fidéicommissaire. Mais, encore une fois, Furgole n'a rien dit de tout cela.

Personne ne pouvait mieux connaître que cet auteur les règles qui gouvernaient l'institution contractuelle. Lors donc qu'il parle de la substitution et de ses effets, il s'occupe d'un nouveau contrat, qui avait ses principes particuliers et absolument différens de ceux qui sont relatifs à la simple institution contractuelle. Il abandonne l'ordre de transmission que la loi fait émaner de l'institution contractuelle, pour en venir à la substitution fidéicommissaire qui y est opposée. Il suppose que l'instituant ne veuille avoir en vue que l'institué et non sa descendance; qu'il substitue à cet institué un frère, une sœur, ou même un étranger; et alors Furgole dit que cette substitution est valable, pourvu que l'institution soit régulière. Alors les substitués, quoiqu'ils n'eussent pas *la qualité requise* pour recevoir le bénéfice d'une institution contractuelle, étaient appelés à recueillir les biens de l'instituant, non par l'effet de la faveur attachée à la simple institution contractuelle, qui cesse alors, non par *l'office et ministère de la Coutume*, ainsi que le disait Basmaison, ce qu'on peut dire encore du Code civil, lequel *office et ministère* s'étend seulement aux conjoints et aux descendans; mais par la force de la convention. Et de quelle convention? ce n'est pas celle que renferme l'institution contractuelle, dont la nature et les effets diparaissent, mais bien celle qui est dans la substitution fidéicommissaire graduelle. Alors l'instituant ne peut plus vendre, comme il aurait pu le faire dans le cas de la simple institution contractuelle; il en est empêché par la force de la substitution. Alors les époques des décès de l'auteur de la disposition, de l'institué principal, et des substitués, deviennent indifférentes, parce qu'il ne s'agit plus d'une institution contractuelle, et encore d'une charge d'association à une institution contractuelle.

Et qu'on ne croie pas que tout ce qu'on vient de dire doive recevoir quelque modification, à raison de ce que Furgole renvoie à ce qu'a dit Henrys, tome 1er, liv. 6, chap. 5, quest. 25. Dans ce passage d'Henrys, il est question du fameux arrêt rendu le 4 juin 1637, dans l'affaire qui concernait la maison de Cabannes-Curton. Si on consulte Henrys, et surtout les dernières observations de Bretonier, sur ce passage d'Henrys, on verra que la question se réduisait à déterminer l'effet que devait avoir

une

une véritable substitution contractuelle fidéicommissaire, à laquelle les principes relatifs à l'institution contractuelle devenaient étrangers. C'est ce qui résulte encore de ce que dit Furgolle lui-même, au sujet de cet arrêt, dans ses observations sur l'article 11 de l'ordonnance de 1731. Mais surtout il n'y était nullement question d'une clause d'association. On ne croit même pas que cette clause eût été inventée lors des actes qui formaient la matière de la contestation.

Qne devient donc le prétendu exemple *topique*, présenté avec *tant d'assurance* par M. Merlin ? Furgole n'a point émis l'opinion que M. Merlin a cru apercevoir dans ses expressions; mais à l'occasion de la substitution fidéicommissaire graduelle, et en parlant de l'institution contractuelle, Furgole a dit, ce qui est énergique, que les seules personnes qui aient la *qualité requise* pour en recueillir l'effet, sont les contractans mariage et leurs descendans.

On a dû d'autant plus s'attacher à apprécier les expressions de Furgole à leur juste valeur, qu'il en résulte que les inductions que M. Merlin a tirées de la comparaison faite par plusieurs autres auteurs, de l'institution contractuelle avec la substitution contractuelle , sont sans fondement.

9. Nous arrivons à d'autres raisonnemens que fait M. Merlin. Pour les saisir, il faut les réunir et les résumer. Voici à quoi ils se réduisent.

Réfutation d'autres raisonnemens faits par M. Merlin

Celui qui est institué héritier par contrat de mariage, quoiqu'avec charge d'associer, est saisi, selon lui, de la totalité de l'effet de l'institution ; toute la succession lui est promise au cas que le tiers que lui avait associé l'instituant, n'en recueille pas la part qui lui est destinée : le droit qu'il a de recueillir toute la succession, quoique subordonné à une condition, ne laisse pas de lui être irrévocablement acquis pour le cas où la condition viendrait à s'accomplir, et elle s'accomplirait par la révocation que l'instituant ferait de la clause d'association, ni plus, ni moins que par le décès du tiers associé avant l'instituant , ou par toute autre cause qui rendrait cette stipulation sans effet.

M. Merlin va plus loin ; il soutient que si la condition de l'association était nulle, à raison de l'incapacité qui existerait en la personne du non contractant mariage, lequel serait appelé par la voie de l'association , cette nullité devrait tourner au profit de l'institué contractant mariage, parce qu'il s'agirait d'une des conditions réputées non écrites, d'après l'article 900 du Code civil, qui laissent subsister la disposition en son entier. Il ajoute que cet héritier, contractant mariage, doit d'autant plus profiter du bénéfice de la nullité de la condition, que l'institution faite à son profit, le met à la place des héritiers du sang.

Il invoque un arrêt du parlement de Paris, du 13 mai 1762, rendu dans une espèce qu'il assimile à celle dont il s'agit ; et il croit encore pouvoir s'aider de l'opinion émise par Ricard, à l'occasion d'une question particulière qu'il rapproche de la nôtre.

10. Quant à la saisine de toute la succession que M. Merlin suppose dans la personne de l'héritier institué contractant mariage, avec charge d'associer, il faudrait perdre entièrement de vue l'état de la question, pour se faire illusion sur ce moyen. Il ne cesse de raisonner dans le sens d'une disposition universelle qui serait faite en thèse générale par testament, ou par donation contre l'exécution de laquelle aucun obstacle ne se présenterait ; tandis qu'il s'agit ici d'une disposition entachée d'un vice dont l'effet est de restreindre la valeur de la disposition à la portion assurée personnellement à l'héritier qui se marie, et d'annuler la disposition pour les portions qu'on a voulu faire passer à ceux qui ne se marient pas. On s'écarte, en un mot, des principes qui règlent particulièrement les institutions contractuelles, auxquelles il faut toujours revenir.

Ce n'est point l'intention qui fait la saisine, c'est la loi. Elle saisit les héritiers du sang. Ceux-ci ne peuvent être dépouillés que par des dispositions qu'elle valide. Si ces dispositions ne sont pas légales, elles deviennent comme non avenues, et les héritiers du sang reprennent, en vertu de la loi, ce dont ils ne sont pas dessaisis par une disposition légale.

Or, pour être apte à recevoir une institution contractuelle, il faut se marier. Mais si, en se mariant, on n'est institué héritier que pour une partie de la succession, et que l'autre partie soit réservée à une autre personne qui ne se marie pas, l'institution n'a d'effet que pour la portion assurée à celui qui se marie. Elle n'est plus une disposition pour celui qui ne se marie pas, et dès lors la portion qu'on lui réservait par la voie d'association, en contravention à la loi, demeure dans la succession. En un mot, la seule institution contractuelle, faite en faveur des contractans mariage, a la vertu de dépouiller les héritiers du sang. L'art. 40, tit. 14, de la Coutume d'Auvergne, évidemment conforme aux principes de la matière, n'attachait la privation contre les héritiers du sang, des droits que leur donne la loi, qu'à la condition que l'institution aurait été faite en faveur des contractans mariage. C'est la seule faveur du mariage qui légitimait ce genre de disposition, qui, faisant exception aux principes généraux, doit être restreinte dans les bornes que la loi lui assigne.

Poursuivons, et supposons que *Jacques* eût institué *Pierre* pour son héritier contractuel général et universel, à la charge d'associer *Paul* à l'institution pour quatre-vingt-dix-neuf centièmes, même quand Paul serait engagé dans les liens de la prêtrise ; dirait-on que *Pierre* serait saisi de la totalité du bénéfice de l'institution ? Cependant il faudrait aller jusque-là, suivant le système soutenu par M. Merlin. Mais on ne saurait considérer comme un principe, une assertion qui conduirait à des conséquences aussi extraordinaires. Nous avions déjà fait ce raisonnement ; il est demeuré sans réponse (1).

Il serait inutile, relativement à cette saisine, de s'arrêter à ce qu'on a dit sur la faculté qu'on attribue à l'instituant de révoquer la clause de l'association, sur le mode de cette révocation, et sur les effets qu'elle pourrait avoir, comme sur ceux de l'absence de révocation de cette clause. On a déjà vu dans notre première dissertation, que tout ce qui tient à cette révocation ne présente qu'incertitude et diversité de jurisprudence, ce qui devait arriver, parce qu'on était sans principe sur l'efficacité de la charge d'associer. Il suffit de dire que la saisine se réfère à l'acte qui contient la disposition. Si elle est nulle, il n'a pu y avoir de saisine, au moins pour la partie pour laquelle la nullité de la disposition existerait.

11. Relativement à ce que dit M. Merlin sur l'effet de la nullité de la condition d'associer un tiers, imposée à l'héritier contractuel, qui, selon lui, tournerait au profit de l'héritier contractuel, grevé de la charge d'associer, et nullement aux héritiers du sang, il est tombé, selon nous, dans

On ne peut comparer la condition de l'association aux conditions énoncées dans l'art. 900 du Code civil.

___

(1) Dans le raisonnement que nous avions fait dans notre première dissertation, on y lisait la supposition de l'institution *de la centième partie* des biens de l'instituant, à la charge d'associer pour les quatre-vingt-dix-neuf centièmes. On sent qu'il y avait là une erreur matérielle évidente, et que nous avions entendu que le contractant mariage aurait été institué *héritier universel ou de la totalité*, à la charge d'associer un tiers pour quatre-vingt-dix-neuf centièmes. C'est aussi en ces termes que nous avons rétabli le passage dans cette troisième édition.

une erreur grave. C'est mal à propos qu'il a confondu, quant à la nature
et aux effets, les nullités des conditions énoncées dans l'article 900 du
Code civil, avec celles dont sont frappées les conditions qui tendent à
faire passer des libéralités à des incapables. On sait que le mot *incapacité*
peut être pris, ainsi que tant d'autres expressions, dans notre langue,
sous plusieurs acceptions. Mais nous croyons pouvoir appliquer l'incapacité à l'absence d'une qualité requise pour recevoir un don, comme à
la présence d'une qualité ou d'une position qui en exclut aux yeux de la
loi ; et lorsqu'il s'agit d'appliquer les principes, les effets en sont les
mêmes. Or, les conditions relatives à des conditions apposées à des dispositions, sont si différentes dans leurs résultats, qu'elles méritent d'être
distinguées avec soin.

Les conditions dont il s'agit dans l'article 900, sont celles qui sont d'une
impossibilité naturelle et absolue, ou celles qui, dans leur exécution,
blesseraient tellement les bonnes mœurs, les lois sociales, en un mot,
tout ce qui tient à l'honnêteté publique, que la loi les a considérées
comme étant également impossibles. Alors la loi veut qu'elles soient
réputées non écrites, et dès lors, qu'elles disparaissent ; mais la disposition
à laquelle elles ont été apposées ne subsiste pas moins en son entier.
Pour abréger, nous renvoyons à ce que dit à ce sujet le savant Ricard,
des dispositions conditionnelles, nᵒˢ 223 et suiv., et surtout aux nᵒˢ 238 et
239, où l'on voit des exemples de diverses espèces propres à fixer les
idées (1).

Ces conditions concernent uniquement celui en faveur duquel la disposition est faite ; elles le grèvent seul et personnellement ; elles sont
étrangères à toutes autres personnes. Il n'y a qu'une seule disposition ; et
cette disposition reste, les conditions venant à disparaître.

---

(1) D'après ce qu'il y dit, on pourra juger que nous nous étions d'abord expliqués
avec exactitude, en disant : « L'article 900 suppose une disposition faite à toute personne dans laquelle il n'y a point d'incapacité de recevoir, mais sous une condition
bizarre par son impossibilité, ou choquante par son indécence ; et, dans ce cas particulier,
la loi a voulu que la condition disparût, et que la disposition tînt. » Ce passage devient
un sujet d'étonnement pour M. Merlin ; mais il n'est pas moins vrai qu'il est une copie
presque littérale, mais abrégée, de tout ce qu'a dit Ricard, et de ce qu'on voit dans les
lois romaines qu'il cite.

Au contraire, il serait ridicule de présenter la condition imposée à celui à qui une dispositition est faite, de la rendre à un tiers absent, ou de l'y associer, comme étant impossible dans son exécution, soit naturellement, soit moralement, et de la regarder comme non écrite ; c'est un autre ordre de choses. Une semblable condition ne concerne plus celui au profit duquel la disposition est faite ; elle regarde uniquement les tiers auxquels la restitution imposée doit être faite. Disons plus, c'est qu'une telle condition est elle-même une disposition faite au profit du tiers absent. Il y a donc alors deux dispositions ; l'une faite à celui qui y figure, pour la portion qui lui est destinée personnellement, l'autre faite au tiers absent, pour la partie qu'on a voulu lui assurer par la voie de l'association. Mais s'il y a une incapacité en la personne de ce dernier, alors la disposition, en ce qui le concerne, est nulle ; elle devient inutile, et la question est de savoir si c'est celui qui est chargé de rendre qui en doit profiter, ou si c'est, au contraire, l'héritier du sang. On a déjà établi que la nullité de la condition doit profiter à ce dernier. Il ne fallait donc pas confondre des conditions aussi disparates.

12. Par rapport à l'arrêt du 13 mai 1762, invoqué par M. Merlin, qui est rapporté par Denisart, au mot *Dispositions conditionnelles*, n° 21, il est évidemment impossible d'en tirer aucune induction pour la question dont il s'agit.

Les parties entre lesquelles cet arrêt fut rendu étaient domiciliées dans la Coutume de Bourgogne. L'art. 7 du chapitre 4 de cette Coutume, défendait aux conjoints de s'avantager directement ou indirectement, si ce n'était du consentement *de l'héritier du sang*, ou lorsqu'ils s'en étaient réservé la faculté par leur contrat de mariage. Cette réserve ne se trouvait pas dans le contrat de mariage des sieur et dame de Vauban, et l'héritier présomptif du testateur n'avait pas consenti à la liberté de disposer au profit de la femme. Il s'agissait de savoir si l'héritier institué par le testament du sieur de Vauban, pouvait refuser à la dame de Vauban la jouissance des biens de l'hérédité, à la charge de laquelle l'institution était faite. La lutte s'éleva seulement, ce qu'il est essentiel de remarquer, entre la dame de Vauban et l'héritier institué. Les héritiers du sang du sieur de Vauban ne figurèrent point dans l'instance. Le seul moyen qui fut opposé par la dame de Vauban, consistait à dire que l'héritier institué ne pouvait pas diviser l'institution faite à son profit, et qu'il devait accomplir la condition qui lui était imposée par le testament, puisqu'il acceptait l'institution. Il fut jugé que l'héritier institué jouirait, sans aucune charge, de l'usufruit laissé au conjoint survivant.

M. Chabrol, sur la coutume d'Auvergne, tome 2, page 268, pose d'abord en principe que dans cette Coutume la femme n'aurait pu donner *indirectement* à son mari, en léguant à un autre, à condition de laisser la jouissance au mari ; *ce serait*, dit-il, *éluder la loi et frauder* (1). Il parle ensuite de l'arrêt rapporté par Denisart. Si l'on fait attention à ce qu'il en dit, si l'on pèse les termes dans lesquels s'en est expliqué M. Bergier, dans sa note sur Ricard, et qui sont littéralement rapportés par M. Merlin, on sera convaincu que l'arrêt a été rendu tel qu'il l'a été, par l'une ou l'autre de ces trois raisons : ou parce que les héritiers du sang que la nullité du legs de l'usufruit concernait, ne se présentant pas, et que la nullité ayant pu être regardée comme absolue, on se croyait dans la nécessité de la faire tourner au profit de l'héritier institué ; telle est l'idée qu'en donne M. Chabrol, telle est la pensée de M. Bergier : ou parce qu'il y avait un héritier testamentaire, institué à titre universel, qui était saisi de tout, ce qu'on ne peut pas dire de l'héritier institué contractant mariage, à la charge d'associer, ainsi qu'on l'a déjà établi : ou, enfin, parce que le legs de l'usufruit ne pouvant revenir à la femme, ce legs devenant inutile, l'usufruit devait retourner, dans la pensée du testateur, à son héritier testamentaire universel, préférablement à l'héritier du sang. Le testateur ayant donné la propriété à son héritier universel, il était présumé n'avoir détaché l'usufruit de la propriété qu'autant que cet usufruit appartiendrait à la veuve, et avoir voulu que, dans le cas contraire, l'usufruit se consolidât à la propriété dont il n'avait été séparé que dans cette pensée.

Ce que nous venons de dire est décisif sur l'idée qu'on doit se former de cet arrêt, et nous pourrions terminer là la discussion en cette partie. Nous observons cependant que les trois raisonnemens que nous venons de faire pour écarter le préjugé de l'arrêt, sont plutôt confirmés que combattus par ce que dit Ricard, et qui est invoqué par M. Merlin. C'est

---

(1) Dans la Coutume d'Auvergne, le mari pouvait donner à la femme, pendant le mariage : mais la femme n'avait pas la même faculté à l'égard du mari.

au Traité *des donat.*, 3ᵉ part., chap. 4, sect. 5, que Ricard s'en explique.

Il faut d'abord observer que, dans l'hypothèse qui fait l'objet de la discussion de Ricard, il aurait fallu décider entre un héritier du sang, un légataire particulier de la propriété d'un immeuble, et le légataire particulier de l'usufruit du même immeuble, lequel dernier légataire particulier eût été incapable. On y raisonne dans l'hypothèse où le legs de cet usufruit aurait été fait à une femme dans une Coutume où les dons entre époux auraient été interdits. On n'y a en vue, ni la Coutume de Bourgogne, ni aucune autre Coutume particulière.

Ricard annonce, au n° 525, qu'il est sur cette question d'un avis contraire à celui de M. Duval (Valla), *Tractat. de reb. dub.*, n° 5. Duval pense que le legs de l'usufruit fait à la femme étant nul, l'usufruit légué dont la femme aurait été privée, devait appartenir à l'héritier, *parce que c'est en sa faveur que le legs demeure sans effet, et non pas du légataire de la propriété* (1). C'était certainement raisonner d'une manière fondée en principe. Tel était aussi le point de vue sous lequel le legs d'usufruit avait été considéré par MM. Chabrol et Bergier, en s'expliquant sur l'arrêt du 13 mai 1762, ainsi qu'on l'a déjà dit.

Mais Ricard, n° 531, se décide en faveur du légataire particulier de la propriété de l'immeuble. Mais pourquoi? c'est parce que, dit-il, cet usufruit lui est acquis par le moyen de *la consolidation* qui en est faite à sa propriété, en conséquence de ce que celui auquel le testateur l'avait appliqué se trouve incapable de le prendre.

Il est vrai que Ricard, au numéro suivant, reprenant les motifs sur lesquels Duval se fondait, dit que ce n'était pas la faveur de l'héritier qui empêche la femme d'être légataire, mais que c'est la cause publique, qui fait que les maris et les femmes ne peuvent s'avantager l'un l'autre, *ne mutuo amore invicem spoliarentur*. Mais, quelle conclusion peut-on tirer de ces expressions en faveur du système adopté par M. Merlin? On voit bien dans ce que dit Ricard, que l'héritier du sang n'a pas une faveur telle que le défunt ait été obligé de lui laisser son bien, et qu'il aurait pu en disposer au profit de tout étranger, ce qui n'a jamais pu faire de doute; que le legs fait à la femme est vicié, à raison de sa qualité

---

(1) Nous suivons la traduction que Ricard en a faite.

d'épouse ; mais il ne dit pas qu'en général *la nullité ne doit profiter qu'à l'héritier institué ;* car dans le cas qui faisait le sujet de la diversité d'opinions entre Ricard et Duval, il n'y avait pas un héritier institué. On peut conclure, de la manière dont Ricard s'explique, qu'il laisse revenir au motif dominant de son avis, qui est que le testateur, ayant pu léguer au même la propriété de l'usufruit de l'immeuble, est présumé avoir voulu que le legs de l'usufruit ne pouvant avoir son effet, cet usufruit revînt, par consolidation, au légataire de la propriété qu'il a entendu préférer à son héritier, en cas de la nullité du legs de l'usufruit.

On ne peut donc comparer la question agitée entre ces deux auteurs, à celle qui nous occupe. Qu'a de commun un legs particulier d'usufruit, dont l'exécution peut être soumise à tant de circonstances, avec cette question simple, qui consiste à savoir si celui qui ne peut être héritier contractuel, parce qu'il ne contracte pas mariage, peut le devenir indirectement, au moyen d'une condition qui aurait elle-même l'effet de la disposition directe prohibée par la loi?

Observations qui écartent un arrêt de la Cour de cassation, invoqué par M. Merlin.

13. Venons à l'arrêt de la Cour de cassation, section des requêtes, du 13 janvier 1818, qui est invoqué par M. Merlin. Cet arrêt rejette un pourvoi contre un arrêt de la Cour royale de Riom, du 10 février 1816, qui avait confirmé un jugement du tribunal civil de Clermont-Ferrand, du 7 mai 1815. Nous nous dispenserons de rapporter l'espèce, puisqu'elle l'est par M. Merlin. Mais on ne peut tirer aucune induction de cet arrêt. Il a statué sur une institution contractuelle avec clause d'association, qui avait été faite le 18 février 1786, bien avant le Code civil, et tout annonce encore que l'instituant était décédé avant ce Code. Dans cette position, il était difficile de ne pas juger suivant l'ancien usage, dès qu'il était général, au moins en Auvergne, d'où étaient les parties, quoiqu'il fût contraire aux vrais principes, et on peut dire à la loi. Nous en avons fait nous-mêmes l'observation dans notre première dissertation. La jurisprudence peut avoir, comme la législation, ses effets rétroactifs, et il est sage d'en éviter les dangers.

Aussi, d'après les motifs des jugemens et des arrêts, on se fondait sur l'ancien usage qui est rappelé ; et cela était dans la nature des choses. Pour motiver on narre plus qu'on ne raisonne. La question ne fut pas approfondie, et cela ne pouvait être, d'après la date de l'institution. Cet usage, quoiqu'abusif, devait être pris en considération ; on pouvait lui

appliquer,

appliquer, quoiqu'en un autre sens, cette règle consignée dans une loi romaine, *error communis facit jus* (1).

14. Aussi, lorsqu'on a pu faire abstraction de cet ancien usage, et revenir à la loi, comme cela devait être, a-t-on vu les opinions se former contre celle de M. Merlin. La Cour royale de Bourges ne l'a point suivie, et s'est décidée par les vrais principes qui ne prescrivent jamais, par un arrêt du 19 septembre 1821, rapporté au Journal des audiences de la Cour de cassation (continuation de Denevers), an 1822, supp., p. 151. L'affaire qui fut jugée portait sur quelques autres points dont on ne doit pas s'occuper. On se bornera à celui qui était relatif à notre espèce. La dame Ageorges, qui n'avait pas d'enfans, institua, en 1812, Jean-Baptiste Cutard, par son contrat de mariage, pour son héritier dans tous les biens qu'elle laisserait à son décès, *à la charge par lui d'associer, par portions égales, dans lesdits biens*, François, Jean, Germain et Jeanne Cutard, ses frères et sœur. La dame Ageorges décéda en 1815, laissant pour ses héritiers naturels les enfans Moissy. Jean-Baptiste Cutard, héritier contractuel, se mit en possession des biens de l'instituante. Les enfans Moissy réclament ces biens, moins le sixième qui avait seulement été assuré à l'héritier contractuel.

Arrêt de la Cour royale de Bourges, en faveur de l'opinion de l'auteur.

---

(1) Il est dit dans le premier motif de l'arrêt de la Cour de cassation : « Attendu, sur le moyen résultant d'une prétendue violation de la Coutume d'Auvergne, dans ses dispositions relatives aux institutions contractuelles et *associations auxdites institutions*, que cette Coutume a formellement validé les dispositions contractuelles faites en contrat de mariage *et d'associations universelles*, etc. » La Coutume d'Auvergne, aux articles qu'on a eu occasion de rapporter, et surtout à l'article 1er du titre 15, admettait un pacte de succéder, apposé dans un contrat d'association universelle, qui aurait été fait même hors d'un contrat de mariage. C'était une vraie communauté dont l'utilité était reconnue dans le temps, surtout entre les personnes de la campagne. Mais ce pacte de succéder en association universelle, était totalement étranger, quant aux principes qui le réglaient, et quant aux effets, à une clause d'association apposée à une institution contractuelle. Les termes même de l'article 1er du titre 15 le prouvent, en les comparant à ceux des articles relatifs à l'institution contractuelle, qui ne pouvait avoir lieu qu'en contrat de mariage. On pourrait croire, d'après les termes de l'arrêt, qu'on a confondu la clause d'association, apposée à une institution contractuelle, avec le pacte de succéder apposé en un contrat d'association universelle, et que l'admission de l'un aurait fait induire l'admission de l'autre. Nous croyons cependant que deux objets aussi distincts n'ont pas été confondus ; que la méprise n'est qu'apparente, et qu'elle tient à la rédaction, sans avoir influé sur le fond. Cependant l'observation peut n'être pas inutile.

39

Ils soutiennent que les cinq autres sixièmes, auxquels les autres enfans
Cutard étaient appelés par la voie de l'association, et qui figuraient dans
l'instance, demeuraient dans la succession, et à leur profit, par la raison
que la clause d'association était nulle, personne ne pouvant être institué
héritier contractuel qu'en se mariant, et par son propre contrat de mariage. Le récit de la contestation prouve que la décision fut préparée par
une discussion forte. On y voit figurer l'opinion de M. Merlin, et les
motifs sur lesquels il l'avait établie; l'arrêt de la Cour de cassation, du
13 janvier 1818, était connu. Ce fut dans cet état de choses que la nullité de la clause d'association fut prononcée, et que la réclamation des
Moissy, héritiers du sang, fut accueillie.

Pour apprécier la critique que M. Merlin fait de l'arrêt, il est indispensable d'en rapporter les motifs, au moins quant aux points qui font
le sujet de notre discussion. « Considérant qu'une institution contractuelle ne peut avoir lieu que par contrat de mariage en faveur des époux
et leurs enfans, et que, dans l'acte du 13 septembre 1812, Jean Cutard,
second du nom, était le seul des six enfans, qui se mariât alors; — Que
cette institution le charge bien d'appeler en partage ses cinq frères et
sœur, tous les six étant associés par égales portions; mais que cette disposition, à l'égard des cinq autres, ne pouvait avoir lieu que par une
institution particulière à chacun d'eux; qu'ainsi elle est nulle en la forme;
— Qu'à la vérité, Jean Cutard, second du nom, ne pourrait leur opposer
ce vice, parce que le partage était une condition, une charge de son
institution; mais qu'ici ceux qui réclament sont les héritiers du sang,
auxquels rien n'interdit la critique des irrégularités de cette disposition; — Considérant que l'institution au profit de Jean Cutard, second du
nom, ayant été faite par son contrat de mariage de 1812, la disposition
est valable à son égard; mais que l'instituante ayant appelé les six enfans à
un partage par égales portions, celle de l'époux institué se réduisait nécessairement à un sixième; — Considérant que l'accroissement a lieu quand
le legs fait à l'un des institués devient caduc; mais qu'il ne peut jamais
s'opérer quand les dispositions n'ont pas été faites dans une forme légale;
que dans l'espèce, celle en faveur des cinq enfans autres que l'époux
est nulle, comme contraire à la loi, et dès lors réputée non écrite. »

M. Merlin se contente de dire que cet arrêt ne peut être d'aucun poids,
parce qu'il n'est motivé sur rien quant au second point, et qu'à l'égard

du premier, il se borne à dire qu'une institution contractuelle ne peut avoir lieu que par contrat de mariage en faveur des époux et leurs enfans, principe incontestable, dit-il, mais qui ne résout nullement la question.

Cette critique est injuste. L'arrêt se fait remarquer par sa précision et par sa justesse : par sa précision, parce que, par cela seul qu'il pose le principe élémentaire et fondamental de la condition exigée par la loi, pour la valadité d'une institution contractuelle, qui est celle du mariage, il établit la nullité de la clause d'association ; par sa justesse, en ce qu'il y est dit que l'héritier institué pour une portion qui se réduisait à un sixième, ne pouvait opposer le vice de la clause d'association, parce que le partage était une condition, une charge de son institution ; mais que le droit d'opposer cette nullité appartenait aux héritiers du sang. Voilà les vrais principes. Que l'héritier institué contractant mariage, n'ait pas le droit d'attaquer la clause d'association, cela est incontestable; il ne peut pas diviser son titre. Cela rentre dans l'idée que MM. Chabrol et Bergier s'étaient formée sur les motifs qu'on devait présumer avoir déterminé l'arrêt du 13 mai 1762, invoqué par M. Merlin, ainsi que nous l'avons déjà dit, en parlant de cet arrêt. Une proposition aussi évidente a-t-elle besoin d'être soutenue par des raisonnemens? Ensuite que le droit d'attaquer la clause d'association appartienne exclusivement aux héritiers du sang, cette proposition est-elle moins élémentaire, moins fondamentale? Non, sans doute. M. Merlin n'a pu répandre du louche sur la vérité de cette proposition, qu'à l'aide de vains raisonnemens fondés sur des autorités étrangères à la question, et en se faisant une illusion qui étonne, puisqu'il a confondu les conditions apposées aux dispositions gratuites, qui devaient être distinguées, pour se bien fixer sur la nature et les effets de chacune. Les motifs de l'arrêt sont des principes clairs et précis qui lui donnent une base solide.

15. M. Rolland de Villargues, dans son Traité *des Substitutions*, ouvrage justement estimé, traite la question : il la décide dans le même sens, et il est encore important, pour la connaissance de la vérité, d'exposer ses raisons, qui sont d'ailleurs rendues brièvement, parce qu'il n'avait pas à disserter. Opinion des auteurs qui ont écrit depuis le Code civil.

« Mais, dit-il, page 266, 2ᵉ édit., si la clause d'association n'est pas une *substitution*, dans le sens du Code civil (c'est ce qu'il venait d'établir), vaudra-t-elle même, considérée comme fidéicommis pur, ou, ce qui est la même chose, comme *disposition modale*, autorisée par l'art. 1121 du Code civil? Telle est la question.

» Or, la *négative* nous paraît hors de toute contradiction, si l'on réfléchit qu'une disposition modale n'en constitue pas moins une *donation* ou *institution* de la part de l'auteur direct de la libéralité, ainsi que nous l'avons établi, ch. 3 ; et qu'une donation ou institution contractuelle est nulle, lorsqu'elle est faite au profit d'autres que les futurs époux (Argument de l'art. 1082 du Code civil).

» Ajoutons que la clause d'association n'est, ainsi que les auteurs qui l'ont introduite s'en sont expliqués eux-mêmes, qu'un *moyen indirect d'éluder la loi*, qui défend d'instituer contractuellement d'autres personnes que les époux, et que, sous ce seul rapport, elle doit encore être annulée.

» Il resterait à savoir au profit de qui cette nullité sera prononcée. Mais si la clause d'association constitue une *donation particulière plutôt qu'une condition*, il nous semble que ce n'est point le cas d'appliquer l'art. 900 du Code civil, qui répute *non écrites les conditions* impossibles ou contraires aux lois; mais que la nullité doit tourner au profit des héritiers du sang. » On peut dire que l'auteur a vu la question sous ses vrais rapports. Il invoque un arrêt de la Cour royale de Limoges, du 26 février 1821, qui a confirmé notre opinion : il le cite d'après le Journal du palais, tom. 59, page 548.

M. Favard de Langlade s'est expliqué aussi sur la question, dans son Répertoire de la nouvelle législation qu'il vient de faire paraître; ouvrage consacré principalement à faire connaître la jurisprudence relative à l'application du Code civil. Ce qu'il en dit, au mot *Institution contractuelle*, n° 8, est tellement substantiel, qu'on ne gagnerait rien en brièveté, si on voulait l'analiser.

« Peut-elle être faite (l'institution) au profit d'étrangers qui ne participent point à la faveur du mariage? Par exemple, un époux peut-il être institué héritier par son coutrat de mariage, à condition d'associer son frère à l'institution ?

» Cette question, qui partage MM. Grenier et Merlin, nous paraît devoir être résolue négativement, en ce qui concerne le frère de l'époux. En effet, l'article 1082, qui permet l'institution contractuelle, est une exception à l'art. 893, qui dit positivement qu'on ne pourra disposer de ses biens à titre gratuit que par donation entre-vifs ou par testament. Cette exception doit donc être strictement renfermée dans son cas, et dès lors bornée aux époux et aux enfans à naître.

» Vainement objecte-t-on qu'il y a beaucoup de cas où l'on obtient, par le moyen d'un autre , ce qu'on ne pourrait pas obtenir directement par soi-même.

» Cela est vrai ; mais il faut que la loi le permette. Or, ici les articles 893 et 1082 combinés, nous paraissent s'y opposer de la manière la plus formelle.

» Ainsi, dans le cas proposé, l'institution sera valable à l'égard de l'époux ; elle sera réputée non avenue en ce qui concerne le frère, et la portion qu'on avait voulu lui conférer , restera dans la succession *ab intestat* du donateur. »

16. Enfin , la question vient d'être jugée en thèse, dans le sens dans lequel nous l'avons traitée, par arrêt de la Cour royale de Riom , 2ᵉ chambre, du 18 mai 1826. Cet arrêt, que nous avons sous les yeux , ainsi que les qualités, a décidé que la clause portant charge d'associer à l'institution contractelle un tiers qui ne se marie pas, est nulle , et que la nullité de la clause ne profite pas à l'héritier institué, mais bien aux héritiers du sang.

Autre arrêt conforme à l'opinion de l'auteur.

Par le contrat de mariage de Marie Meilleroux avec Claude Thevenin, du 1ᵉʳ juillet 1810, Gabriël Fournier, grand-oncle de la future, qui intervint au contrat, déclara que, n'ayant ni héritiers directs, ni ascendans, et ayant le mariage pour agréable, il instituait les futurs époux , ses héritiers de tous les biens dont il mourrait vêtu et saisi, généralement quelconques. Cette institution fut faite à la charge par les époux futurs d'y associer Jean-Baptiste et Marie Meilleroux, frère et sœur germains de la future, ainsi que la femme que ledit Jean-Baptiste Meilleroux épouserait, et le mari que ladite Marie Meilleroux épouserait, pour chacun une portion, de manière que la succession dudit Gabriel Fournier se diviserait en six portions égales.

Après le décès de l'instituant, arrivé en 1818, il s'éleva plusieurs contestations sur le partage de sa succession. On sent que nous devons nous occuper seulement du sort de la clause d'association à l'institution contractuelle. Les héritiers du sang demandèrent la nullité de cette clause, et la réduction de l'effet de cette institution aux deux sixièmes

pour lesquels les contractans mariage avaient été personnellement institués; ils demandèrent en même temps que la nullité de la clause d'association tournât à leur profit, et non à celui des deux héritiers institués, qui seraient exclus du surplus des biens, lequel formait les quatre
sixièmes de la succession.

C'est qui fut jugé par jugement du tribunal de Moulins, du 4 mars
1824. Sur l'appel de ce jugement, il a été confirmé, en cette partie, par
l'arrêt de la Cour royale. Nous ne devons faire connaître les motifs et
le dispositif de l'arrêt, qu'en ce qui concerne cette partie de la contestation.

« En ce qui touche l'appel interjeté de la disposition du jugement du
4 mars 1824, par laquelle la clause portant association de Jean-Baptiste
et de Marie Meilleroux jeune, et de leurs époux futurs, à l'institution
d'héritiers qui fut faite par Gabriël Fournier, en faveur de Claude Thevenin et de Marie Meilleroux l'aînée, par leur contrat de mariage du
1er juillet 1810, a été déclarée nulle et de nul effet, et qui, en restreignant
l'effet de l'institution faite au profit des mariés Thevenin, aux deux
sixièmes de la succession de Gabriël Fournier, a attribué les quatre autres
sixièmes à ses héritiers naturels, autres que les institués;

« Considérant qu'il s'agit moins, dans la cause, de rechercher si la
clause d'association, dont l'usage était admis par l'ancienne jurisprudence, comportait, ou non, une substitution fidéicommissaire, que
d'examiner si cet ancien mode de disposer de ses biens d'une manière indirecte, et contre le vœu même de la loi, a pu être pratiqué depuis la
promulgation du Code civil;

» Et, à cet égard, considérant que, d'après l'article 893 de ce Code,
nul ne peut disposer de ses biens à titre gratuit, que par donation entre-
vifs ou par testament;

» Que si, aux termes de l'art. 1082, l'institution contractuelle peut
avoir lieu par contrat de mariage, au profit des époux et des enfans à
naître du mariage, cette disposition doit être restreinte au seul cas qu'elle
exprime;

» Que l'on ne saurait attribuer à une clause par laquelle un tiers
serait associé à une institution faite au profit d'un contractant mariage,
l'effet d'une disposition qui saisirait l'associé, sans donner indirectement
à un non contractant mariage, une portion d'hérédité, que la loi ne per-

met d'assurer qu'à ceux qui se marient, et aux enfans à naître des époux dans le contrat desquels la disposition a été faite ;

» Qu'il suit de là que, d'après les dispositions des art. 893 et 1082 du Code précité, la charge d'association, stipulée par un instituant, au profit de tiers étrangers au mariage, ne peut être considérée que comme une disposition indirecte, faite dans les vues d'éviter la prohibition de la loi, et qui, dès lors, doit être déclarée nulle, nonobstant les anciens usages de jurisprudence, qui doivent être réputés abolis, par cela même qu'ils n'ont point été maintenus par le Code civil ; et qu'en le décidant ainsi, les premiers juges se sont conformés aux vrais principes de la législation actuelle ;

» Considérant que c'est avec même raison que le tribunal dont est appel, a décidé que la nullité de la clause d'association ne pouvait profiter aux mariés Thevenin, héritiers institués, mais qu'elle devait avoir pour résultat de faire rentrer dans la succession *ab intestat* de l'instituant, les portions destinées aux associés, et, par suite, de les attribuer aux héritiers naturels, autres que les institués ;

» Que l'on pourrait dire que Gabriël Fournier, ayant institué les époux Thevenin pour ses héritiers, à la charge d'associer à cette institution Jean-Baptiste et Marie Meilleroux la jeune, ainsi que leurs époux futurs, pour chacun une portion, aurait par là suffisamment manifesté son intention de ne conférer à chacun des contractans mariage qu'un sixième des biens qu'il laisserait à son décès; mais que sa volonté sur ce point ayant été exprimée d'une manière spéciale, à la suite de la clause d'association qui est liée à celle de l'institution, par ces mots : « *De manière que la succession dudit Gabriël Fournier se divisera en six portions égales,* » il en résulte que l'instituant avait lui-même déterminé la part qu'il assignait, dans son hérédité, à chacun de ses héritiers institué ou associés, ce qui écarte pleinement le système invoqué par les mariés Thevenin, que la nullité de l'association devait profiter à eux seuls, comme étant repoussé par le titre même qu'ils invoquent; système, au surplus, auquel ils paraîtraient avoir renoncé, en demandant, par leurs conclusions d'audience, acte de ce qu'ils entendent s'en tenir, comme donataires ou héritiers institués de Gabriël Fournier, au tiers des biens par lui délaissés, et ne rien prétendre dans la succession *ab intestat*..... ;

» Ordonne qu'en venant, par les parties, au partage ordonné par le jugement dont est appel, il en sera attribué aux mariés Thevenin deux sixièmes, comme héritiers institués dudit Fournier ; et que les quatre autres sixièmes seront divisés entre les héritiers naturels, conformément à la loi, autres que les institués. »

Il paraît bien, d'après un des passages de l'arrêt, que les deux institués héritiers directement ont consenti, sur l'appel, à ce qu'il ne se fît pas accroissement à leur profit, de l'annulation de la clause d'association. Mais il ne saurait résulter de là que les questions principales n'aient été jugées de la manière dont nous l'annonçons. Ces deux héritiers ont bien pu entendre que la clause d'association fût valable au profit de ceux qui, par l'effet de cette clause, étaient appelés à recueillir l'effet de l'association ; ils ne se sont nullement expliqués à cet égard ; et la question de savoir si la clause d'association était valable, ou non, restait toujours entre ceux qui étaient appelés à l'institution par voie d'association, et les héritiers du sang, qui soutenaient que cette clause était nulle, et que les deux tiers qui étaient l'objet de la clause d'association, devaient leur revenir.

La Cour royale de Riom a donc jugé formellement,

1°. Que la clause d'associer un tiers non contractant mariage, apposée à une institution contractuelle, était nulle ;

2°. Que cette clause étant nulle, l'effet de la nullité doit tourner au profit des héritiers du sang, et non à celui de l'héritier contractuel.

 17. Ainsi les opinions qui sont adoptées par les auteurs, la jurisprudence qui se forme, s'élèvent contre l'ancien usage, qui était en contravention formelle à la loi. M. Bergier, qui ayant sans doute été entraîné par la force de l'usage et de l'habitude, ne voulut pas, dans le temps, combattre de front les auteurs qui avaient écrit avant lui sur la clause d'association, ne put cependant s'empêcher de manifester sa répugnance à l'adopter en principe, ou, au moins, de faire paraître un doute sérieux sur sa validité. On en est convaincu d'après la manière dont il s'en explique. *Cette clause d'association*, dit-il, *s'est introduite, et elle est devenue très-fréquente, peut-être parce qu'on n'a guères réfléchi sur sa nature, et qu'on a* très-mal *apprécié ses effets.* Nous avons vu, dans notre jeunesse, de bien plus anciens jurisconsultes de la même province d'Auvergne, justement célèbres par leur savoir, par la rectitude de leur jugement, et par leur expérience, déplorer l'usage de cette clause, qu'ils regardaient comme une violation

de

de la loi, et comme donnant lieu à une foule de contestations judiciaires, par ses incohérences avec tous les principes de la matière. Ils voyaient avec regret combien il était difficile de détruire l'erreur, tant elle était enracinée.

Une nouvelle législation s'est élevée. La circonstance est favorable pour opérer un retour à la pureté des principes. Il est important qu'il se forme une jurisprudence qui soit absolument en harmonie avec cette législation. Il est pénible d'en voir continuer une qui lui est absolument contraire. Dans cette position, les magistrats n'ont plus de marche certaine, les contractans conçoivent des craintes sur la stabilité des contrats, parce que l'expérience apprend qu'on ne doit compter que sur la loi de laquelle la jurisprudence se rapproche tôt ou tard.

Dès que nous étions imbus de toutes ces idées, on ne sera pas étonné de notre persévérance à soutenir une opinion émise avec bonne foi, et avec l'intime conviction qu'elle est conforme aux règles. Malgré les ressources d'un adversaire savant et habile, employées avec art, et qui nous ont forcé de donner à notre dissertation plus d'étendue que nous n'aurions voulu, nous avons lieu d'espérer de voir réaliser ce que disait Henrys, sur un usage vicieux qui fut enfin aboli, pour faire place à la règle.

« C'est ainsi, disait ce savant auteur, tome 2, liv. 4, chap. 6, quest. 30, page 280, que la raison et la vérité emportent à la fin l'avantage ; c'est ainsi que leur lumière se fait connaître, et nous contraint d'avouer qu'il ne faut pas tout donner à l'usage. Quelque autorité qu'il s'attribue, la raison doit être plus forte ; elle doit aussi prévaloir au pouvoir que le temps s'acquiert. Autrement il s'ensuivrait qu'il ne faudrait plus raisonner, et que, semblables aux bêtes de compagnie, nous n'aurions qu'à suivre le chemin qu'on a montré, sans s'enquérir du meilleur. »

ADDITION AU TRAITÉ DES DONATIONS.

Quel a dû être l'effet des renonciations faites anciennement par les filles mineures, aux successions futures.

Cette question n'est pas étrangère à la matière que nous avons traitée, et elle est susceptible de quelques éclaircissemens qui peuvent être utiles. Elle s'est déjà présentée, et elle peut paraître encore, à l'occasion de successions ouvertes avant l'abolition de la forclusion des filles, et lorsque les renonciations des filles mineures aux successions futures étaient en vigueur.

Suivant les usages de la France, contraires à ce qui se pratiquait à cet égard dans le droit romain, les renonciations des filles même mineures aux successions futures, avaient été adoptées. Mais ce n'était que sous trois conditions : la première, qu'elles fussent soutenues de la volonté du père, qui est toujours présumé prendre le meilleur parti pour sa famille ; la seconde, qu'elles fussent dirigées au profit des mâles, qui étaient considérés comme les soutiens des familles ; et la troisième, qu'elles fussent stipulées dans le contrat de mariage de la renonçante, moyennant une dot certaine, qui était présumée remplir sa portion afférente, à cause de l'incertitude des événemens.

Tels sont les principes enseignés par Ricard, *Traité des donations*, part. 3, chap. 8, sect. 7, n° 1070 ; et par Lebrun, *Traité des successions*, liv. 3, chap. 8, sect. 1re, n° 12. Ces auteurs ne font aucune distinction entre le cas où la renonciation eût été faite dans les Coutumes où la forclusion de droit avait lieu contre les filles en faveur des mâles, et celui où la renonciation aurait été faite dans les pays de droit écrit, où la forclusion coutumière ou de droit, et en faveur des mâles seulement, était inconnue. Leur opinion était regardée comme commune à toutes les parties de la France en général. C'est ce que nous avons toujours cru, et c'est ainsi que nous l'entendions, lorsque nous nous expliquions au n° 561 de notre Traité des donations. Nous y faisions la différence d'entre l'ancien état de choses, sur cette matière, et l'état actuel ; et nous faisions marcher d'un pas égal, et sans distinction, les *renonciations convention-nelles* avec les *forclusions coutumières*. Nous y disions que la portion légitimaire des filles, soit renonçantes, soit forcloses, appartenait aux mâles, *pour lesquels les lois avaient introduit* ou la *forclusion*, ou la *renonciation*.

Cependant il s'est toujours élevé du doute sur la question de savoir si, pour la validité de la renonciation des filles mineures aux successions futures, dans les pays de droit écrit, l'existence des mâles était nécessaire, et si la renonciation profitait seulement aux mâles à l'exclusion des filles. Pour soutenir la négative, on pourrait invoquer les opinions de quelques auteurs, et même un arrêt du parlement de Paris, du 14 juillet 1635, dont l'existence était néanmoins le sujet d'un doute.

Cette question s'est présentée dans le courant de l'année 1826, à la première chambre de la Cour royale de Riom ; elle y fit la matière d'une forte discussion. La Cour avait ordonné un délibéré, et au moment où elle devait le vider, les parties rapportèrent un traité, d'après lequel la question ne dut pas être jugée. Cet état de choses nous permet d'émettre une opinion.

Or, nous pensons que dans tous les pays, soit de droit écrit, soit de forclusion coutumière, les renonciations des filles ne devaient avoir leur effet qu'autant qu'il y avait des mâles, et que ceux-ci devaient seuls en recueillir l'effet. Nous connaissons, à ce sujet, un arrêt du parlement de Paris, d'autant plus important, que nous savons qu'il a été rendu en très-grande connaissance de cause, et que nous croyons qu'il n'est cité nulle part. Il est très-propre à fixer les idées sur la question ; il a été rendu pour une succession qui s'était ouverte dans la ville de Saint-Germain-l'Herm, située en Auvergne, où habitaient les héritiers, et qui était régie par le droit écrit. L'affaire avait été portée aux requêtes du palais, en vertu d'un *committimus* exercé par le sieur Choussi du Pin, l'une des parties. Quatre filles, sœurs de la dame Choussi, avaient renoncé, à son profit, à la succession future du sieur Antoine Faucher, père commun, habitant de Saint-Germain-l'Herm, quoiqu'il y eût un mâle, qui était le sieur Faucher, procureur à Clermont. Celui-ci demanda pour lui seul le bénéfice des renonciations. Une sentence des requêtes du palais, du 17 mai 1784, rendue après un mis de pièces entre les mains de M. Foulon, conseiller, condamna les sieur et dame Choussi du Pin à délivrer au sieur Faucher, leur frère et beau-frère, le bénéfice des renonciations faites par Marie Faucher, épouse du sieur Jean Vauzelles, autre Marie Faucher, épouse du sieur Dussuc, Catherine Faucher, épouse de Jean-Joseph Sablonière, et Marie-Antoinette Faucher, épouse du sieur Chassaigne, à la succession du sieur Antoine Faucher, leur père ; et pour y parvenir, et pour connaître le montant de ce bénéfice, la sentence ordonna que dans la huitaine il serait procédé au partage de tous les biens du père commun. Cette sentence fut confirmée par arrêt du parlement, du 12 janvier 1785.

Nous avons extrait dans le temps, les dispositions de la sentence et de l'arrêt sur leurs expéditions originales, et sur le vu de la procédure que nous avions sous les yeux. Nous avons été convaincus que la question fut ainsi jugée, sur le fondement qu'en droit écrit les renonciations des filles aux successions futures, devaient profiter aux mâles à l'exclusion des filles, à l'exemple des forclusions coutumières; en sorte que, s'il n'y avait pas eu de mâles, les renonciations devaient être sans effet.

TRAITÉ SUCCINCT
DE L'ADOPTION ET DE LA TUTELLE OFFICIEUSE.

2e édition, t. II, p. 482, 8e alinéa, et en note au bas de la page.
2e édition, t. II, p. 516, 5e alinéa.

On ne doit pas perdre de vue l'époque où le Discours et le Traité succinct ont été composés. Ce fut en vendémiaire an 10.

M. Toullier, *Droit civil*, tome 2, pages 275 et 276, est d'un avis différent. Il pense que, dans tous les cas, on doit se pourvoir à la Cour de cassation contre un arrêt qui a confirmé ou rejeté une adoption contraire à la loi. Il dit qu'en ce qui concerne le cas auquel, selon nous, on pourrait se pourvoir devant le tribunal même qui a prononcé sur l'adoption, notre opinion tendrait à faire revivre les propositions d'erreurs proscrites, il y a plus d'un siècle, par l'ordonnance de 1667.

Nous regardons cette comparaison comme étant si évidemment inexacte, que nous nous croyons dispensés de le démontrer. Quant au fond de notre opinion, abstraction faite de cette comparaison, l'on pourrait dire qu'elle trouverait un préjugé dans l'arrêt de la Cour de Colmar, que nous avons cité au n° 34 *bis*. Et on peut voir ce qu'en disent les auteurs de la Thémis, tom. 7, janvier 1825, pag. 105 et 106. Leur opinion se rapproche de la nôtre. Les idées ne pourraient être bien fixées à ce sujet que par des arrêts qui formeraient une jurisprudence.

Au surplus, notre opinion ne présente aucun danger sur la conservation du droit. Il ne pourrait résulter du parti que nous avons cru devoir admettre, qu'un délaissement par-devant la Cour de cassation.

2e édition, t. II, p. 524, 1er alinéa après le sommaire.

34 bis. *Un étranger peut-il être adopté par un Français?*

Il s'est élevé une question très-importante sur cette matière, dont la discussion a mis dans la nécessité d'approfondir plus particulièrement la nature et les effets de l'adoption. Cette question est celle de savoir si un étranger peut être adopté par un Français.

La question fut d'abord jugée négativement par un arrêt de la Cour royale de Besançon, du 18 janvier 1808, rapporté par Sirey, vol. 7, 2ᵉ part., pag. 773. Mais ayant été élevée dans la suite, elle a été jugée dans le même sens, par un arrêt de la Cour de cassation, du 5 août 1823, qui a cassé un arrêt de la Cour royale de Colmar. Le fond ayant été renvoyé à la Cour royale de Dijon, cette Cour a rendu un arrêt conforme, le 31 janvier 1824.

On voit l'arrêt de la Cour royale de Colmar, rapporté dans le Répertoire de M. Favard, au mot *Adoption*, sect. 2, § 1ᵉʳ; les deux autres de 1823 et 1824, le sont dans le même Répertoire, au mot *Succession*, sect. 3, § 4. L'arrêt de la Cour de cassation a encore été recueilli par M. Dalloz, dans son Journal des audiences, vol. 23, pag. 322.

On lit dans ces deux ouvrages un exposé fait avec autant de précision que de force, de tous les moyens qui pouvaient être opposés à l'appui de chacune des opinions, en sorte que la question a été jugée en grande connaissance de cause. Nous pouvons nous dispenser d'entrer dans l'examen de tous ces moyens. On trouvera toutes les idées qu'on doit s'en former, dans les deux arrêts. En les mettant sous les yeux du lecteur, c'est lui présenter, de la manière la plus briève, le point de vue sous lequel la question devait être considérée, et lui faire connaître les vrais motifs de la décision, fondés sur la nature de l'adoption.

Voici l'arrêt de la Cour de cassation :

« La Cour, — Vu l'article 11 du Code civil ; — Attendu que, suivant cet article, il est de principe d'ordre public en France que l'étranger ne jouit des droits purement civils des Français, qu'autant qu'une loi expresse ou des traités formels l'y autorisent ; — Que cet article ne distingue point entre les différens droits civils ; qu'au contraire il est conçu d'une manière générale et absolue, qui les comprend tous sans exception ; qu'ainsi, hors les cas prévus par des traités, l'étranger n'est pas plus capable de jouir passivement de ces droits, que de les exercer d'une manière active ; — Que d'après les articles 343 et suivans, jusqu'à l'article 353 du même Code, l'adoption est un acte solennel, qui établit entre l'adoptant et l'adopté des rapports de paternité et de filiation, qui les constituent civilement, l'un envers l'autre, dans un état personnel, permanent et irrévocable, dont les effets sont déterminés par ces articles ; qu'il suit de là que l'adoption est un droit purement civil, et que l'étranger ne peut être valablement adopté par un Français, qu'autant que la législation française, ou un traité passé entre les deux nations, le lui aurait permis; — Que, dans le fait, Sander est étranger, ainsi que l'arrêt attaqué l'a reconnu, et qu'il en convient lui-même; que, par conséquent, il n'a pu être adopté par Lotzbeck, quoique celui-ci fût Français, puisqu'il n'existe pas de loi qui, dans aucun cas, autorise l'adoption des étrangers par des Français; — Que Sander ne peut induire cette autorisation du traité passé avec le pays de Bade, le 20 novembre 1765, puisque ce traité est uniquement relatif aux donations et aux successions; et que si, depuis cette époque, l'adoption a été admise dans le pays de Bade, comme en France, la réciprocité de ce droit n'a été stipulée par aucun traité postérieur à l'introduction de cette institution; — Que Sander peut encore moins invoquer la loi du 24 juillet 1819, qui abolit le droit d'aubaine, puisque cette loi, qui n'est également relative qu'aux donations et aux successions, est sans application à l'adoption, qui tient à l'état des personnes, et non pas seulement à la transmission des biens; — Attendu enfin que, malgré ces principes, la Cour de Colmar a décidé que Sander, quoique étranger, avait été valablement adopté par Lotzbeck, Français, sur le motif qu'en général l'étranger peut être adopté par un Français, et que, en particulier, Sander a pu l'être, d'après le traité du 20 novembre 1765, les nouvelles lois du pays de Bade, et la loi du 11 juillet 1819; qu'en cela, l'arrêt a formellement violé l'art. 11 du Code civil, et faussement appliqué les autres lois ci-dessus citées; — CASSE..... »

Arrêt de la Cour royale de Dijon.

Les motifs des six premiers considérans, sont étrangers à la question principale.

Sur la septième question, l'acte du 30 janvier 1817, par lequel Lotzbeck, naturalisé Français, a adopté Sander, sujet badois, est-il valable?

« Considérant, sur cette question, que l'adoption est l'exercice d'un droit civil, et que, pour s'en convaincre, il suffit d'examiner les différences essentielles qui existent entre les actes ou les droits qui dérivent du droit des gens, et ceux qui dérivent du droit civil, *jus civitatis*, différences qui consistent en ce que les engagemens qui dérivent du droit des gens, sont ceux qui existeraient par la nécessité des choses, quand

même la loi n'en aurait pas déterminé la forme , et qui d'ailleurs sont
admises par toutes les nations civilisées , tels que le droit de vendre,
d'acheter, d'échanger, de prêter, etc....., tandis que les engagemens qui
dérivent du droit civil , sont, au contraire, ceux dont on ne peut concevoir l'existence, sans que la loi civile en ait accordé la faculté , d'où
il suit qu'on ne peut révoquer en doute que l'adoption ne soit au nombre
de ces derniers; car c'est, à proprement parler, une action de la loi qui
donne un enfant au père adoptif, et un père à l'enfant ;

» Considérant que les articles 8, 11 et 13 du Code civil, règlent de la
manière la plus claire quelles sont les personnes qui jouissent des droits
civils, soit dans leur plénitude , soit seulement en partie; — Que l'article 8 détermine en termes généraux que *tout Français jouit des droits
civils;* — Que l'art. 11 détermine que l'étranger jouit des mêmes droits
civils accordés aux Français par les traités de la nation à laquelle cet
étranger appartient, d'où déjà la conséquence que l'étranger ne jouit
pas de tous les droits civils, qu'il y a restriction ; — Que ce qui confirme
cette restriction, c'est que l'article 13 statue que l'étranger jouira des
droits civils pendant sa résidence en France, quand il aura obtenu du
Roi l'autorisation d'y établir son domicile ; - Qu'ainsi cette exposition
de principes réfute suffisamment la première proposition de l'intimé,
que les étrangers jouissent en France de tous les droits civils dont ils ne
sont pas privés par une disposition spéciale de la loi ; et qu'elle répond
également à cette seconde proposition, qu'un étranger peut être adopté
en France , parce qu'aucune disposition de la loi d'adoption ne le défend :

» Considérant que du moment qu'il est établi que l'adoption est l'exercice d'un droit purement civil, et que les étrangers ne jouissent en France
que de ceux accordés réciproquement par des traités de nation à nation ;
il ne reste, pour décider entièrement la question, qu'à examiner si les
Badois sont, par quelque traité intervenu entre la France et le pays de
Bade, aptes à être adoptés par des Français. Or, ce point de fait n'est pas
même controversé; il est reconnu que le traité de 1765 n'en fait pas et
n'en pouvait pas faire mention, car l'adoption n'était pas alors dans nos
lois; et le traité de 1814, dont il a été parlé, n'est que le renouvellement
de celui de 1765; — Qu'aussi Sander prétend-il vainement échapper aux
conséquences de cette omission, en soutenant que le principal effet de
l'adoption est le droit de succéder à l'adoptant, et que ces traités établis-

sant le droit des Badois de succéder à des Français, soit *ab intestat*, soit
par dispositions testamentaires, il faut en conclure que le droit d'adopter
est implicitement compris dans ces traités; car il n'est point exact de dire
que le droit de succéder soit le principal effet de l'adoption, puisqu'il
est reconnu, au contraire, que ce principal effet, et c'est ainsi que s'en
expliquent les auteurs, est de produire un changement dans l'état personnel de l'adoptant et de l'adopté, changement par suite duquel il
s'établit entre eux des rapports de paternité et de filiation, et que c'est
comme conséquence de ces rapports, que la loi a donné à l'adopté le
droit de succéder à l'adoptant; — Que tout aussi vainement Sander prétend-il, en s'appuyant de définitions données par des jurisconsultes et des
magistrats anciens, établir que le droit de succéder est le seul droit civil
proprement dit, et que ce droit étant reconnu par le traité de 1765, il
en résulte que les Badois jouissent en France des droits civils; — Attendu
que, indépendamment de ce qu'il ne faudrait pas s'arrêter à la manière
dont on définissait les droits civils dans l'ancienne jurisprudence, parce
qu'il est question de l'adoption, qui est un droit nouveau, régi par une
loi spéciale, il n'est pas exact de dire que les anciens auteurs cités par
Sander, tels que Domat, d'Aguesseau, Joly de Fleury, ne reconnaissent,
pour droit civil, que le droit de succéder, puisqu'il est constant, au contraire, qu'ils en reconnaissent d'autres, et que, quand ils parlent du
droit de succéder, ce n'est que d'une manière démonstrative, et non
restrictive, et qu'en tous cas la discussion qui a eu lieu au Conseil d'état,
lors de la confection du Code civil, et les discours des orateurs du Gouvernement, lors de sa présentation au Tribunat, sont contraires à ce système; — Qu'il est de même en opposition directe avec le discours du
garde des sceaux, lors de la présentation de la loi du 14 juillet 1819;
car ce chef de la magistrature dit positivement que le but de cette loi
n'est que de donner le droit de succéder, mais que l'interdiction de tous
les autres droits civils, conformément à l'article 11, continuera de subsister; — Qu'ainsi s'écroule tout ce système, et les conséquences qu'en
prétendait tirer Sander;

» Considérant sur la huitième question, que les défenses à Sander,
d'ajouter le nom de Lotzbeck au sien, de s'immiscer dans la succession
de Guillaume Lotzbeck, et la mention de l'arrêt en marge de l'acte
d'adoption, ainsi que de l'inscription sur les registres de l'état civil, sont

des

des conséquences de l'annulation de l'acte d'adoption , et que, d'après tout ce que dessus, on ne peut se refuser à les prononcer, etc. »

M. Favard dit que, d'après ces deux arrêts, il faut regarder comme certain qu'un étranger ne peut pas être valablement adopté par un Français ; nous pensons aussi qu'il n'y a rien de plus vrai.

La même question vient d'être récemment jugée par un arrêt de la Cour de cassation, du 7 juin 1826, section civile. Cet arrêt est rapporé au Journal des audiences de M. Dalloz, vol. 26, page 299, Il est important en ce qu'il donne un développement nouveau des motifs de la jurisprudence, sous le rapport des conditions qui se tirent des traités respectifs des nations, pour la validité de l'adoption d'un étranger par un Français. L'arrêt par lui-même fait suffisamment connaître les faits.

« La Cour, — Vu l'art. 11 du Code civil , — Attendu, en droit, que l'adoption n'appartient ni au droit naturel, ni au droit des gens ; que cette institution ne peut donc appartenir qu'au droit civil ; et que, par une conséquence nécessaire, les rapports qui en dérivent ne peuvent s'établir qu'entre individus participant au même droit civil ; d'où il suit que les nationaux seuls peuvent adopter et être adoptés, si ce n'est dans le cas où les traités rendent communs aux étrangers les droits civils appartenant aux nationaux ; — Attendu que l'art. 11 du Code civil n'admet l'étranger à jouir en France que des droits civils dont le Français pourrait jouir en vertu des traités de la nation à laquelle appartient cet étranger ; — Attendu que la loi du 14 juillet 1819 n'a fait qu'habiliter l'étranger à succéder , disposer et recevoir, c'est-à-dire, que, pour l'exercice de ces trois espèces de droits civils, elle a placé l'étranger sur la même ligne que le Français, mais en laissant subsister , à l'égard de l'étranger, l'exclusion des autres droits civils, sur lesquels elle n'a pas statué ;

» Attendu, en fait, que Sallima est né, en 1795, dans l'île de Malte, pays aujourd'hui soumis à la domination anglaise, et qu'il n'a été justifié d'aucun traité, soit entre la France et le ci-devant ordre de Malte, en vertu duquel les sujets des deux puissances eussent , dans le ressort des deux états respectifs, la jouissance réciproque des droits civils, soit entre la France et la Grande-Bretagne, *en vertu duquel les Français seraient admis à former activement ou passivement,* en Angleterre, le contrat d'adoption ; — Que, dans ces circonstances, en autorisant l'adoption de Sallima par le marquis de Canillac, la cour royale de Nîmes a faussement appliqué la loi du 14 juillet 1819, et violé l'article 11 du Code civil ; — Donne défaut contre la défenderesse; et pour le profit, Casse. »

2e édition, t. II, p. 527, dernier alinéa.

Depuis la seconde édition de notre Traité, cette jurisprudence nous paraît s'être formée généralement dans les Cours royales, d'après tous les Recueils qui rapportent un grand nombre d'arrêts qui l'ont ainsi jugé, surtout dans les derniers temps. Nous nous bornerons à citer un seul arrêt de la Cour royale d'Angers, du 29 juin 1824, qui est précis. Il est rapporté dans le Recueil de Sirey, tome 24, 2ᵉ part., page 205.

« La Cour, — Vu les actes de reconnaissance et d'adoption, ci-dessus cités, ensemble le jugement du tribunal de Château-Gontier, et les conclusions écrites du ministère public, de tout quoi il résulte que les conditions et formalités voulues par la loi, en pareil cas, ont été remplies et observées, et que ledit sieur...... (adoptant) jouit d'une bonne réputation, — Confirme ledit jugement, et déclare qu'il y a lieu à adoption ; — Ordonne que le présent arrêt sera imprimé et affiché, etc.

Cet arrêt est d'autant plus important, qu'il a été rendu contre les conclusions écrites et motivées du premier avocat général de cette Cour, qui rappelait contre l'adoption, dès qu'il s'agissait d'un enfant naturel, toutes les réflexions que nous avions développées avant que nous connussions ce qui en a été dit de nouveau par M. Locré, tome 4ᵉ de l'*Esprit du Code civil*, long-temps après les discussions du Conseil d'état, qui, seules, étaient alors connues. On citait encore contre l'adoption proposée, les opinions de plusieurs autres auteurs recommandables, ce qui prouve que la Cour royale d'Angers a eu de fortes raisons de se prononcer comme elle l'a fait.

La Cour royale de Riom, depuis long-temps, a admis plusieurs adoptions d'enfans naturels reconnus (il ne peut y en avoir d'autres). D'après l'expérience acquise depuis la promulgation du Code civil, il serait difficile d'assurer que l'on embrassât l'état de célibataire, par l'espérance de pouvoir se donner un jour un enfant adoptif. Une personne du sexe qui a eu le malheur d'être séduite, peut être digne d'obtenir cet adoucissement, d'après une bonne conduite et une manifestation de sentimens louables. Un homme qui se trouve dans le même cas, peut encore mériter cette faveur. La mort de la mère de l'enfant, ou d'autres circonstances fâcheuses pourraient avoir retardé ou empêché un mariage projeté.

Le point essentiel est de vérifier siles adoptans ont tenu une conduite capable de faire excuser une faiblesse ; s'ils jouissent, en un mot, d'une bonne réputation. On sent aussi avec quel soin on devrait écarter l'adoption d'un enfant qui serait soupçonné d'être le fruit d'un adultère ou de l'inceste : tout est soumis à la conscience des magistrats. La compétence de la Cour de cassation se borne à l'examen des formes.

37 bis. *Arrêt très-important contraire à l'opinion de l'auteur.*

2e édition, t. II, p. 529, 4e alinéa.

Mais notre opinion n'a point été suivie en jurisprudence. Un arrêt de la Cour de cassation, du 2 décembre 1822, sect. civile, rapporté dans le Journal des audiences de cette Cour, vol. 22, page 489, a jugé que le lien de parenté civile, par l'effet duquel l'adopté succède à l'adoptant, existe aussi à l'égard des descendans de l'adopté, tellement que ceux-ci ont le droit de recueillir la succession de l'adoptant, par représentation de leur père prédécédé. Par une suite de cette décision, le même arrêt a jugé que le legs d'immeubles fait par l'adoptant à l'un des enfans de son fils adoptif, est seulement passible du droit de mutation d'un pour cent, réglé pour les mutations immobilières en ligne directe, par le § 3, n° 4, de l'article 69 de la loi du 22 frimaire an 7, et non du droit de cinq pour cent, auquel les mutations sont assujetties par le n° 2, § 8, du même article, lorsqu'elles s'opèrent en ligne collatérale, ou en faveur d'étrangers.

La question a donné lieu à une très-forte discussion qu'on peut voir dans le Recueil où l'arrêt est rapporté. Mais l'arrêt seul donnera toutes les idées qu'on a pu se former sur cette question, et c'est un moyen d'abréger (1).

« La Cour, — Vu les articles 347, 348, 349, 350 et 351 du Code civil : — Vu aussi l'article 69, § 3, n° 4, et § 8, n° 2, de la loi du 22 frimaire an 7 ; — Attendu que du rappochement et de l'ensemble des articles

---

(1) Nous avons écrit sur cette matière, presque aussitôt après la publication du Code civil. Elle était neuve en elle-même, et il n'y avait point de jurisprudence formée. Nous avons à nous féliciter qu'il n'y ait eu de contradiction que sur un petit nombre de nos opinions.

précités du Code civil, il résulte évidemment que le système général de la loi qui permet l'adoption, a pour objet de donner aux citoyens que les circonstances ont éloignés des liens du mariage, ou dont le mariage a été jusque là stérile, la faculté de se créer une descendance fictive, semblable dans ses effets à la descendance naturelle dont ils sont privés; que ce but principal de la loi se manifeste clairement dans les dispositions de l'art. 347, qui confère à l'adopté le *nom* de l'adoptant; de l'art. 348, qui établit *relativement au mariage*, les mêmes *prohibitions* entre l'adoptant et l'adopté, leurs enfans ou conjoints respectifs, que le même Code prononce entre les personnes unies au même degré par les liens du sang; de l'art. 349, qui établit entre l'adoptant et l'adopté les mêmes *obligations réciproques*, qui existent dans l'ordre naturel, de se fournir des alimens, dans les cas déterminés par la loi; de l'article 350, qui accorde au fils adoptif *les mêmes droits sur la succession* de l'adoptant, *que ceux de l'enfant né en mariage, lors même qu'il y aurait d'autres enfans de cette dernière qualité*, nés depuis l'adoption; enfin, de l'art. 351, qui, en cas de prédécès de l'adopté, n'accorde à l'adoptant *un droit de retour* sur les dons par lui faits à son fils adoptif, *que dans le cas où celui-ci est décédé sans postérité;* — Attendu que si l'article 350 ci-dessus cité refuse à l'adopté tout droit de successibilité sur les biens des parens de l'adoptant, cette disposition, éminemment juste, en ce qu'il ne doit pas dépendre de l'adoptant de donner à ses parens des héritiers que la loi ne leur donne pas, et qui ne sont pas de leur choix, loin de modifier aucunement l'intimité des rapports que la loi établit entre l'adoptant lui-même et son enfant adoptif, la fortifie au contraire par la précision des termes restrictifs dans lesquels elle est conçue; — Attendu qu'il suit dans tout ce que dessus, que ce serait contrarier le vœu bien prononcé du législateur, et rendre, en quelque sorte, illusoire le bienfait de cette descendance civile, par laquelle une heureuse fiction de la loi remplace, en faveur de l'adoptant, la descendance naturelle, que d'en restreindre l'effet à la seule personne de l'adopté; — Attendu enfin que, suivant un principe de droit commun, consacré par l'article 740 du Code civil, la représentation a lieu, de plein droit, en ligne directe descendante, et qu'on ne trouve aucune disposition exceptionnelle à ce principe, à l'égard de la descendance résultante de l'adoption; — Attendu que, par une conséquence nécessaire de ce qui vient d'être dit, les legs faits par l'adoptant aux enfans de l'adopté doivent être considérés comme faits en ligne directe, et passibles seulement du droit proportionnel, dont l'article 69, § 3, n° 4, de la loi du 22 frimaire an 7, frappe ces sortes de libéralités, et ne sont pas soumis au droit réglé par le n° 2, § 8, du même article, pour les mutations par décès, qui ont lieu entre collatéraux ou entre personnes non parentes; et qu'ainsi le jugement attaqué, qui a déclaré ce dernier droit applicable au legs fait par le sieur Baduel à l'enfant mineur de son fils adoptif, a violé les articles ci-dessus cités du Code civil, faussement appliqué le n° 2, § 8, de l'art. 69 de la loi du 22 frimaire an 7, et violé le n° 4, § 3, du même article; — CASSE. »

On conçoit bien la parenté fictive, formée par l'adoption, entre l'adoptant, son fils adoptif et les descendans de celui-ci; mais on ne conçoit pas que cette parenté fictive ait pu exister entre la descendance adoptive de l'adoptant, et le père de l'adoptant ou son aïeul : ces derniers restent étrangers à l'adoption faite par leur fils ou petit-fils; ils n'ont entendu et ils n'ont pu avoir d'autres héritiers que ceux que leur donnaient les liens du sang.

2e édition, t. II, p. 529, 5e alinéa.

40 bis. *Arrêts importans sur cette question.*

2e édition, t. II, p. 531, 6e alinéa.

Nous avions cru poser, dans le numéro précédent, un principe certain. Nous ne pensions pas même qu'il pût être révoqué en doute. Mais il en est autrement. La Cour de cassation, section civile, a jugé le contraire, par un arrêt du 29 juin 1825, rapporté dans le Journal des audiences de cette Cour, vol. 25, page 222.

Pour apprécier l'arrêt, il est indispensable de connaître l'espèce et les faits, et de comparer l'arrêt de la Cour royale de Montpellier, contre lequel on s'était pourvu, avec celui de la Cour de cassation.

Le 19 vendémiaire an 4, contrat de mariage entre le sieur Ferdinand Carrion, baron de Nisas, et la demoiselle Rose Lacazin. Le sieur Carrion, dit le contrat, « voulant donner à sadite future épouse des marques de l'amitié qu'il lui porte, lui a, en faveur dudit mariage, et au cas de survie seulement, fait donation pure, simple et irrévocable, de tout et chacun ses biens, meubles et immeubles . . . . . qu'il se trouvera délaisser au jour de son décès, sans en rien excepter ni réserver, pour par elle en jouir, faire et disposer, ledit cas arrivant, comme de son bien propre; laquelle donation n'aura lieu pour la totalité, qu'autant qu'il n'y aurait point d'enfans procréés de leur union ; et, dans le cas qu'il y en eût, ledit Carrion veut que sadite future épouse ait, tant en propriété, usufruit, que jouissance, tout ce que les lois, tant futures que présentes, peuvent permettre de donner à une épouse par son mari, le lui donnant d'hors et déjà par exprès. »

Aucun enfant n'est issu de ce mariage. Au mois de juin 1817, les sieur et dame Carrion de Nisas adoptèrent leur nièce, Marie Lacazin, qu'ils avaient prise chez eux depuis plusieurs années. Dans le mois de septembre suivant, ils la marièrent au sieur Edmond Rouch, et lui constituèrent en dot tous leurs biens présens et à venir, mais pour en jouir seulement après le décès du dernier survivant des sieur et dame Nisas. — De ce mariage est née une fille, Cécile Rouch.

M. Carrion de Nisas est mort en 1818 ; la dame Rouch est décédée en 1819, et sa fille Cécile en 1821.

Des difficultés s'élevèrent entre le sieur Rouch, la dame Lacazin, mère de Marie Lacazin, et la veuve Carrion de Nisas. — Le sieur Rouch demanda que la donation universelle, contenue dans le contrat de mariage de l'an 4, fût réduite au quart en propriété, et au quart en usufruit, conformément à l'art. 1094 du Code civil, combiné avec le contrat ; qu'en conséquence, la dame Carrion de Nisas fût obligée de délaisser une moitié en pleine propriété et un quart en nue propriété des biens de son mari, pour que ces trois quarts fussent partagés entre la dame Lacazin et lui, sieur Rouch, comme héritier de Cécile Rouch et de sa mère.

La dame Carrion de Nisas prétendit qu'elle avait le droit de garder la totalité des biens que lui avait donnés son mari. Le 4 mars 1822, jugement du tribunal de Montpellier, qui ordonna la réduction telle qu'elle avait été demandée par le sieur Rouch.

Sur l'appel interjeté par la dame Carrion de Nisas, arrêt confirmatif de la Cour de Montpellier, du 29 avril 1823, ainsi conçu : « Attendu, 1°. que, d'après l'art. 350 du Code civil, la dame Lacazin, épouse Rouch, avait acquis sur la succession de M. de Nisas, son père adoptif, les mêmes droits que si elle était née dans le mariage, et que ces droits étaient d'autant mieux assurés que la dame de Nisas avait non-seulement consenti à l'adoption, mais qu'elle avait elle-même adopté la dame Lacazin, conjointement avec son mari ; — Attendu, 2°. que la donation contractuelle de la dame de Nisas ne lui donnait des droits que sur la succession de son mari, puisqu'elle ne devait frapper que sur les biens que M. de Nisas se trouverait au jour de son décès, que dès lors les droits de l'épouse de Nisas et de sa fille adoptive entraient en concours; que la dame de Nisas, par sa propre adoption, et le consentement qu'elle donna à l'adoption faite par son mari, donnait elle-même la préférence aux droits de sa fille adoptive; — Attendu, 3°. que l'art. 1094 du Code civil, réduit à un quart en usufruit et un quart en propriété, les libéralités entre époux, lorsque l'époux qui prédécède laisse des enfans ou descendans, sans distinction d'enfans légitimes ou adoptifs; qu'ainsi le droit de réduction, pour la réserve légale, devait appartenir à la dame Lacazin, épouse Rouch, et être transmis par elle à ses héritiers, puisqu'elle avait survécu à son père adoptif; — Attendu, 4°. qu'il est incontestable que si, postérieurement à l'adoption de Marie Lacazin, il fût survenu des enfans légitimes, ceux-ci auraient eu réserve légale et droit de réduction, ce qui aurait diminué les droits de la fille adoptive, sans les détruire; que la fille adoptive pouvant, en ce cas, écarter en partie la fille légitime, peut, à plus forte raison, l'emporter sur l'épouse du père adoptif, d'après la maxime : *Si vinco vincentem te, à fortiori vincam te;* — Attendu, 5°. qu'il est inutile de prétendre que la réduction accordée par la loi aux enfans légitimes, pour leur réserve légale sur les donations antérieures, ne tire sa source que de la révocation de ces donations par survenance d'enfans, parce que le droit de réduction et le droit de révocation n'ont rien de commun, et sont marqués par des différences essentielles, surtout en ce que la révocation fait rentrer les biens donnés, de plein droit, dans la main du donateur, et sans aucune charge du passé, tandis que la réduction doit être demandée, et ne peut s'exercer au préjudice des aliénations faites par le donateur, et en ce que la révocation par survenance d'enfans ne peut profiter qu'au seul donateur, tandis que la réduction ne profite, au contraire, qu'à celui à qui appartient la réserve légale. »

Pourvoi en cassation par la dame Carrion de Nisas, pour violation des art. 1083 et 1093, et fausse application des art. 350, 920 et 1094 du Code civil. Sur ce pourvoi est intervenu l'arrêt suivant :

« La Cour, — Considérant qu'aux termes de l'art. 350 du Code civil, l'adopté a, sur la succession de l'adoptant, les mêmes droits que ceux

qu'y aurait l'enfant né en mariage, même quand il y aurait d'autres
enfans de cette dernière qualité, nés depuis l'adoption; — Qu'ainsi, de
même que l'enfant légitime a une réserve sur la succession de son père,
de même l'adopté en a une sur la succession de l'adoptant; — Qu'ainsi,
de même qu'aux termes des art. 920 et suivans du Code civil, l'enfant
légitime peut faire réduire les donations qui portent atteinte à sa réserve,
et à quelque époque que ces actes de libéralité aient été passés, de même
l'adopté à qui ce droit est commun, peut l'exercer sur toutes les donations faites au préjudice de sa réserve, soit antérieurement, soit postérieurement à son adoption;

» Que vainement on oppose, soit les lois relatives aux contrats, soit
l'article 960 du Code civil; que l'adoption n'est pas un simple contrat,
mais un acte de l'état civil, régi par des principes qui lui sont propres,
régi, dans l'espèce, par la disposition de l'article 350, et par les lois sur
les successions, auxquelles cet article renvoie, et qui rend inapplicable
à la cause la législation relative aux conventions ordinaires; que l'article 960 ne disposant, dans le cas qu'il prévoit, que sur la révocation
pure et simple des donations, est étranger à l'espèce où il s'agit d'une
demande en réduction, différente, quant à son objet, ses effets, et surtout aux personnes qui en profitent, d'une demande en révocation; —
Rejette. »

Si on s'arrêtait à l'arrêt de la Cour royale de Montpellier, on pourrait
croire que les circonstances ont influé sur la décision de cette Cour, et
dès lors on pourrait douter qu'elle eût entendu consacrer un principe
général et absolu sur la question. Ce doute naîtrait de plusieurs des passages de l'arrêt. Dans l'un, on considère particulièrement la nature de
la disposition primitive, attendu, y est-il dit, que la donation contractuelle de la dame de Nisas, ne lui donnait des droits que sur la succession
de son mari, puisqu'elle ne devait frapper que sur les biens que celui-ci
se trouverait délaisser au jour de son décès; que dès lors les droits de
la dame de Nisas et de sa fille adoptive, entraient en concours. Dans
d'autres passages, on croit voir que la circonstance que la dame de Nisas
avait adopté elle-même, avait pu influer sur la décision; « attendu, y
est-il dit, que la dame de Nisas, *par sa propre adoption* et le consentement qu'elle donna à l'adoption faite par son mari, donnait elle-même
la préférence aux droits de sa fille adoptive. » Il faut, en effet, remarquer
qu'il

qu'il y a une grande différence entre le cas d'un simple consentement de la part de la femme à une adoption faite par son mari, et celui où elle adopte elle-même conjointement avec celui-ci : car consentir seulement à une adoption, n'est pas adopter.

Mais quand on en vient à l'arrêt de la Cour de cassation, les idées ne sont plus les mêmes. Tous les motifs concourent pour prouver que cette Cour a entendu juger la question en thèse, et abstraction faite des circonstances. Pour s'en convaincre, il suffit de renvoyer à la lecture des motifs. L'arrêt nous a étonnés; nous ne pensions pas qu'on pût donner à une paternité fictive le même effet, la même énergie qu'à la paternité réelle. Mais l'arrêt existe, et le lecteur comprend, comme nous, tout le poids qu'il doit avoir (1). Ce qu'il est, au surplus, essentiel de remarquer, c'est qu'il résulte des arrêts même la confirmation de ce que nous avons dit dans le n° 39.

Mais il faut remarquer un arrêt récemment rendu sur cette matière, par la Cour de cassation, section des requêtes. Cet arrêt s'élève contre la validité, déjà admise en jurisprudence, des adoptions d'enfans adultérins, faites avant la loi transitoire du 25 germinal an 11, en conséquence de la latitude qu'on croyait apercevoir dans les dispositions de

2e édition,
t. II, p. 338.
4e alinéa.

---

(1) Le défenseur de celui qui s'était pourvu en cassation, qui était intéressé à écarter notre opinion, l'a rendue avec une inexactitude surprenante, d'après l'exposé contenu dans la discussion de l'arrêt. Je n'ai dit nulle part que l'adoption *fût un simple contrat*. Elle émane, sans contredit, d'un contrat, d'une convention ; mais je n'ai cessé de dire que c'était un contrat différent, quant aux effets, des contrats ordinaires ; que ce contrat était solennel, qu'il devait être sanctionné par l'autorité de la justice ; qu'il était, en un mot, tout autrement important que les conventions ordinaires. Nous venions même de dire, au n° 38, que l'adoption était *une institution purement civile*. Mais en lui accordant tous ces caractères, on ne devait pas en conclure qu'elle dût avoir la vertu d'anéantir ou de réduire l'effet des engagemens antérieurs. « *Elle peut*, disions-nous, *produire* des effets salutaires dans la société ; mais elle est encore plutôt établie dans l'intérêt des particuliers, que dans l'intérêt social ; et on sent aisément qu'elle n'a pas un degré d'importance capable de porter atteinte aux transactions déjà faites. »

Ce qu'on lit ensuite dans la discussion de l'arrêt sur notre opinion, n'offre que de fausses interprétations ou des malentendus ; mais toute explication, à ce sujet, serait inutile.

42

cette loi. L'arrêt mérite trop d'être connu pour ne pas être rapporté, et il donnera une idée suffisante de l'espèce.

« La Cour, — Attendu qu'il ne s'agissait point, dans la cause, de recherche de paternité; que la qualité d'enfans adultérins résultait des actes et pièces du procès, non méconnus par les enfans ainsi qualifiés; qu'ils avaient seulement contesté qu'une pareille qualité pût faire obstacle à la validité de leur adoption; — Que cette adoption étant faite par le même titre que celui de la reconnaissance de l'adultérinité, ne peut en être séparée, puisque c'est le titre même de l'adoption qui proclame le vice de naissance des enfans, et constitue leur incapacité à en recevoir l'effet;

» Attendu que la loi du 25 germinal an 11, ne valide pas sans distinction toutes les adoptions faites antérieurement au Code civil; — Qu'en prononçant leur validité, *quand même*, dit la loi, *les adoptions n'auraient été accompagnées d'aucune des conditions prescrites depuis pour adopter et être adopté*, le législateur a seulement entendu qu'elles ne pourraient être contestées, sous le prétexte que les conditions prescrites pour l'adoption, par des lois postérieures, ne se trouveraient pas remplies; mais qu'il n'en résulte pas que la loi de germinal ait levé toutes les incapacités, indignités, ou qu'elle ait validé tous les actes qui, sous le titre d'adoption, choqueraient les mœurs ou offenseraient l'honnêteté publique, ni que le législateur ait permis qu'on pût, en faveur d'adultérins, préjudicier indirectement, par une pareille voie, aux enfans nés en légitime mariage; — Que le respect de la morale a constamment fait obstacle, dans l'ancienne législation, comme dans la nouvelle, à ce que les adultérins acquîssent des droits successifs ou de filiation; que la loi même du 12 brumaire an 2, toute favorable qu'elle soit aux enfans naturels, a consacré l'incapacité des adultérins pour acquérir de pareils droits, en les réduisant à de simples alimens; qu'ainsi, quant à cette incapacité, la loi du 25 germinal an 11 a laissé les choses dans les termes du droit commun; d'où il résulte qu'en déclarant nulle et de nul effet l'adoption des enfans adultérins, faite par le même acte qui leur a reconnu cette qualité, et qui n'a pas été déniée, la Cour d'appel de Grenoble n'a violé ni la loi du 25 germinal an 11, ni aucun des articles cités du Code civil; — Rejette. »

Cet arrêt, qui est rapporté dans le Journal des audiences, volume 26, page 468, est d'un très-grand poids, quoiqu'il soit contraire aux nombreux arrêts précédemment rendus ; il est tellement empreint du respect qu'on doit avoir pour les mœurs, qu'on sent combien les magistrats, lorsqu'il s'agit d'adoptions faites sous le Code civil, doivent être circonspects sur leur admission, pour peu qu'on supçonnât que les enfans qu'on voudrait adopter fussent le fruit de l'adultère ou de l'inceste, ainsi que nous l'avons remarqué au n° 35. On peut voir les observations judicieuses faites par M. Dalloz sur cet arrêt (1).

---

(1) Nous ne pouvons en citer la date, parce que nous sommes obligés de livrer l'addition actuelle à l'impression, au moment où nous ne connaissions que le dixième cahier du Journal, qui se termine par la transcription de l'arrêt, et que la date doit se trouver au cahier suivant, qui ne nous était pas encore parvenu ; mais l'essentiel est de connaître l'arrêt. La date en sera facilement connue, en consultant le recueil que nous indiquons.

FIN DU SUPPLÉMENT.

TABLE
DU SUPPLÉMENT.

E.

F.

I.

L'institution contractuelle n'a aucun rapport avec les fidéicommis, tels qu'ils étaient admis dans le droit romain. 286 *et suiv.*

De la substitution fidéicommissaire graduelle apposée à l'institution. — Différence entre cette stipulation et la clause d'association. 291 *et suiv.*

Il n'y a point de saisine de toute la succession en faveur de celui qui est institué héritier à charge d'associer. 297 *et suiv.*

La clause d'association ne peut être comparée aux conditions énoncées dans l'article 900 du Code civil. — Examen d'un arrêt du 13 mai 1762. 299 *et suiv.*

Observations sur un arrêt de la Cour de cassation, du 13 janvier 1818. 304 et 305.

Opinion des auteurs, et arrêts qui, en annulant la clause d'association, ont décidé que cette nullité devait profiter aux héritiers du sang, et non à l'héritier contractuel. 305 *et suiv.*

Importance d'une réformation de l'ancienne jurisprudence à cet égard. 312 et 313.

L.

Legs. Des modes de délivrance et envoi en possession, pour les différens legs. — Modification à l'égard du légataire particulier qui ne peut avoir droit aux fruits qu'à compter de la demande en délivrance, quoique cette demande ait été formée dans l'année. 180 *et suiv.*

Le légataire d'un usufruit a-t-il droit aux fruits du jour du décès du testateur, en cas de retard et même à défaut de demande en délivrance? 182 *et suiv.*

M.

Médecin. Quel doit être le sort d'une donation contractuelle faite par une femme qui épouse son médecin, et dans quel délai l'action devrait être exercée. 47.

N.

Notaires. Nouveaux arrêts sur la question de savoir si les notaires sont garans des nullités qu'ils commettent dans les actes, et notamment dans les testamens. — Règle générale en cette matière. 115 *et suiv.*

P.

Part d'enfant moins prenant. Les enfans du second époux donataire qui prédécède l'époux donateur, recueilleraient-ils les objets donnés? 264 et 265.

Pour fixer la part d'enfant, ainsi que la quantité des biens sur lesquels elle doit être prise, il faut avoir égard au temps du décès de l'époux donateur, et non à l'époque de la disposition. 265.

L'époux donateur est sans droit pour demander la réduction. *Ibid.*

Les donations excessives au profit du second époux, sont-elles radicalement nulles pour l'excédant de la quotité disponible? — Le donateur peut-il lui-même invoquer cette nullité, et l'enfant du premier lit peut-il intervenir dans l'instance introduite par l'époux donateur? 265 *et suiv.*

La

S.

FIN.